Niederlande

Reinhard Tiburzy

DUMONT
Reise-Taschenbuch

Unterwegs in den Niederlanden

Inhalt

Auf Entdeckungstour

Karten und Pläne

▶ Dieses Symbol im Buch verweist auf die Extra-Reisekarte Niederlande

Schnellüberblick

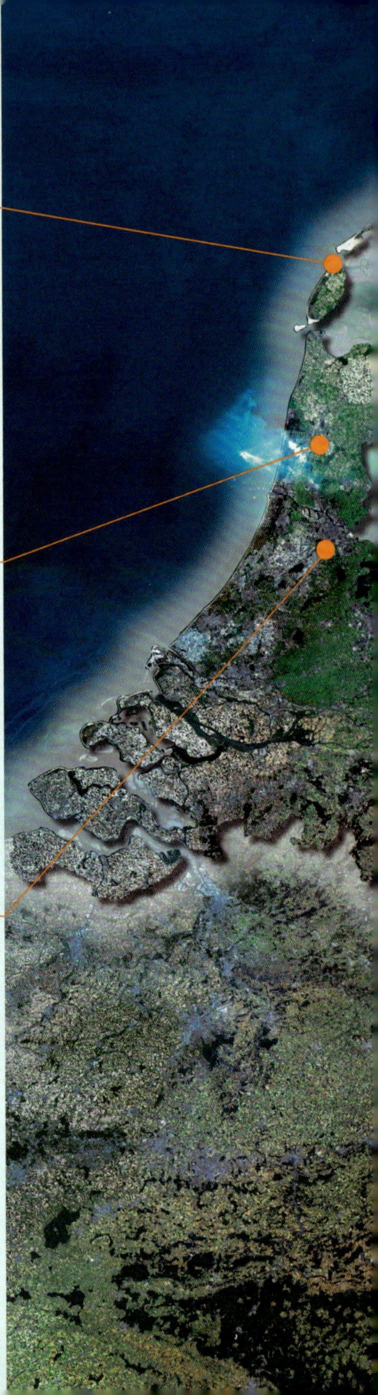

Westfriesische Inseln
Wie Perlen einer Kette liegen sie aufgereiht vor der Wattenmeerküste , mit langen Sandstränden an der Meeresseite und Wattflächen auf der zum Festland, einige sind völlig autofrei. Auf Autos kann man hier auch getrost verzichten, nicht aber auf Gummistiefel, Sonnencreme, Surfbrett und Zeit zum Entspannen. S. 162

Noord- und Zuid-Holland
Die Küste mit ihren kilometerlangen Sandstränden und lebhaften Badeorten, Rotterdam, das Tor zur Welt, landeinwärts Alkmaar und Edam mit ihren historischen Käsemärkten, der im Frühjahr blühende Bollenstreek, und oben am IJsselmeer, wo die Flotten der braunen Segler liegen, die alten Zuidersee-Städte. S. 114

Amsterdam und Umgebung
Grachten, gesäumt von historischen wie modernen Bauten, charakterisieren die pulsierende niederländische Hauptstadt, in deren Museen sich wahre Schätze befinden. Dazu flippige Läden, Hausboote, Coffeeshops, Straßencafés und Tausende von Fahrrädern – kurz: eine außergewöhnliche Weltmetropole, multikulturell und frei. S. 80

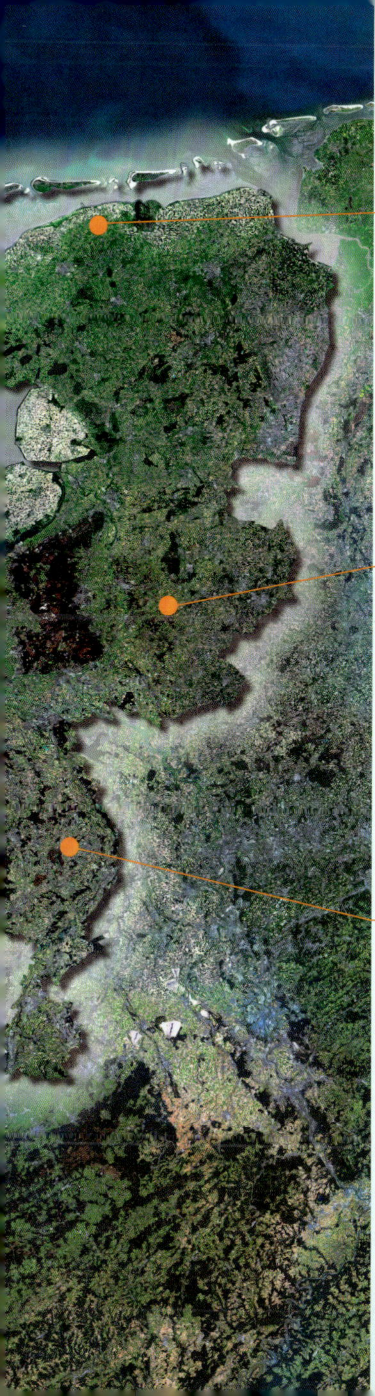

Provinzen im Norden
Die Provinzen Friesland und Groningen teilen sich die Küste im Norden. Zwischen grünen Weiden und Marschland mit alten Warften, Moorkolonien und feudalen Gutshöfen laden friesische Meere, Kanäle und Flüsschen zum Schippern ein. Auf Drenthes hügeligem Honsrug stößt man auf jungsteinzeitliche Hünengräber. S. 188

Provinzen in der Mitte
Flevoland, durch Trockenlegung gänzlich dem IJsselmeer abgerungen, Overijssel mit alten Hansestädten und urcalvinistischen Dörfern, Utrecht mit prachtvollen Schlössern und der ehrwürdigen Universitäts- und Bischofsstadt gleichen Namens, Gelderland mit Wäldern und Heide – sie alle bilden das Quartett in der Landesmitte. S. 216

Provinzen im Süden
Während Zeeland, das mit seinen Halbinseln ins Meer greift, für seine Muscheln bekannt ist, steht Noord-Brabant mit alten Festungsstädten und herrlichen Naturlandschaften für gepflegte Gastronomie und Geselligkeit. Limburg wiederum, die unholländischste aller Provinzen, ist für seinen Spargel und sein burgundisches Flair berühmt. S. 246

Der Autor

Mit Reinhard Tiburzy unterwegs
Es ist schon verblüffend, wie wenig wir doch über unser nordwestliches Nachbarland wissen. Das ging Reinhard Tiburzy ebenso. Bis er die Niederlande zum ersten Mal bereiste und platt war wie das Land selbst. Seitdem tourt er regelmäßig durch die ›Lage Landen‹ und ist immer wieder erstaunt über die Menschen, die Kultur und Natur dieses so dicht besiedelten Landes. Das Staunen, Reisen, Fotografieren und Schreiben hat der Naturwissenschaftler längst zu seinem Beruf gemacht. Zu seinen Schwerpunktländern zählen Belgien, die Niederlande, Luxemburg, die USA und Kanada.

Das Gute liegt so nahe

Holland – das ist für viele AJAX Amsterdam, das sind Linda de Mol, André Rieu und Hermann van Veen, Windmühlen und Tulpen und die bunten Mini-Holzschuhe in Tante Adelheids Wohnzimmerschrank. Und natürlich Tomaten und Gouda aus dem Supermarkt. Aber Holland als Reiseland? Diese Vorstellung fällt vielen schwer.

Bemerkenswert und inspirierend

Dabei bietet das Land dem Besucher höchst Erstaunliches. Wo sonst werden Autobahnen von riesigen Frachtschiffen überquert, landen Jumbo-Jets etliche Meter unter dem Meeresspiegel? Und wo sonst zieht eine Blume, die einst unzählige Menschen ruinierte und in den Wahnsinn trieb, bis heute so viele Besucher an? Gemeint ist die Tulpe, die den Bollenstreek alljährlich in ein buntes Blütenmeer verwandelt und im Keukenhof fast einer Million Besucher zum Augenschmaus gereicht.

Dass die Windmühlen zu Wahrzeichen wurden, kann kaum verwundern. Ohne sie wäre Holland nicht, was es ist: ein Land, das zu gut einem Viertel unter dem Meeresspiegel liegt, und dort dennoch bewohnt ist. Mit Hilfe der Mühlen wurden ganze Landstriche ›trockengemahlen‹. Von einst 10 000 Windmühlen sind noch fast 1000 übrig.

Bleiben noch Klompen und Käse, um das Quartett von Hollands Markenzeichen zu komplettieren. Experten haben den Holzschuh auf Herz und Nieren geprüft und – man staune – als sicheren Arbeitsschuh, der die EU-Norm erfüllt, zugelassen. Wie aus einem Baumstück ein Paar Klompen werden, kann man mancherorts in der Klompenmakerij erleben. Außerdem lohnt ein Blick in die Bottiche einer Kaasboerderij. Berühmt sind die historischen Käsemärkte von Edam, Alkmaar und Gouda, wo kräftige Kerle die bis zu karrenradgroßen Käse zu historischen Waagen schleppen und Prüfer mit Hammer und Bohrer anrücken.

Weitgehend unbekannt mag sein, dass Holland sogar Schriftsteller in sei-

Dem ›alten‹ Holland kommt man im Zuiderzeemuseum in Enkhuizen auf die Spur

nen Bann zog. So schreibt Albert Camus in ›Der Fall‹: »Dieses Land inspiriert mich übrigens. Ich liebe das Volk, das sich da auf den Gehsteigen drängt, eingezwängt in einen kleinen Raum zwischen Häusern und Wasser, eingekreist von Dunstschleiern, kaltem Land und einem wie ein Waschkessel dampfenden Meer.«

Dem Meer abgerungen ...

Ja, das Meer. Es bestimmt seit Jahrhunderten Hollands Geschicke. »Gott schuf Land und Meer, doch wir schufen Holland«, verkündt man schon mal stolz. Blasphemie? Keine Spur, auch wenn es nur halb stimmt. Tatsächlich haben die Holländer fast ein Fünftel ihres Landes dem Meer abgerungen und müssen sich auch heute das Wasser mit Pumpen, Schleusen, Dämmen und Deichen wie dem 30 km langen Abschlussdeich und Oosterscheldesperrwerk vom Leibe halten. Von der ungeheuren Leistung bei der Errichtung dieses monumentalen Bauwerks erhält man in der Delta Expo auf der einstigen Arbeitsinsel Neeltje Jans einen Eindruck – ein Muss für jeden Hollandreisenden.

Natur- und Freizeitparadiese

Große Teile des Wattenmeeres, Dünen, Wälder und Heideland stehen unter Schutz, bieten Vögeln Brut- und Rastplätze und lassen die Herzen eines jeden Naturfreundes höher schlagen. Drum herum ist viel Raum für Menschen, die Erholung suchen oder Sport treiben möchten. Die wasserreichen Niederlande bieten vielfältige Wassersportmöglichkeiten und rund 280 km Strand. Da Holland platt ist wie eine Flunder, ist hier auch gut Radfahren. Kein Wunder, dass das landesweite Netz an Radwegen das der Autostraßen weit übertrifft und das Land zu einem Eldorado für Radfahrer macht.

Doch auch bei schlechtem Wetter lässt sich eine Menge unternehmen. Verlockend ist z. B. ein Besuch im Amsterdamer Rijksmuseum mit seinen berühmten Rembrandts und Brueghels. Weniger Kultur, dafür Spaß pur bieten die besonders bei Kindern beliebten Freizeit-, Erlebnis- und Erholungsparks, wobei, wer will, seinen ganzen Urlaub in einem der Center Parcs verbringen kann. – Und bei all dem soll Holland kein Reiseland sein?

Art-déco-Flair in Amsterdams Café Américain, S. 101

Gemütliches und großzügiges Grün: Vondelpark in Amsterdam, S. 96

Lieblingsorte!

Zeelands schönstes Hafenstädtchen: Veere, S. 256

Tulpen, so weit das Auge reicht, im Keukenhof und im Bollenstreek, S. 107

19 Mühlen in Reih und Glied: Kinderdijk bei Dordrecht, S. 140

Mit dem Kanu unterwegs in Giethoorn, S. 232

Die Reiseführer von DuMont werden von Autoren geschrieben, die ihr Buch ständig aktualisieren und daher immer wieder dieselben Orte besuchen. Irgendwann entdeckt dabei jede Autorin und jeder Autor seine ganz persönlichen Lieblingsorte. Dörfer, die abseits des touristischen Mainstreams liegen, eine ganz besondere Strandbucht, Plätze, die zum Entspannen einladen, ein Stückchen ursprüngliche Natur – eben Wohlfühlorte, an die man immer wieder zurückkehren möchte.

Bringen alles durcheinander: Kubuswohnungen in Rotterdams Blaakse Bos, S. 132

Sand, Wind und Weite – Amelands Strände sind ein Paradies, S. 180

Reiseinfos, Adressen, Websites

Polderwindmühle in Schermerhoorn östlich von Alkmaar

Informationsquellen

Infos im Internet

Das Internet bietet eine Fülle von Informationen zu den Niederlanden, zur touristischen Infrastruktur, zu Land und Leuten, Hotels, Restaurants etc. Die meisten Städte haben eigene Homepages, die fast alle auch Informationen für Besucher (Sehenswürdigkeiten, Unterkünfte etc.) bereithalten.

www.niederlande.de
Homepage des Niederländischen Büros für Tourismus und Convention in Köln. Hier findet man vieles, was das Reiseland Niederlande zu bieten hat, und kann zahlreiche Kataloge und Broschüren bestellen, z. B. über Attraktionen und Unterkünfte.

www.koninklijkhuis.nl
Homepage des niederländischen Königshauses. Interessantes und Aktuelles zur königlichen Familie, Monarchie, Geschichte des Hauses Oranien-Nassau und über die königlichen Paläste und Schlösser (nl.).

www.ns.nl
Informationen zu Dienstleistungen und Produkten der niederländischen Bahn, einschließlich der Fahrpläne und besonderen Angebote (nl., engl.).

www.infobel.com
Niederländisches Telefonbuch (mehrsprachig). Über die Suchfunktion können Adressen oder Telefonnummern gefunden werden.

www.anwb.nl
Homepage des niederländischen Automobilclubs ANWB mit interessanten Infos zu Auto und Verkehr (nl.).

www.schwarzaufweiss.de
Reisemagazin mit zahlreichen Infos, interessanten Reportagen und Länderporträts, u. a. auch über die Niederlande (dt.).

www.urlaub-kreativ.com/niederlande
Töpfern, schmieden, kochen oder segeln? Mit dieser Website überhaupt kein Problem.

www.bedandbreakfast.nl
Übersicht über rund 3000 kleine Unterkünfte, von einfachen Familien-B&Bs bis zu exklusiven B&B-Zimmern, Suites, Apartments und Luxuswohnungen (mehrsprachig).

www.hotels.nl
www.hotelsholland.net
Hier können Sie Hotels suchen, Beschreibungen und Bewertungen von Hotels finden und Zimmer reservieren (mehrsprachig).

www.dinnersite.nl
Ein Häppchen essen? Oder mehrgängig dinieren? Auf dieser nützlichen Homepage finden Sie Angaben darüber, wo was auf den Tisch kommt. Nicht ganz aktuell, aber man kann sich ja dann mit Suchmaschinen weiter bis in das Restaurant wurschteln (nl., engl.).

www.minbuza.nl
Niederländisches Außenministerium; hier werden zahlreiche Infos über das Land geboten (u. a. dt.).

www.amsterdam.info
www.iamsterdam.com
Ausführliche Informationen zu Amsterdam (u. a. dt.).

www.nederlandfietsland.nl
www.fietsroutenetwerk. net
Wer in den Niederlanden in die Pedalen treten möchte, kann sich hier umfassend darüber informieren, wo's lang geht (letztere Site nur nl.).

Fremdenverkehrsämter

Allgemeine Infos über das Land, Verzeichnisse von Hotels, Ferienhäusern, Campingplätzen, Veranstaltungen und Ausstellungen, Bootscharter etc.:

... für Deutschland, Österreich und die Schweiz

Niederländisches Büro für Tourismus (NBTC)
Postfach 27 05 80
50511 Köln
Tel. 0221 925 71 70
Fax 0221 92 57 17 37
info@niederlande.de

Infostellen vor Ort

In allen Orten, ausgenommen winzigen Dörfern, finden Sie lokale Fremdenverkehrsbüros (VVV). Hier bekommen Sie Auskünfte und Broschüren. Das Personal ist oft mehrsprachig. In größeren Orten werden für eine Gebühr auch Zimmer und in einigen VVVs auch Tickets für Theater etc. vermittelt. In den Büros des niederländischen Automobilclubs ANWB erhält man ebenfalls nützliche Reiseinformationen. In einigen Orten sind die Büros des ANWB mit denen der VVV assoziiert.

Lesetipps

Dash, Mike: Tulpenwahn. List, München, 2001. Hintergründe und Fakten zum historischen Supergau um die Tulpenzwiebel, der viele in den Wahnsinn und Ruin trieb.

Dempf, Peter: Das Geheimnis des Hieronymus Bosch. Goldmann Verlag, München, 2001. Spannende Geschichte um eine Verschwörung und um mystische Symbole, die bei einem Säureanschlag auf ein berühmtes Gemälde von Hieronymus Bosch entdeckt werden

Frank, Anne: Das Tagebuch der Anne Frank. Verlag Fischer, Frankfurt/M., 2006. Faszinierendes Tagebuch, das das junge jüdische Mädchen im Versteck ihrer Familie vor den Nazis in Amsterdam schrieb – Weltliteratur!

Herzig, Inken, Marcus Howest: Grachten, Giebel, Rotlichtfenster – Amsterdamer Freiheiten. Picus Verlag, Wien, 2004. Heitere Lesereise vor und hinter die Kulissen der Stadt, die auch ›Venedigs des Nordens‹ genannt wird.

Linthout, Dik: Frau Antje und Herr Mustermann. Links Verlag, Berlin, 2008. Fundiert gezeichnete Darstellung des spannenden Verhältnisses zwischen Deutschen und Niederländern.

Loo, Tessa de: Die Zwillinge. btb, München, 2002. Früh getrennt, wachsen die beiden Zwillingsschwestern getrennt voneinander auf – Anna in Deutschland, Lotte in Holland. Jahrzehnte nach dem Krieg treffen sie als alte Damen wieder aufeinander und werden mit dem eigenen Leben und dem der Schwester konfrontiert.

Müller, Melissa: Das Mädchen Anne Frank. Biografie. Claassen. List, München 2008. Umfassende Biografie von Anne Frank mit bislang unveröffentlichten Bildern.

Weidemann, Siggi: Gebrauchsanweisung für Amsterdam. Piper, München, 2007. Humorvoll durch die Brille eines deutschen Journalisten gesehen, der seit mehr als 20 Jahren in Amsterdam lebt.

Wetter und Reisezeit

Die Lage am Meer und die Nähe zum Golfstrom sorgen das ganze Jahr über für ein gemäßigtes Klima mit nicht zu heißen Sommern und milden Wintern. Selten sinkt das Thermometer im Winter unter den Gefrierpunkt, manchmal fällt etwas Schnee.

Klimadiagramm Amsterdam

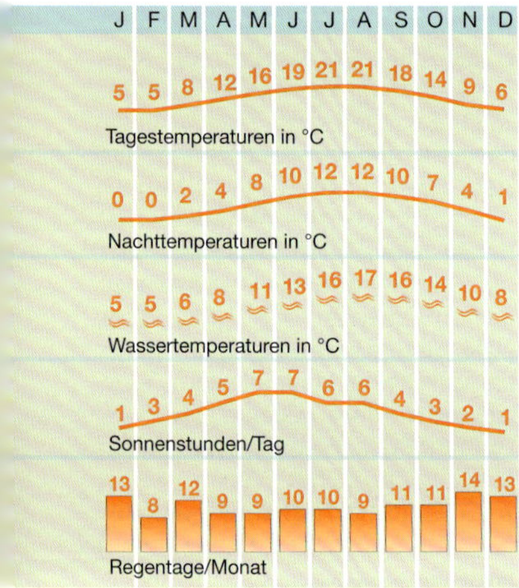

Holland ist zu allen Jahreszeiten ein beliebtes Reiseziel. In der Hochsaison, in den Monaten Juli und August, lädt die Nordsee bei Temperaturen von 18/19 °C zu einem erfrischenden Bad ein. Ein Quartier sollte man in den Sommermonaten unbedingt im Voraus buchen.

Falls der Himmel dann mal bedeckt ist – Regenwetter ist im ganzen Land gar nicht so selten und total normal –, sagen sich viele »Was soll's« und genießen bei einem zünftigen Strandspaziergang in Gummistiefeln und ›Friesennerz‹ die frische Seeluft oder besuchen ein, zwei der unzähligen Museen des Landes. Doch meist verziehen sich die Wolken an der Küste rasch wieder, und nach einem Regenschauer lacht schnell wieder die Sonne.

Rundreisen planen

Einmal rund um das IJsselmeer

Natürlich steht Amsterdam bei einer Reise in die Niederlande ganz oben auf der Agenda. In der lebhaften Grachtenmetropole kann man mühelos zwei, drei Tage zubringen. Nach dem Trubel der Stadt bieten sich die Nordsee-Strände der Badeorte Egmond aan Zee oder Bergen aan Zee zur Entspannung an, und Alkmaar lockt mit dem traditionellen Käsemarkt.

Im Norden der Halbinsel Noord-Holland angekommen, fährt man direkt über den 29 km langen Abschlussdeich Richtung Nordosten nach Friesland hinüber oder besucht für zwei, drei Tage die Insel Texel, von wo aus man mit dem Schiff einen Ausflug auf die Insel Vlieland unternehmen kann.

Von der Hafenstadt Harlingen setzen täglich Fähren zu den Watteninseln Terschelling und Vlieland über, beide Inseln sind mindestens einen Tagesausflug wert. In Harlingen empfiehlt sich ein Hafenspaziergang. Von der Küste führt die Rundfahrt über Franeker in die friesische Hauptstadt Leeuwarden, von dort südwärts über Bolsward und Workum nach Hindeloopen und Stavoren an das IJsselmeer. An ihm entlang geht es Richtung Osten und Süden nach Urk. Bevor man die kleine Zuiderseestadt mit dem hübschen Leuchtturm erreicht, lohnt sich ein Abstecher nach Giethoorn, wo man eine romantische Bootsfahrt auf den Grachten unternehmen kann. Orchideenliebhaber sollten auf jeden Fall noch einen Zwischenstopp im Orchideeënhoeve von Luttelgeest auf dem Noordoostpolder einlegen.

Südlich von Urk geht es nach Flevoland, der jüngsten, durch Trockenlegung aus der einstigen Zuidersee gewonnenen Provinz der Niederlande. Von Lelystad – sehenswert ist hier besonders das VOC-Schiff ›Batavia‹ – verläuft die Route über den 30 km langen Houtribdijk zu den ehemaligen Zuiderseestädten Enkhuizen, Medemblik und Hoorn. Von hier ist die ›Käsestadt‹ Edam mit dem im Juli und August stattfindenden historischen Käsemarkt nur einen Steinwurf entfernt.

Am Delta von Schelde, Maas und Rhein

Die Mündungsarme von Rhein, Waal und Leek, die Maas und die Wester- und Oosterschelde bilden in den Provinzen Zeeland und Zuid-Holland eine reizvolle Landschaft aus Wasser, Inseln und Halbinseln – dorthin geht's.

In dem kleinen Fischerort Yerseke an der Oosterschelde dreht sich alles um Muscheln und Austern, die zur Saison alle Speisekarten zieren. Höhepunkt der Saison ist der Muscheltag (3. Sa im Aug.), an dem man gratis Muscheln speisen kann, so viel man will. Von hier geht es über Middelburg, wo man auf dem Markt noch häufig Leute in historischen Trachten sieht, nach Veere, dessen Hafen besonders pittoresk ist. Badeorte wie Westkapelle und Domburg bieten Gelegenheit, sich ein, zwei Tage am Strand zu entspannen. Bei der weiteren Fahrt über den Oosterscheldedam sollte man unbedingt einen Stopp zur Besichtigung des monumentalen Sperrwerks und der Delta Expo einplanen, ein Höhepunkt dieser Reise.

Bei der Fahrt Richtung Rotterdam über die mit Dämmen verbundenen einstigen Inseln bieten sich zahlreiche Möglichkeiten, die Reise durch Fahrradtouren an die Küste zu unterbrechen. Rotterdams größte Attraktion ist natürlich der Hafen, der sich mit dem Auto, Fahrrad oder per Schiff auf einer der Hafentouren erkunden lässt.

Nächste Etappenziele sind die Städte Delft, berühmt für seine Fayencen, und Den Haag mit dem Seebad Scheveningen. Von der Küste geht es sodann landeinwärts in die Käsestadt Gouda, in der der historische Käse- und Handwerkermarkt (Ende Juni bis Ende Aug. Do 10–12.30 Uhr) zahlreiche Besucher anlockt. Ein Muss auf dieser Reise ist der Kinderdijk, der mit seinen zahlreiche Windmühlen zum UNESCO-Weltkulturerbe zählt. In Dordrecht lohnt sich ein kleiner Hafenbummel, bevor es in die Naturlandschaft des Nationalparks De Biesbosch geht.

Anreise und Verkehrsmittel

Einreisebestimmungen

Deutsche, Österreicher und Schweizer benötigen für einen Aufenthalt bis zu drei Monaten einen gültigen Personalausweis oder Pass, Kinder und Jugendliche unter 16 Jahren, die nicht im Familienpass eingetragen sind, einen Kinderausweis.

Für Bürger der Schengen-Staaten, zu denen Deutschland, Österreich, Belgien und die Schweiz gehören, entfallen die Grenzkontrollen.

Zollvorschriften

Die Ein- und Ausfuhr von Waren für den Eigenbedarf innerhalb der Mitgliedsstaaten der EU ist weitgehend zollfrei. Rauchwaren: 800 Zigaretten (**oder** 400 Zigarillos **oder** 200 Zigarren **oder** 1 kg Rauchtabak). Alkohol: 10 l Spirituosen **und** 10 l alkoholhaltige Süßgetränke (Alcopops) **und** 20 l Zwischenerzeugnisse (z. B. Campari, Portwein, Sherry) **und** 90 l Wein (höchstens 60 l Schaumwein/Sekt) **und** 110 l Bier. Die Einfuhr von Waffen aller Art – einschließlich Tränengassprays und Klappmessern – ist streng verboten.

Mitnahme von Haustieren

Für Haustiere werden der EU Heimtierausweis mit einem gültigen Tollwutimpfeintrag sowie die Identifikation des Tieres anhand einer Tätowierung oder eines Chips verlangt.

Günstig mit der Bahn

Fahrpläne und viele nützliche Informationen für Bahnreisende findet man im **Spoorboekje,** das für ca. 5,50 € in Bahnhöfen erhältlich ist. Fahrplan-Informationen in Holland unter Tel. (nat.) 0900 92 92, Tel. (internat.) 0900 92 96, www.ns.nl.

Anreise

Flugzeug

Der internationale Flughafen von Amsterdam wird täglich von den wichtigsten deutschen, österreichischen und Schweizer Flughäfen aus angeflogen. Rotterdam und Eindhoven unterhalten Flugverbindungen mit Hamburg.

Bahn

Von Köln fahren mehrmals täglich ICE-Züge (www.bahn.de) nach Amsterdam (über Arnhem und Utrecht) sowie Den Haag (über Venlo). Auch von Hannover und Berlin existieren täglich mehrere Bahnverbindungen in die Niederlande. Von München aus gibt es eine Direkt-Nachtzug-Verbindung nach Amsterdam.

Der ›Donauwalzer‹ verbindet Wien mit Amsterdam, die Züge aus der Schweiz fahren von Brig über Bern und Basel in die Niederlande.

Die meisten Fernzüge befördern bei vorheriger Reservierung Fahrräder. Autozüge verkehren von Mai bis September zwischen Österreich (Villach, Salzburg) sowie der Südschweiz (Biasca) und 's-Hertogenbosch.

Immer mal wieder bietet die Deutsche Bahn AG zu günstigen Tarifen Fahrten nach Amsterdam an, z.B. mit dem ICE International ab Frankfurt oder Berlin.

Bus

Fernlinienbusse der Deutschen Touring und Eurolines (Tel. 069 790 35 01, www.deutsche-touring.com) pendeln zwischen zahlreichen deutschen, österreichischen, schweizerischen und niederländischen Städten.

Auto

Die Niederlande sind über das Netz europäischer Autobahnen, Fern- und Landstraßen zu erreichen. Eine Mautgebühr gibt es auf niederländischen Autobahnen noch nicht (für Lkw ab 2011, für ab Pkw 2012). Bei einigen Tunneln und Brücken hingegen wird eine Gebühr erhoben.

Schiff

Über die Nordsee sowie zahlreiche Flüsse und Kanäle kann man mit dem eigenen Boot in die Niederlande einreisen. Infos dazu unter: www.wasser schutzpolizei-nrw.de.

Verkehrsmittel in den Niederlanden

Bahn

Die Niederlande verfügen über ein dichtes Eisenbahnnetz. Wer in Holland mit der Bahn reisen möchte, sollte sich vorab über die zahlreichen Sondertarife informieren. Die **Voordeelurenkaart** bringt 40 % Preisersparnis. Bedingungen: Die Fahrt muss nach 9 Uhr angetreten werden (an Wochenenden, Feiertagen und im Juli und Aug. auch vor 9 Uhr). Mit der günstigen **Dagkaart** (Tageskarte) reist man einen Tag lang uneingeschränkt durch die Niederlande.

Die nur im Juli und August erhältliche Karte **Zomertoer** (Sommerfahrkarte) für eine oder zwei Personen erlaubt es, innerhalb von zehn aufeinanderfolgenden Tagen drei Tage lang die Bahn zu benutzen. Bei der Karte **Zomertour plus** sind auch Fahrten mit Bus, Tram und Metro eingeschlossen.

Grundsätzlich gelten für alle Züge (ausgenommen Euro-City-Züge) Tarife ohne Zuschlag. Platzreservierungen sind nicht möglich.

Kinder bis drei Jahre reisen kostenlos. Kinder im Alter zwischen vier und elf Jahren können mit der **Railrunner-Karte** in Begleitung von Erwachsenen für 2 € reisen (max. drei Kinder). Selbstständig reisende Kinder erhalten 40 % Ermäßigung.

Fahrkarten für den Inlandsverkehr erhält man an den Bahnhofsschaltern für das *binnenland* und an Fahrkartenautomaten. Die Zahlung per Kreditkarte ist nicht möglich.

Rad im Zug

Fast alle niederländischen Züge transportieren außerhalb des Berufsverkehrs (6.30–9, 16.30–18 Uhr) in speziellen Fahrradabteilungen Fahrräder. Die zeitliche Einschränkung gilt nicht an Wochenenden, Feiertagen sowie im Juli und Aug. Dafür muss eine zusätzliche Fahrkarte gelöst werden, die **Dagkaart Fiets** (6 €). Alternativ kann man am Bahnhof ein Fahrrad mieten (mit gültiger Fahrkarte günstiger als ohne, Reservierung empfehlenswert). Dazu wird ein Ausweis benötigt, zudem muss eine Kaution hinterlegt werden.

Bus

Die Abfahrt der Busse erfolgt in den Städten meist in Bahnhofsnähe. Für die Fahrt mit Bus, Straßenbahn und U-Bahn gilt landesweit die **Strippenkaart** (Streifenkarte). In einigen Großstädten gilt sie auch für den innerstädtischen Zugverkehr. Bei Fahrtbeginn muss man die *strippenkaart* beim Fahrer oder in den dafür bestimmten gelben Automaten entsprechend der Fahrtstrecke entwerten lassen. *Strippenkaarts* mit 15–45 Streifen sind in Bahnhöfen, Postämtern, Kiosken und einigen VVV-Büros erhältlich. Karten mit zwei, drei, acht Streifen sind auch beim Fahrer erhältlich, dann aber wesentlich teurer.

Seit Kurzem gibt es die aufladbare **OV-Chipkaart** im Kreditkarten-Format, mit der man in den gesamten Niederlanden mit Bahn, Bus und Tram fahren kann. Sie soll die *strippenkaart* in absehbarer Zeit ablösen. Die Karte kostet 7,50 €, ist fünf Jahre gültig und bei GVB Tickets & Info Büros, z. B. direkt gegenüber dem Amsterdamer Hauptbahnhof, erhältlich. Es gibt die persönliche, die anonyme und die Wegwerf-Chipkarte (nicht aufladbar). Der Fahrpreis wird nach gefahrenen Kilometern berechnet. Infos: www.ov-chipkaart.nl, www.gvb.nl.

Fähren

Fährverbindungen existieren zu den Watteninseln und nach Zeeuws Vlaanderen. Weitere Angaben enthält der Reiseteil. Auch an zahlreichen Flüssen und Kanälen setzen kleinere Fähren Personen und Fahrzeuge für wenig Geld über.

Taxi

Taxifahrten sind teurer als in Deutschland. Taxis findet man meist am Bahnhof (Station) oder Marktplatz (Grote Markt).

Treintaxi/Deeltaxi

Das *treintaxi* (Bahntaxi) oder *deeltaxi* ist eine komfortable und preiswerte Transportmöglichkeit von/zum Bahnhof. Pro Person 4,40 € (Tickets am Fahrkartenschalter oder am Automaten) oder 5,50 € beim Treintaxi-Fahrer. Den Standort des Treintaxis am Bahnhof erkennt man an einer 3 m hohen, blaugelben Säule, meist mit Sprechanlage, über die Treintaxen gerufen werden können. Die Fahrt zum Bahnhof muss mindestens 30 Minuten vorher bestellt werden über Tel. 0900 873 46 82.

Autofahren/Verkehrsregeln

Höchstgeschwindigkeiten: 50 km/h innerorts, 80 km/h auf Landstraßen, 100 km/h auf Schnellstraßen, 120 km/h auf Autobahnen. Kfz mit Anhänger und über 3,5 t: max. 80 km/h außerhalb geschlossener Ortschaften.

Vorfahrt: An Kreuzungen ohne Vorfahrtsschilder gilt rechts vor links, auch für Radfahrer. Straßenbahnen und Busse haben immer Vorfahrt.

Sicherheitsgurte müssen auf allen Sitzplätzen angelegt werden. Kinder unter zwölf Jahren müssen auf der Rückbank sitzen.

Alkoholgrenze: 0,5 Promille. Fahrer, die ihren Führerschein noch keine fünf Jahre besitzen, 0,2 Promille.

Führer- und Kraftfahrzeugschein sind mitzuführen. Zu empfehlen ist eine Internationale Grüne Versicherungskarte und ein mehrsprachiger europäischer Unfallbericht-Vordruck.

Autopannen: Hilfe leistet der wegenwacht des niederländischen Automobilclubs ANWB (landesweite Rufnummer 088 2692 888). Die Pannenhilfe ist kostenlos, wenn der Autobesitzer Mitglied eines dem Alliance International du Tourisme (AIT) angeschlossenen Automobilclubs seines Heimatlandes (Deutschland: ADAC, Österreich: OAMTC, Schweiz: TCS) ist und einen gültigen Auslandsschutzbrief vorweisen kann.

Parken

Parken in Innenstädten ist sehr teuer. Einige Großstädte bieten kostengünstigeres Parken auf P&R-Plätzen am Stadtrand an. An gelb oder schwarzweiß markierten Bordsteinen besteht Parkverbot. In manchen Gemeinden – nicht mehr in Amsterdam! – wird das Fahrzeug nach Überschreiten der Parkzeit mit einer gelben Radklemme (*wielklem*) festgesetzt. Sie wieder entfernen zu lassen, ist sehr teuer.

Übernachten

Hotels

Das Angebot reicht vom einfachen Quartier bis hin zum Luxushotel. Viele Hotels sind nach den Normen der BeNeLux-Klassifizierung, in die u. a. Ausstattung, Service, Ambiente und Standort einfließen, klassifiziert und mit ein bis fünf Sternen gekennzeichnet.

In Amsterdam und Den Haag liegen die Preise über dem Durchschnitt. Häufig bieten Hotels Arrangements – wer mehrere Nächte bleibt, zahlt einen vergleichsweise geringeren Preis.

Bed & Breakfast

Die holländische Variante heißt *logies en ontbijt*. In vielen B&Bs muss man bei nur einer Übernachtung einen Aufpreis bezahlen, am Wochenende gilt oft: Mindestaufenthalt zwei Nächte! **Auskunft und Reservierung:** Bed & Breakfast Holland, Tel. 020 615 75 27, www.bbholland.com oder Bed & Breakfast Nederland, www.bedandbreakfast.nl.

Ferienhäuser und Bungalowparks

Über das ganze Land verteilt gibt es unzählige Ferienhäuser und rund 350 Bungalowparks. Ferienhäuser finden Sie z. B. unter www.niederlande.de. Einen Führer über Bungalowparks erhält man beim ANWB, Informationen unter www.anwb.nl. Einige der großen Bungalowpark-Ketten sind: Center Parcs, Tel. 0900 66 06 60, www.centerparcs.nl; Landal GreenParks, www.landal.nl, Tel. 0900 84 88.

Stayokay-Hostels

Die 30 Jugendherbergen liegen in den schönsten Orten des Landes und verfügen über unterschiedliche Zimmer: von Einzelzimmern über Doppelzimmer bis hin zu Schlafsälen. Ähnliches gilt für die sanitären Anlagen – von der Schlichtheit altehrwürdiger Jugendherbergen ist da meist nicht mehr viel übrig geblieben. In den Hostels kann jeder übernachten, der über eine Mitgliedskarte von Hostelling International (Internationaler Jugendherbergsausweis) verfügt, erhältlich bei DJH Service GmbH, Bismarckstr. 8, 32756 Detmold, Tel. 05231 740 10, www.jugendherberge.de. Damit erhält man in den Niederlanden einen Rabatt von 2,50 € auf den Übernachtungspreis. Verzeichnis der Stayokay-Hostels, Infos und Reservierungen: www.stayokay.com, Tel. 020 551 31 55.

Camping

Mit rund 1000 Plätzen kultiviert Holland diese Form des Urlaubs. Es gibt große Familiencampingplätze mit

Buchung von Unterkünften
Über das Niederländische Büro für Tourismus (NBT), Postfach 27 05 80, 50511 Köln, Tel. 01805 34 33 22, Fax 0221 92 57 17 37, www.niederlande.de, kann man Hotelzimmer, Wanderhütten, Apartments, Bed & Breakfast-Unterkünfte und sogar Boote reservieren. Online-Reservierungen unter: www.hotelres.nl. Reservierungen nehmen auch die örtlichen Fremdenverkehrsbüros (VVV) gegen Gebühr entgegen.

breitem Unterhaltungsangebot – von Sportveranstaltungen bis zu Grillabenden – sowie Snackbars, Restaurants, Pool, Waschsalon, Läden. Wer den Standort öfter wechseln möchte, findet auf den über ganz Holland verteilten 4- und 5-Sterne-Campingplätzen der Kette Holland Tulip Parcs sehr guten Komfort (www.hollandtulipparcs.nl).

Ruhig und inmitten landschaftlich reizvoller Umgebung liegen die Kleine Groene Campings (www.kgc.nl). Schlicht, ruhig und gastfreundlich geht es beim Zelten auf dem Bauernhof zu (www.svr.nl, www.vekabo.nl). Wer sein Zelt im Garten eines schönen Landgutes oder nahe einem romantischen Schloss aufschlagen möchte, findet entsprechende Plätze bei Gastvrije Nederlandse Landgoederen en Kastelen (www.lkc.nl). Stadtbesucher werden bei citycamps (www.stadscamping.nl) fündig. Preiswert übernachtet man in den schlichten *trekkershutten* (Wanderhütten), die auf vielen Campingplätzen zu finden sind.

Ein sehr detaillierter Campingführer ist in den Verkaufsstellen des niederländischen Automobilclubs ANWB erhältlich (www.anwb.nl).

Wanderhütten

Die *trekkershutten* sind schlichte Holzhäuschen, in denen maximal vier Personen übernachten können. Zur Ausstattung gehören vier Schlafplätze, ein Tisch mit Stühlen, Gaskocher, Licht, Steckdose, Putzmittel. Heizungen gibt es nur in einigen Hütten. Schlafsäcke, Küchen- und Essutensilien muss man mitbringen.

Die Hütten befinden sich auf Campingplätzen, deren sanitäre Einrichtungen benutzt werden können. Die mehr als 600 Wanderhütten sind so auf rund 260 Orte verteilt, dass sie etwa 25 km voneinander entfernt liegen und man von Hütte zu Hütte wandern kann. In der Hochsaison darf man jedoch maximal dreimal hintereinander in der gleichen Hütte übernachten. Die Kosten für eine Übernachtung pro Hütte betragen 37 € (max. 4 Pers.), Gas, Strom, Steuern und Heizung nicht eingeschlossen. Information: Stichting Trekkershutten Nederland, Ruigeweg 49, NL-1752 HC Sint Maartensbrug, www.trekkershutten.nl. Für Reservierungen wendet man sich direkt an den Campingplatz.

Essen und Trinken

Sie ist einfach, deftig und bodenständig – die holländische Küche, der unzählige internationale Restaurants längst Konkurrenz machen.

Kulinarischer Tagesablauf

Zum reichhaltigen *ontbijt* (Frühstück) gehören Käse, Wurst, Eier, Marmelade, Milch, Kaffee oder Tee. Im Brotkorb finden sich Brötchen, luftig-weiches Brot mit und ohne Rosinen, traditioneller Honigkuchen und Zwieback. *Pindakaas* (Erdnussbutter), *hagelslag* (Schokostreusel) und bunte Zuckerstreusel, die man aufs Brot streut, sind typisch fürs Frühstück der Holländer.

Zum Mittagessen (*lunch*) beschränkt man sich häufig auf eine kalte oder warme Brotmahlzeit wie *broodjes half om* (Brötchenhälfte mit kaltem Fleisch, gebratenem Fisch oder Leber), *uitsmijter* (Strammer Max: Brot, belegt mit Schinken oder Braten, Spiegeleiern, garniert mit einer Gewürzgurke), einer Tasse *snert* (Erbsensuppe) oder einem Salat.

Das *borrelhappje* (pikante Häppchen) stillt den ›kleinen Hunger zwischendurch‹. Neben *bami-*, *bitter-* und *gehaktballen* (Frikadellen) mit Senf, *frikandellen* (wurstförmige Stücke gebratenen Hackfleischs; auf eine *frikandel speciaal* kommen Ketchup, Mayonnaise und Zwiebeln), *saucijzebroodjes* (Würstchen in Blätterteig), *poffertjes* (kleine Krapfen) oder *flensjes* (kleine Pfannkuchen), Pommes frites und belegten *broodjes met ham* oder *met kaas* (Schinken- oder Käsebrötchen) aus der Brötchenbar bietet sich hierzu ›Essen aus der Mauer‹ an, wie der Volksmund die Speisen nennt, die man aus dem Automaten zieht – und natürlich *maatjes* (junger Hering, s. auch S. 25).

Die einheimische Küche

Deftige Hausmannskost wie *hutspot* (eine Art Fleisch-Ragout mit Gemüsebrei aus Kartoffeln, Möhren und Zwiebeln oder anderem Gemüse der Saison), *erwtensoep* (Erbseneintopf mit Schweinefleisch und Würstchen) gehört seit alters her zum Speiseplan. Daneben kommt eine Vielzahl weiterer traditioneller holländischer Gerichte auf den Tisch, darunter *hete bliksem* (Himmel und Erde), *asperges in de oven* (überbackener Spargel) und *Jan in de sak* (holländischer Serviettenkloß). *Stamppot*, eine Mischung aus gestampften Kartoffeln und Gemüse, dazu *rookworts*, geräucherte Schinkenwurst, gilt als heimliches Nationalgericht. Nicht zu vergessen sind natürlich auch die *pannenkoeken*, süße oder

Eines der neuesten Restaurant-Highlights Amsterdams: die Kantine in Noord

herzhafte Pfannkuchen, die wahlweise mit Fleisch, Obst oder Sirup serviert werden.

Zu den beliebten Desserts zählen neben Eiscreme alle Arten von Kuchen, wobei Apfelkuchen mit *boerenjongens* (in Rum eingelegte Rosinen) und Schlagsahne zu den Top-Favoriten zählt.

Die Gastronomie: multikulturell

Seit Langem bereichert die fremdländische Cuisine, speziell die französische, chinesische und indonesische, die gastronomische Landschaft Hollands. Besonders im Kommen sind japanische, thailändische, spanische und ägyptische Restaurants. Von großer Bedeutung aber ist die französische Küche, die seit der burgundischen Zeit vor allem im Süden etabliert ist und gewissermaßen zur ›einheimischen‹ Küche zählt. Trotz des enorm breiten Angebots an ethnischen Restaurants dominiert bei den Toprestaurants bis heute zweifellos die niederländisch-französische Küche.

Typisch holländisch

In Restaurants mit dem Emblem von Neerlands Dis, einem Schild mit einer rot-weiß-blauen Suppenterrine, werden typisch niederländische Gerichte serviert. In Friesland gibt es typisch friesische Menüs in mit ›Frysk Menu‹ gekennzeichneten Restaurants. Höchsten kulinarischen Maßstäben gerecht zu werden, haben sich die Restaurants der Vereinigungen Alliance Gastronomique Neerlandaise (Schild mit einem rot-blauen ›A‹) und Relais du Centre verpflichtet.

Käse aus Holland – ein Evergreen

Der Besuch einer *kaasborderij* gibt Aufschluss darüber, wie aus frischer Milch von glücklichen Kühen vorzüglicher Käse entsteht. Zuerst versetzt man die Milch mit Milchsäurebakterien. Ist sie dann sauer und dick, kommt Labferment aus Kälbermägen hinzu. Jetzt wird gerührt, bis Klumpen entstehen, von denen die Molke abgepresst wird. Die steife Masse kommt sodann in Bottiche, wird erhitzt und gebeizt und schließlich in einer Gärkammer gelagert, wo sie einige Zeit reifen muss. Häufig wird dem *boerenkaas*, dem Bauernkäse, eine Mischung von würzigen Kräutern zugesetzt, deren Zusammensetzung ein meist gut gehütetes Familiengeheimnis ist. Kein Geheimnis ist indes, dass Friesen ihrem *nagelkaas* ›Riperkrite tsiis‹ etwas getrockneten Schafsmist zugeben, um eine schönere Färbung und einen würzigeren Geschmack zu erzielen. Das Gros der holländischen Käse wird allerdings heute nach standardisierten Methoden in Käsefabriken aus pasteurisierter Milch hergestellt.

Die Reifung verändert den Geschmack: Je länger der Käse reift, desto salziger, fester, schmackhafter, teurer wird er. Holländische Käse werden in unterschiedlichen Reifegraden angeboten: *jong* (vier Wochen), *jong belegen* (acht Wochen), *belegen* (vier Monate), *extra belegen* (sieben Monate), *oud* (zehn Monate) oder *overjahrig* (ein Jahr).

Zu den wichtigsten Käsesorten gehören der Gouda (max. 48 % Fett), der etwas herzhaftere Edamer aus leicht entrahmter Milch (40 % Fett), Maaslander, Beemster, Zaanlander mild, Ijsselkaas und Gouwenaar, allesamt Goudakäse mit weniger Salzgehalt.

Darüber hinaus: der kümmelhaltige Leidse kaas, der magere Friese Nagelkaas sowie der etwas süßliche Maasdamer (›holländischer Emmentaler‹).

Matjes, Muscheln, Spargel – Spezialitäten des Landes

Den leckersten *maatjes*, den fangfrischen Hollandse *nieuwe* oder *nieuwe maatjes* (jungen Matjeshering), gibt es nur von Ende Mai bis Ende Juni. Er wird noch an Bord *gekaakt* (gekehlt und ausgenommen), in Salzlake ›gereift‹ und schockgefroren, was gesetzlich vorgeschrieben ist, um etwaige Nematoden zu beseitigen. *Nieuwe maatjes* schmeckt wesentlich milder und weniger salzig als der in unseren Supermärkten angebotene Matjes. Wie sagt doch der Holländer: »Hering ist Matjes, wenn er auf der Zunge zergeht wie Butter!«

Eine weitere Delikatesse aus dem Meer ist die Miesmuschel. Im Muschelzentrum, dem zeeländischen Yerseke, dauert die Muschelsaison gewöhnlich von Juli bis März. Die Zeeuwse-Delta-Muscheln genießt man am besten in einem der Yerseker Restaurants, dort sind sie garantiert frisch.

Von Mai bis Juni wird im nördlichen Limburg Spargel gestochen. In den Restaurants kommt er in verschiedenen köstlichen Varianten – als Suppe, Vorspeise, Hauptgericht oder sogar als Nachspeise – auf den Tisch. Wer sich über die Geschichte und den Anbau des edlen Gemüses informieren möchte, kann dies im Nationalen Spargel- und Champignonmuseum De Locht in Horst-Melderslo tun – und gleich die köstliche Spargeltorte probieren. Zu den lokalen Delikatessen gehört auch der in der alten Wassermühle De IJsvogel im nahen Arcen gebrannte Spargel-Likör.

Kulinarische Einkaufstipps

Zu den kulinarischen Mitbringsel zählen neben holländischem Käse in seinen zahlreichen köstlichen Varianten (s. S. 24) ferner: *vlaaien,* leckere Limburger Obsttorten; *speculaas,* Spekulatius; Beerenburger, ein mit 71 verschiedenen Kräutern angesetzter friesischer Kräuterschnaps, außerdem diverse Kräuterschnäpse von den Inseln; *zeeuwse babbelaars,* zeeländische Bonbons mit gesalzener Butter; *Haagse Hopjes,* Karamelbonbons aus Den Haag; *kletskoppen,* Backwaren mit Mandeln, eine Spezialität aus Leiden und Gouda, und nicht zuletzt *drop,* die ganze Vielfalt an Lakritzkonfekt.

Kaffee, Bier und Genever

Das *kopje koffie* (Tässchen Kaffee), ein *borrel* (Gläschen) Genever und ein kühles Bier sind des Holländers liebste Getränke. Neben dem bekannten Heineken Bier findet man in ganz Holland zahlreiche Biere lokaler Brauereien. Weit verbreitet sind zudem belgische Biere, die leckeren Trappisten- und Abtei-Biere etwa. Viel getrunken wird das Lager Bier. Wer *een bier* bestellt, bekommt ein normales Glas, bei *een kleintje pils* bringt der Kellner ein kleines, bei *een fluitje* ein großes, schlankes Glas.

Mit dem Genever (Wacholderschnaps) ist das ein bisschen wie mit holländischem Käse: Der *jonge jenever* ist etwas milder als der würzigere *oude jenever*. Gerne wird einer vor dem Essen genommen, wobei das *borrelglas* (Schnapsglas) randvoll daherkommt. Und hinterher genießt man nicht selten einen *advocaat* (Eierlikör) oder Beerenburg (friesischer Schnaps).

Aktivurlaub, Sport und Wellness

Baden

Die Niederlande sind ein wahres Paradies für Sonnenhungrige, Wasserratten und Strandläufer! An der Küste locken rund 280 km Sandstrand und mehr als 50 Badeorte. Die Wasserqualität an den Nordseestränden ist durch die reinigende Wirkung von Ebbe und Flut durchweg gut und wird regelmäßig kontrolliert. In mehreren Badeorten flattert am Strand sogar die ›Blaue Flagge‹, das internationale Symbol für die beste Badegewässerqualität.

An manchen Badestellen an den Binnengewässern, wie z. B. dem ruhigen Gewässer der Oosterschelde, kann es allerdings zum massenhaften Auftreten von Blaualgen kommen, von denen einige Arten giftig sind. Man erkennt die Blaualgenblüte an grünlichem, stark getrübtem, Schlieren bildendem Wasser, das man besser meidet. Ein informativer Strandführer ist beim NBTC (s. S. 15) erhältlich.

Bootstouren

Selbst Kapitän spielen – wer auf Hollands Seen und Kanälen herumtuckert, z. B. auf einem Hausboot, erlebt das Land von seiner schönsten Seite. Wohnboote in verschiedenen Größen, Ausstattungsvarianten und Preisklassen werden von zahlreichen Charterfirmen vermietet. Einen Motorbootführerschein braucht man nicht, solange das Boot kürzer als 15 m ist oder nicht schneller als 20 km/h fahren kann. Schifffahrtskenntnisse sind zweifellos hilfreich, vorweisen muss man sie nicht. Infos zu Urlaub auf dem Hausboot: Locaboat Holidays, Tel. 0294 23 77 42, www.locaboat.com. Infos für Friesland: Friesland Boating, Tel. 0514 52 26 07, www.friesland-boating.nl.

Nützliche Websites für Radler
www.nederlandfietsland.nl (u. a. dt.) und www.fietsroutenetwerk.net (nl.)
Wer Radtouren durch die Niederlande plant, erhält hier umfassende Infos zu den verschiedenen Routen.

Golf

Bewegung und Entspannung am Busen der Natur – Holland bietet eine Vielzahl großzügig angelegter Golfplätze für Einsteiger und Fortgeschrittene, auf denen man das Golfen erlernen oder sein Können verbessern kann. Auf den Homepages der Nederlandse Golf Federatie (www.ngf.nl) und der für ›golfer in Nederland‹ (www.golf.nl) findet man die Adressen von Golfplätzen, ausführliche Beschreibungen der Plätze und des Service sowie nützliche Infos.

Radfahren

Fehlende Berge und gute Radwege machen Holland zu einem wahren Radlerparadies. Über die unzähligen Routen informieren die VVV-Büros. Fahrräder können in fast allen Orten gemietet werden, Verleihstationen findet man häufig am Bahnhof. Im Radwanderführer des NBTC (s. S. 15) sind Radtouren durch die verschiedenen Regionen des Landes zusammengestellt. Er enthält auch allgemeine Infos über Fahrradverleih, Beschilderung, Gepäckbeförderung, Vorschrif-

An der Küste Zeelands – Katamarane auf Landgang

ten, Transport mit der Bahn, Veranstaltungen und Unterkünfte. Auch in den Niederlassungen des Automobilclubs ANWB findet man zahlreiche *fietsrouteboeken* und Radwanderkarten.

Reiten

Über den Strand galoppieren ist ein einmaliges Erlebnis. Doch aufgepasst! Hinweisschilder sind strikt zu beachten, manche Abschnitte sind für Reiter gesperrt. Gleiches gilt für ausgewiesene Reitwege im Inland. Pferde kann man fast überall mieten, wobei hier und dort der Ausritt nur gemeinsam mit Angestellten des Reitstalls möglich ist oder der ›Pferdeführerschein‹ verlangt wird. Infos: Stichting Rijvaardigheidsbewijzen Recreatieruiter, Tel. 0577 40 83 65, www.ruiterbewijs.nl.

Segeln und Surfen

Mehrtägige Segeltörns auf dem IJssel- und im Wattenmeer mit alten **holländischen Traditionsseglern** der ›Bruine Zeilvloot‹ (Holzboote, häufig mit rostbraunen Segeln) erfreuen sich zunehmender Beliebtheit. Die Schiffe werden von erfahrenen Skippern gesteuert und nehmen bis zu zwei Dutzend

Segeltörn auf der Staande Mastroute
Kreuz und quer auf Seen, Flüssen und Kanälen segeln – Holland bietet dafür ideale Bedingungen. Wer dabei nicht ständig bei der Durchfahrt unter Brücken den Mast umlegen möchte, begibt sich am besten auf die landesweite Staande Mastroute. Sie führt vom IJsselmeer bis Zeeland durch das ganze Land und umgeht unbewegliche Brücken. Infos unter: www.staandemast.nl (nl.); www.zuid-holland.com (u. a. dt.).

Landratten mit, die unter Anleitung mit Hand anlegen können. Genächtigt wird in engen Kojen, das Kochen übernimmt man selbst. Abends gehen die Boote in den malerischen Häfen der historischen Zuiderseestädte, z. B. in Enkhuizen, Hoorn und Urk, vor Anker oder legen in Kampen, Harlingen oder in den Häfen der Westfriesischen Inseln an.

Zu den Anbietern zählen z. B. Koostra Schiffsreisen, Tel. 0251 51 81 61, www.koostra.de; Hollands Glorie, Tel. 010 415 66 00, www.hollandsglorie.nl. Die BotterCompagnie (www.bottercompagnie.nl) organisiert Tagesausflüge, Arrangements und Segelregatten mit *bottem,* historischen Zuidersee-Fischerbooten, auf dem IJsselmeer (ab Volendam) für Gruppen von zwölf bis 200 Personen.

Auch das Surfen ist an den Küsten und auf vielen Seen sehr populär. Vielerorts sind eigens Surfstrände, Parkplätze und sanitäre Anlagen angelegt worden, es gibt Surfschulen und Ausrüstungsverleiher.

Beliebte Surfspots: Die Surfreviere der Westfriesischen Inseln liegen fast alle an der Waddenzee. Beliebt sind auch Frieslands IJsselmeerküste bei Makkum, Workum und Hindeloopen, das Lauwersmeergebiet und die friesischen Seen bei Sloten, Terherne und Woudsend.

Surfreviere an der Nordseeküste gibt es u.a. bei den Seebädern Bergen und Egmond aan Zee, Katwijk, Scheveningen und Noordwijk aan Zee. Wahre Surfparadiese liegen in der Provinz Zeeland: bei Renesse, an der Küste von ganz Walcheren und Zeeuws Vlaanderen, im Delta des Grevelingenmeer (Kabbelaarsbank/Brouwersdam) und am Veerse Meer (Kamperland, Kortgene, Wolphaartsdijk, Arnemuiden).

Wandern

Ganz gleich, ob es durch Marschen, Dünen, Wälder und Felder, auf Deichen, entlang von Flüssen oder durch die Hügel der ›Holländischen Schweiz‹ im südlichen Limburg geht, Holland ist ein Wanderparadies.

Alljährlich werden große Gruppenwanderungen wie die Internationalen Vier-Tage-Wanderungen von Nijmegen und Apeldoorn sowie die Elfstedentocht für Wanderer in Friesland organisiert. Infos erhält man bei den örtlichen VVV-Büros oder dem niederländischen Wandersportbund (Nederlandse Wandelsport Bond, Pieterskerkhof 22, NL-3512 JS Utrecht, Tel. 030 231 94 58, www.nwb-wandelen.nl).

Es gibt zahlreiche Fernwanderrouten (weiß-rote Markierung) von jeweils mehr als 100 km Länge sowie viele Regionalwanderwege (gelb-rote Markierung), die als Rundwege angelegt sind. Auskunft: Stichting Wandelplatform LAW, Tel. 033 465 36 60, www.wandelnet.nl. Besonders schöne Routen findet man in Naturschutzgebieten, Infos: Vereniging Natuurmonumenten, Tel. 035 655 99 33, www.natuurmonumenten.nl.

Wellness

Viele der größeren Hotels haben eigene Wellness-Bereiche mit Sauna, Massage, Fitnessstudio, Whirlpools u. v. a. m. Interessante Angebote wie ein viertägiges Arrangement mit u. a. ayurvedischer Massage, Hydromassagebad in vitalisiertem Wasser, Vita Marine-Gesichtsbehandlung und täglichem Drei-Gänge-Menü mit originalen Vechttal-Produkten findet man beispielsweise unter www.purewellness plus.nl.

Auch der Ferienpark Hof van Saksen in Drehnte (www.hofvansaksen.de), in dem neben dem türkischen Dampfbad und der Infrarotsauna auch Jacuzzi und etliche Massagen, Gesichts- und Körperbehandlungen angeboten werden, ist eine gute Wellnessadresse.

Relaxen mit Blick aufs Meer können Sie in der ›Gefrierkabine‹ und im ›Cavitosonic‹ in feinem Meerwassernebel in Scheveningen (www.vitalizee.nl).

Zu den großen Wellness-Oasen mit Indoor- und Outdoor-Bädern, Saunen, dampfenden Bädern und Skin & Bodycare zählt die Thermae 2000 in Valkenburg in Süd-Limburg (www.ther mae.nl).

In ihrer 2500 m^2 großen Thermenlandschaft mit Minzbad, Salzwasserbecken und Lavendel-Whirlpool sowie Fußreflexzonen- und Hot-Stone-Massagen, Peeling, Behandlung mit grünem Kaffee oder Ziegenbutter lässt Scandic Sanadome (www.sanadome.nl) in der Stadt Nijmegen kaum Wünsche offen. Dieses Wellness-Zentrum ist in Deutschland übrigens als Kurzentrum anerkannt.

Feste und Veranstaltungen

Karneval in Holland? Oh ja! Im katholischen Süden holen die Jecken einige Tage vor Fastnacht ihre Pappnasen hervor und stürzen sich in den Karnevalstrubel, begleiten in buntem Treiben die Umzüge und feiern dann in Kneipen und Cafés bis in den frühen Morgen.

Alljährlicher Höhepunkt des Festjahres aber ist der **Koninginnedag,** der Nationalfeiertag am 30. April, an dem der Geburtstag der Königin landesweit gefeiert wird. Besonders in Amsterdam geht es hoch her. Dort locken dann Jahrmarkt und **Vrijmarkt,** ein gigantischer Straßenmarkt, auf dem jedermann einen Stand aufmachen und etwas verkaufen kann, über 1 Mio. Menschen auf die Straßen.

Auch im Sommer ist in Amsterdam jede Menge los. So bieten Kultur-Festivals wie das Holland Festival und der **Uitmarkt** zahlreiche kulturelle Leckerbissen mit Theater, Musik, Oper, Modern Dance und Film. Und wenn bei der Amsterdam Gay Parade Schwule und Lesben bei fetzigen Sounds in farbenprächtigem Korso durch die Grachten schippern und dabei richtig Party machen, sind Tausende von Zuschauern zugegen. Absolutes Highlight ist im August auch das Prinsengrachtfestival (www.grachtenfestival.nl).

Ein großes Ereignis für die Kleinen ist die Ankunft von **Sinterklaas** (St. Nikolaus), der am zweiten oder dritten Samstag im November gemeinsam mit dem **Swarte Piet** (Knecht Ruprecht) und großem Gefolge per Boot in einigen großen Städten eintrifft. Höhepunkt der Nikolauszeit ist der **Pakjesavond** (Päckchenabend) am 5. Dezember, an dem es Geschenke gibt – und nicht wie bei uns am 24. Dezember.

Fest- und Veranstaltungskalender

Januar
Internationales Film Festival in Rotterdam.

Februar
Carnaval in Maastricht und anderen Orten im Süden der Niederlande.
Februaristaking (Februarstreik) am 25. Febr. in Amsterdam am Dokwerker-Denkmal.

März
Tulpenblüte im Keukenhof und Umland von Lisse (Ende März bis Ende Mai).
European Fine Art Fair in Maastricht. Renommierte internationale Antiquitätenmesse mit zeitgenössischer und holländischer/flämischer Kunst des 17. Jh., Schmuck, Möbel, Silber etc.

April
Blumenkorso von Noordwijk nach Haarlem, Ende des Monats.
Koninginnedag, 30. April.

Mai
PasarMalarn Besar in Den Haag. Größtes Eurasien-Event der Welt mit riesigem Basar, Livemusik, Theater- und Tanzaufführungen.
Bevrijdingsdag (Tag der Befreiung) in ganz Holland, 5. Mai.
Nationale Windmühlentag in ganz Holland, 2. Sa im Mai

Juni
Holland Festival in Amsterdam mit Musik, Tanz, Film- und Theatervorführungen.
Sand Sculpture Festival in Scheveningen. Wettbewerb um die schönsten Sandskulpturen, mit Preisverleihung.
Jazzfestival in Breda. Mit Open-Air-Jazz, Jazzmarkt, internationaler Wettstreit von Jazzorchestern.

Juli
North Sea Jazz Festival in Rotterdam.
Zomercarnaval (Sommerkarneval) in Rotterdam.

August
Amsterdam Gay Parade und **Gay Pride** in Amsterdam am 1. Wochenende des Monats.
Uitmarkt in Amsterdam. Dreitägiges Kulturfestival mit einer Vorausschau auf die kommende Saison.
Preuvenemint (Feinschmeckerfestival) in Maastricht Ende des Monats.

September
Werledhavendagen (Welthafentage) in Rotterdam, Anfang Sept. Besichtigungen von Schiffen und Hafenbetrieben, Bootsparade, spektakuläre Shows auf dem Wasser.
Prinsjesdag in Den Haag, 3. Di im Sept. Die Königin fährt mit einer goldenen Kutsche vor dem Rittersaal vor und eröffnet in ihm mit einer Rede die Parla mentsperiode.
Landesweiter **Open Monumentendag.** Tag der offenen Tür bei rund 3000 Denkmälern, die sonst nicht oder nur eingeschränkt besichtigt werden können.

Dezember
Sinterklaas (Nikolaustag) in ganz Holland, 5. Dez.
Gouda bij Kaarslicht (Gouda bei Kerzenschein), Di vor Heiligabend, der Marktplatz der Stadt erstrahlt im Schein Tausender Kerzen.

Reiseinfos von A bis Z

Apotheken

Apotheken *(apotheek)* sind Mo–Fr von 8/9 bis 17.30/18 Uhr geöffnet. Notdienstpläne hängen an jeder Apotheke. Wer regelmäßig Medikamente benötigt, sollte ein Rezept mit der lateinischen Bezeichnung mitnehmen.

Ärztliche Versorgung

Wer bei einer deutschen oder österreichischen Krankenkasse versichert ist, hat im Krankheitsfall in den Niederlanden Anspruch auf ambulante oder stationäre Behandlung. Hierzu – und um die Behandlungskosten nicht vorstrecken zu müssen – sollte man bei seiner Krankenkasse die Europäische Krankenversicherungskarte besorgen – und das Merkblatt mit allen wichtigen Infos. Schweizern wird empfohlen, vor der Reise in die Niederlande eine Krankenversicherung abzuschließen.

Wer in den Niederlanden ärztliche/zahnärztliche Behandlung benötigt, wendet sich dort unmittelbar an einen praktischen Vertragsarzt *(huisarts)* bzw. Vertrags-Zahnarzt *(tandarts)* und legt dort seine Europäische Krankenversicherungskarte vor. Zur fachärztlichen Behandlung wird stets die Überweisung durch einen praktischen Arzt benötigt. Der Anspruch für zahnärztliche Behandlungen ist sehr stark eingeschränkt, so dass i. d. R. eine Selbstbeteiligung bzw. bisweilen die vollständige Zahlung der Kosten auf den Patienten zukommt. Da die Kosten für einen Krankenrücktransport aus dem Ausland bei den gesetzlichen Krankenkassen nicht gedeckt sind, empfiehlt es sich eine Auslandsreisekrankenversicherung abzuschließen.

Diplomatische Vertretungen

Botschaft der Niederlande

... in Deutschland
Klosterstr. 50, 10179 Berlin
Tel. 030 209 5 60, Fax 030 209 5 64 41
www.dutchembassy.de

... in Österreich
Opernring 5, 1010 Wien, Tel. 01 589 39, Fax 01 589 392 65, www.mfa.nl/wen

... in der Schweiz
Seftigenstr. 7, 3007 Bern,
Tel. 031 350 87 00, Fax 031 350 87 10
www.nlembassy.ch

In den Niederlanden

Deutsche Botschaft
Groot Hertoginnelaan 18–20, 2517 EG Den Haag, Tel. 070 342 06 00, Fax 070 365 19 57, www.denhaag.diplo.de

Österreichische Botschaft
Van Alkemadelaan 342, 2597 AS Den Haag, Tel. 070 324 54 70, Fax 070 328 20 66, www.meia.gv.at/denhaag

Schweizerische Botschaft
Lange Voorhout 42, 2514 EE Den Haag
Tel. 070 364 28 31, Fax 070 356 12 38
www.eda.admin.ch/denhaag

Drogen

s. S. 73

Elektrizität

220 Volt/50 Hz; zweipolige Stecker, wie sie auch in Deutschland üblich sind.

Familienfreundlich: die zahlreichen Radwege in den Niederlanden

Fotografieren

Wie überall auf der Welt ist beim Fotografieren die Privatsphäre zu respektieren und vorher die Zustimmung zu erfragen. In vielen Museen darf kein Stativ benutzt und – um die empfindlichen Gemälde nicht zu schädigen – nicht geblitzt werden.

Geld

Währungseinheit ist der Euro (€). Reiseschecks und internationale Kreditkarten werden akzeptiert. EC-Geldautomaten sind weit verbreitet.

Gesetzliche Feiertage und Gedenktage

Feiertage: Neujahr, Karfreitag, Ostersonntag und -montag, Koninginnedag (30. April, Nationalfeiertag), Christi Himmelfahrt, Pfingstsonntag und -montag sowie 1. und 2. Weihnachtstag. Außer an Karfreitag sind die Geschäfte an diesen Tagen geschlossen.

Gedenktage: 4. Mai (Gedenken an die Opfer des Zweiten Weltkrieges), 5. Mai (Befreiungstag). An diesen beiden Tagen wird gearbeitet, die meisten Geschäfte sind geöffnet.

Karten und Pläne

Die Karten von Marco Polo und Michelin (1:200 000) sind detailliert. Weniger detailliert, aber dafür übersichtlich sind die Straßenkarten des ADAC (1:250 000) und des niederländischen Automobilclubs ANWB (1:300 000). Eine Vielzahl an Freizeit- *(toeristenkaarten)* und Radwanderkarten findet man in den Büros von VVV und ANWB.

Kinder

Herrliche Sandstrände, abenteuerliche Erlebnis- und Themenparks, Zoos und Museen mit Abteilungen für ganz junge Besucher – in Holland kommen auch Kinder voll auf ihre Kosten. Zahlreiche Restaurants bieten spezielle Kindermenüs an, und es stehen Kinderstühle bereit.

Freizeit- und Vergnügungsparks: Ein Walross tätscheln und Flipper die Flosse geben, sich mit dem Schlauchboot den tosenden Sungai Kalimantan hinabstürzen oder durch das Land der Elfen und Trolle spazieren – in den niederländischen Freizeitparks ist dies und vieles mehr möglich. Zu den bekanntesten gehört **De Efteling** in Kaatsheuvel (Noord-Brabant, www.efteling.nl), der in Märchenwelten entführt, aber auch Nervenkitzel bietet. **Walibi World** in Biddinghuizen (Flevoland, www.walibi.com) lockt u.a. mit einer Riesenachterbahn, die bis zu 85 km/h schnell fährt.

Auch der **Abenteuerpark Hellendoorn** (www.avonturenpark-hellendoorn.nl) macht seinem Namen alle Ehre: Eine unterirdische Achterbahn und ein Labyrinth sind nur zwei von vielen Attraktionen. Über 350 Spielgeräte können Groß und Klein im **Linnaeushof** bei Bennebroek (nahe Haarlem, Noord-Holland, www.linnaeushof.nl) ausprobieren. Der **Erlebnispark Duinrell** in Wassenaar (Zuid-Holland, www.duinrell.de) wartet mit dem weltgrößten tropischen Tikibad und der längsten Wasserrutsche der Welt auf.

Eine Reise in die Vergangenheit ermöglicht auch der geschichtliche Themenpark **Archeon** (Alphen a.d. Rijn, www.archeon.nl) und im **Dolfinarium Harderwijk** (www.dolfinarium.nl) sind Delphine, Seelöwen und Walrosse die Stars.

Die Miniaturstadt des berühmten **Madurodam** in Den Haag (www.madurodam.nl) und sein zeeländisches Gegenstück **Miniatuur Walcheren** in Middelburg (www.minimundi.nl) bieten weniger Action, sind aber beide ebenfalls lohnende Ausflugsziele.

Medien

TV: Neben drei öffentlich-rechtlichen niederländischen TV-Programmen, die häufig ausländische Filme in Originalsprache mit Untertiteln senden, und mehreren kommerziellen niederländischen Kanälen kann man mehr als zwei Dutzend ausländische Sender, darunter auch ARD, ZDF, WDR und deutschsprachige ›Private‹, aber auch sogenannte Euro-Kanäle mit Sport und Musikclips empfangen. Über Kabel erhält man außerdem Radiosender wie den WDR, SWR, N3, Deutschlandfunk und die Deutsche Welle.

Presse: Deutsche Zeitungen wie die Frankfurter Allgemeine Zeitung, die Süddeutsche Zeitung, Die Zeit sowie einige deutsche Illustrierte und Wochenblätter sind in Holland erhältlich. Niederländische überregionale Tageszeitungen sind DeTelegraaf (auflagenstärkste, konservativ), Algemeen Dagblad (neutral), De Volkskrant (progressiv), NRC/Handelsblad (progressiv-

Reisekosten und Spartipps

Die Preise entsprechen in etwa denen in Deutschland, wobei einige Waren, etwa Blumen, etwas günstiger, andere (z. B. Benzin) etwas teurer sind. Mode entspricht im Großen und Ganzen etwa unserem Preisniveau (evtl. sogar etwas günstiger). Essen zu gehen ist in den Niederlanden vor allem in größeren Städten und an der Küste (insbesondere in den Strandpavillons) um einiges teurer als bei uns.

Die Eintrittspreise für Museen sind mitunter deftig. Mit der günstigen **Museumjaarkaart** (Jahreskarte 35 €, für Jugendliche bis 24 Jahren 17,50 €) kann man über 400 Museen so oft besuchen, wie man möchte – ausgenommen Sonderausstellungen, für die meist Zuschläge berechnet werden (www.museumjaarkaart.nl). Erhältlich in den großen Museen.

Einige große Städte bieten besondere ›Pässe‹ an, mit denen man zahlreiche Ermäßigungen bekommt und öffentliche Verkehrsmittel kostenlos benutzen darf. In Amsterdam ist das die **I amsterdam Card** (s. S. 102), in Rotterdam die **Rotterdam Welcome Card** (s. S. 135) und in Den Haag/Delft die City Card **The Hague Delft** (s. S. 150).

Das Parken in großen Städten ist teuer. Bei einem Tagesbesuch nutzt man daher besser einen der kostengünstigen **P&R-Parkplätze** am Stadtrand und fährt von dort mit Bahn und Bus ins Zentrum.

liberal) und Trouw (christlich-protestantisch).

Notruf

Landesweit für Polizei, Feuerwehr, Krankenwagen: **Tel. 112**

Öffnungszeiten

Banken: Mo 13–16, Di–Fr 9–16 Uhr, manche an verkaufsoffenen Abenden bis 21 Uhr.
Geschäfte: Di–Fr 9–18, Sa 9–17 Uhr. Mo ab 13, Kaufhäuser meist ab 11 Uhr. Verkaufsoffener Abend: Do oder Fr, meist bis 21 Uhr. In Urlaubsregionen sind viele Geschäfte in der Hauptsaison jeden Abend und an Wochenenden geöffnet.
Post: Mo–Fr 9–17.30 Uhr, oft auch Sa 9–12 Uhr; in kleineren Orten mittags geschlossen.

Reisende mit Handicap

Nicht nur viele Hotels, Bungalowparks und Museen sind behindertengerecht ausgestattet, auch etliche Badestrände sind für leicht Behinderte zugänglich oder verfügen über spezielle Strandrollstühle (Info: www.niederlande.de). Im Nationalpark De Hoge Veluwe stehen für Behinderte kostenlos Tandems, Rollstuhlräder und Dreiräder zur Verfügung. Zudem sind Bahnhöfe und Züge für Behinderte gut zugänglich. Um einen optimalen Service zu erhalten, sollte man sich 24 Stunden vor Reiseantritt telefonisch mit den Niederländischen Eisenbahnen in Verbindung setzen (Tel. 030 235 78 22).

Die speziell konstruierten Schiffe Klipper Lutgerdina und Katamaran Beatrix (www.watersportenkaniedereen.nl) laden zu abenteuerlichen Segeltörns auf dem IJsselmeer, der Waddenzee und den Friesischen Meeren ein (Tel. 030 659 73 00).

Infos für Behinderte
Allgemein:
Chronisch zieken en Gehandicapten Raad, Postbus 169, 3500 AD Utrecht, Tel. 030 291 66 00, www.cg-raad.nl
Außerdem: www.gehandicapten.nl
Für Sportler: www.gehandicapten-sport.startpagina.nl
Organisierte Reisen bietet die Stichting Recreatie Gehandicapten an (Tel. 023 536 84 09, www.srg-vakanties.nl). Hilfreiche Infos auch beim niederländischen Automobilclub ANWB (Tel. 088 269 22 22) und beim NBTC (s. S. 15).

Sicherheit

Im **Meer baden** sollte man nur an bewachten Badestränden und nur bei Flut, wenn das Meer in Richtung Land strömt. An bewachten Stränden wird die Situation durch Fahnen signalisiert: grün – Schwimmen erlaubt; rot – Schwimmen verboten; blau – Gefahr. Hier und dort findet man auch Hinweisschilder mit der Aufschrift *bad niet bij ebe* (Bei Ebbe nicht baden) oder *verboden to zwimmen.*

Um **Unfälle mit Radfahrern** zu vermeiden, sollte man sich darauf einstellen, wesentlich mehr Radfahrern zu begegnen als daheim, zudem fahren sie in Städten oft in Pulks und häufig recht unkonventionell. **Fahrraddiebstahl** ist an der Tagesordnung. Deshalb abgestellte Räder gut anketten!

Taschendiebstahl: Besonders in Großstädten, in überfüllten Verkehrsmitteln und an Orten, an denen sich viele Touristen aufhalten, ist damit zu rechnen.

Souvenirs

Beliebte Mitbringsel sind Porzellan und Keramik in ›Delfter Blau‹, neue und alte bemalte Kacheln, bemalte oder unbemalte *klompen* (Holzschuhe), Blumenzwiebeln und dekorative Tulpen aus Holz, Nachdrucke oder echte alte Stiche holländischer Landschaften oder Stadtansichten, die typische ›Goudse Pijp‹, eine langstielige Tonpfeife aus Gouda, aber auch landestypische Schnäpse wie Genever oder Berenburger, Diamanten aus Amsterdam – und natürlich Käse.

Kinderherzen gewinnt man auch mit *hagelslag* & Co., leckeren Schokostreuseln in jeder Geschmacksrichtung und Form. Immer noch beliebtes Mitbringsel ist der ›echte‹ *vla,* eine Art Pudding in der Tüte – und manchmal sogar noch in der Glasflasche.

Telefonieren

Öffentliche Telefonzellen haben meist Kartentelefone. Telefonkarten (*telecard*) zu 5 € und 10 € gibt es in Postämtern, Bahnhöfen, Kiosken und VVV-Büros. Telefonvermittlung: 0800 04 10. Über diese Nummer sind auch R-Gespräche möglich. Telefonieren vom Zimmertelefon in Hotels kostet meist das Dreifache der regulären Gebühren.

Mit D1-, D2- und E-plus-**Handys** kann in Holland problemlos telefoniert werden. Wer viel innerhalb des Landes telefoniert, legt sich am besten eine holländische Prepaid-Karte zu.

Auskunft in Holland
national 0900 80 08,
international 0900 04 18
www.detelefoongids.nl

Landesvorwahlen
Niederlande: 0031
Deutschland: 0049
Österreich: 0043
Luxemburg: 00352
Schweiz: 0041

Panorama – Daten, Essays, Hintergründe

Alter Segler vor Harlingens kleinstädtischer ›Skyline‹

Steckbrief Niederlande

Daten und Fakten

Offizielle Bezeichnung: Koninkrijk der Nederlanden (Königreich der Niederlande)
Hauptstadt: Amsterdam (758 000 Einw.), Regierungssitz Den Haag
Größte Städte (Einw.): Rotterdam: 590 000, Den Haag: 476 000, Utrecht: 299 000, Eindhoven: 210 000, Groningen: 185 000, Nijmegen: 161 000, Arnhem: 144 000, Maastricht: 118 000, 's-Hertogenbosch: 138 000
Flagge: Die Farben der Nationalflagge gehen auf die Livree-Farben des Hauses von Oranien (orange, weiß, blau) zurück. Häufig wird auch die Oranje-Flagge gezeigt.
Lage: Die Niederlande grenzen im Norden und Westen an die Nordsee, im Osten an Deutschland und im Süden an Belgien. Vor dem Festland im Norden liegen die Westfriesischen Inseln. Das Land wird von Deichen mit einer Länge von mehr als 3000 km geschützt.
Fläche: 41 528 km^2, davon 7655 km^2 (ca. 18,5 %) Gewässer. 24 % des Landes liegen unter Meereshöhe, der tiefste Punkt 6,74 m unter dem Meeresspiegel. Zum Königreich gehören auch die Niederländischen Antillen und Aruba.
Einwohner/Ausländer: 16,5 Mio., Ausländeranteil ca. 19 %
Bevölkerungsdichte: 397 Einw./km^2 (BRD 231 Einw./km^2)
Landessprache: Niederländisch, in Friesland außerdem Friesisch als offizielle Minderheitensprache.
Internet-ID: .nl
Telefon-Ländervorwahl: 0031
Zeitzone: mitteleuropäisch

Geografie und Natur

Im Norden schirmt eine Kette lang gestreckter Inseln das Festland gegen die Nordsee ab. Zwischen den Inseln und dem Festland hat das Spiel der Gezeiten das Wattenmeer hinterlassen, an der Küste haben Wind und Wellen einen weiteren Dünensaum aufgetürmt. Dahinter erstrecken sich bis weit ins Binnenland hinein fruchtbare Marschen und Niedermoore. Nach Süden schließt sich bis an die Scheldemündung Geestland an.

Eiszeitliches Gletschergeschiebe hat Hügelketten wie den Hondsrug zwischen Groningen und Emmen, den Utrechter Hügelrücken und die Veluwe zwischen Arnhem und Zwolle hinterlassen. Im äußersten Südosten prägen hügelige Ausläufer des Rheinischen Schiefergebirges die Landschaft. Dort liegt, just an der Stelle, an der die Niederlande, Belgien und Deutschland aneinanderstoßen, bei Vaals, mit 323 m der höchste Punkt des Landes.

Geschichte und Kultur

Genau 80 Jahre, von 1568 bis 1648, haben die Niederländer für ihre Unabhängigkeit von Spanien gekämpft, bis sie diese und ihre Glaubensfreiheit erlangten. Gegen Ende des 18. Jh. wurden die Niederlande von Frankreich erobert, 1806 erhob Napoleon Bonaparte sie zum Königreich mit seinem Bruder Louis als König. Nach Napoleons Niederlage legte der Wiener Kongress 1815 das Territorium des neuen Königreichs der Vereinigten Niederlande fest. Mit der Unabhängigkeit Belgiens zerfielen die Vereinigten Niederlande 1830 in die heutigen Königreiche der Niederlande und Belgiens.

Staat und Politik

Die Niederlande sind eine konstitutionelle parlamentarische Erbmonarchie. Staatsoberhaupt ist Königin Beatrix, Kronprinz ist Prinz Willem-Alexander. Die Regierung und das Parlament (Staten-Generaal), bestehend aus zwei Kammern, bilden die gesetzgebende Macht. Die Eerste Kamer aus 75 Abgeordneten wird von den zwölf Provinzlandtagen auf vier Jahre gewählt (zuletzt 2006), die Tweede Kamer aus 150 Abgeordneten alle vier Jahre direkt vom Volk. Die Königin ernennt den Regierungschef.

Bei den Wahlen 2006 ging die CDA (Christdemokraten) mit 41 Sitzen als die stärkste Partei hervor, gefolgt von der PvdA (Arbeiterpartei, 33 Sitze), SP (Sozialisten, 25 Sitze) und VVD (Volkspartei voor Vrijheid en Democratie, 22 Sitze). Die Regierung wird von einer Koalition aus CDA, VVD (Liberale) und D66 (Demokraten) getragen. Regierungschef ist Ministerpräsident Jan Peter Balkenende (CDA).

Wirtschaft

Holland ist eine leistungsstarke Handels-, Industrie- und Dienstleistungsnation. Mehr als die Hälfte der in Holland hergestellten Güter gehen ins Ausland. Agrar- und Industrieprodukte machen zusammen zwei Drittel des Exports aus. Dienstleistungen im Bereich Transport (Logistik) – Rotterdams Hafen ist der wichtigste Europas – und Finanzdienstleistungen sind stark im Kommen.

Bevölkerung / Sprache / Religion

Die Niederlande sind eines der am dichtesten besiedelten Länder der Welt und zugleich ausgesprochen multikulturell. Weit über 3 Mio. Niederländer sind ausländischer Herkunft. Viele dieser Bürger stammen aus den ehemaligen holländischen Kolonien, die meisten aus Surinam. Ausländische Wortfetzen, ein vielsprachiges Stimmengewirr, sind Alltag. Die niederländische Sprache selbst, Nederlands, leitet sich weitgehend vom Niederfränkischen ab. Niederländer sind für ihre hohe Sprachbegabung bekannt und sprechen häufig mehrere Fremdsprachen.

Calvinisten und Niederländer – das war lange Zeit fast ein Synonym. Dass der Calvinismus in den Niederlanden die allumfassende Religion ist, ist jedoch ein Irrglaube. Tatsächlich überwiegt nämlich insgesamt und besonders in den südlichen Provinzen Limburg und Noord-Brabant das Römisch-Katholische. In Zahlen: ca. 50 % keine Glaubensgemeinschaft, 27 % römisch-katholisch, 17 % Protestanten, 6 % Moslems.

Berühmte Holländer

Rembrandt van Rijn (1606–1669): Maler-Genie.

Vincent van Gogh (1853–1890): Maler-Genie.

Anne Frank (1929–1945): Jüdisches Mädchen, das durch sein Tagebuch Weltruhm erlangte.

Herman van Veen (geb. 1945): Sänger, Violinist, Schriftsteller, Liedertexter und Liederkomponist.

Geschichte im Überblick

	Vor- und Frühzeit
ca. 8000–4000 v. Chr.	An der Nordseeküste entstehen Wattgebiete, im Landesinneren Sümpfe und Seen. Aus dieser Zeit stammt ein im Moor bei Pesse gefundener 8300 Jahre alter, durch Feuer ausgehöhlter Einbaum – das älteste erhaltene Wasserfahrzeug der Welt.
4500 v. Chr.	Menschen der Bandkeramikkultur betreiben in Süd-Limburg Landbau und Viehzucht, Dörfer entstehen.
ca. 1900 v. Chr.	Bronzezeit: Durchreisende Händler bringen Werkzeuge aus Bronze und Kupfer ins Land. In den mittleren Niederlanden und südlichen Küstengebieten entstehen Niederlassungen mit runden Hütten und Grabhügel mit Ringwall, Rundgraben und Palisaden.
750–200 v. Chr.	Eisenzeit: Kelten breiten sich über Südwesteuropa aus und dringen bis in den Süden der Niederlande vor. Im Norden siedeln germanische Stämme, die Grenze bildet das Delta von Rhein, Maas und Schelde.
	Römische Zeit
57 v. Chr.	Römer unter Julius Caesar nehmen das südniederländische Gebiet ein. Für kurze Zeit gelingt unter Kaiser Augustus eine Ausdehnung ihres Territoriums auf das rechtsrheinische germanische Gebiet.
9 v. Chr.	Schlacht im Teutoburger Wald. Nach der verheerenden Niederlage der Römer zieht Augustus seine Truppen auf die linke Rheinseite zurück. Im Schutz des niedergermanischen Limes entstehen Fernstraßen und Siedlungen wie Coriovallum (Heerlen) und Noviomagnus (Nijmegen).
382	Bischof Servatius erwählt Maastricht zum Bischofssitz und beginnt mit der Christianisierung der Niederlande.
	Aufstieg und Herrschaft der Karolinger
Anfang 6. Jh.	Chlodwig und seine Nachfolger erweitern das Frankenreich. Reichsteilungen schwächen die Herrschaft der Merowinger.
689	Pippin II., Hausmeier über das einstige Merowingerreich, bezwingt bei Dorestad das friesische Heer unter Radbod und besetzt das Gebiet um Rhein, Maas und Schelde.
734	Karl Martell ebnet den Weg für die Christianisierung der Friesen durch die Benediktiner Willibrord und Bonifatius.
751	Karl Martells Sohn Pippin entthront den letzten merowingischen König, Childerich III. Beginn der großen Zeit der Karolinger.

768–814 Unter Karl dem Großen, dem Enkel Karl Martells, erreicht das Frankenreich seine größte Ausdehnung. Der südniederländische Raum, mit Kaiserpfalzen in Aachen und Nijmegen, wird zu seinem Herzstück.

9. Jh. Unter den Enkeln Karls des Großen wird das Reich erneut geteilt, das niederländische Gebiet geht zunächst im Vertrag von Verdun (843) an Lothar I., nach dessen Tod (855) an seinen Sohn Lothar II. Nach dessen Tod (869) erhält Ludwig der Deutsche die Osthälfte Lothringens, dabei kommt Flandern westlich der Schelde an Frankreich.

10.–14. Jh. Nach Zerfall Niederlothringens entstehen die Grafschaften Flandern, Hennegau, Limburg, Luxemburg, Brabant, Geldern, das Bistum Utrecht.

Die burgundische Herrschaft

1363–1477 Durch geschickte Expansionspolitik, gezielte Eheschließungen, Erbe, Schenkung, Kauf und Annexion von Gebieten dehnen die Burgunder ihr Reich von der Somme bis an das IJsselmeer aus.

Die Niederlande unter den Habsburgern

1482–1529 Durch Vermählung erhält Maximilian I. von Österreich 1482 die Herrschaft über die Niederlande, 1493 sein Sohn, Philipp der Schöne, der Spaniens Erbtochter Johanna die Wahnsinnige heiratet. Deren Sohn Karl V. erbt die burgundischen Niederlande und vereint sie 1516 mit Spanien und dem österreichischen Habsburg. 1519 wird er zum Kaiser gewählt und begegnet in der Folge dem aufkommenden Calvinismus in den Niederlanden mit großer Härte.

Die Niederlande unter Spanien

1556–1566 Karl V. dankt ab, die Niederlande kommen 1556 an seinen Sohn Philipp II. von Spanien, der 1559 seine Schwester Margarethe II. von Parma als Generalstatthalterin der Niederlande einsetzt. Hohe Abgaben, Hungersnot und die Verfolgung der Calvinisten führen zum Widerstand. 300 Abgesandte des Adelsbundes verlangen 1566 von der Statthalterin in einer Bittschrift den Widerruf des Inquisitionsedikts. Sie werden abgewiesen und als *geuzen* (Bettler) verhöhnt. Fortan nennen sich die Aufständigen Geuzen und tragen den Bettelsack als Abzeichen. Religiöse Unruhen führen zum Bildersturm. Philipp II. entsendet Herzog von Alba mit 15 000 Mann zur Niederschlagung des Aufstandes, Sondergerichte lassen Tausende Rebellen ermorden.

Niederländischer Befreiungskampf

1568–1648 Achtzigjähriger spanisch-niederländischer Krieg. Prinz Wilhelm I. von Oranien-Nassau wird Führer des niederländischen Freiheitskampfes. 1572 übertragen die Provinzen Holland und Zeeland Wilhelm von

Oranien den Oberbefehl zur Befreiung von Spanien. 1576 schließen sich in der Genter Pazifikation alle übrigen Provinzen dem Kampf an und einigen sich auf Religionsfreiheit in allen Provinzen.

1579 Dem neuen spanischen Generalstatthalter Farnese gelingt es, das Bündnis zu spalten, indem er den katholischen Südprovinzen in der Union von Arras Freiheit gewährt.

1581 Die sieben nördlichen Provinzen vereinigen sich in der Union von Utrecht und sagen sich endgültig von Spanien los. 1584 wird Prinz Wilhelm I. von einem Katholiken ermordet. 1609–1621 herrscht Waffenstillstand; im Norden Machtkämpfe um die Vorherrschaft im Lande.

1648 Der Westfälische Friede beendet den Achtzigjährigen Krieg, Spanien erkennt die Souveränität der Niederlande endgültig an.

Das ›Goldene Zeitalter‹

16./17. Jh. Holland wird führende Seehandelsmacht. 1602 wird die Vereinigte Ostindische, 1621 die Westindische Kompagnie gegründet. Deren Aktivitäten führen zur Kolonialisierung Indonesiens, der Molukken, West-Javas, West-Neuguineas, der Westindischen Inseln, von Teilen Afrikas und Brasiliens. 1625 erwerben die Niederlande die Insel Manhattan, auf der die Kolonie Nieuw Nederland entsteht. Mit der wirtschaftlichen geht eine kulturelle Blüte einher, die u. a. große Maler wie Rembrandt und Jan Vermeer hervorbringt.

Niedergang der niederländischen Republik

1652 Erster von vier Seekriegen gegen die Engländer, nachdem Cromwell den Transport von Waren zu den britischen Inseln nur auf englischen Schiffen zulässt (Navigation Act).

1672 Wilhelm III. von Oranien wird Statthalter der Niederlande und schlägt die französischen Truppen zurück. Im Jahr 1677 heiratet er Maria, die Tochter König Karls I. von England, und besteigt 1689 den englischen Königsthron.

1714 Nach dem Spanischen Erbfolgekrieg fallen die spanischen Niederlande an Österreich.

1747 Wilhelm IV. von Oranien wird zum Erbstatthalter ernannt.

›Franzosenzeit‹ und Königreich der Niederlande

1792–1794 Frankreich erobert die Niederlande und errichtet 1795 auf dem Territorium die Batavische Republik.

1806–1815	Napoleon Bonaparte erhebt die Niederlande zum Königreich und bestimmt seinen Bruder Louis zum König. 1810 dankt dieser ab, die Niederlande fallen an Napoleons Empire.
1815	Nach Napoleons Niederlage bei Waterloo vereint der Wiener Kongress die beiden Niederlande zum Königreich der Vereinigten Niederlande und stellt sie unter die Herrschaft Wilhelms I. von Oranien.
1830	Aufstand in Brüssel. In der Folge entstehen das Königreich der Niederlande, Belgien und das Großherzogtum Luxemburg.
1848	Verfassungsreform unter König Wilhelm II. Es entsteht eine konstitutionelle, parlamentarische Monarchie.
1890	Wilhelmina, Tochter von Wilhelm III., wird Königin der Niederlande.

Das 20. Jahrhundert

1914–1948	Während des Ersten Weltkrieges wahren die Niederlande Neutralität. Im Zweiten Weltkrieg von 1940 bis 1945 deutsche Besatzung; Königin Wilhelmina und die Regierung gehen nach London ins Exil. 1948 dankt die Königin zugunsten ihrer Tochter Juliana ab.
1953	1835 Menschen sterben bei einer Sturmflutkatastrophe.
1980	Inthronisation von Königin Beatrix, Julianas Tochter.
1992	Unterzeichnung des Maastrichter Vertrages über die EU.
1997	Abschluss des Delta-Plans.

Das 21. Jahrhundert

2002	Die Regierung tritt wegen des Versagens der niederländischen UN-Schutztruppe beim Massaker von Srebrenica 1995 zurück. Neue Mitte-Rechts-Regierung unter Jan Peter Balkenende. Kronprinz Willem-Alexander heiratet Máxima Zorreguieta. Prinz Claus stirbt.
2006	Kommunalwahlen – die regierende Mitte-Rechts-Koalition erleidet eine schwere Schlappe.
2008	Annahme und Ratifizierung des Vertrages von Lissabon zur EU-Verfassung durch die Niederlande.
April 2009	Beim versuchten Attentat auf die königliche Familie am Koninginnedag in Apeldoorn kommen mehrere Menschen ums Leben.

Eingedeicht und eingepoldert

Immer wieder wurden die Niederlande von schweren Sturmfluten und Überschwemmungen heimgesucht, bei denen Abertausende von Menschen starben. Die beispiellosen Küstenschutzprojekte haben im Laufe der Jahrhunderte das Gesicht der Küstenregion nachhaltig verändert. Zu Ende aber ist die Geschichte längst noch nicht. Dafür sorgt nicht zuletzt der steigende Meeresspiegel.

Als die Römer zu Beginn unserer Zeitrechnung auf das Gebiet der heutigen Niederlande vordrangen, befanden sich Land und Leute in einem erbärmlichen Zustand. »Der Ozean«, so schrieb der römische Chronist Plinius Secundus in seiner »Naturalis Historiae«, »dringt mit zwei Zwischenzeiten am Tage und in der Nacht in gewaltiger Breite und mit unermesslichen Wellen ins Land ein, so dass man bei diesem ewigen Kampf der Natur zweifelt, ob denn der Boden zur Erde oder zum Wasser gehört. Dort lebt ein unglückliches Volk auf Hügeln, besser gesagt, auf Erhöhungen, die es mit eigener Hand aufgeworfen hat …«

Heute schlagen die Wellen der Nordsee gegen Deiche, Dämme und Flutwehre, aus weiten Flächen des einst regelmäßig überfluteten Schlicklandes sind fruchtbarste Felder und Wiesen geworden, das Volk gilt keineswegs als unglücklich und lebt in seiner Mehrheit nicht auf künstlichen Inseln, sondern unter Meeresspiegelniveau.

›Schlüpfrige‹ Immobilien

Zu Plinius' Zeiten hausten Kelten und Germanen in den nordseenahen ausgedehnten Marschen tatsächlich auf Terpen, von Hand aufgeworfenen Erdhügeln, von denen man einige noch heute in den Provinzen Friesland und Zeeland vorfindet. Was die menschlichen Schlicklandbewohner in diese ungastliche Region zwischen Wasser und Land verschlagen hatte, darüber kann nur spekuliert werden. Hoffnung auf ein leichtes Leben jedenfalls war es nicht, mussten die Bewohner doch gewaltige Energie in den Erhalt ihrer ›schlüpfrigen‹ Immobilien stecken. Andererseits war das Land, das man dem Meer abgerungen hatte, besonders fruchtbar. Zudem boten die wie Inseln aus dem Morast ragenden Terpen Schutz gegen Angreifer.

Nach und nach gingen die landhungrigen Terpenbewohner dazu über, Dämme zwischen den Hügeln zu errichten und Sumpfland mit Erdwällen zu umgeben, um entstehende Äcker und Weiden vor Überflutung zu schützen. Damit nicht genug, zogen sie Gräben durch die sumpfigen Böden und

Einmalig: das Oosterschelde-Sperrwerk

ließen das Wasser durch Flapptore ab, die bei Ebbe durch das in den Gräben angesammelte Wasser nach außen aufgedrückt wurden, sich jedoch bei Flut unter dem Druck des ansteigenden Meerwassers schlossen, wodurch das Eindringen verhindert wurde.

Gefragt: neue Ideen

Zu einer umfassenderen Landgewinnung kam es jedoch erst, als die Landesherren die Initiative ergriffen. So gründeten die Grafen von Holland nicht nur bei Haarlem und Delft eigene Höfe, sondern schenkten oder verpachteten Land an Ansiedler, unter der Maßgabe, es zu kultivieren. Zugleich begünstigten sie bei der Vergabe von Land neue Klosterorden, wie die der um 1100 gegründeten Zisterzienser und Prämonstratenser. Da Bau, Erhalt und Wacht über die Dämme in einer Gemeinschaft effizienter zu bewältigen waren, tat man sich frühzeitig zu *waterschappen* zusammen, eine Art mittelalterlicher Bürgerinitiativen, die sich ihre Deichgrafen selbst wählten und bis heute bestehen.

Je größer die trockenfallenden Flächen, desto schwieriger wurde es, das sich durch den Wasserentzug unter den Meeresspiegel absenkende Land trockenzuhalten. Neue Techniken waren gefragt. Windmühlen mit Schöpfrädern wurden in Stellung gebracht. Mit ihrer Hilfe wurde das unerwünschte Wasser über Dämme geschaufelt, von wo es ins Meer abfloss.

Der »reißende Wolf« – ungebändigt

Dennoch siegte der »reißende Wolf«, wie man die zügellose See seit altersher in den Niederlanden nennt, immer wieder im Kampf um die Vorherrschaft. Unter den Aberhunderten ›alltäglicher‹ Sturmflutkatastrophen – die Chronik Zeelands weist allein 650 Überschwemmungen auf – traten in allen Jahrhunderten einige besonders schwere hervor: in der von 1404 ertranken 50 000 Menschen; bei der St.-Elisabeth-Flut von 1421 kamen Zehntausende ums Leben; 1570 riss die Flut noch mehr Menschen in den Tod; besonders verheerend waren auch die Sturmfluten vom 14. November 1775, vom 15. Januar 1895 und vom 11. Januar 1916. Besonders deutlich vor Augen haben ältere Niederländer noch heute die letzte schwere Sturmflut, die sich am 31. Januar 1953 ereignet hatte.

Trockengelegt

Im Goldenen Zeitalter des 17. Jh. waren die drei wichtigsten Voraussetzungen erfüllt, um sich an größere Landgewinnungsprojekte zu wagen: Es gab das technische Know-how, die finanziellen Mittel und den Bedarf. Indem man einerseits Siedlungsraum und Agrarflächen zur Versorgung der wachsenden Bevölkerung schuf und andererseits durch das Einpoldern besonders sturmgefährdeter Gebiete die Gefahr von Überschwemmungen bannte, schlug man zwei Fliegen mit einer Klappe. Mit dem Kapital reicher, nach Rendite strebender Kaufleute aus Amsterdam und der Kraft von Hunderten von Windmühlen machten sich *waterbouwkundige,* allen voran Jan Adriaanszoon Leeghwater, an die Arbeit und legten eine Reihe holländischer ›Meere‹ und Buchten der damals noch zur Nordsee hin offenen Zuidersee trocken.

Tiefergelegt

Die Krönung der *droogmakerij* Leeghwaters sollte die Einpolderung des 18 500 ha großen Haarlemer Meeres werden. Doch sein ehrgeiziger, in jahrelanger Arbeit ausgeheckter und 1641 in seinem Haerlemmermeer-Boeck publizierter Plan konnte aus finanziellen Gründen zu seinen Lebzeiten nicht mehr ausgeführt werden. Erst 200 Jahre später, nachdem der »Wasserwolf« 1836 Amsterdam und Leiden wieder einmal ›angefallen‹ hatte, sah man sich zur Trockenlegung des Meeres genötigt und setzte 1848 die erste von drei starken dampfgetriebenen walisischen Zechenpumpen in Gang. Nach zwölf Jahren war das Meer leergepumpt. Mittendrin, wo sich einst verfeindete Flottenadmirale mit schweren Breitseiten beharkten, heben heute die Flotten internationaler Luftfahrtgesellschaften vom ›Meeresboden‹ ab, denn 3,5 m unter Normalnull liegt jetzt Amsterdams Flughafen Schiphol. Sein Name, von »schip-hols« abgeleitet, verweist auf die kleinen, schützenden Buchten am Ufer des Meeres, in denen die Fischer früher bei Unwettern Zuflucht gesucht hatten.

Mit der Drainage des Haarlemer Meeres war zwar die Gefahr in einer der sturmflutgefährdetsten Regionen der Niederlande gebannt, doch gab es noch immer zwei Gebiete mit ungleich höheren Gefahrenpotenzialen: die Zuidersee und das ›Delta‹ von Rhein, Maas und Schelde. Diese Gebiete gegen die Unbilden der Nordsee zu sichern, würde einen kaum vorstellbaren menschlichen und etatmäßigen Kraftakt erfordern. Die gesamte Meeresbucht der Zuidersee einzupoldern, hieße eine Fläche von 300 000 ha mit einem Ringdeich zu umgeben und leerzuschöpfen – eine Idee, mit der sich niemand so recht anfreunden mochte, zumal, wie man aus Untersuchungen des Meeresbodens wusste, ein Drittel aus für die Landwirtschaft wertlosem Sand bestand. Aber auch die Trockenlegung eines Teiles der Zuidersee würde mächtige Deiche von etlichen hundert Kilometern Länge erfordern und Schwindel erregende Summen von Geld verschlingen, wobei die Sturmflutgefahr für den Rest der offenen Meeresbucht nicht einmal gebannt wäre.

Der Plan des Cornelius Lely

Jahrzehntelang wurde nach einer einfacheren Lösung gesucht, bis der *waterbouwkundige* Cornelius Lely 1891 einen Plan vorlegte, der aufgrund seiner Einfachheit und der geringen Kosten bestach. Er sah vor, die Zuidersee durch einen ca. 33 km langen Deich zwischen Nordholland und Friesland von der Nordsee abzutrennen und nur die landwirtschaftlich nutzbaren Bereiche des Meeresbodens in Polderland zu verwandeln. Der Rest der dann gegen das Salzwasser der Nordsee abgetrennten Zuidersee würde mit der Zeit durch das Wasser der darin einmündenden IJssel, eines Nebenarms des Rheins, zu einem Süßwassersee werden und wertvolles Brauchwasser speichern.

Um es vorwegzunehmen: Der Plan wurde – wenn auch erst drei Jahrzehnte später – verwirklicht und Lely wurde nicht nur Minister für Wasserbau, ihm wurde auch ein Denkmal gesetzt, und Lelystad, die Hauptstadt der in der einstigen Zuidersee entstandenen Polder-Provinz Flevoland, trägt heute seinen Namen.

Der 28. Mai 1932 war für die Niederlande ein denkwürdiger Tag. An ihm wurde der Afsluitdijk (Abschlussdeich) geschlossen. Fünf Jahre hatte ein Heer von Arbeitern und Wasserbauingenieuren benötigt, um das Werk zu vollenden. Der auf Höhe des Meeresspiegels 90 m breite Deich – genau genommen handelt es sich hier um einen Damm – ist, wie man stolz bekundet, außer der chinesischen Mauer, das einzige von Astronauten aus dem All mit bloßem Auge zu erkennende menschliche Bauwerk. Heute ist die Stelle, an der man den Deich schloss, ein viel besuchter Zwischenstopp bei der Fahrt über die künstlich aufgeschüttete, schnurgerade Trennlinie zwischen Meer- und Süßwasser, bekrönt mit einem hohen Aussichtsturm und einem Denkmal mit dem Spruch »Ein Volk, das lebt, baut an seiner Zukunft«.

Hollands Landfläche wächst

Durch die gewonnenen Polder vergrößerte sich die Landfläche der Niederlande um 12 %, wurde Siedlungs- und Wohnraum für Tausende geschaffen und ein erheblicher Schritt zur Sicherung der Nahrungsmittelproduktion getan. Allerdings gibt es auch eine Kehrseite der Medaille. Durch Trockenlegung der Wieringermeer- und Nordostpolder ist der Grundwasserspiegel im angrenzenden Festland gesunken, Agrarland trocknete aus, manches Gebäude drohte einzustürzen. Daraus hat man gelernt und um Flevoland *randmeren* belassen, breite Wassersäume, die Flevoland vom Festland trennen und dieses vor Wasserverlust schützt. Als Negativposten in der überwiegend positiven Bilanz des ehrgeizigen Zuidersee-Projektes muss auch der Verlust von Fanggründen für Hering, Sardelle, Muschel und Auster verbucht werden, die einst in der Zuidersee beheimatet waren und Generationen von Fischern ernährt hatten.

Dämme, Deiche und Flutwehre

Die Gewalt des Wassers wurde den Niederländern wieder einmal vor Augen geführt, als es in der Nacht vom 31. Januar 1953 zu einer schweren Sturmflut kam. Zwar hielt der Abschlussdeich dem Druck stand, doch brach die See an über 500 anderen Stellen der Küste durch die Deiche, überschwemmte das Land und riss mehr als 1800 Menschen und Zehntausende Tiere in den Tod. Am schwersten war das Gebiet im Delta von Rhein, Maas und Schelde betroffen. Damit sich eine derartige Katastrophe nie wiederholt, wurden die gefährdeten Küstenbereiche im Rahmen des Delta-Plans durch verstärkte Dämme, Deiche und Flutwehre gesichert.

Der Schutz des Landes vor Überflutung hat heute Priorität vor der Landgewinnung. Mit Stirnrunzeln beobachten die Sachverständigen, wie die See an den Küsten ihres Landes nagt. Alljährlich gehen dort 5 Mio. m^3 Sand verloren, während gleichzeitig der Meeresspiegel um 1–3 mm steigt. Wie die Niederlande in einigen hundert Jahren aussehen, daran mag man gar nicht denken.

Irgendwann, dessen sind sich jedoch viele Niederländer sicher, werden exterrestrische Besucher, die in Schiphol landen wollen, um in Holland Urlaub zu machen, dort nur noch Wasser vorfinden.

Das 17. Jahrhundert – wirtschaftliche und kulturelle Blütezeit

Festmahl der Offiziere der St. Georgs-Schützengilde – Gemälde von Frans Hals (1616)

Die Gründung von Kolonien, der Handel mit Aktien und Waren, bahnbrechende wissenschaftliche Entdeckungen sowie eine nie dagewesene Blüte des Kunstschaffens – das 17. Jh. wird nicht ohne Grund als Gouden Eeuw, als Goldenes Jahrhundert, bezeichnet. Zu den Schattenseiten aber zählten: Menschenhandel, Sklaverei, Kinderarbeit und bittere Armut in großen Teilen der Bevölkerung.

Obwohl oder vielleicht gerade weil sich die Niederlande zu Anfang des Jahrhunderts im Krieg befanden, entwickelten sie sich damals zur ersten Welthandelsmacht und Amsterdam wurde zur wichtigsten Handelsmetropole Europas.

›Pfeffersäcke‹ bestimmen den Handel

1602 und 1621 wurden die legendären Vereinigten Ost- und Westindischen Compagnien (VOC und WIC) gegründet, die bedeutendsten Handelsgesellschaften jenes Jahrhunderts. Ausgezogen, den feindlichen Spaniern den einträglichen Gewürzhandel zu versalzen, die eigenen Aktien steigen zu lassen – die VOC war eine der ersten Aktiengesellschaften der Welt – und die Geldbeutel zu füllen, versorgten die mächtigen ›Pfeffersäcke‹, wie die reichen Kaufleute im Volksmund hießen, bald ganz Europa mit heiß begehrten Kolonialwaren wie Kaffee und Kakao, Tabak und Tee, Pfeffer und Kautschuk.

Ein Kolonialreich entsteht

Mit den Aktivitäten von VOC und WIC ging die Errichtung eines riesigen Kolonialreiches einher, das schon 1645 die Größe des Mutterlandes um das 60-Fache übertraf. Hierzu gehörten Teile von Brasilien, Niederländisch-Guayana (heute Surinam), einige karibische Inseln, Südafrika und einige Orte an der afrikanischen Küste, Gebiete Sri Lankas und Tasmanien. Die größten Kolonien bildeten jedoch die Inseln des indonesischen Archipels. Vom einstigen Reich sind heute noch die drei Inseln Aruba, Bonaire und Curaçao und die ebenfalls zu den Kleinen Antillen gehörenden ›Inseln über dem Wind‹, Saba, St. Eustatius und St. Martin (halb französisch), übrig geblieben.

In Nordamerika erwarben die Niederländer die Insel Manhattan und gründeten die Kolonie Nieuw Nederland mit Nieuw Amsterdam, dem späteren New York, als Hauptstadt. Entdeckungsreisen führten holländische Schiffe um den Globus, wovon noch heute Namen wie Kap Hoorn oder Spitzbergen künden.

Blüte ohnegleichen

Auch im Lande waren Handwerk und Handel – die riesigen Handelsflotten mussten gebaut und versorgt sein – überaus einträglich und die breite Streuung von Anteilsscheinen an der VOC sorgte für Wohlstand in breiten Schichten der Bevölkerung. Für die kulturelle Entwicklung erwies sich diese Periode als ausgesprochen fruchtbar. Die Malerei brachte große niederländische Meister wie Rembrandt, Frans Hals, Jan Vermeer und Jan Steen hervor, die Wissenschaft Größen wie Antony van Leeuwenhoek, der das Mikroskop weiterentwickelt hat, Christiaan Huygens, der den Wellencharakter des Lichtes erkannte, den Philosophen Baruch Spinoza und den Rechtsgelehrten Hugo Grotius. Andere Berühmtheiten wie der französische Philosoph René Descartes und sein englischer Kollege John Locke fanden in den Niederlanden ausgezeichnete Bedingungen für ihre Arbeit.

Kehrseite der Medaille

Indes, das Goldene Jahrhundert hatte auch eine andere, unmenschliche Seite. Denn zur Ausbreitung und zum Erhalt ihres Handelsmonopols war den bestens ausgerüsteten Compagnien jedes Mittel recht. Menschenhandel etwa war ein einträgliches Geschäft. Etwa 15 Mio. Afrikaner wurden in Sklavenschiffe gepfercht und von der Küste Guineas auf die West-Indies und nach Guyana sowie in den Süden Nordamerikas und auf die Inseln anderer Kolonialmächte verschleppt. Wenig Skrupel existierte auch bei anderen wirtschaftlichen Gebaren: Die feindliche spanische Armee wurde mit geliehenem Geld Amsterdamer Banken bezahlt, ihr Proviant aus Amsterdam importiert, ihre zerschlagene Flotte mit dem Holz Amsterdamer Händler zusammengeflickt, und Kinderarbeit war, wie anderswo auch, gang und gäbe. Armut grassierte, besonders unter den vielen Menschen, die vor den Spaniern in die Niederlande geflohen waren. Was wiederum die menschliche Seite zahlreicher gut betuchter Kaufleute hervorkehrte. Sie stifteten sog. *hofjes,* Zufluchtstätten für Alte, Witwen und Waisen, wie man sie noch heute in vielen holländischen Städten vorfindet.

Klima, Umwelt, Energie – Ökologie im Fokus

Die Industrialisierung zu Beginn des 20. Jh. bescherte Holland einen rasanten wirtschaftlichen Aufschwung. Heute gehören die Niederlande zu den zehn wichtigsten Exportländern der Welt. Unübersehbar jedoch sind die ökologischen Folgen des ungebremsten Wachstums.

Agrar- und Industrieprodukte machen zusammen zwei Drittel des niederländischen Exports aus, wobei auch der Dienstleistungssektor wächst. Das Know-how der Niederländer in den Hightechbereichen Kommunikation, Information und Biotechnologie ist im Ausland ebenso gefragt wie Logistiksysteme, Wasser- und Brückenbautechnik und die Dienstleistungen von Transport-, Bagger-, Schlepp- und Bergungsunternehmen – man denke nur an die dramatische Bergung des gesunkenen russischen Atom-U-Bootes Kursk durch zwei holländische Firmen im Jahr 2001.

Umweltschützer machen mobil

Dass Wirtschaftswachstum zu nationalen wie globalen Umweltproblemen führt, zum Rückgang der Artenvielfalt,

Naturentwicklungsgebiet bei Lelystad

zum Klimawandel, zur Verschmutzung von Boden, Luft und Wasser, zu Lärm und Abfallproblemen, ist hinlänglich bekannt.

In den letzten drei Jahrzehnten sind auch in Holland Umweltprobleme und Naturschutz zunehmend in das Bewusstsein der Menschen gerückt. In einigen Fällen hat der Widerstand von Betroffenen und Umweltschützern gegen geplante Vorhaben zu deren Stopp oder Modifizierung geführt, z. B. beim Deltaprojekt. Ursprünglich war die vollständige Verriegelung der Oosterschelde durch einen Damm vorgesehen. Aufgrund des erbitterten Widerstandes von Fischern, Austern- und Muschelzüchtern sowie Naturschützern wurden die Pläne aber zugunsten eines Sperrwerks abgeändert, das zumindest teilweise den Gezeitenstrom in die Oosterschelde gewährt.

Ökosystem Wattenmeer

Auch die Pläne zur Anlage des Polders Markerwaard im Rahmen des Zuiderzeeprojektes, eines Gebietes von 600 km^2 im südlichen Teil des IJsselmeeres, wurden nach zahlreichen Protesten zunächst verändert und 1991 endgültig zu den Akten gelegt. Geblieben ist der bereits 1975 erbaute Damm, der zwischen Lelystad und Enkhuizen quer durch das IJsselmeer verläuft. Ein vorläufiges Aus gab es auch für die Pläne, auf dem Neuland von Flevoland oder auf der Maasvlakte im Hafenvorland von Rotterdam einen zweiten Nationalflughafen zu bauen. Möglicherweise kommt es jedoch zur Anlage einer künstlichen Insel mit dem Flughafen vor der Nordseeküste.

Längst hat man auch das Wattenmeer als überaus schützenswertes Ökosystem erkannt. Die Pläne, dieses einmalige Ökosystem zwischen den Westfriesischen Inseln und dem Festland einzudeichen und trockenzulegen, sind vom Tisch. Doch Umwelt- und Naturschützer können deshalb längst nicht aufatmen. Geplante Öl- und Gasbohrungen, Militärmanöver, Wasserverschmutzung und zu starke Belastung durch Wassersportler und Touristen bieten weiterhin Konfliktpotenzial.

Kampf den Treibhausgasen

Zum Schutz der Umwelt hatte die Regierung 1994 beschlossen, das einzige noch in Betrieb befindliche Kernkraftwerk bis zum Jahr 2004 zu schließen. 2003 änderte jedoch die Regierung Balkenende den Beschluss unter Verweis auf die im Kyoto-Protokoll eingegangenen Verpflichtungen zur Reduzierung des CO_2-Ausstoßes; nun soll es bis zum Jahr 2034 betrieben werden. Holland setzt sich zudem international für die Aufnahme der CO_2-Emission der Luftfahrt in die Emissionsverpflichtungen des Kyoto-Protokolls sowie im Rahmen der EU für die weltweite Besteuerung von Flugbenzin ein.

Die holländische Regierung setzt auf Nachhaltigkeit. Ihre hochgesteckten umweltpolitischen Ziele beschreibt sie im Arbeitsprogramm *schoon en zuinig* (Sauber und Sparsam). Vorgesehen sind u. a. eine Verringerung des Treibhausgasausstoßes von 30 % bis 2020 (im Vergleich zu 1990), die Verbesserung der Energieeffizienz auf 2 % pro Jahr und die Steigerung des Anteils der erneuerbaren Energien an der Energieversorgung von 3 % heute auf 20 % im Jahr 2020.

Königlich – die Oranier

Auch gerne mal volksnah: Königin Beatrix mit Rapper Ali B.

Nicht immer ging die Inthronisation neuer Monarchen ohne Konflikte vonstatten. Und auch wenn viele Niederländer die Monarchie lieber heute als morgen abschaffen würden, so erfreut sich bei einem anderen Teil der Bevölkerung das Königshaus ungebrochener Bewunderung.

Als Engelbrecht von Nassau-Dillenburg und Jehenne van Polanen sich vor 600 Jahren in Breda das Jawort gaben, war das aus heutiger Sicht ein höchst seltsames Ereignis, denn Engelbrecht, Mitte dreißig und zuvor Dompropst von Münster, ehelichte ein elfjähriges Mädchen. Deren Mitgift bestand aus ungeheuren Besitztümern, welche die der Nassaus deutlich überstiegen. Damals setzte sich der Zweig des Geschlechts Nassau, aus dem das Königshaus Oranien-Nassau hervorging, in Holland fest.

›Vader des Vaderlandes‹

Dass das niederländische Königshaus den Namen Oranien in seinem Titel führt, geht auf eine nicht minder glückliche Fügung der Geschichte zurück. 1544 erbte der elfjährige Graf Wilhelm von Nassau das Fürstentum Orange in Frankreich und den Titel Prinz von Oranien von einem kinderlosen, im Kampf gefallenen entfernten Verwandten. Es grenzt an ein Wunder, dass Karl V., strenger Katholik und Gegner des aufkommenden Calvinismus, dem Sohn calvinistischer Eltern damals nicht nur das Erbe zugestand, sondern ihn auch noch zu seinem Günstling erhob. Ausgerechnet Wilhelm war es, der später den Kampf gegen die spanischen Besatzer aufnahm und als ›Vader des Vaderlandes‹ in die Geschichte einging. Seither setzt sich die Herrschaft der Oranier, wenn auch mit kleinen Kunstgriffen, fort.

Trickreich an der Macht

Als der mit Maria Stuart verheiratete König von England und Statthalter der Niederlande, Wilhelm III. von Oranien-Nassau, 1702 ohne leibliche Nachkommen starb, bestimmte er seinen Neffen, den Friesen Willem Friso, zum Erben – und das, obwohl ein älteres Testament seines Vaters seine Cousine und deren Nachkommen als Erben vorsah, in welchem Falle Preußen Nutznießer geworden wäre. Ausgerechnet die Preußen waren es dann, die beherzt eingriffen, als Oranje-feindliche ›Patrioten‹ dem Erbstatthalter Wilhelm V. von Oranien-Nassau im Jahr 1787 den Laufpass geben wollten. Prinzessin Wilhelmine von Preußen, die Gattin Wilhelms V., hatte nämlich während einer Reise nach Den Haag ihre kurzzeitige Festnahme provoziert und sich darüber bei ihrem Bruder, König Friedrich Wilhelm II. von Preußen, beklagt, woraufhin dieser ihr und ihrem Gemahl alsbald mit 20 000 Soldaten zur Hilfe eilte und damit die Absetzung des Oraniers verhinderte.

Starke Frauen mit Zepter

Seit 1890 halten in den Niederlanden starke Frauen das Zepter in der Hand und die Nation zusammen. Königin Wilhelmina, *Mater neerlandia,* ›Omi‹ und ›Oberin‹ der Nation, erwarb besonders durch ihre Haltung im Zweiten Weltkrieg die Hochachtung des Volkes. Statt mit den Nationalsozialisten zu kollaborieren, ging sie nach England und unterstützte den Widerstand.

Nach 58 Jahren folgte ihr 1948 ihre Tochter Juliana auf den Thron. Sie war bis 1980 Königin, doch angesichts mancher Ereignisse hätte sie sicher gerne fluchtartig das Haus von Oranien verlassen. So als ihr Gemahl ihren Kontakt mit der Gesundbeterin Greet Hofmans unterband, die sie in der Hoffnung auf Heilung ihrer blinden Tochter Manjke an den Hof geholt hatte. Oder als ihre Tochter Irene zum katholischen Glauben übertrat und auf die Thronnachfolge verzichtete, weil es sie zu einem Spanier hinzog. Und musste ihre Tochter Beatrix 1966 ausgerechnet den Deutschen Claus von Arnsberg, ein ehemaliges Mitglied der Hitlerjugend und Wehrmacht, zu ihrem Prinzgemahl wählen? »Claus raus!«, skandierte die Meute am Tag der Hochzeit in Amsterdam und zog es vor, Rauchbomben zu werfen, anstatt Oranje-Fähnchen zu schwenken. Damals war nicht vorstellbar, dass Prinz Claus einmal zu einem der beliebtesten Mitglieder des Königshauses avancieren und sein Tod die Nation 36 Jahre später in tiefe Trauer stürzen sollte.

Inthronisation mit Tränen

Anlässlich der Inthronisation von Königin Beatrix im Jahr 1980 kochte die Volksseele erneut. Stein des Anstoßes war die trotz leer stehender Häuser grassierende Wohnungsnot, angesichts derer man nicht verstehen konnte, dass für die Sanierung des königlichen Palastes Huis ten Bosch ungeheure Geldsummen ausgegeben wurden.

Während die Königin in der Nieuwe Kerk in Amsterdam die Krone an ihre Älteste weitergab, skandierten die Hausbesetzer draußen »geen woning, geen kroning« (keine Wohnung, keine Krönung). Den Demonstranten standen dabei Tränen in den Augen, doch nicht vor Rührung, sondern wegen des eingesetzten Tränengases.

Operation 020202

Holland schreibt das Jahr 2001: Kronprinz und Thronfolger Willem-Alexander hatte die Argentinierin Máxima Zorreguieta zu seiner Prinzessin auserkoren, eine Bürgerliche, die katholisch und Tochter eines ehemaligen Mitglieds der argentinischen Militärjunta ist. Bevor die »Operation 020202«, wie die prunkvolle Hochzeit am 2. Februar 2002 im Polizeijargon hieß, zelebriert werden konnte, bedurfte es einiger diplomatischer Bemühungen des niederländischen Regierungschefs, um die erforderliche Zustimmung der Regierung zur Vermählung einzuholen. Für den Fall, dass man ihm diese versagen würde, hatte der Kronprinz mit dem Thronverzicht gedroht.

Aus Gründen der Staatsräson

Máxima Zorreguieta musste vor der Heirat öffentlich die Menschenrechtsverletzungen der argentinischen Militärjunta verurteilen und sich zur Demokratie bekennen. Ihrem Vater, der im Kabinett des argentinischen Militärdiktators Jorge Videla als Landwirtschaftsminister gedient hatte, wurde untersagt, der Hochzeit beizuwohnen.

Das war kein einfacher Start für Willem-Alexanders Auserwählte, die durchaus einmal Königin der Niederlande werden könnte, doch inzwischen hat sie die Herzen der Niederländer im Sturm erobert. Selbst Gegner der Monarchie können sich ihrem Charme nicht vollends entziehen und sehen sich hinsichtlich ihres Ziels, der Abschaffung der Monarchie, um 20 Jahre zurückgeworfen.

Schriller geht's nimmer: Feier zu Ehren der Königin am Koninginnedag, dem 30. April

Niederländer und Deutsche – ein schwieriges Verhältnis?

Beim Thema Fußball ist alles noch etwas anders …

Auch 65 Jahre nach Ende des Zweiten Weltkriegs ist das Verhältnis von Niederländern und Deutschen noch nicht ganz frei von Ressentiments. Dem negativen Deutschlandbild, das selbst die Enkel der Kriegsgeneration zum Teil noch verinnerlicht haben, ist die niederländische Regierung mit gezielten Kampagnen entgegengetreten.

Wenn die Nationalhymne angestimmt werden soll, verstummen viele Niederländer. Einer Umfrage zufolge kennt nur jeder siebte die erste Strophe – und viele weigern sich, selbst die zu singen. Welcher Niederländer bekundet auch schon gerne, dass der Vater der Nation, Wilhelm von Oranien-Nassau, »von deutschem Blut« war, oder schwört dem »König von Hispanien«, dem erbitterten Feind während des Achtzigjährigen Unabhängigkeitskrieges, die Treue?!

In der 1568 von Marnix van Sint Aldegonde, einem engen Vertrauten Wilhelms von Oranien, geschriebenen Hymne heißt es: »Wilhelmus von Nassawe (Nassau), bin ich von teutschem Blut«, und das ist korrekt. Dass man sich angesichts des Geschehens während des Zweiten Weltkriegs eine andere Nationalhymne wünscht, erscheint mehr als verständlich. Deshalb riefen große niederländische Zeitungen 1998 das Volk und seine Dichter auf, einen neuen Text zu ersinnen, natürlich ohne teutsches Blut und ohne Treueschwur auf den spanischen König. Rausgekommen ist dabei nichts.

Negatives Deutschlandbild

Die Auseinandersetzungen um die Hymne zeigen, dass das Verhältnis der Niederländer zu Deutschen schwierig ist. Die Ursachen für das negative Deutschlandbild liegen hauptsächlich in der deutschen Besatzungszeit während des Zweiten Weltkriegs. Es setzte sich bei den Kriegskindern fort, die mit den Erzählungen ihrer Eltern, Nachbarn und Lehrer und mit der jährlichen Gedenkfeier zum 5. Mai aufwuchsen, der jährlichen »Hasskampagne, die Anfang Mai über uns hereinzubrechen droht«, wie es der Publizist Nico Scheemaker einst schrieb. In den 1960er-Jahren begannen die Jüngeren, das Verhalten der Kriegsgeneration zu hinterfragen, der Mythos vom niederländischen Widerstand wurde entlarvt. Viele junge Niederländer glaubten, sie hätten anders gehandelt als ihre Eltern.

Positives Deutschlandbild

1993 gab die große Mehrheit der 15- bis 19-jährigen Schüler in einer Befragung des Niederländischen Clingendael-Instituts für Nationale Beziehungen an, dass Deutsche arrogant und dominant seien, mehr als die Hälfte sah in Deutschland gar eine kriegslüsterne Nation, die die Weltherrschaft anstrebe. Die Studie, wegen der Art ihrer Durchführung auch in den Niederlanden scharf kritisiert, sorgte für erhebliches Aufsehen. Andere Studien, 1994 und 1995 an erwachsenen Niederländern durchgeführt, ergaben ein wesentlich positiveres Deutschlandbild. Die Regierung reagierte damals prompt, um die Kenntnisse über Deutschland zu verbessern, es wurden drei Deutschland-Institute gegründet, die es zur Aufgabe hatten, dem »antideutschen Reflex« entgegenzuwirken, und sie taten das mit großen Erfolg. Heute finden viele Holländer die Deutschen sympathisch, fleißig und gastfreundlich, und man schätzt ihre Zuverlässigkeit und ihren Ordnungssinn.

Gut, sicher fallen auch heute, wenn sich ein Autofahrer aus der einen Nation mit einem aus der anderen anlegt, schon mal die Worte *rotmof* (Scheißdeutscher) und Käskopp. Doch die Zeiten, in denen Deutsche unverhohlen als *moffen* tituliert wurden und Moffen-Witze in allen niederländischen gesellschaftlichen Schichten stubenrein waren, sind vorbei. Heute geht man meist höflich und freundlich miteinander um. So freundlich, dass sich einige schon Sorgen machen über den »prodeutschen Reflex«. Nur wenn's um Fußball geht, ist das noch anders, doch das ist eine andere Geschichte.

Typisch holländisch? – Facetten einer Nation

Die Holländer gelten gemeinhin als genügsam, tolerant, liberal und weltoffen, als Gesellschaft, die auf Gardinen vor den Fenstern verzichten kann. Doch längst vollzieht sich auch im ›Volk der Calvinisten‹ ein gesellschaftlicher Wandel.

Holland – das sind genau genommen nur zwei der zwölf Provinzen des Koninkrijk der Nederlanden, nämlich Noord- und Zuid-Holland. Doch seit dem Gouden Eeuw, dem Goldenen Jahrhundert, als diese die wirtschaftlich bedeutendsten Provinzen waren, ist dieser Name ein Synonym für die gesamten Niederlande geworden.

Ein bisschen ist wohl auch Napoleon Bonaparte daran schuld, machte er doch das unterworfene Land zum »Königreich Holland« und seinen Bruder zu dessen Regenten. Heute wirbt selbst das Niederländische Büro für Tourismus in seinen Broschüren mit der Bezeichnung ›Holland‹ für die Niederlande. Niederländer, die nicht aus den Provinzen Noord- und Zuid-Holland stammen, sind damit allerdings nicht einverstanden. Sie möchten verständlicherweise nicht generell als Holländer bezeichnet werden.

Orthodoxe Calvinistinnen in Strand Horst in ihrer traditionellen Tracht

Spaß muss sein

Die meisten Niederländer leben in der Randstad, wie das Ballungsgebiet aus Städten und Ortschaften im Bereich von Amsterdam, Den Haag, Utrecht und Rotterdam genannt wird. Oft schlucken die ›Südländer‹ schwer an der – wie viele meinen – kulturellen und wirtschaftlichen Bevorzugung der Randstad, in der die Reformierten das Sagen haben. Den Menschen in Hollands calvinistischem Norden werden seit jeher Tugenden wie Genügsamkeit und Sparsamkeit zugeschrieben. Und in den Provinzen *boven de rivieren* (oberhalb der Flüsse) von Maas, Waal und Lek, vornehmlich auf dem Lande, leben noch rund 600000 strenggläubige Calvinisten, die eine »Anpassung an das Weltliche« weitgehend ablehnen. Kopfschüttelnd blicken sie – wie kann man nur! – auf die Leute südlich der großen Flüsse, die so gar nichts mit der calvinistischen Mentalität anzufangen wissen, vorwiegend katholisch sind, dem Genuss frönen und auch noch Karneval feiern.

Während sich die ›Südländer‹ mit den Tugenden der nördlichen Nachbarn nie recht anfreunden mochten, breitet sich auch im Norden mittlerweile zunehmend die ›burgundische Lebensart‹ aus. Man geht gern zum Essen aus und kocht nach ausländischen

Kartograf der niederländischen Seele
Einer der bekanntesten niederländischen Autoren, Geert Mak, stellt uns in der von Helmut Schmidt & Friedrich von Weizsäcker herausgegebenen Reihe »Die Deutschen und ihre Nachbarn« die Niederlande vor. Überaus lesenswert, lehrreich – ohne erhobenen Zeigefinger – und äußerst amüsant (C. H. Beck, München 2008, 18 €).

Rezepten. Modische Kleidung hat die einst bescheidene traditionelle Garderobe verdrängt, und man greift freudig nach allen Offerten der Freizeitkultur. Der Begriff Spaßgesellschaft scheint mittlerweile auf fast ganz Holland zuzutreffen.

Trotz Diversität ein starkes Nationalgefühl

Zwischen Westen und Osten des Landes bemerkt man ebenfalls eine Polarisierung. Da fängt für manchen Holländer mit dem Heidegebiet der Hoge Veluwe hinter Utrecht schon die sibirische Steppe an, und die Region Twente an der deutschen Grenze wird *het achterhoek* – die hinterste Ecke – genannt. Und dann sind da natürlich auch noch die Friesen, eine ethnische Minderheit im Land, die ihre eigenen Medien hat und neben Niederländisch, offiziell anerkannt, die friesische Sprache pflegt. Nichtsdestotrotz gibt es ein starkes Nationalgefühl, Zusammenhalt ist vor allem im Kampf gegen das Wasser spürbar. An der den Niederländern oft nachgesagten Freizügigkeit, Weltoffenheit und Toleranz kann sich manch andere Nation ein Scheibchen abschneiden. Ob an der sprichwörtlichen bis an Geiz reichenden Sparsamkeit der Niederländer etwas dran ist, muss jeder selbst herausfinden.

Kirche zu verkaufen

Lange Zeit gliederte sich die holländische Gesellschaft in ›Säulen‹, d. h. klar voneinander abgegrenzte, religiöse oder weltanschauliche Gruppierungen. Firmen, Vereine, Zeitungen, Hochschulen etc. waren calvinistisch, katholisch, liberal oder sozialistisch und rekrutierten ihre Belegschaften, Mitglieder oder Studenten entsprechend ihrer Religion oder Weltanschauung. Doch längst bröckeln die Säulen, werden bald nur noch der Schutt der Vergangenheit sein. Die wichtigste Ursache hierfür ist, dass sich die Niederländer zunehmend von den Kirchen abwenden.

Holland erhebt keine Kirchensteuern, Pfarren sind daher zu ihrem Erhalt auf Spenden der Kirchgänger angewiesen, doch diese bleiben zunehmend aus. Zwecks Sanierung ihrer Finanzen haben die Kirchen etliche Gotteshäuser verkauft, die nun als Konzerthallen, Tagungsstätten oder Restaurants dienen.

Wer übrigens glaubt, dass alle Untertanen im ›calvinistischen Königreich‹ auch Calvinisten sind, der irrt, denn etwa die Hälfte der holländischen Bevölkerung gehört keiner Konfession an, 27 % sind römisch-katholisch, und nur ca. 17 % sind Calvinisten.

Die Sache mit den Gardinen

Was dem Besucher der Niederlande sofort auffällt, sind die fehlenden Gardinen. Handelt es sich dabei um ›calvinistischen Exhibitionismus‹ nach dem Motto »Seht, ich habe nichts zu verbergen«? Oder ist es ein Zeichen der Offenheit? Oder praktische Vernunft, um Licht in die Räume zu lassen? Die Frage ist ungeklärt, doch lassen immer mehr Niederländer von dieser Gewohnheit ab. Nicht die Abschaffung der Gardinensteuer, die es nie gab, ist der Grund, vielmehr wollen vor allem jüngere Leute ihre Privatsphäre wahren. »Selbst Nomaden, die unter freiem Himmel schlafen, ziehen sich abends noch eine Decke über den Kopf, um ein wenig Privatatmosphäre zu haben«, schrieb die Zeitung »Algemeen Dagblad«, und weiter: »Nicht so der Holländer. Wer über dem Amsterdamer Flughafen Schiphol kreist, kann ihn unten schon in Unterhosen und Pantoffeln durch sein hell erleuchtetes Wohnzimmer schlurfen sehen. In keinem einzigen zivilisierten Land der Welt wäre so etwas möglich.«

Suche nach dem Konsens

Ein auffälliges Merkmal des Miteinanders in Holland ist, dass man sich bei jeder Gelegenheit gemeinsam an einen Tisch setzt und anstehende Probleme so lange erörtert, bis eine von allen akzeptierte Lösung gefunden ist. Beratung, Mitsprache und Übereinstimmung sind in der niederländischen Gesellschaft Begriffe von hohem Stellenwert, und der gesellschaftliche Status von Personen hängt wesentlich davon ab, welchen Platz sie in Beratungsstrukturen innehaben.

Das gemeinsame Ringen um einen Konsens ist in Holland eine seit dem Mittelalter gepflegte Kultur. Darüber wurden Doktorarbeiten und Essays verfasst, ja sogar Romane wie »Het Bureau« (Das Büro, J. J. Voskuil), in dem die Figuren ihre Tage mit Beratungen, Versammlungen, Rücksprachen verbringen. Jeder weiß natürlich, dass Konsens meist den kleinsten gemeinsamen Nenner bedeutet und häufig mit einem Abrücken von eigenen Vorstellungen verbunden ist, doch das nimmt man gemäß einem bekannten Sprichwort zugunsten der Solidarität gelassen hin: »Benimm dich normal, das ist schon verrückt genug.«

Ein wichtiges Prinzip: Toleranz

Wo andere Länder auf knallharte Gesetze und deren strikte Einhaltung pochen, handelt man in Holland häufig nach der Einsicht, dass Verbote allein kaum etwas zum Besseren wenden – *gedogen* und *moet kunnen* sind die magischen Worte: Dulden und Gewährenlassen. Holland ist zudem das erste Land Europas, in dem schwule und lesbische Paare standesamtlich getraut wurden und dadurch steuerlich und erbrechtlich Eheleuten gleichgestellt sind. Zumindest ideenreich ist auch die Drogenpolitik. Statt ein striktes Verbot des Handels mit und Konsums von Drogen mit – wie die Geschichte lehrt – zweifelhaftem Erfolg knallhart durchzusetzen, versucht man den Konsum gewisser weicher Drogen in Coffeeshops zu kontrollieren. Ärzte, die unter bestimmten Bedingungen Sterbehilfe leisten, werden strafrechtlich nicht verfolgt. Prostitution war verboten, wurde jedoch geduldet, inzwischen ist sie sogar legalisiert. Zwischen den Buchstaben des Gesetzes und der Ausführung klafft meist eine Lücke, und die wird in Holland kreativ genutzt – oder das Gesetz geändert.

Ein Hoch auf die niederländische Literatur

Connie Palmen ist auch in Deutschland eine viel gelesene Autorin

Cees Nooteboom, Harry Mulisch, Leon de Winter, Maarten t'Hart ... Die niederländische Literatur kann auf eine beachtliche Anzahl gefeierter zeitgenössischer Autoren verweisen. Viele ihrer Werke sind übersetzt und damit auch dem deutschsprachigen Publikum zugänglich. Ein Segen!

Niederländische Bücherwürmer, von denen viele Fremdsprachen beherrschen, haben kaum Mühe, sich über die neue Literatur ihrer Nachbarländer auf dem Laufenden zu halten. In Feuilletons großer Zeitungen und Literaturzeitschriften werden sie ebenso ausführlich über die aktuellen Bücher bekannter ausländischer Autoren informiert wie über das Neueste ihrer eigenen Schriftsteller. Und wer dort Günther Grass, Martin Walser, Sten Nadolny oder Tanja Kinkel lesen möchte, geht in den nächsten größeren Buchladen, kauft und liest – in Originalsprache. Ganz anders in Deutschland, wo die Werke niederländischer Autoren in ihrer Sprache keinen Markt haben. Dennoch gelang zahlreichen niederländischen Autoren mit ihren neueren Werken dank ausgezeichneter Übersetzer und rühriger Verlage auch in Deutschland der Durchbruch, wonach meist auch zahlreiche ihrer früheren Werke übersetzt wurden.

Einer der ganz Großen

Einer der bekanntesten niederländischen Schriftsteller, von dem ein repräsentativer Teil des Gesamtwerkes in deutscher Sprache vorliegt, ist Cees Nooteboom. Sein erstes übersetztes Buch, der Vagabundenroman »Das Paradies von nebenan«, erschien bereits 1958 in Deutschland. Mit zahlreichen weiteren Werken, darunter »Rituale« und »In den niederländischen Bergen«, fasste der Meister der literarischen Reisereportage in Deutschland Fuß, doch der Durchbruch erfolgte erst 1991 mit den »Berliner Notizen«, Betrachtungen zu den Ereignissen um den Fall der Berliner Mauer, den der Autor in Berlin miterlebt hatte. Als ›Literaturpapst‹ Marcel Reich-Ranicki in der Fernsehsendung »Das Literarische Quartett« sich auch noch über »Die folgende Geschichte« überaus lobend äußerte (»... ich bin tief von diesem Nooteboom beeindruckt; sieh da, die Holländer haben einen solchen Autor!«) war der Senkrechtstart programmiert. Zu den neueren Werken Nootebooms zählen »Die Dame mit dem Einhorn. Europäische Reisen«, »Im Frühling der Tau. Östliche Reisen« sowie »Kinderspiele«.

Zu Nootebooms 75. Geburtstag erschien eine Auswahl von Auszügen aus dessen Romanen, Erzählungen, Gedichten und Reiseessays unter dem Titel »Ich hatte tausend Leben und nahm nur eins: Ein Brevier« – eine gute Möglichkeit das Werk des Autors kennenzulernen.

Galionsfiguren der Literatur

Harry Mulisch, eine weitere Galionsfigur der niederländischen Autorengilde, hat in seinem Land alle bedeutenden Literaturpreise abgeräumt. Er setzt sich insbesondere mit dem Zweiten Weltkrieg und dessen Folgen auseinander: in »Das steinerne Brautbett«, in dem die Reise eines ehemaligen Fliegers nach dem Krieg in das von ihm bombardierte Dresden zu seiner psychischen und physischen Zerstörung führt; in »Strafsache 40/61. Eine Reportage« über den Prozess gegen Eichmann; in »Das Attentat«, dessen Verfilmung 1987 den Oscar für den besten ausländischen Film erhielt, mit der schwierigen Vergangenheitsbewältigung; und auch in dem Theaterroman »Höchste Zeit« über einen erfolglosen Schauspieler, in dem, als er in hohem Alter seine eigene Biografie spielt, die verdrängte Kollaboration mit den Nationalsozialisten hochkommt. Zu den weiteren bekannten Büchern des Autors zählen »Augenstern«, »Die Entdeckung des Himmels« (2001 verfilmt u. a. mit Stephen Fry) und »Zwei Frauen«.

Leon de Winter, 1954 geborener Sohn niederländischer orthodoxer Juden, die den Holocaust in einem Versteck katholischer Priester überlebten, ist u. a. bekannt durch seinen Roman »Himmel von Hollywood« (1997), den Sönke Wortmann verfilmt hat, sowie »Malibu« (2002), eine mehrschichtige, so spannende wie komplizierte Story, in der es u. a. um Spionage für den israelischen Geheimdienst geht.

Einer der meistgelesenen und beliebtesten niederländischen Autoren ist Maarten t´Hart, der 1944 als Sohn eines Totengräbers in Maassluis geboren und in einer streng calvinistischen Umgebung erzogen wurde. Mit Werken wie »Ein Schwarm Regenbrachvögel« (1978), »Das Wüten der ganzen Welt« (1993), »Die Netzflickerin« (1996) und »Der Psalmenstreit« (2008) gelingt ihm eine atmosphärisch dichte Schilderung seiner Heimat, wobei autobiografische Elemente in die Romane eingeflossen sind.

Humoristisch, satirisch, märchenhaft

Dem Volk in den Amsterdamer Eckkneipen liebevoll in die Seele geschaut hat der 1987 verstorbene Kolumnist der Zeitung »Het Parool«, Simon Carmiggelt. Was dabei herauskam, ist in »Heiteres aus Amsterdam«, das noch hier und dort im Buchhandel zu erhalten ist, nachzulesen. Wer Glück hat und noch eine seiner Anthologien wie »Hohe Schule«, »Einfach unerhört«, »Von Katzen und Kindern« oder »Die Kunst, Großvater zu sein« im Antiquariat aufspürt, sollte sich diese nicht entgehen lassen.

Humoristisch, satirisch, märchenhaft – das sind Attribute, die den beliebten Comic-Geschichten und Dauerbestsellern um Ollie B. Bommel von Marten Toonder zugeschrieben werden. Aus seiner Feder stammt auch der erste abendfüllende niederländische Zeichentrickfilm, »Falls Sie verstehen, was ich meine«, mit Ollie B. Bommel in der Hauptrolle.

Amsterdam-Krimis
Als langjährigem Amsterdamer Hilfspolizist waren dem 2008 verstorbenen Krimi-Autor Janwillem van de Wetering tiefe Einblicke in die kriminalistische Szene Amsterdams gewährt. 20 Jahre lang war der in Deutschland beliebte niederländische Autor mit seinem Amsterdamer Detektivduo Grijstra und de Gier in der Grachtenstadt dem Verbrechen auf der Spur. »Habgier«, »Ölpiraten« und »Straßenkrieger« zählen zu seinen letzten Titeln (erschienen bei Rowohlt, Reinbek).

Frauen erzählen

Die in der indonesischen Hauptstadt Batavia, heute Djakarta, geborene Hella S. Haasse hat sich besonders durch Historienromane wie »Wald der Erwartung«, und »Die scharlachrote Stadt« profiliert; ihr wurde für ihre Arbeit 1988 die Ehrendoktorwürde der Universität Utrecht verliehen. In ihrer frühen Novelle »Urug« und in ihrem Roman »Die Teebarone«, der ihr international zum Durchbruch verhalf, greift sie Aspekte der ehemaligen niederländischen Kolonialmacht in Indonesien auf.

Zu den starken Frauen zählen auch Margriet de Moor mit ihren Romanen »Der Virtuose« und »Erst grau dann weiß dann blau«, Trude de Jong, eine der großen Kinderbuchautorinnen der Niederlande, und Tessa de Loo, die mit ihrem Roman »Die Zwillinge« das fragile deutsch-niederländische Verhältnis thematisiert. Die Romanfiguren, in den Niederlanden und Deutschland getrennt aufgewachsene Zwillingsschwestern, treffen sich erstmals als Erwachsene im belgischen Spa und stellen fest, dass sie Welten voneinander trennen. Gewiss darf auch Anne Frank (s. S. 65), deren Tagebuch in über 25 Mio. Exemplaren verkauft wurde und Weltruhm erlangte, und über die unlängst eine von der österreichischen Historikerin Melissa Müller geschriebene neue Biografie erschienen ist, zu den großen Schriftstellerinnen der Niederlande gerechnet werden.

Connie Palmen, der 1991 mit ihrem Roman »De Wetten« (dt. »Die Gesetze«) in den Niederlanden der Durchbruch gelang, hat inzwischen auch in Deutschland einen Namen. Zu ihren neueren Romanen zählen »Luzifer«, »Idole und ihre Mörder« sowie »Ganz der Ihre«.

Erinnerung an Anne Frank

»Es beklemmt mich doch mehr, als ich sagen kann, dass wir niemals hinaus dürfen, und ich habe große Angst, dass wir entdeckt und dann erschossen werden. Das ist natürlich eine weniger angenehme Aussicht.« (Anne Frank, Tagebuch, 28. September 1942, Nachtrag)

Als die jüdische Familie Frank, Otto Frank, seine Frau Edith und die beiden Töchter Anne und Margot, am 4. August 1944 in einem Versteck im Hinterhaus der Prinsengracht 263 in Amsterdam von dem SS-Oberscharführer Karl Silberbauer verhaftet wurde, schütteten die Nazis auf der Suche nach Schmuck und Geld aus einer ledernen Aktentasche ein Bündel Papiere auf den Boden, darunter ein Tagebuch mit rot-weiß kariertem Umschlag, einige Schulhefte und Kassenbücher. Deren Inhalt wurde nach dem Krieg zu einem der ergreifendsten Zeitdokumente über das Leben der Verfolgten während des Naziregimes: das Tagebuch der Anne Frank. Die auf dem Boden verstreuten Dokumente wurden später von Freunden der Verhafteten aufgelesen und verwahrt, da man hoffte, dass die Franks bald zurückkehren würden. Wenige Tage darauf räumten die Nazis das Versteck völlig aus.

Gestorben 15-jährig

Familie Frank, die ebenfalls in dem Unterschlupf lebende Familie van Pels und der Zahnarzt Dr. Pfeffer wurden ins Konzentrationslager im niederländischen Westerbork deportiert und von dort nach Auschwitz oder in andere KZs gebracht. Bis auf Otto Frank kamen alle ums Leben. Anne Frank starb, gerade 15 Jahre alt, im Frühjahr 1945 im KZ Bergen-Belsen an Typhus, zwei Monate, bevor englische Soldaten das Lager befreiten.

Annes Vater überlebte das Vernichtungslager Auschwitz. Anfang Juni traf er in Amsterdam ein und erhielt, nachdem der Tod seiner Tochter Anne feststand, von Freunden ihre Tagebücher. Die Bedeutung dieser Aufzeichnungen ahnend, fand er einen Verlag, der das Dokument als Buch herausbrachte. 1946 erschien das Tagebuch unter dem Titel »Het achterhuis« (»Das Hinterhaus«). Das Buch, dessen Titel Anne Frank noch selbst festgelegt hatte, ist ein Weltbestseller, in 55 Sprachen übersetzt und in 25 Mio. Exemplaren verkauft.

Briefe an die verehrte Kitty

1933 war die Familie Frank von Frankfurt/M. nach Amsterdam geflohen und lebte, nachdem der Naziterror die Juden auch in Amsterdam eingeholt hatte, ab 1942 im Hinterhaus der Firma, die Otto Frank mit seinem Partner van Daan gegründet hatte. In dem Versteck, dessen Zugang sich hinter einem drehbaren Bücherschrank verbarg, schrieb Anne Frank ihre Gedanken in ein Tagebuch, das sie zu ihrem 13. Geburtstag von ihren Eltern geschenkt bekommen hatte. Als dieses voll war, dienten ihr Schulhefte und Kassenbücher für die Aufzeichnungen. In ihren Tagebuchbriefen, die sie ihrer erdachten Freundin Kitty widmete, erzählt das junge Mädchen von den Ängsten, Hoffnungen und Schwächen, aber auch von der Stärke und Solidarität der Menschen, die zwei Jahre voller Angst in dem Versteck ausharrten.

»Het achterhuis«

Am 29. März 1944 hörte Anne Frank in der täglichen Radiosendung von Radio Oranje aus London eine Rede des dort im Exil lebenden niederländischen Ministers Bolkestein. Er teilte mit, dass Tagebücher und Briefe aus der Kriegszeit gesammelt werden sollen, um die Geschehnisse später zu dokumentieren. Dies im Ohr, beschloss die 15-Jährige, deren tiefster Wunsch es war, Journalistin oder Schriftstellerin zu werden, nach dem Krieg einen Roman mit dem Titel »Het achterhuis« auf der Grundlage ihres Tagebuches zu schreiben. Sie begann von ihrem Tagebuch eine zweite, verbesserte Ausfertigung auf dünnem Durchschlagpapier aus dem Büro anzufertigen. Beide Versionen dienten Otto Frank später als Grundlage für das anschließend veröffentlichte Buch.

Wegen der beeindruckenden literarischen Qualität wurde die Urheberschaft des Tagebuches oft angezweifelt: So etwas könne unmöglich ein 13 bis 15 Jahre altes Mädchen verfasst haben. Untersuchungen der Originalaufzeichnungen durch das Reichsinstitut für Kriegsgeschichte in den Niederlanden sowie des Bundeskriminalamtes, auf die Otto Frank selbst gedrungen hatte, bestätigten schließlich, dass die Tagebücher aus der Feder seiner Tochter Anne stammen.

Das Haus, in dem sich die beiden Familien versteckt hielten, ist heute als Museum Het Anne Frank Huis (s. S. 92) bekannt.

›Tulpenwahnsinn‹

Ein Frühlingsbote: die Tulpe

Man schreibt das frühe 17., das Goldene Jahrhundert: Ganz Holland scheint in eine Art Goldrausch verfallen zu sein. Zahlreiche Menschen versetzen ihr Hab und Gut, um an das Objekt ihrer Begierde zu kommen. Doch nicht etwa an Gold, sondern an Tulpenzwiebeln, die es in den Niederlanden zuvor nicht gegeben hatte.

Eine Zwiebel auf Reisen

Tatsächlich liegt die Heimat des weltberühmten niederländischen Symbols irgendwo zwischen Bosporus und Himalaja im innerasiatischen Raum. Augier de Busbecq, flämischer Diplomat und Gesandter von Kaiser Ferdinand I. am Hof Suleimans des Prächtigen, fand Gefallen an der Blume und schickte einige Knollen nach Wien zu seinem Freund Carolus Clusius, dem Verwalter der kaiserlichen Gärten. Dieser brachte die Zwiebeln nach Holland, als er im Jahr 1593 von Wien an die Universität von Leiden berufen wurde.

Wie sich die Tulpe von der honorigen Stätte der Wissenschaften in Leiden – das Interesse an der Blume war zunächst eher pharmakologischer Art

– nach Frankreich verbreitete, lässt sich heute kaum mehr ermitteln. Dort nämlich soll der Virus des ›Tulpenwahnsinns‹ zuerst Opfer gefunden haben. Nach dem Jahr 1608 jedenfalls gab es kaum eine modebewusste Dame, aus deren tief ausgeschnittenem Dekolleté im Frühjahr kein Sträußchen Tulpen hervorlugte. Bald wechselten Tulpenzwiebeln für fantastische Summen den Besitzer. So gab ein Müller für eine Zwiebelart namens Mère brune seine Mühle her, ein anderer Franzose tauschte seine gut gehende Brauerei, Wert: 30 000 Francs, für eine Knolle des Namens Tulipe brasserie. Nach kurzer Zeit drang der Irrsinn über Flandern auch nach Holland – und der Run auf die bunte Frühlingsblume setzte ein.

Bauland gegen Zwiebel

Während große Teile Europas von Glaubenskriegen und von der Pest erschüttert wurden, breitete sich der ›Tulpenwahn‹ in den Niederlanden aus. Eine der berühmtesten Tulpen war die Semper Augustus mit rot-weiß gezeichneter Blüte, von der es lediglich ein Dutzend Zwiebeln gab. Sie wurden für 2000 bis 3000 Goldgulden verkauft. Als bekannt wurde, dass nur noch zwei Zwiebeln auf dem freien Markt waren, bot ein Spekulant zwölf Morgen Bauland für die eine, während die andere für 4600 Goldgulden, ein nagelneues Fuhrwerk samt zweier Grauschimmel und eine komplette Rüstung an ihren neuen Besitzer ging.

Tulpen – so weit das Auge reicht

Waren anfangs nur die Reichen vom ›Tulpenvirus‹ infiziert, breitete sich die Manie bald auch unter den einfachen Leuten aus. Ob Bauer, Torfstecher, Kaminkehrer oder Hausmädchen, jeder, der irgendwo über einen Flecken Erde verfügte, setzte Tulpenzwiebeln, in der Hoffnung, eine besonders schöne und seltene Blüte entstehe, denn die waren gefragt. In der Tat besitzt die Tulpe, wie kaum eine andere Blume, die Eigenschaft, neue Blütenvarianten hervorzubringen. Auf dem Höhepunkt des ›Tulpenwahns‹ zwischen 1634 und 1637 war die Tulpe zum Spekulationsobjekt geworden. Zwiebeln wechselten von Spekulant zu Spekulant, ohne jemals aus der Erde zu sprießen, oder existierten gar nur auf dem Papier.

Der Schwarze Freitag

Im Jahr 1637 schließlich kam der Schwarze Freitag. Die Amateurbörsianer überfluteten den Markt, jeder wollte verkaufen, doch kaufen wollte niemand. Menschen, die Haus und Hof eingesetzt hatten, um an die begehrten Objekte zu kommen, blieben auf ihren Zwiebeln sitzen. In der Wirtschaft brach ein totales Chaos aus, bis der holländische Staat die Tulpenspekulation schließlich unterband. Die Preise für die Tulpenzwiebeln stürzten binnen Stunden ins Bodenlose. Tausende von Menschen waren auf der Stelle ruiniert. Der ›Tulpenwahnsinn‹ hatte ein Ende, die Blume aber blieb den Holländern für die Zukunft erhalten.

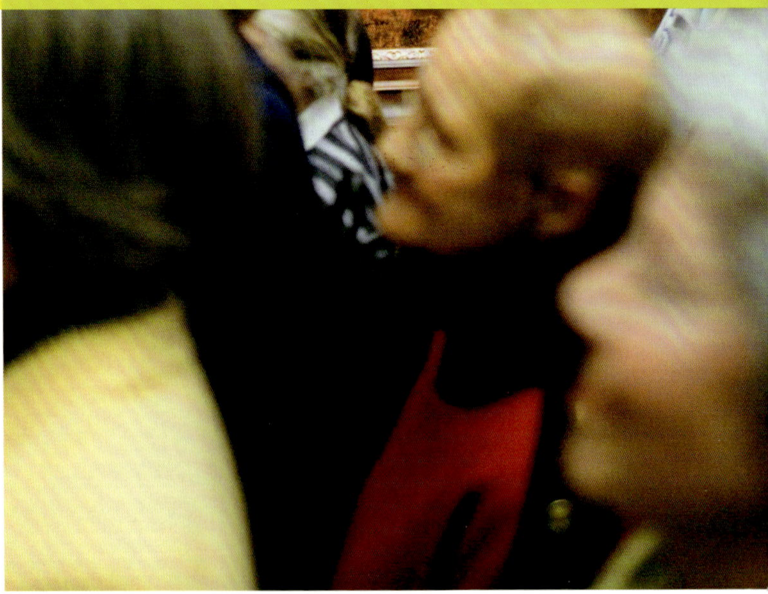

Rembrandt, das Malergenie

Der berühmteste holländische Maler ist zweifellos Rembrandt Harmenszoon van Rijn (1606–1669). Das Rembrandthuis in Amsterdam, in dem der Künstler fast 20 Jahre lang lebte und wo die meisten seiner Werke entstanden, widmet sich ganz dem Leben und Werk des einzigartigen Genies.

Der 1606 in Leiden geborene Sohn eines Müllers und einer Bäckerstochter studierte zunächst in seiner Geburtsstadt an der ersten Universität der Niederlande, an der Theologie und Naturwissenschaften gelehrt wurden. Doch schon nach weniger als einem Jahr brach er sein Studium ab, um bei Jacob van Swanenburgh die Kunst der Malerei zu erlernen. Prägend war jedoch eine nur halbjährige Lehrzeit in Amsterdam bei Pieter Lastman, bei dem er in die Technik der Hell-Dunkel-Malerei (Chiaroscuro) eingeführt wurde.

Vom Schicksal geschlagen

Nach einer ersten Schaffensperiode in Leiden, wo er mit seinem Freund Jan Lievens in einem gemeinsamen Atelier arbeitete, zog Rembrandt 1631 nach Amsterdam, wohnte im Haus eines Kunsthändlers und lebte von der Porträtmalerei. 1634 heiratete er die vermögende Nichte des Kunsthändlers, Saskia van Uylenburgh. Mit der Ehe setzte für Rembrandt ein Jahrzehnt des Glücks und beflügelten Schaffens ein, das jedoch immer wieder von harten Schicksalsschlägen überschattet wurde. Drei seiner vier Kinder starben im frühen Kindesalter, von der Geburt des vierten, des Sohnes Titus, erholte sich Saskia nie. Sie starb 1642 im Alter von 30 Jahren.

Zu dieser Zeit arbeitete Rembrandt an der »Nachtwache«, die er trotz des schweren Verlustes im gleichen Jahr fertigstellte.

Der Sammler

Die Heirat mit Saskia hatte Rembrandts beruflichen und gesellschaftlichen Aufstieg begünstigt, er war ein erfolgreicher Künstler und Lehrmeister. 1639 kaufte Rembrandt ein großes Haus in der heutigen Jodenbreestraat. Es diente ihm als Wohnung und Atelier und war bis unter das Dach mit Kunstwerken und Requisiten des leidenschaftlichen Sammlers angefüllt: Werke von Albrecht Dürer, Pieter Brueghel, Jan van Eyck, Raffael, Hans Holbein d. J. u. a., Büsten von römischen Kaisern, exotische Waffen, Musikinstrumente, ausgestopfte Tiere, Geweihe, Stoßzähne u. v. m. Heute beherbergt es das dem Künstler gewidmete Museum.

»Die Stahlmeister« im Rijksmuseum

Meister der Dramatik

In der Tradition von Leonardo da Vinci und Caravaggio brachte Rembrandt die mystische Stimmung und dramatische Spannung erzeugende Technik der Hell-Dunkel-Malerei zu meisterhafter Vollendung. Seine Darstellung von Gruppenbildnissen war revolutionär. So gruppierte er beispielsweise in der »Anatomiestunde des Dr. Tulp« die zu Porträtierenden spannungsreich um das Objekt, sprich um die Leiche. Noch deutlicher tritt die durch seine Malweise erzeugte Dramatik in der »Nachtwache«, seinem berühmtesten Werk, zutage. Außer als Porträtist hat Rembrandt als Historien-, Genre- und Landschaftsmaler, Zeichner und Radierer Außerordentliches geleistet.

Rembrandts Konkurs

Schulden, ein aufwendiger Lebensstil und hohe Ausgaben für seine Sammlungen führten 1656 zum Ruin Rembrandts, Haus und Sammlungen wurden versteigert, er verarmte. Dass seine künstlerische Schaffenskraft ungebrochen war, zeigen einige seiner bedeutendsten Werke wie »Die Stahlmeister« (1661) und »Die Judenbraut« (1665, beide im Rijksmuseum, Amsterdam) deutlich. Rembrandt verstarb am 4. Oktober 1669 in Amsterdam.

»Die Nachtwache«

Eigentlich dürfte sein berühmtestes Gemälde gar nicht diesen Namen tragen, denn »Der Schützenaufmarsch der Kompanie des Hauptmanns Frans Banning Cocq und seines Leutnants Willem van Ruytenburch«, so der ursprüngliche Name des Werkes, fand wohl tagsüber statt. Doch weil das Gemälde im Lauf der Jahrhunderte durch gekochtes Öl und Firnis, das man von Zeit zu Zeit aufgetragen hatte, ziemlich dunkel geworden war, sahen viele im Aufmarsch der Büchsenschützen den einer nächtlichen Wache.

Gruppenporträts wie die »Schützenstücke« waren damals groß in Mode und eine gute Einnahmequelle für die Maler. Die meisten bestanden aus repräsentativen Aneinanderreihungen von Einzelporträts in steifen Posen. Außenstehende bildete man nicht ab, nur Mitglieder der jeweiligen Gruppe.

Rembrandt hat die darstellerische Tradition dieser Schützenstücke revolutioniert. Er bildet die Gruppe der rund 20 Schützen der Kloveniers-Gilde in jenem Augenblick ab, in dem Hauptmann Cocq den Marschbefehl erteilt, und führt damit ein dramatisierendes Element, eine Handlung, ein. Die Beteiligten werden zu Akteuren. Die Figuren im Vordergrund schreiten, so hat es den Anschein, auf den Betrachter zu, ein Dutzend Statisten in Bewegung, darunter Kinder und ein bellender Hund, füllen die Räume zwischen den Schützen und verleihen dem Ganzen Masse und Dynamik – man ist im Aufbruch. Mit der Figur der hell erleuchteten jungen Frau, an deren Taille ein totes Huhn baumelt, unterstreicht er das erzählerische Element zusätzlich. Sie gehört eigentlich nicht zur Schützengruppe. Übrigens: Zwei Personen sind auf dem Gemälde nicht mehr vorhanden. Sie fielen einem Beschnitt des Werks zum Opfer. Als das Gemälde 1715 im Rathaus am Dam aufgehängt werden sollte, erwies sich die vorgesehene Wand als zu klein, so dass das monumentalen Werk verkleinert wurde, rechts um 30 cm und links, wo sich diese beiden Schützen befanden, gar um einen ganzen Meter.

Hollands Drogenpolitik: umstritten, aber erfolgreich

Wer meint, in Hollands Coffeeshops, von denen es allein in Amsterdam rund 300 gibt, werde röstfrischer Kaffee serviert, liegt vollkommen falsch. Statt des Muntermachers werden dort beim Kellner Schläfrigmacher bestellt: Haschisch, Marihuana und andere weiche Drogen. Holland beschreitet in puncto Drogenpolitik einen ganz eigenen Weg – und hat im Vergleich zu anderen Staaten die wenigsten Junkies.

Drogen sind verboten

Um eines vorwegzunehmen: Das Rauchen von Tabak ist in Coffeeshops verboten. Und abgesehen vom Personal trifft man dort kaum Einheimische an.

Die Vergabe von Lizenzen für die Abgabe sogenannter weicher Drogen an Coffeeshops ist eine der Maßnahmen, mit denen man in Holland das Drogenproblem angeht. Um es deutlich zu sagen: Einnahme und Handel von Drogen sind in den Niederlanden

Nicht zwangsläufig heruntergekommen und ›spelunkig‹: Coffeeshop Greenhouse in Amsterdam

verboten. Doch während der Besitz von harten Drogen strafrechtlich streng verfolgt wird, stuft der Gesetzgeber den Erwerb von max. 5 g weicher Drogen pro Tag für den Eigenbedarf in Coffeeshops seit 1976 als Ordnungswidrigkeit ein und sieht von einer Strafverfolgung ab. *Gedogen* (Dulden) ist das Zauberwort. Was soviel heißt wie das Übel in gewissen Maßen tolerieren, weil seine Bekämpfung noch größere Übel nach sich ziehen würde. Damit will man verhindern, dass die Konsumenten weicher Drogen in die Kriminalität abrutschen. Denn wer weiche Drogen bei Dealern aus dem kriminellen Milieu kauft, kommt schneller mit harten Drogen wie Kokain, Heroin und Ecstasy in Berührung, und das soll so verhindert werden.

Das ›Hintertürproblem‹

Wäre man konsequent, müsste auch die Beschaffung der Drogen legalisiert und kontrolliert werden. Denn einerseits kommen die Kunden der Coffeeshops straffrei durch die Vordertür zu ihrem Stoff, andererseits unterliegt die Anlieferung durch die Hintertür der Strafverfolgung. Ein Widerspruch in sich. Überlegungen in den Niederlanden gehen dahin, Cannabis kontrolliert anzubauen und die Coffeeshops damit zu beliefern. Damit würde man dem illegalen Handel einen Riegel vorschieben und auch noch Steuern einnehmen. Ein kleiner rechtlicher Schritt in Richtung Legalisierung des Anbaus ist bereits erfolgt. Nach dem Entscheid eines Berufungsgerichts in Den Bosch wird der Anbau von fünf Cannabispflanzen in der Wohnung nicht strafrechtlich verfolgt, unabhängig davon wie viel Cannabis die Pflanzen produzieren. In der Praxis betrachtet die Polizei schon seit Jahren den Anbau von max. fünf Pflanzen nicht als Vergehen. Vielmehr geht man davon aus, dass es sich um Zierpflanzen handelt bzw. dass die Pflanzen dem persönlichen Konsum von Cannabis dienen, nicht jedoch dem kommerziellen Anbau.

Ein wirksames Konzept

Dem Konsum von Drogen wird durch Aufklärungs- und Informationskampagnen entgegengewirkt. Im Mittelpunkt der niederländischen Drogenpolitik steht neben der Bekämpfung des organisierten Drogenhandels vor allem die Begrenzung der Gesundheitsrisiken bei den Betroffenen. In Fixerstuben können Heroinsüchtige ihre gebrauchten Injektionsnadeln gegen neue eintauschen und sich in ›Druckräumen‹ kontrolliert einen Schuss setzen, was zu einem starken Rückgang der Anzahl von mit HIV oder Hepatitis infizierten Fixern geführt hat. Die Abgabe von Methadon an langjährige Heroinabhängige ist eine weitere Maßnahme, um die gesundheitlichen Schäden möglichst gering zu halten. Das Konzept geht auf, die Zahl der Junkies in den Niederlanden zählt zu den niedrigsten in der ganzen Welt.

Das ›fiets‹: Hollands Fahrzeug Number one

Autofreies Paradies für Radler: die Straßen Schiermonnikoogs

Mit dem ›fiets‹ zu fahren ist in Holland so etwas wie eine schnellere Art zu Fuß zu gehen, weshalb man sich auf dem fiets auch wie ein Fußgänger verhält: Man fährt bei Regen mit aufgespanntem Schirm, führt den Hund an der Leine Gassi, telefoniert mit dem Handy oder hält mit einer Hand den Diplomatenkoffer.

Nicht zuletzt übt sich das junge Paar Rad fahrend im Händchenhalten. Das klassische Hollandrad, die ›Hollandschaukel‹, ist dafür wie geschaffen, es begünstigt mit seiner typischen Form die aufrechte Sitzhaltung und das Lenken mit einer Hand.

Es gibt 16 Mio. Fahrräder in Holland, eines pro Einwohner (zum Vergleich: in China ein Fahrrad auf 2,6 Einw.). Was im Umkreis von 5 km zu besorgen ist, wird meist mit dem *rijwiel* – so die offizielle Bezeichnung – erledigt. Ob Minister, Fabrikdirektor, Student oder Großmutter, jeder ist mit dem Rad unterwegs. 16 000 km Radwege durchkreuzen das Land, es gibt unzählige ausgearbeitete Radwanderrouten.

›Fiets jatten‹ – der Fahrradklau geht um

Platter Reifen und kein Flickzeug dabei? Macht nichts, denn der holländische Automobilclub ANWB hat überall im Lande Pannenkoffer mit Flickzeug, Werkzeug und Verbandszeug depo-

Fahrradhochburg Amsterdam

niert, in Gaststätten, auf Campingplätzen, an Fahrradunterständen. Sie können gratis benutzt werden, den Schlüssel gibt's beim Anbieter. Unschönes zum Schluss: Der Fahrradklau geht um, weshalb abgestellte Räder unbedingt mit einer starken Kette oder einem Bügel festgemacht werden sollten.

Fahrradhochburg Amsterdam

Hollands Hochburg des *fiets* ist zweifelsohne Amsterdam, wo sich auf den 400 km durch die Stadt windenden Radwegen tagsüber bis zu 500 000 *fietsers* abstrampeln. Auf Hightech-Fahrräder mit 30 Gängen legt man dabei kaum Wert, hier kommt man mit schlappen drei Gängen aus oder verzichtet gleich ganz auf eine Schaltung. Diebe, die es auf Fahrräder aus dem höheren Preissegment abgesehen haben, werden kaum fündig, und dennoch werden in Amsterdam alljährlich gut 150 000 Stahlrösser geklaut. Von Junkies, Profis und manchem Gelegenheitsdieb, der das Rad nur für eine einmalige Fahrt nutzt und anschließend irgendwo abstellt oder in einer der Grachten versenkt, ein ideales Fahrradgrab ...

Ganz in Weiß

1965 hatten die Provos, eine niederländische anarchistische Protestbewegung gegen das Establishment in den 1960er-Jahren, im *witte fiets* eine Chance gesehen, dem kapitalistischen Autoverkehr ein Ende zu setzen. Der Plan war simpel: Man wollte einfach in

der ganzen Stadt weiße Fahrräder platzieren, die jeder kostenlos benutzen können sollte. Sie spendeten ein weißes Fahrrad, in der Hoffnung, dass nun die Stadt ihrerseits einige Tausende *witte fietsen* dazutun würde. Doch daraus wurde nichts, ihr weißes Musterfahrrad wurde unverzüglich von der Polizei konfisziert. Auch spätere, ernsthaftere Versuche verliefen im Sand.

Im National Park Hoge Veluwe indes funktioniert das Witte-Fietsen-System gut. Jeder Besucher des Parks kann sich einfach eines der 1700 Räder nehmen (es gibt auch Kinderräder und Kindersitze) – und ab geht's!

Konferenz auf Rädern

Was man mit Fahrrädern alles anstellen kann, zeigen ungewöhnliche Kreationen findiger Köpfe. Auf dem fietscafé (www.fietscafe.nl) kann eine ganze Gruppe von *fietsern* ihr *kopje coffie* oder sonst was trinken, während auf dem ConferenceBike bis zu sieben Personen konferieren können, während man gleichzeitig auf dem Vehikel durch die Gegend kurvt. Wohingegen das workcycle (www.workcycles.com) zum Transport von Lasten bis hin zum Kleinumzug eingesetzt werden kann.

Die Idee, auf bestimmten Strecken Radfahrröhren zu errichten, in denen Radfahrer dann durch künstlich erzeugten Rückenwind möglichst zügig vorankommen könnten, ist bisher aus dem Ideenstadium nicht herausgekommen. Vielleicht weil jeder, der einmal auf einem Rad unterwegs war, doch weiß, dass der Wind immer von vorn kommt, und sich daher in der Röhre nicht zurechtfinden würde.

Unterwegs in den Niederlanden

Blick auf den Nachbau des VOC-Segelschiffs, das in Amsterdam vor Anker liegt

Das Beste auf einen Blick

Amsterdam und Umgebung

Highlight!

Amsterdam: Die holländische Metropole wird unter anderem als »Venedig des Nordens«, »kosmopolitisches Dorf«, »Weltstadt mit Herz« und »Schatztruhe der Niederlande« bezeichnet – die Stadt hat viele Facetten. Mit ihrem multikulturellen Flair, ihren malerischen Grachten, historischen Bauwerken, großartigen Kunstschätzen und den tatsächlich auf Pfählen errichteten historischen Bauwerken in der Altstadt rund um den Dam ist sie einen mehrtägigen Besuch wert. S. 82

Auf Entdeckungstour

Über sieben Brücken musst du fahr'n ...: Das »Venedig des Nordens« ohne Brücken? Völlig unmöglich! Allein in der Innenstadt zählt man schon mehr als 250. Viele sind zwar grau, und man nimmt sie gar nicht wahr, doch einige sind von beachtlicher Schönheit und unbedingt eine Visite wert, am besten mit dem Rad. 35 – 43 S. 104

Das historische Herz Hollands, die Zaanse Schans: Mit den adretten grünen Holzhäuschen, Windmühlen und dem Kolonialwarenladen zeigt dieses bewohnte Museumsdorf am Flüsschen Zaan ein Stück idyllisches Holland des 17./18. Jh. Hier kann man dem *klompenmaker,* Zinngießer und Senfmüller bei der Arbeit zusehen. S. 112

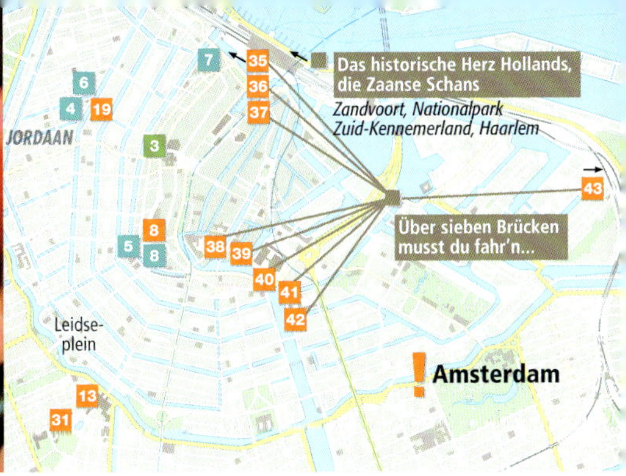

Kultur & Sehenswertes

Rembrandt & Van Gogh: Der Besuch des Rijksmuseums mit der berühmten »Nachtwache« ist ein Muss. Und gleich nebenan trumpft im Van Gogh Museum der Meistermaler mit Werken wie »Die Kartoffelesser« auf. 13 31 S. 90, 94

Anne Frank Huis: Hier schrieb Anne Frank ihr berühmtes Tagebuch, hier hielt sie sich mit ihrer Familie zwei Jahre vor den Nazis versteckt. 19 S. 92

Aktiv & Kreativ

Spaziertour durch den Jordaan: Auf einem ausführlichen Spaziergang erschließt sich dem Besucher eines der schönsten Viertel der Stadt. S. 91

Mit dem Rad in den Nationalpark: Schön ist ein Abstecher mit dem Fahrrad vom trubeligen Zandvoort in die Ruhe des Nationalpaarks Zuid-Kennemerland. Das *fiets* dazu gibt's in Zandvoort am Bahnhof. S. 110, 111

Genießen & Atmosphäre

Magna Plaza: In der lichten vierstöckigen Säulengalerie reiht sich Laden an Laden: Modeboutiquen, Confiserien, Musikshops, Cafés und mehr. 3 S. 87

Begijnhof: Ein Ort, an dem man für einen Moment der Hektik der Stadt entrinnen kann. 8 S. 87

Pittoreskes Zentrum von Haarlem: Der Grote Markt mit seinen netten Cafés und Kneipen lädt zur Rast. S. 108

Abends & Nachts

Leidseplein: Musikanten, Jongleuren, Feuerschluckern und Artisten zuschauen, bei einem Glas Bier in einem der gemütlichen Cafés an diesem Platz – Vergnügen pur. Gute Ausgangsadresse für den Start ins Nachtleben. S. 97

Wohnzimmer der Amsterdamer: In den Bruine Cafés lernt man die Kneipenkultur Amsterdams von ihrer nettesten Seite kennen. 4 – 8 S. 100

Amsterdam! ►E 6

Als »Venedig des Nordens«, »kosmopolitisches Dorf«, »Weltstadt mit Herz«, »Schatztruhe Hollands« und als »größte Pfahlsiedlung der Welt« wird Amsterdam bezeichnet – die Stadt hat viele Facetten. Mit malerischen Grachten, multikulturellem Flair, historischen Bauwerken, großartigen Kunstschätzen und den tatsächlich auf Pfählen errichteten historischen Bauwerken ist sie einen mehrtägigen Besuch wert. Abstecher zu Tulpenfeldern, Windmühlen und imposanten Schlössern bereichern das Programm.

In Amsterdam leben die »Bewohner wie die Raben auf den Wipfeln von Bäumen«, meinte einst Erasmus von Rotterdam und wies damit auf den riesigen Wald aus 5 Mio. 10–20 m langen Fichtenstämmen hin, die, senkrecht in den modrigen Boden gerammt, die Häuser der Altstadt vorm Versinken bewahren. Allein unterm Bahnhof sind es 8687, unter dem Königlichen Palast 13 659. Dieser Wald muss ständig bis über die Wipfel unter Wasser gehalten werden, um der Fäulnis vorzubeugen. Ein ausgetüfteltes System von Schleusen, durch die regelmäßig Frischwasser in die 165 Grachten gepumpt wird, dient diesem Zweck.

Erster Blick auf die Stadt

Verglichen mit anderen Städten ist Amsterdam noch recht jung. Erst 1275 taucht Amstelledamme in einem Do-

Infobox

VVV Amsterdam Tourist Office
Gegenüber vom Hauptbahnhof (im Noord-Zuid Hollandsch Koffiehuis), in der Regel tgl. 9–18 Uhr, Tel. 0900 400 40 40 (0,40 €/Min). Weitere Büros: s. S. 102.

Infos im Internet
www.iamsterdam.com: Website des Amsterdam Tourist Office (dt., engl.).
www.amsterdam.nl: Website der Stadt (niederl.) mit interaktivem Stadtplan.
www.amsterdamweekly.nl: Vorschau auf Ereignisse und Artikel über Leute und Politik der Stadt, wöchentl. Restaurant Review (engl.).

Hotelbuchungen
Beim VVV Amsterdam Tourist Office oder Amsterdam Reservation Center, Tel. 020 551 25 25, Fax 020 625 28 69, reservation@atcb.nl. Online z. B. über www.easytobook.com/de.

Anreise und Weiterkommen
Wer in Amsterdam ankommt, endet meist in der Centraal Station (CS, Hauptbahnhof). Mit dem Flugzeug kommen Sie auf dem Airport Schiphol an, 18 km südwestl. von Amsterdam. Von dort fährt alle 10–15 Min. ein Schnellzug zur Centraal Station.

Mit dem Auto in die Innenstadt? Parken im Zentrum? Ein Alptraum! Kostet bis zu 6,40 €/Std. Da lässt man doch besser das Auto auf einem der P&R-Plätze am Stadtrand und fährt günstig mit öffentlichen Verkehrsmitteln oder dem Fahrrad in die Stadt (s. S. 103, Mein Tipp).

kument auf, als Name einer Fischersiedlung an einem Damm an der Mündung der Amstel in die Zuiderzee. 1300 erhält sie Stadtrechte, wächst fortan rapide und steigt im Goldenen Zeitalter (1580–1700) zur bedeutendsten Wirtschaftsmetropole Europas auf. 1580 hat sie 15 000 Einwohner, 1620 bereits 100 000 und heute 1,2 Mio.

Wer heute mit dem ältesten noch erhaltenen Stadtplan, der in Amsterdams Historisch Museum ausgestellten »Vogelvluchtkaart« von 1538, durch den alten Stadtkern wanderte, käme noch zurecht, die ursprüngliche Anlage der Stadt hat sich nicht sehr verändert. Wie ein halbkreisförmiges Spinnennetz durchziehen Straßen und Grachten das alte Amsterdam, in dessen Zentrum die Oude Zijde (Alte Seite) liegt. Dort, wo sich einst am Zeedijk kleinere Koggen und Leichter reihten und die Matrosen in Hafenspelunken, Bordellen und Opiumhöhlen ihre Heuer durchbrachten, ist Amsterdam am ältesten. Bis heute ist in den engen Gassen um die Oude Kerk noch etwas von der verruchten Atmosphäre zu spüren, liegt diese älteste Kirche Amsterdams doch mitten im berüchtigten Rotlichtviertel. Der Zeedijk, die älteste Straße Amsterdams, und eine Handvoll umliegender Gassen sind zur größten chinesischen Enklave Europas geworden, zu Amsterdams Chinatown.

Mit dekorativen Giebeln geschmückte Grachtenhäuser, die vom einstigen Wohlstand der Metropole zeugen, flankieren die Kanäle, auf denen an zahlreichen Stellen Hausboote festgemacht haben – Wohnen auf dem Wasser ist in Amsterdam nichts Ungewöhnliches. Fast 7000 der im Zentrum stehenden Häuser sind denkmalgeschützt – und es ist nur noch eine Frage der Zeit, bis die Altstadt Amsterdams zum Welterbe der UNESCO erhoben wird.

Altstadt

Das alte Amsterdam lässt sich mühelos zu Fuß oder mit dem *fiets* (Fahrrad), *dem* Verkehrsmittel der Amsterdamer, erkunden. Zu weiter entfernt gelegenen Sehenswürdigkeiten kann man auch die Tram oder das Museumsboot nehmen. Die empfehlenswerte Tour mit dem Boot ist eine Grachtenrundfahrt, die man an verschiedenen Haltestellen unterbrechen kann.

Centraal Station 1

Ein guter Ausgangspunkt ist der Hauptbahnhof, eines der prächtigsten Bauwerke Amsterdams. Dabei lohnt nicht nur ein Blick auf die mit Wappen und allegorischen Darstellungen geschmückte Fassade. Im Innern sollte man auf jeden Fall den schönen eichenholzgetäfelten Jugendstilwartesaal der 1. Klasse, heute das **Grand Café 1e Klas,** ansehen, neben dem sich der königliche Wartesaal befindet. Der Weg vom Bahnhof führt auf dem belebten Damrak zum Dam, dem historischen Stadtzentrum.

Beurs van Berlage 2

www.beursvanberlage.nl,
Café Mo–Sa 10–18, So 11–18 Uhr

Roter Backstein, klare Linien – mit dem Bau der Koopmansbeurs ab 1898 setzte H. P. Berlage neue Maßstäbe für die niederländische Architektur. Heute ist sie Sitz des Philharmonischen Orchesters und Ausstellungszentrum. Bei einem Besuch des **Börsencafés** kann man die schönen von Jan Toorop und Roland Holst geschaffenen Wandmalereien und die Glasmalereien von Antoon J. der Kinderen betrachten.

Koninklijk Paleis 3

www.paleisamsterdam.nl,
tgl. 12–17, Juni–Aug. ab 11 Uhr,
7,50/6,50 €

Amsterdam

0
100
200 m
Ronde Lutherse Kerk
Multatuli Museum
Kattengat
Engelsest.
Nieuwendijk
Hekelveld
Ramskooi
Centraal Station
Stationsplein
Canal Bus
Prins Hendrikkade
Langestr.
Keizersgracht
Herenstr.
Herengracht
Korsjespoortst.
Koggestr.
Singel
Krte. Korsjespoortst.
Teelketelst.
Spuistraat
Nieuwezijds Voorburgw
Nieuwezijds Armst.
Hasselaerssst.
Blauwburgwal
Oude Nieuwstr.
Oude Braak
St. Jacobsstr.
Sexmuseum
Lijnbaansstr.
Nwe.-zijds Kolk
Karnemelkst.
Damrak
't Kolkje ('t Sluisje)
Nwe.brugst.
Zeedijk
Kolkst.
Oudebrugst.
Damrak
Wijngaardsst.
Oudezijds Armstburgerst.
Vredenburgerst.
De Dolphijn
Bergstr.
D.v. Hasseltsst.
Mandenmakersst.
Oudebrugst.
Koffie- en Theemuseum
H. Hoeksst.
Nwe. Nieuwstr.
St.Geertruidenst.
St. Nicolaass
Onze Lieve Vrouwest.
Beursstr.
PIC
Lange Niezel
Korte Niezel
Oude Leliestr.
Torenst.
Multatuli
Zwarte Handst.
Nieuwe zijds Voorburgwal
Beurspassage
Damrak
Warmoesstr.
Paternosterst.
Wijde Kerkst.
Voorburgwal
Tempel He Hwa
Boomst.
Driekoningenhuis
Molst.
Gravenstr.
Eggerstst.
Nieuwendijk
Zoutst.
Beursplein
Effectenbeurs
St.
Oude Kerksplein
Driekoningenstr.
Spuistraat
Damrakst.
Warmoesstr.
Annenstr.
Oudekennis-Molenst.
Torensluis
Mozes en Aaronstr.
Valkenstr.
Kreupelst.
Oudezijds Achterburgwal
Raadhuisstraat
Dam
Leidekkersstr.
Monnikenstr.
National Monument
St. Jansstr.
Oudezijds
Bloedstr.
Singel
Schoutenst.
Paleisstr.
Gasthuismolensteeg
Pijlst.
Servetst.
Walletjes
Stoofst.
Barndest.
Nieuwmarkt
Keizerrijk
Papenbrugst.
Rokin
Hermietenst.
Nes
Damstraat
Hash, Marihuana & Hemp Museum
Kleines Trippenhuis
Jonge Roelenst.
Steenh.st.
Koestr.
Spuistr.
Spaarpotst.
Nadorst-st.
P. Jacobszstr.
Oude Doelenstr.
Bethanienstr.
Wijdest.
Rokin
Gaperst.
Boerenst.
Post-zegel-markt
Voorburgwal
Prinsenhofst.
Walenpl.
Oude Hoogstr.
Trippenhuis
Schoorsteenvegersst.
St. Pietersst.
Nes
De Brakke Grond
Voorburgwal
Waalse Kerk
Oostindisch Huis
Singel
Wijde Lombardst.
Krt. Spinh.-st.
Nwe. Hoogstr.
St. Lucienst.
Duifjesst.
Rokin
Onkelboerenst.
Zanddw.str.
Zuiderkerk
Raamst.
Rosmarijnst.
Kalverstr.
Frascati
Spinhuisst.
Zandstr.
Zuiderkerkhof
Enge Kapelst.
Amsterdam Dungeon
Oudezijds
Rusland
Engelenbak
Oudezijds Achterburgwal
Raamgracht
Vliegen-dest.
Roskamst.
Slijkstr.
Pentagon
Nieuwezijds
Nes
Huis op de drie grachten (Dreigrachtenhaus)
Engelse Kerk
Waterst.
Spuistr.
Takst.
Langebrugst.
Grimburgwal
Canal Bus
Kloveniersburgwal
Wijde Heisteeg
Heist.
Houten Huys
Spui
Crea
Turfdraagsterpad
Universiteit
Groenburgwal
Verversstr.
Spui
Kunstmarkt
Allard Pierson Museum
Binnengasthuisst
Vendelstr.
Zwanenburgwal
Theaterschool
Stadhuis
Beulingstr.
Singel
Handboogstr.
Voetboogstr.
Kalverstr.
Oude Turfmarkt
Staalstr.
Staalstr.
Olieslagersst.
Rokin
Nwe. Doelenstr.
Heiligeweg
's Gravelandseveer
Staalkade
Kalverstr.
Universiteitstheater
Torture Museum
Muntplein
Amstel
De Kleine Komedie
Koningsplein
Bloemenmarkt
Singel
Amstel
Canal Bus
Amstel
Herengracht
St. Jorisstr.
Openhartst.
Geelvinckst.
Vijzelstraat
Reguliersbreestr.
Halvemaansteeg
Bakkersstr.
Paardenstr.
Reguliersdwarsstr.
Blindemanst.
Schapenstr.
Rembrandtplein
Amstelstr.
Stadhuis
Reguliersdwarsstr.

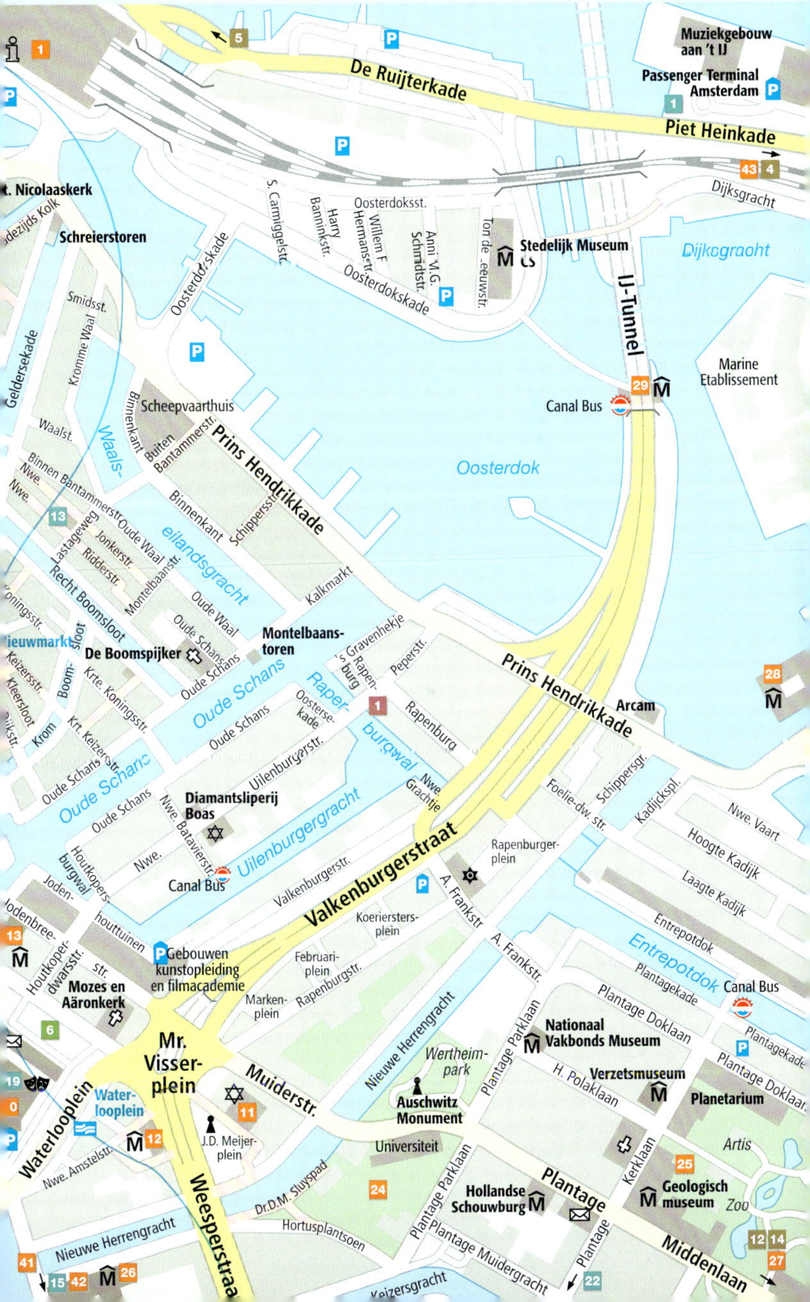

Muziekgebouw aan 't IJ
Passenger Terminal Amsterdam
De Ruijterkade
Piet Heinkade
Dijksgracht
t. Nicolaaskerk
Schreierstoren
S. Carmiggelstr.
Harry Banninkstr.
Oosterdoksst.
Willem F. Hermansstr.
Anni M.G. Schmidtstr.
Ton de Leeuwstr.
Stedelijk Museum CS
Oosterdokskade
Oosterdokskade
IJ-Tunnel
Smidsst.
Kromme Waal
Geldersekade
Marine Etablissement
Scheepvaarthuis
Canal Bus
Binnenkant
Buiten Bantammerstr.
Prins Hendrikkade
Oosterdok
Waalst.
Waals-eilandsgracht
Binnen Bantammerstr.
Nwe.
Binnenkant
Schippersstr.
Lastageweg
Jonkerstr.
Oude Waal
Ridderstr.
Montelbaansstr.
Recht Boomsloot
Oude Waal
Kalkmarkt
Oude Schans
Oude Schans
Montelbaanstoren
's Gravenhekje
Peperstr.
Rapenburg
Prins Hendrikkade
Arcam
Nieuwmarkt
De Boomspijker
Boomsloot
Keizersstr.
Krte. Koningsstr.
Kleersloot
Oude Schans
Oosterse-kade
Raper-burgwal
Rapenburg
Krom
Krt. Keizersstr.
Oude Schans
Uilenburgerstr.
Oude Schans
Oude Schans
Diamantsliperij Boas
Nwe. Batavierstr.
Uilenburgergracht
Nwe. Grachtje
Foelie-dw. str.
Schippersgr.
Kadijksplt.
Nwe. Vaart
Hoogte Kadijk
Laagte Kadijk
Houtkopers-burgwal
Nwe.
Canal Bus
Valkenburgerstr.
Valkenburgerstraat
Rapenburgerplein
A. Frankstr.
Entrepotdok
Joden-houttuinen
Koeriersters-plein
A. Frankstr.
Entrepotdok
Plantagekade
Canal Bus
Jodenbree-str.
Gebouwen kunstopleiding en filmacademie
Februari-plein
Rapenburgstr.
Plantage Doklaan
Houtkoper-dwarsstr.
Mozes en Aäronkerk
Marken-plein
Nieuwe Herengracht
Plantage Parklaan
Nationaal Vakbonds Museum
Plantagekade
Mr. Visser-plein
Wertheim-park
H. Polaklaan
Verzetsmuseum
Plantage Doklaan
Planetarium
Muiderstr.
Auschwitz Monument
Water-looplein
Waterlooplein
J.D. Meijer-plein
Universiteit
Artis
Nwe. Amstelstr.
Dr.D.M. Sluyspad
Hollandse Schouwburg
Plantage
Kerklaan
Geologisch museum
Zoo
Weesperstraat
Plantage Parklaan
Hortusplantsoen
Nieuwe Herengracht
Plantage Muidergracht
Plantage
Middenlaan
Keizersgracht

Amsterdam

Sehenswert

1 Centraal Station
2 Beurs van Berlage
3 Koninklijk Paleis
4 Nieuwe Kerk
5 Madame Tussaud's
6 Amsterdams Historisch Museum
7 Schuttersgalerij
8 Begijnhof
9 Munttoren
10 Stopera
11 Portugese Synagoge
12 Joods Historisch Museum
13 Het Rembrandthuis
14 Waaggebouw
15 Chinatown
16 Oude Kerk
17 Museum Amstelkring
18 Westerkerk
19 Anne Frank Huis
20 Woonbootmuseum
21 Museum Van Loon
22 Museum Willet-Holthuysen
23 Kattenkabinet
24 Hortus Botanicus
25 Artis Zoo
26 Hermitage
27 Tropenmuseum
28 Nederlands Scheepvaart Museum
29 NEMO
30 Rijksmuseum
31 Van Gogh Museum
32 Stedelijk Museum
33 Nederlands Filmmuseum
34 Vondelpark
35 Eenhoornsluis
36 Lekkeresluis
37 Oranjebrug
38 Dwinger-/Aluminiumbrug
39 Staalmeestersbrug
40 Blauwbrug
41 Walter Süskindbrug
42 Magere Brug
43 Borneobrug

Übernachten

1 Ambassade
2 Le Coin
3 Maes B&B
4 Lloyd Hotel
5 Amstel Botel
6 Heren B&B
7 Sunhead of 1617 B&B
8 Amsterdam House
9 B&B Flynt
10 Hostel Stadsdoelen
11 Hostel Vondelpark
12 Hostel Zeeburg
13 Amsterdamse Bos
14 Zeeburg

Essen & Trinken

1 Greetje
2 Green Planet
3 Nam Kee
4 Pancake Bakery
5 Bazar
6 Gartine
7 Hap Hmm
8 Dwaze Zaken
9 Café Américain
10 Dantzig
11 Café De Jaren
12 De Kroon
13 Luxembourg

Einkaufen

1 Spiegelkwartier
2 P.C. Hooft-/v. Baerlestraat
3 Magna Plaza
4 Kalvertoren
5 Bloemenmarkt
6 Waterloopleinmarkt
7 Albert Cuyp Markt

Aktiv & Kreativ

1 Grachtenrundfahrten
2 Stadtführungen
3 Mike's Bike Tours

Abends & Nachts

1 Bimhuis
2 Melkweg
3 Paradiso
4 Chris
5 Hoppe
6 't Smalle
7 Karpershoek
8 't Doktertje
9 Escape
10 Dansen bij Jansen
11 Back Door
12 Holland Casino Amsterdam
13 Amsterdams Marionetten Theater
14 Boom Chicago
15 Koninklijk Theater Carré
16 Stadsschouwburg
17 Westergasfabriek
18 Concertgebouw
19 Muziektheater
20 Pathé Tuschinski
21 The Movies
22 Kriterion

Der Dam, auf dem das **Nationaal Monument** an die Opfer des Zweiten Weltkrieges erinnert, wird von der spätgotischen Nieuwe Kerk, der Krönungskirche des niederländischen Königshauses, und dem Koninklijk Paleis eingerahmt. In dem ab 1648 nach Plänen von Jacob van Campen als Rathaus erbauten Prunkstück des niederländischen Klassizismus residierte zeitweise der Bruder von Napoleon Bonaparte, König Louis Bonaparte. Als er 1810 abzog, ließ er eine Sammlung herrlicher Empire-Möbel zurück. Mittelpunkt des

Palastes ist der prunkvolle Bürgersaal. Auf seinem Marmorparkett stellen kupferne Einlegearbeiten die beiden Erdhälften und den nördlichen Sternenhimmel dar. Marmor auch an den Wänden und Säulen des Saals, obgleich die oberen Wandpartien nur mit hölzernem Marmorimitat bekleidet wurden, damit der Bau nicht zu schwer wurde. Zahlreiche allegorische Wand- und Deckengemälde, u. a. von den Rembrandt-Schülern Govert Flinck und Ferdinand Bol, sowie Marmorskulpturen und Reliefs von Artur Quellinus und Rombout Verhulst schmücken den Saal. Heute wird der Palast nur noch zu Staatsempfängen genutzt.

Nieuwe Kerk 4

www.nieuwekerk.nl, während Ausstellungen tgl. 10–17 Uhr, 4/3,20 €

Die Neue Kirche ist gar nicht so neu, sondern von 1408. Seit der feierlichen Amtseinsetzung von Wilhelm I. (1815) dient die Kirche den niederländischen Regenten als Krönungskirche. Gottesdienste werden in der Kirche nur noch selten abgehalten. Stattdessen nutzt man den imposanten Sakralbau regelmäßig für Orgelkonzerte, Kunst- und Antiquitätenausstellungen.

Zu den Kunstschätzen im Kircheninnern zählen die imposante barocke Kanzel von 1664 und die große Orgel von 1670, deren Front von Jacob van Campen stammt. In der Apsis, wo sonst der Hochaltar steht, prunkt das von dem berühmten Bildhauer Rombout Verhulst geschaffene barocke Grabmal des holländischen Seehelden Admiral Michiel de Ruyter. In den schönen glasgemalten Kirchenfenstern werden historische Ereignisse dargestellt.

Madame Tussaud's Scenerama 5

www.madamtussauds.com/amster dam, tgl. 10–17.30, in den Sommerferien bis 20.30 Uhr, 21/16 €

Die Königinnen der Niederlande, Rembrandt und Van Gogh, Willem der Schweiger oder Johan Cruijff – hier sind die Großen des Landes versammelt, natürlich aus Wachs. Ausgestellt ist eine illustre Schar von über 100 bekannten Persönlichkeiten aus Geschichte, Politik, Wissenschaft und Showbusiness – inklusive Barack Obama.

Magna Plaza 3

www.magnaplaza.nl, Mo 11–19, Di–Sa 10–19, Do bis 21, So 12–19 Uhr

Der rot-weiß gestreifte, neugotische Pracht-Backsteinbau der ehemaligen Hauptpost beherbergt eine der schönsten Shoppingcenter der Stadt mit rund 40 Läden und Cafés.

Amsterdams Historisch Museum 6

www.ahm.nl, Mo–Fr 10–17, Sa, So, Fei 11–17 Uhr, 1.1., 30.4., 25.12. geschl., 10/5–7,50 €

An der vom Dam zum Muntplein führenden Kalverstraat, der buntesten Shoppingmeile Amsterdams, befindet sich in einem ehemaligen Waisenhaus das Historische Stadtmuseum. Anhand von alten Karten, Einrichtungs- und Gebrauchsgegenständen, Gemälden und mehr wird der Besuch des Museums zu einer informativen Zeitreise in die Vergangenheit der Stadt.

Vom Museum führt die **Schuttersgalerij** 7, eine überdachte Passage mit großformatigen Gruppenporträts von Schützengilden aus dem 17. Jh. an den Wänden, zum Begijnhof.

Begijnhof 8

www.begijnhofamsterdam.nl, tgl. 9–17 Eingang Gedempte Begijnensloot, ab 17 Uhr Eingang Spui

Im Begijnhof (Beginenhof) lebten seit seiner Stiftung im Jahr 1346 Frauen, die das fromme Leben von katholischen Ordensfrauen gewählt hatten, ohne sich an den Orden zu binden.

Panoramaansicht von der Blauwbrug auf Amstel, Stopera und Waterlooplein

Kleine Giebelhäuser mit gepflegten Vorgärten sowie zwei Kirchlein umgeben eine Wiese mit Bäumen und Blumen. Das **Houten Huys** (Nr. 34), 1477 erbaut, ist das älteste Wohnhaus der Stadt und zugleich eines der beiden letzten erhaltenen Holzhäuser Amsterdams. Gegenüber der Kirche beherbergen zwei dieser Häuser eine **Geheimkirche,** in der Katholiken, als sie ihre Messen nicht öffentlich feiern durften, Gottesdienste abhielten.

Vom Spui zum Rembrandtplein

Am Spui, einem kleinen Platz hinter dem Begijnhof, laden Cafés und Bistros zur Rast bei einem *kopje koffie* ein. Von hier geht's über den bunten, teils schwimmenden **Bloemenmarkt** 5 am Singel zum Muntplein (Münzplatz, Mo–Sa 9–17.30, So 11–17.30 Uhr). Der **Munttoren** 9 (Münzturm) war einst Teil der mittelalterlichen Stadtbefestigung. Und dann noch ein Blick auf die ›Alte Dame‹, wie das **Tuschinski Theater** 27 (Reguliersbreestraat 26), Amsterdams schönster Filmpalast mit seiner stilvollen Art-déco-Einrichtung aus den 1920er-Jahren, liebevoll genannt wird.

Stopera 10

www.muziektheater.nl, Gratiskonzerte im Boekmanzaal Juni–Okt. ab 12.15 Uhr

Die Stopera ist Stadhuis und Opera zugleich – daher der Name. Sie beherbergt Muziektheater, Oper, Nationalballett, hier finden Gastspiele des berühmten Nederlands Dans Theater statt. Originell ist die Bronze **Macht der Musik,** ein Geiger, der in der Eingangshalle des Muziektheaters den Marmorboden durchbricht. Im Sommer finden dienstags Gratis-**Lunchkonzerte** statt. In der Passage zwischen Muziektheater und Stadhuis findet man eine Markierung des **Normaal Amsterdams Peil,** des 1818 festgelegten mittleren Wasserstandes der Nordsee oder geodätischen Nullpunktes (NN, Normal Null).

Waterloopleinmarkt 6

Mo–Sa 9–17 Uhr

Kram aller Art wird auf dem *vlooienmarkt* (Flohmarkt) auf dem Waterlooplein angeboten. Früher war der Platz das Zentrum des jüdischen Quartiers, dessen Häuser jedoch bis auf wenige der Stadtsanierung zum Opfer fielen.

Portugese Synagoge 11

www.esnoga.com, April–Okt. So–Fr 10–16, Nov.–März So–Do 10–16, Fr 10–14 Uhr, geschl. 1.1., 30.4. und an jüdischen Feiertagen, 6,50/4–5 €

Auf dem J. D. Meijerplein erinnert die **Statue Dokwerker** (Hafenarbeiter) an den von den Nazis blutig beendeten Generalstreik am 25. Februar 1941, der einzigartigen Auflehnung der ganzen Stadt gegen die Deportation von Juden. Hinter dem Denkmal ragt die Portugese Synagoge auf. Von Elias Bouwman im Auftrag sephardischer Juden aus Portugal nach dem Vorbild des Salomontempels erbaut und 1675 eingeweiht, war sie damals die weltgrößte Synagoge. Die dreischiffige Halle des mächtigen Backsteingebäudes mit ihrer durch Pilaster und hohe Rundbögen strukturierten Fassade wird von hölzernen Tonnengewölben überdacht, die im Innern von ionischen Säulen getragen werden. In der Südostecke, Richtung Jerusalem, befindet sich die Heilige Arche mit den Thorarollen. Die bereits 1616 gegründete Bibliothek der Synagoge, **Ets Haim** (Baum des Lebens), verfügt über eine der bedeutendsten Sammlungen jüdischen Schrifttums.

Joods Historisch Museum 12

www.jhm.nl, tgl. 11–17 Uhr, geschl. Jüdisches Neujahr und Jom Kippur, 7,50/3–4,50 €, Kombiticket JHM und Portugese Synagoge 10/5 €

An diesem Platz befinden sich zudem vier zwischen 1670 und 1752 errichtete Synagogen, die heute das Joods Historisch Museum, das bedeutendste jüdische Museum außerhalb Israels, beherbergen. Die bemerkenswerte Sammlung von rituellen Gegenständen, Schriftstücken und Fotos dokumentiert eindrucksvoll Aspekte des jüdischen Glaubens, den Zionismus, das Leben der Juden in den Niederlanden und ihre Verfolgung während der nationalsozialistischen Besatzung.

Museum Het Rembrandthuis 13

www.rembrandthuis.nl, tgl. 10–17 Uhr, 8/1,50 €

Hier lebte und arbeitete Rembrandt von 1639 bis 1658 während seiner größten Schaffensperiode, hier schuf er die »Nachtwache«. In der ersten Etage hatte der Maler sein Studio, unter dem Dachboden Arbeitsräume für seine Schüler eingerichtet – alles in allem die größte Malwerkstatt jener Zeit. Das Museum verfügt über die nahezu vollständige Sammlung von Rembrandts Radierungen sowie einige Gemälde seiner Schüler und seines Lehrmeisters Pieter Lastman. Doch das ist nicht alles: Zu sehen sind auch kuriose Requisiten wie Muscheln, Büsten, Schildkrötenpanzer, Speere und Geweihe, die Rembrandt gesammelt hatte, weil sie ihm vielleicht irgendwann als Vorlagen dienen könnten.

Am malerischen alten **Sluishuis** (mit Café) an der Schleusenbrücke vorbei geht es über den Zwanenburgwal zum **Nieuwmarkt,** einem quirligen Platz.

Mein Tipp

Chinesisches Neujahr

Zwischen dem 21. Januar und 20. Februar feiert die chinesische Gemeinde ihr wichtigstes Fest. Unterhaltsames Spektakel mit Umzug, Drachentanz und Feuerwerk auf dem Nieuwmarkt.

Waaggebouw 14

Die historische, mit sieben Türmen ausgestattete Waage (ursprünglich Stadtturm St. Antoniespoort von 1488) am Nieuwmarkt zählt zu den ältesten erhaltenen Bauwerken Amsterdams. In ihr befand sich neben Versammlungsräumen verschiedener Zünfte auch das **Theatrum Anatomicum,** der Vorlesungssaal der Chirurgen, denen Zar Peter der Große hier über die Schulter geschaut hat, und in dem Rembrandt Vorstudien für sein Gemälde »Die anatomische Vorlesung des Dr. Tulp« betrieben hat. Heute beherbergt die Waag ein Café-Restaurant.

Chinatown 15

Fernöstliche Küchendüfte, gebratene Enten in den Auslagen winziger Garküchen, bunte Asialäden und ein buddhistischer Tempel – am **Zeedijk,** der ältesten Straße Amsterdams, befinden wir uns mitten in Chinatown. Der **Tempel Fo Guang Shan He Hwa** (Zeedijk 106–118, www.ibps.nl, Di–Sa 12–17, So ab 10 Uhr, Juni–Sept. auch Mo, Eintritt frei) mit den Kuan-Yin- und Sakyamuni-Schreinen ist der Stolz der chinesischen Gemeinde.

Oude Kerk 16

www.oudekerk.nl, Mo–Sa 10.30–17.30, So 13–17.30 Uhr, 7/5 €

Die älteste Kirche Amsterdams liegt mitten im berüchtigten Rotlichtviertel. Sehenswert in dem sich eher schlicht ausnehmenden gotischen Gotteshaus, dessen einst prunkvolle Einrichtung im 16. Jh. Bilderstürmer zerstörten, sind vor allem das hölzerne Tonnengewölbe, die barocke Orgel (17. Jh.), das kunstvoll geschnitzte Chorgestühl (16. Jh.) und die Renaissance-Glasmalereien der Fenster im Frauenchor. In der Kirche fand u. a. Saskia van Uylenburgh, die 1642 verstorbene Frau Rembrandts, ihre letzte Ruhestätte.

Mein Tipp

Idyllischer Jordaan

Jenseits der Prinsengracht liegt der Jordaan. Das einstige Armeleuteviertel war vom Abriss bedroht, bis es in den 1960er-/1970er-Jahren Künstler, Intellektuelle und Studenten entdeckten und viele Häuser in Eigeninitiative herrichteten. Nach einem drohenden Aufstand ließ die Stadt schließlich ihren Kahlschlagplan fallen und setzte auf Erhalt. Über 800 Häuser stehen hier jetzt unter Denkmalschutz und etwas von dem behaglichen Flair vergangener Tage ist auch noch bewahrt. Bei einem Bummel durch das Viertel stößt man auf idyllische Hofjes (Lindenhofje, Lindengracht 94, Suyckerhofje, Lindengracht 149, Claes Claesz Hofje, 1e Egelantierdwarsstr. 3), gemütliche Restaurants, witzige Kneipen, kleine, hippe oder ungewöhnliche Läden und auf alte Giebelsteine mit originellen Bildern (Browersgracht, Lindengracht). Idyllisch gibt sich die Bloemgracht, eine der schönsten Grachten des Viertels.

Hilfreich ist die beim VVV erhältliche Broschüre »Bummel durch den Jordaan«. Infos gibt's auch online unter www.amsterdam.info/jordaan/, www.21stcenturyamsterdam.com/jordaan.html, jordaanshopping.nl sowie unter www.jordaanweb.nl.

Museum Amstelkring 17

www.museumamstelkring.nl, Mo–Sa 10–17, So 13–17 Uhr, 7/1–5 €

›Unser lieber Herrgott auf dem Dachboden‹ (Ons' Lieve Heer op Solder) ist ein ungewöhnlicher Name für eine Kirche. Sein Ursprung: Die im Jahr 1663 erbaute Geheimkirche, in der während der Religionswirren Katholiken heimlich Gottesdienste abhielten, erstreckt sich über die Dachböden von drei unscheinbaren Häusern. Sie ist das Herzstück des beeindruckenden Museums Amstelkring. Beeindruckend ist der Altaraufsatz, über dem »Die Taufe Christi« (1716) von Jacob de Wit prunkt. Wegen der Raumnot musste die Kanzel aus dem Altar herausgeklappt und Beichtstuhl und Taufbecken im Treppenhaus untergebracht werden. In den unteren Etagen gewähren die Räume faszinierende Einblicke in die Wohnwelt jener Zeit.

Grachtengürtel

Gemeinsam mit dem mittelalterlichen Festungsgraben Singel, der die Stadt im Westen bis Ende des 16. Jh. begrenzte, umgeben die Heren-, Keizers- und Prinsengracht den Kern des alten Amsterdam. In der Herengracht reihen sich die prachtvollsten Stadtpaläste wohlhabender Handelsherren. An der Keizers- und der Prinzengracht sind die Häuser etwas bescheidener, doch auch hier und im westlich der Prinsengracht gelegenen ehemaligen Arbeiterviertel Jordaan (s. oben) gibt es malerische Idyllen zu entdecken. Am besten lässt sich der Driegrachten-Gürtel mit dem Fahrrad erkunden.

Westerkerk 18

www.westerkerk.nl, April–Okt. Mo–Fr 11–15 Uhr, So während

des Gottesdienstes ab 10.30 Uhr, Juli/Aug. auch Sa, Eintritt frei
Mit ihrem von der Kaiserkrone Maximilians I. bekrönten Turm ist das Gotteshaus, der größte protestantische Kirchenbau der Niederlande, unübersehbar. Abgesehen von der monumentalen Orgel, deren Flügel Darstellungen aus dem alten Testament aufweisen, herrscht im Inneren calvinistische Schlichtheit. Noch immer birgt die Kirche ein Geheimnis: Rembrandt liegt hier begraben, doch konnte sein Grab bisher nicht gefunden werden.

Drei große Dreiecke aus rosa Granit auf dem Boden zwischen Kirche und Keizersgracht bilden das **Homomonument De Drie Driehoeke,** das an die Verfolgung und Vernichtung von Homosexuellen während der NS-Zeit erinnert. In den Konzentrationslagern hatten sie ein rosa Dreieck auf ihrer Kleidung zu tragen.

Anne Frank Huis 19

www.annefrank.org, tgl., 15. März–30. Juni 9–21, Sa bis 22, Juli/Aug. bis 22, Sept.–14. März bis 19 Uhr, letzter Einlass 30 Min. vor Schluss, 8,50/4 €
Im Anne Frank Huis befindet sich das authentisch belassene Versteck, in dem das jüdische Mädchen Anne Frank ihr berühmtes Tagebuch geschrieben hat. Nach zwei Jahren wurde der Unterschlupf verraten, Familie und Freunde wurden in Konzentrationslager verschleppt. Anne Frank starb 1945 15-jährig im KZ Bergen-Belsen. Das Museum dokumentiert das Leben der Familien im Versteck, zudem werden Sonderausstellungen zu den Themenbereichen Nationalsozialismus, Antisemitismus und Rassismus veranstaltet.

Woonbootmuseum 20

Gegenüber Prinsengracht 296, www.houseboatmuseum.nl,

März–Okt. Di–So, Nov.–Febr. Fr–So 11–17 Uhr, 3,50/2,75 €
Wie lebt es sich in einem kleinen Hausboot auf einer Amsterdamer Gracht? Eine Antwort finden Sie in diesem gemütlichen, zum Wohnboot umgebauten Lastkahn mit seiner kleinen Kajüte mit Bettnische, dem heimeligen Wohnzimmer und der winzigen Küche. Man ist perplex, dass es so viel Platz und Komfort an Bord gibt. Nun ja, immerhin hat das Boot ja auch 80 m^2 Wohnfläche.

Ein Stück weiter südlich reihen sich an der Herengracht (Nr. 436–464) zwi-

Kein Geringerer als Renzo Piano schuf das Wissenschafts- und Technikmuseum NEMO, das im IJ vor Anker liegt

schen Leidse-und Vijzelstraat die stattlichsten Patrizierhäuser, was diesem Abschnitt den Namen Goldener Bogen, **Gouden Bocht,** eingebracht hat.

Museum van Loon 21 und Museum Willet-Holthuysen 22

Museum van Loon: Keizersgracht 672, www.museumvanloon.nl, Mi–Mo 11–17 Uhr, 6/4 €; Museum Willet-Holthuysen: Herengracht 605, www.willetholthuysen.nl, Mo–Fr 10–17, Sa, So 11–17 Uhr, 6/3–4,50 €

Salons, Esszimmer, Privatgemächer, edle Möbel, Kunst, stattliche Familienporträts – Eindrücke von der Wohnkultur Wohlbetuchter aus dem 18./19. Jh. vermitteln diese beiden Museen in den Häusern von Familien des gehobenen Bürgertums.

Kattenkabinet 23

Herengracht 497, www.kattenkabinet.nl, Di–Fr 10–16, Sa, So 12–17 Uhr, 5/3,50 €

Im Katzenkabinett ist man auf die Katz gekommen – in Kunst und Kultur. Der Schnurbartträger mit den sanften Pfoten wird in Werken, die von Karel Appel bis Rembrandt reichen, präsentiert.

Plantage und Hafenviertel

Hortus Botanicus 24 und Artis Zoo 25

Hortus: www.dehortus.nl, Mo–Fr 9–17, Sa, So, Fei 10–17, Dez./Jan. bis 16, Juli/Aug. tgl. bis 19 Uhr, 7/1–3,50 €; Zoo: www.artis.nl, Nov.–März tgl. 9–17, April–Okt. 9–18 Uhr, Sa Juni–Aug. bis Sonnenuntergang, 17,70/14,50–16,50 €

Am östlichen Ende des Dreigrachtengürtels liegt die Plantage, ursprünglich eine im 17. Jh. angelegte grüne Parkanlage, heute Wohngebiet der Oberschicht. Als grüne Oasen sind der **Hortus Botanicus** mit einer Fülle tropischer und subtropischer Pflanzen aus den ehemaligen Kolonien und der beliebte **Zoo Artis** mit über 6000 Tieren aus allen Erdteilen, einem Aquarium, einem Planetarium, einem Geologischen und einem Zoologischen Museum erhalten.

Hermitage 26

Amstelhof 51, www.hermitage.nl, tgl. 10–17, Mi bis 20 Uhr, 15 €, bis 16 Jahre frei

Kunst aus dem berühmten russischen Staatsmuseum Hermitage in St. Petersburg. Wechselausstellungen.

Tropenmuseum 27

www.tropenmuseum.nl, tgl. 10–17 Uhr, 7,50/4 €

Kulturen Afrikas, Neuguineas und Lateinamerikas kennen lernen, den bolivianischen Karneval besuchen, etwas über Probleme der Dritten Welt erfahren, über exotische Riten, fernöstliche Religionen und vieles mehr, das bietet das Tropenmuseum. Viele Exponate wurden schon während der Kolonialzeit zusammengetragen. Und im Museumsrestaurant gibt es leckere authentische Speisen und Getränke aus den Tropen.

Nederlands Scheepvaart Museum 28

www.scheepvaartmuseum.nl, bis 2011 wegen Umbauten geschl.

Das Museum mit seinen mehr als 1000 Ausstellungsstücken ist eigentlich ein Muss. Zurzeit ist aber lediglich der faszinierende Nachbau des Ostindienseglers »Amsterdam« zu besichtigen, der beim Science Center NEMO (Öffnungszeiten s. dort) ankert. Eine freundliche Besatzung in historischen Kostümen beantwortet gern Fragen.

NEMO 29

www.e-nemo.nl, Di–So, Juni–Aug. sowie Schulferien auch Mo, 10–17 Uhr, 12,50 €; auf das Dach des NEMO (mit Gastronomie) kann man Di–So 10–17 Uhr kostenlos

Fünf Etagen gespickt voll mit wissenschaftlichen und technischen Aufbauten etc. – in dem futuristischen Bauwerk dieses Wissenschafts- und Technologiezentrums, dem der berühmte Architekt Renzo Piano die Anmutung eines riesigen, grünen Schiffsrumpfs verlieh, ist eigenes Tun angesagt. Anhand von interaktiven Medien und Experimenten können sich die Besucher hier mit der Thematik von Kommunikation, Mensch und Energie auseinandersetzen. Spannend! – Vom Dach des Museums hat man einen tollen Blick auf das IJ und die Altstadt.

Museumsviertel

Rijksmuseum 30

Eingang Philipsvleugel: Jan Luijkenstraat 1, www.rijksmuseum.nl, tgl. 9–18, Fr bis 20.30 Uhr, 11 €

Bis 2012/2013 wegen Umbau geschlossen – und dennoch geöffnet: Die besten Kunstwerke aus der Museumssammlung – 400! – sind in der überaus sehenswerten Schau der Meisterwerke zu sehen. Rembrandts berühmte »Nachtwache« nimmt einen Ehrenplatz innerhalb der einzigartigen Sammlung niederländischer Meister des 17. Jh. ein. Neben Rembrandt, der mit 19 Werken vertreten ist, darunter »Die Judenbraut« und »Die Stahlmeister«, sind Werke weiterer Größen jener Epoche wie Frans Hals (u. a. »Der fröhliche Trinker«), Vermeer van Delft (u. a. »Die Briefleserin«) und Jan Steen (u. a. »Die fröhliche Familie«) vertreten. Ferner Werke berühmter niederländischer Maler des 18. und 19. Jh. wie Cornelis Troost und George Hendrik Breitner, sowie ausländischer Meister wie Goa, Rubens, Jordaens, Murillo, Tintoretto und anderer.

Das bedeutendste Museum des Landes wird alljährlich von über 1 Mio. Kunstinteressierten besucht; das hat Spuren hinterlassen. Zudem drohte es bei der Fülle der angesammelten Kunstwerke schier aus den Nähten zu platzen, so wurde es höchste Zeit für Renovierung und Umbau, mit denen man die spanischen Architekten Cruz und Ortiz beauftragte. Man darf gespannt sein auf Het Nieuwe Rijksmuseum (Das Neue Rijksmuseum).

Van Gogh Museum 31

www.vangoghmuseum.nl,
tgl. 9–18, Fr bis 22 Uhr, 12,50/2,50 €

Vincent van Gogh war ein sehr produktiver Maler. Davon zeugen die 200 Gemälde, darunter seine berühmten »Sonnenblumen« und einiger seiner Selbstporträts, und 500 Zeichnungen, die in der chronologisch-thematisch ausgerichteten Ausstellung zu sehen sind und seine künstlerische Entwicklung aufzeigen. Werke einiger seiner Zeitgenossen, darunter Gauguin, Monet und Toulouse-Lautrec, ergänzen die Ausstellung. Im neuen Flügel des Museums wird ein breites Angebot an wechselnden Ausstellungen mit Werken von Künstlern geboten, die von van Gogh beeinflusst wurden.

Stedelijk Museum 32

www.stedelijk.nl, tgl. 11–17 Uhr,
bis Ende 2009 geschl.,
Teile der Sammlung werden zzt.
an verschiedenen Orten in Amsterdam ausgestellt (s. www.stedelijk indestad.nl)

Dritter im Bunde der am Museumplein versammelten Kunsttempel ist das Stedelijk Museum. Es verfügt über eine der bedeutendsten Sammlungen moderner Kunst ab Mitte des 19. Jh. Zu den großen hier vertretenen Künstlern zählen Picasso, Chagall, Monet, Renoir, Cézanne, Kirchner, Kandinsky und Mark. Weitere Schwerpunkte bilden die Werke der Künstlervereinigungen De Stijl und CoBrA.

Nederlands Filmmuseum 33

www.filmmuseum.nl,
Kinokarten und Reservierung
Mo–Fr 9–22 Uhr, Sa, So jeweils 1 Std. vor der ersten Vorstellung,
7,80/6,50 €

Filmleckerbissen – von live mit Pianoklängen begleiteten, im Art-déco-Cinema Parisien dargebotenen Stummfilmen bis zu top-modernen Filmen aus aller Welt –, Veranstaltungen zu berühmten Darstellern, Regisseuren und ausgewählten Themen, Filmplakate, eine exzellente Bibliothek – hier dreht sich alles um die laufenden Bilder, allerdings nur noch bis zum Jahr 2011, dann zieht das Museum nach Amsterdam-Noord um. Sitzen und einfach entspannen lässt es sich prima auf der schönen Terrasse des Café Vertigo (s. auch S. 96).

Lieblingsort

Entspannung nach reichlich Kunstgenuss …

… bietet der **Vondelpark** 34, die größte Grünanlage der Innenstadt. Spazieren gehen, sich ins Gras setzen, beim Spielen zusehen. Nach stundenlangem Kunstgenuss im Rijksmuseum oder in einem der anderen Kunsttempel. Oder um die anstrengende Sightseeingtour zu unterbrechen. Und vielleicht kommt man ja gerade an, wenn irgendwer sein Saxophon auspackt. Oder auf der Freilichtbühne Jazz abgeht. Wer's ganz entspannt mag, setzt sich auf ein *biertje* ins Café Vertigo (Mo–Fr 11–1, Sa, So 10–1 Uhr).

Am Leidseplein

Den Besuch der Museen kann man am Leidseplein, einem von Straßenkünstlern belebten und von Cafés gesäumten Platz, ausklingen lassen, und sich hier am Abend in den umliegenden Kneipen, Nachtclubs und Diskotheken in das Nachtleben stürzen.

Übernachten

Stilvoller Luxus – **Ambassade** **1**: Herengracht 335–353, Tel. 020 555 02 22, www.ambassade-hotel.nl, EZ ab 185 €, DZ ab 195 €, Frühstück 16 €. Kreative Geister haben acht schöne Grachtenhäuser des 17. Jh. zu einem edlen Hotel fusioniert, mit 59 individuell und charaktervoll eingerichteten Zimmern. Reichhaltiges holländisches Frühstück. Ein Float & Massage Center bietet *floating* – Entspannung pur.

Elegant – **Le Coin** **2**: Nieuwe Doelenstraat 5, Tel. 020 524 68 00, www.lecoin.nl, DZ ab 132 €, üppiges Frühstücksbüfett für 10,50 €. In dem über sieben Häuser verteilten Hotel übernachten Sie in lichtdurchfluteten, elegant mit Designermöbeln eingerichteten Zimmern, etliche mit Kitchenette.

Heimelig – **Maes B&B** **3**: Herenstraat 26 hs, Tel. 020 427 51 65, www.bedandbreakfastamsterdam.com, DZ ab 105 €. Schmale Treppen hinaufsteigen muss man hier schon, doch dann kann man im heimeligen Roten oder Gelben Zimmer prima entspannen. Ausgiebiges Frühstück in gemütlicher Gästeküche.

Design, Kunst und Kultur – **Lloyd Hotel** **4**: Oostelijke Handelskade 34, Tel. 020 561 36 36, www.lloydhotel.com, DZ 95–450 €. Das Haus: einst Emigranten-Hotel, Gefängnis und Heim von Künstlerateliers, seit 2004 ein 1- bis 5-Sterne-Hotel. Alle 117 originell, individuell und modern von namhaften einheimischen Designern gestalteten Zimmer unterscheiden sich in Design und Größe (und damit im Preis). Häufig im gleichen Haus: Kulturevents wie Konzerte, Gigs, Lesungen, Filme, Ausstellungen.

Originell – **Amstel Botel** **5**: NDSM-Pier 3, Tel. 020 626 42 47, www.amstelbotel.com, DZ 89 € bzw. 94 € (Blick aufs Wasser), Frühstück 10 €. Klein sind sie schon, die Kajüten, und etwas geräuschvoll geht es hier auch mitunter zu, aber so ist das nun mal auf einem Schiff. Alle Zimmer mit Bad und WC.

Atmosphärisch – **Heren B&B** **6**: Herenstraat 20, Tel. 020 427 51 65, www.herenbedandbreakfast.com, DZ 95–135 € (mind. 2 Nächte). Die Zimmer des denkmalgeschützten, schmalen Grachtenhauses des 18. Jh. sind heimelig. Das lichte Dachzimmer verbreitet mit seinem Gebälk ein besonderes Flair. Gefrühstückt wird in der gemütlichen Küche oder auf der Dachterrasse.

Unterm Dach – **Sunhead of 1617 B&B** **7**: Herengracht 152, Tel. 020 626 18 09, www.sunhead.com, DZ ab 89 €. Warme Farbtöne und das frei liegende Dachgebälk verleihen den Gästezimmern das besondere Etwas. Das Haus ist hübsch alt (1617), doch modern ausgestattet, mit freiem Wi-Fi-Internet-Zugang, Kühlschrank, TV, Kaffee-/Tee-Kochern in den Zimmern, und natürlich hat jedes sein eignes Bad.

Hotel oder Hausboot? – **Amsterdam House** **8**: 's Gravelandseveer 3–4, Tel. 020 624 66 07, www.amsterdamhouse.com, DZ 85 €, Frühstück 10 €. Gemütliche, helle Zimmer, etliche mit Blick auf die Amstel. Alle verfügen über ein eigenes Bad, TV, Telefon und Zimmertresor. Oder möchten Sie lieber einmal auf einem Hausboot übernachten? Amsterdam House (Hauptbüro 's Gravelandseveer 7, Tel. 020 626 25 77) hat an mehreren Stellen in Amsterdam komfortabel mit Küche und Bad, Telefon und TV ausgestattete ›schwimmende Bungalows‹ platziert. Ab 165 €.

Mein Tipp

Hop on Hop off Museumline
Mit dem Schiff zu Museen und zum Shopping: täglich von 10 bis 18.30 Uhr zu zentral gelegenen Anlegestellen in der Nähe großer Museen und Einkaufsstraßen. Anlegestellen: Centraal Station, Anne Frank Huis, Leidseplein, Rijksmuseum, Stopera, Dam. Die Tageskarte (18,50/14,50 €) gewährt zudem bis zu 50 % Ermäßigung bei zahlreichen Museen. Ticketoffice: Prins Hendrikkade 25, www.lovers.nl, Tel. 020 530 10 90.

Gemütlich – **B&B Flynt** 9: 1e Helmersstraat 34, Tel. 020 618 46 14, www.flynt.nl, DZ 70–120 €. In dem jüngst renovierten Haus von 1919 übernachten Sie in hellen, modern und gemütlich eingerichteten Zimmern, jedes mit eigenem Bad, WC, TV/VCR und Internetanschluss. Nur ein paar Blöcke von Vondelpark und Rijksmuseum entfernt.
Hostel Stayokay 1 – **Stadsdoelen** 10: Kloveniersburgwal 97, Tel. 020 624 68 32, www.stayokay.com, Schlafsaalbett ab 22 €. Jugendherberge.
Hostel Stayokay 2 – **Vondelpark** 11: Zandpad 5, Tel. 020 589 89 96, www.stayokay.com, DZ ab 70 €, Schlafsaalbett ab 25 €. Jugendherberge.
Hostel Stayokay 3 – **Zeeburg** 12: Timorplein 21, Tel. 020 551 31 90, www.stayokay.com, Schlafsaalbett ab 21 €.
Camping 1 – **Amsterdamse Bos** 13: Kleine Noorddijk 1, Amstelveen, Tel. 020 641 68 68, www.campingamsterdamsebos.nl, April–Sept, ab 20 € (Zelt, 2 Pers., Auto). Im Amsterdamse Bos.
Camping 2 – **Zeeburg** 14: Zuider IJdijk 20, Tel. 020 694 44 30, www.campingzeeburg.nl. Ganzjährig. Begrünte Anlage, nahe dem IJsselmeer. Ab 14 € (Zelt, 2 Pers., Auto).

Essen & Trinken

Fast vergessene holländische Küche – **Greetje** 1: Peperstraat 23, Tel. 020 779 74 50, www.restaurantgreetje.nl, Di–So 17.30–22, Sa bis 23 Uhr, Hauptgericht ca. 20–27 €. Gerichte mit Terschellinger Preiselbeer-Senfsauce, Brabanter Blutwurst, Friesischem Zuckerbrot und Friesischer Wurst, Amsterdamer Rauchwurst, hausgemachtem Apfelsirup, Aalsuppe, Beemster Knoblauchrahmsauce, Limburger Bauernpastete etc. Sehr gastliches Ambiente.
Vegetarisch – **Green Planet** 2: Spuistraat 122, Tel. 020 625 82 80, Mo–Sa 17.30–24, So bis 22.30 Uhr, Hauptgericht 11–17 €. Knackig frische Salate, Beanburgers – und das in handfesten Portionen. Eines der besten Veg-Restaurants Amsterdams.
Authentisch – **Nam Kee** 3: Zeedijk 111, Tel. 020 624 34 70 (auch in der Geldersekade 117, Tel. 020 639 28 48), www.namkee.nl, Mo–Sa 12–23, So bis 22 Uhr, Hauptgericht 6,50–19 €. Kühlsachliche Deko, authentisch chinesische Küche – gut! Etwa Hühnchen oder Austern in Sauce von schwarzen Bohnen. Gut besucht.
75 Pfannkuchenvariationen – **Pancake Bakery** 4: Prinsengracht 191, Tel. 020 625 13 33, www.pancake.nl, 6,25–13 €. Insider schwören: Hier gibt es die besten Pfannkuchen in Amsterdam. Mit Früchten, Käse, Schinken und etlichem mehr. Dazu Ausgefallenes wie grönländischen, indischen, chilenischen oder schwedischen *pancake.*
Bizarr – **Bazar** 5: Albert Cuypstraat 182, Tel. 020 675 05 44, www.bazaramsterdam.com, Mo–Do 11–1, Fr bis 2, Sa 9–2, So 9–24 Uhr, Frühstück/Lunch

4–10 €, Dinner 8–15 €. Erst über den Albert Cuypmarkt bummeln, dann nordafrikanisch speisen in diesem doch etwas kitschigen arabischen Café-Restaurant in einer ehemaligen Kirche.
Slow food – **Gartine** 6: Taksteeg 7, Tel. 020 320 41 32, www.gartine.nl, Mi–So 8–18 Uhr, Hauptgericht 6–10 €. Das schöne alte Geschirr, das Besteck, der portugiesische Kronleuchter, dazu N. Lancret's Werk »Hammaaltijd« (Schinkenfrühstück) an der Wand. Hier gibt es Frühstück, Lunch und High Tea, zubereitet und serviert von Willem-Jan und Kirsten, die das Gemüse und manches Gewürz im eigenen Garten anziehen. Lecker: die Kaninchen-Rillettes.
Großmutter lässt grüßen – **Hap Hmm** 7: 1e Helmerstraat 33, Tel. 020 618 18 84, www.hap-hmm.nl, Mo–Fr 16.30–20 Uhr, Hauptgericht 6,50–11 €. Unverfälschte holländische Küche in häuslicher Wohnzimmer-Atmosphäre auf den Tisch gebracht. Köstlich, aber nur freitags: Pangasius- oder Lachsfilet (8 €).
Kunst & broodjes – **Dwaze Zaken** 8: Prins Hendrikkade 50, Tel. 020 612 41 75, www.dwazezaken.nl, Mo–Sa 12–0, Küche bis 21 Uhr. Kunstmosaike und großflächige Wandmalereien, die Bar ist ein einziges Kunstwerk. Unbedingt auch die Toilette aufsuchen! Zum Lunch gibt's *lekker broodjes* (ab 3,50 €), Suppen und Salate, als Hauptgericht Steak (15,50 €) oder Veg-Pasta (13,50 €). Donnerstagabends Jazz live.

Grand Cafés

Art déco – **Café Americain** 9: Leidsekade 97. Schöne Art-déco-Ausstattung, großer Lesetisch.
Blick aufs Wasser – **Dantzig** 10: Zwanenburgwal 15, in der Stopera. Terrasse zur Amstel, freundliches Lokal.
Tolle Terrassen am Wasser – **Café De Jaren** 11: Nieuwe Doelenstraat 20. Großzügiges Grand Café, großer Lesetisch.
Beliebt bei Einheimischen – **De Kroon** 12: Rembrandtplein 17-1. Im Neo-Kolonialstil, Blick auf Rembrandtplein.
Locker & lässig – **Luxembourg** 13: Spui 22. Großes Bistro-Café, Studententreff.

Einkaufen

Kunst & Antiquitäten – **Spiegelkwartier** 1: zwischen den Grachten am Rokin und auf und rund um die Nieuwe Spiegelstraat.
Exklusive Mode – **P. C. Hooft- und van Baerlestraat** 2: im Museumsviertel sowie um das Concertgebouw.
Shopping Mall 1 – **Magna Plaza** 3: Nieuwezijds Voorburgwal 182, Geschäfte und Bistros auf vier Etagen im neogotischen Bau der ehemaligen Hauptpost.
Shopping Mall 2 – **Kalvertoren** 4: Kalverstraat/Singel, 50 Läden und Lokale, Restaurant in luftiger Höhe.
Blumen & Blumenzwiebeln – **Bloemenmarkt** 5: Singel, tgl. 8.30–18 Uhr.

Infos & Tickets

Infos zum Kulturprogramm findet man in den in Buch- und Zeitschriftenläden ausliegenden Monatsmagazinen »Uitkrant« (nl., kostenlos) und »day-by-day« (engl., 1,95 €, auch beim VVV erhältlich). **Kartenvorverkauf** beim VVV an der Centraal Station oder AUB Ticketshop, Leidseplein 26, www.aub.nl, Mo–Sa 10–19.30, So 12–19.30 Uhr. Hier auch Last-Minute-Ticketshop, tgl. 12–19.30 Uhr, www.lastminuteticketshop.nl (50 % Nachlass für Veranstaltungen am selben Abend). Infos und **telefonischer Kartenverkauf:** Uitlijn, Tel. 0900 01 91 (nur im Land wählbar, gebührenpflichtig, tgl. 9–20 Uhr), Info-Tel. 020 621 12 88 (auch aus dem Ausland, kein Ticketverkauf).

Flohmarkt – **Waterloopleinmarkt** 6: Waterlooplein, Mo–Sa 9–17 Uhr.
Multikulti – **Albert Cuyp Markt** 7: Albert Cuyp Straat, Mo–Sa 9–17 Uhr. Waren aller Art, nette Essstände.

Aktiv & Kreativ

Sightseeing auf dem Wasser – **Grachtenrundfahrten** 1: Anlegestellen u. a. Centraal Station, Damrak, Rokin, Leidseplan, Rijksmuseum, tgl. 9–22, im Winter 9–18 Uhr, 1–1,5 Std., ab 10 €.
Quer durch die Stadt – **Stadtführungen** 2: Beim VVV (s. S. 102) kann man zahlreiche Führungen buchen, etwa den Abendlichen Rundgang, die Amsterdamer Wallen Tour (Insider führen durch den Rotlichtbezirk), die Mystery Tour, Rembrandt Mysteries, Jordaan Journey (durchs gemütlichste Viertel Amsterdams), Citytour Hello Amsterdam (bekannte und unbekannte Sehenswürdigkeiten).
Fahrradtouren – **Mike's Bike Tours** 3: Kerkstraat 134, www.mikesbiketoursamsterdam.com. Mit dem Fahrrad oder mit Bike & Boat das alte und neue Amsterdam erkunden.

Abends & Nachts

Live-Musik

Best of Jazz – **Bimhuis** 1: Piet Heinkade 3. Bestes Jazzlokal in Amsterdam.
Worldmusic & Kulturzentrum – **Melkweg** 2: Lijnbaansgracht 234a. Ethno-Musik, Pop, Rock & mehr. Auch Disco.
Poptempel – **Paradiso** 3: Weteringschans 6. Rock, Pop und Klassisches in einer ehemaligen Kirche. Auch Discothek.

Bruine Cafés

Das echte *bruine café* (Braune Kneipe) ist uralt und braun von Nikotin, spielt keine Musik und hat einen Wirt, der zügig einschenkt anstatt viel zu reden.
Kurios – **Chris** 4: Bloemstraat 42. Seit 1624 Schankstube, kurios: Zugkette für WC außerhalb der Toilette.
Beliebt – **Hoppe** 5: Spui 18–20. Anno 1670, immer Sommer restlos überfülltes, bekanntestes Bruin Café der Stadt.
Am Wasser – **'t Smalle** 6: Egelantiersgracht 12. Früher Likörbrennerei und Probierstube, sehr nette Terrasse.
Authentisch – **Karpershoek** 7: Martelaarsgracht 2. Hafenkneipe von 1629. Kacheln an den Wänden, Sand auf dem Boden – wie früher.
Kleinste Schenke der Stadt? – **'t Doktertje** 8: Rozeboomsteg 4. Eines der kleinsten und schönsten Bruine Cafés.

Diskotheken

In der Umgebung von Spui, Leidse- und Rembrandtplein finden sich zahlreiche Discos.
Riesig – **Escape** 9: Rembrandtplein 11. Größte Disco der Stadt, tolle Lasershow, Videoclips, ab und an Konzerte.
House – **Dansen bij Jansen** 10: Handboogstraat 11. Überwiegend Studenten, riesiger Dancefloor, sehr voll.
Klassiker – **Back Door** 11: Amstelstraat 32a. Soul- und Funkklassiker aus den 1960er- und 70er-Jahren.

Spielcasino

Rien ne va plus – **Holland Casino Amsterdam** 12: Max Euweplein 62, Tel. 020 521 11 11, tgl. 13.30–2 Uhr. Punte Blanco, Black Jack, Big Wheel, französisches und amerikanisches Roulette.

Theater, Oper und Konzert

Bewegte Figuren – **Amsterdams Marionetten Theater** 13: Nieuwe Jonkerstraat 8, Tel. 020 620 80 27, www.marionettentheater.nl.
Comedy – **Boom Chicago** 14: Leidseplein 12, Tel. 020 423 01 01, www.boomchicago.nl.

Lieblingsort

Berühmt: Café Américain 9

Art-deco-Malerei aus Shakespeares »Mittsommernachtstraum« an den Wänden, hohe Mauerbögen, 20er-Jahre Tiffany-Lampen, Bargello-gemusterte Samtpolsterung, 5-m-Fenster mit Glasmalerei – das Américain hat Atmosphäre, war und ist bei Intellektuellen, Theaterleuten und Künstlern beliebt. Vielleicht sitzt man ja auf dem Stuhl, auf dem einst Mata Hari saß. Oder am langen Lesetisch auf dem Platz, an dem Thomas Mann an seinem Mephisto gearbeitet hat. (Leidsekade 97, tgl. ab 10 Uhr.)

I amsterdam Card
Die praktische Chipkarte gewährt für 38, 48 bzw. 58 € ein, zwei oder drei Tage kostenlosen Zugang zu zahlreichen Museen, eine Grachtenrundfahrt, 25 % Preisnachlass bei einigen Restaurants und zahlreichen Attraktionen sowie die freie Nutzung der öffentlichen Verkehrsmittel. Erhältlich beim VVV. Infos: www.iamsterdamcard.com.

Hochkarätiges Programm – **Koninklijk Theater Carré** 15: Amstel 115, Tel. 0900 252 52 55 (in den Niederlanden), 020 524 94 94 (im Ausland), www.theatercarre.nl.
Stadttheater – **Stadsschouwburg** 16: Leidseplein 26, Tel. 020 624 23 11, www.ssbs.nl.
Kulturfabrik – **Westergasfabriek** 17: Haarlemmerweg 8, Tel. 020 586 07 10, www.westergasfabriek.nl.
Kulturkathedrale – **Beurs van Berlage** 2: Damrak 243, Tel. 020 521 75 75, www.berlage.com.
Klassisch bis mordern – **Concertgebouw** 18: Concertgebouwplein 2, Tel. 020 671 83 45, www.concertgebouw.nl.
Ambitioniert – **Muziektheater** 19: Amstel 3, Tel. 020 625 54 55, www.muziektheater.nl.

Konzerte finden auch in der **Oude Kerk** 16, **Westerkerk** 18, **Engelse Kerk** (im Begijnhof) und **Waalse Kerk** (Oudezijds Achterburgwal 159) statt.

Kinos
Infos: www.filmfocus.nl und im »Amsterdam Weekly« (kostenloses Infoblatt zu allem, was sich in Amsterdam abspielt, erscheint mittwochs, liegt in Cafés, Shops, Kinos etc. aus, auch unter www.amsterdamweekly.nl). Filme in Originalsprache mit Untertiteln.
Mainstream – **Pathé Tuschinski** 20: Reguliersbreestraat 26, Tel. 0900/14 56, www.pathe.nl. Traumhaft schöner Art-déco-Filmpalast aus den 1920er-Jahren.
Anspruchsvoll – **The Movies** 21: Haarlemmerdijk 157, Tel. 020 638 60 16, www.themovies.nl. Schönes Art-déco-Kino (Programmkino).
Kunst & Experimentelles – **Kriterion** 22: Roetersstraat 170, Tel. 020 623 17 08, www.kriterion.nl.

Infos & Termine

Infos
VVV Amsterdam Tourist Info: vor dem Hauptbahnhof, Tel. 0900 400 40 40, www.iamsterdam.com.
Weitere Büros: im Hauptbahnhof, Gleis 2b; Leidseplein, Stadhouderskade 1; Museumplein, Paulus Potterstraat 8; Keytours Office, beim Rijksmuseum; Flughafen Schiphol, Arrivals 2.

Termine
30. April: Koninginnedag, Amsterdam feiert den Geburtstag der Königin mit Rummel, Musik, Flohmarkt. Dam, Spui, Vondelpark, Museumplein etc.
Ende April–Mitte Mai: World Press Photo Exhibition, www.worldpressphoto.nl, in der Oude Kerk.
Juni: Holland Festival, www.hollandfestival.nl, bedeutendes Kulturereignis mit Theater, Tanz, Musik.
Juni–Mitte Aug.: Vondelpark Openluchttheater, www.vondelpark.nl, fast täglich Konzerte, Shows und Aufführungen im Vondelpark.
1. Sa im Aug.: Amsterdam Gay Pride, www.amsterdampride.nl, spektakuläre Schwulen- und Lesbenparade in 80 Booten auf der Prinsengracht.
Letztes Aug.-Wochenende: Uitmarkt, www.uitmarkt.nl, Vorgeschmack auf die kommende kulturelle Saison von Theater-, Oper-, Tanz- und Musik-Events – kostenlos.

Verkehr

Flugzeug: Airport Schiphol, 18 km südwestl. von Amsterdam. Von dort fährt ca. alle 10–15 Min. ein Schnellzug zur CS (= Centraal Station, Hbf.). Infos Schiphol Airport: Tel. 0900 01 41 (0,40 €/ Min.), 020 79 40 80, www.schiphol.nl.

Connexxion Schiphol Hotel Shuttle: Bus zu über 100 Hotels in Amsterdam, 6–21 Uhr ca. alle 30 Min. von Platform A7, draußen vor der Ankunftshalle 2, Tel. 038 339 47 41, www.airporthotel shuttle.nl, einfache Fahrt 12,50 €, Retourticket 19,50 €.

Bahn: schnelle ICE-Verbindungen von mehreren deutschen Städten, Info: www.bahn.de und www.ns.nl (Nederlands Spoorwegen, Niederländische Bahn, Tel. 0900 92 92).

Bus: Europabus von und nach Frankfurt, Düsseldorf, Stuttgart, Tel. 069 790 35 01, www.touring.de.

Mietwagen: internationale Vermieter am Flughafen Schiphol sind beispielsweise: Avis, Tel. 020 655 60 50; Budget, Tel. 020 604 13 49; Eurocar, Tel. 020 316 41 90; National, Tel. 020 316 40 81; Sixt, Tel. 020 405 90 90, und Hertz Tel. 020 502 02 40.

Tram (im Zentrum), **Metro** und **Bus** (zur Peripherie). Zu empfehlen: GVB-Uurskaart, 24, 48, 72, 96 Std. gültig (7 €, 11,50 €, 14,50 €, 17,50 €). Erhältlich beim GVB (u. a. am Bahnhof) und VVV, an Automaten in Metrostationen (nicht für 96 Std.), bei den Fahrern und Schaffnern (nur für 24 Std.).

Amsterdam ist in fünf Tarifzonen unterteilt, in denen *noch* (s. S. 106) das **Strippenkaart-System** für alle Verkehrsmittel gilt. Der größte Teil Zentral-Amsterdams liegt in der Zone Centrum. Strippenkaarten (Streifenkarten) sind bei den Fahrern von Tram und Bus erhältlich: Karte mit zwei Streifen zu 1,60 € und acht Streifen zu 6,40 €. Günstiger: 15 Streifen zu 6,80 € oder 45 Streifen zu 20,10 €. Letztere bekommt man aber nur beim GVB-Tickets & Info Büro vor der Centraal Station, bei der Post, im Bahnhof, in großen Supermärkten und Tabak- und Souvenirläden. Die Niederlande führen jedoch sukzessive eine völlig neue

Parktipps für Amsterdam

Parken im Zentrum ist teuer. Günstig sind die bewachten **P&R-Plätze** am Stadtrand: Sloterdijk (Westen), Olympisch Stadion (Südwesten), Transferium ArenA am AJAX Stadion (Süden) und Zeeburg (Osten). Der Tarif für 24 Std. liegt bei 6 € inkl. Gratisfahrkarte (hin und zurück) für bis zu fünf Personen mit Metro, Bahn, Tram oder Bus. Wer länger bleibt, frage nach der Meerdaagse P+R-kaart für bis zu 96 Std., Kosten: 6 € pro 24 Std. Infos: www.naaramsterdam.nl oder www.amsterdam.nl/parkeergebouwen.

Und so geht es: Bei Ankunft Parkkarte am Schlagbaum des P&R-Platzes ziehen (nicht die Kreditkarte benutzen!), Auto parken, mit der Parkkarte am P&R-Schalter je eine Gratis-Rückfahrkarte für sich und bis zu vier weitere Personen für Metro, Bahn, Tram oder Bus empfangen. Wichtig: Rückfahrkarte jeweils vor der Hin- bzw. Rückfahrt mit dem öffentlichen Verkehrsmittel abstempeln. Nach Rückkehr zum P&R-Platz am Schalter die abgestempelten Bahnkarten und die P&R-Karte vorlegen, andernfalls wird der reguläre Tarif von 21 €/Tag fällig! An den P&R Olympisch Stadion und Sloterdijk kann man anstelle der Fahrkarten für die Fahrt in die Stadt kostenlos max. zwei Fahrräder leihen.

Auf Entdeckungstour

Über sieben Brücken musst du fahr'n ...

Wie Fäden eines riesigen Spinnennetzes, dessen Zentrum bei der Centraal Station liegt, durchziehen Grachten das alte Amsterdam. Wo so viele Kanäle sind, braucht es auch viele Brücken, und in der Tat, davon hat die Stadt reichlich: An die 1700 sollen es sein, davon über 250 allein in der Innenstadt.

Länge der Radtour: ca. 9 km.

Start: Ein guter Ausgangspunkt für die Entdeckungstour ist die Centraal Station 1, hier kann man auch Fahrräder mieten (s. S. 100).

Einkehrmöglichkeiten gibt es an der Tour zahlreiche.

Wir radeln vom Hauptbahnhof auf der Prins Hendrikkade nach Westen, bis zur Brücke über die Prinsengracht. Sie bietet eine schöne Aussicht auf die Gracht, über die sich stadteinwärts etliche Brücken reihen: vorn die **Eenhoornsluis** 35, eine von einer alten Kanone bewachte Schleusenbrücke, an der die weißen *kaapstanders* (Spills) an den Schleusentoren aufragen.

Hinter der Eenhoornsluis liegt die **Lekkeresluis** 36, eine stattliche Bogenbrücke mit mehreren steinernen Bögen. Ursprünglich waren Amsterdams Brücken aus Holz, im 17. Jh. wurden viele durch steinerne Bogenbrücken ersetzt. Diese waren so etwas wie Statussymbole eines Viertels und wurden zuerst in vornehmen Stadtteilen erbaut. Die Brücken im Arbeiterviertel Jordaan waren dagegen lange Zeit aus Holz.

Ein Häuserblock weiter die Straße entlang biegen wir links ein in die Binnen Oranjestraat und kommen zur **Oranjebrug** 37, eine monumentale Wippbrücke von 1899, die über die Brouwersgracht führt. Auf dieser Gracht geht es vorbei an zahlreichen Hausbooten stadteinwärts zur Singel und an dieser entlang bis zum Muntplein.

Mit Seil und Haken

Auf dem Fahrrad bemerkt man, dass viele kleine Brücken eine beachtliche Wölbung aufweisen. Sie bereiteten im 19. Jh. schwer beladenen Händlerkarren erhebliche Probleme. Weshalb einfallsreiche Burschen den Beruf des Karga-door (Karren-geh-durch) erfanden, sich mit Seil und Haken an solchen Brücken postierten und die Karren über die Brückenwölbung zogen – nicht umsonst, versteht sich.

Vom Muntplein ist es nur ein kurzes Stück auf der Nieuwe Doelenstraat bis zur **Dwinger-** oder **Aluminiumbrug** 38, eine hübsche Zugbrücke über den Kloveniersburgwal mit einem Brückendeck aus Alu. Über die Brücke hinweg geht es auf der Staalstraat zur **Staalmeestersbrug** 39, einer weiteren schönen Zugbrücke, die über den Groenburgwal führt.

Ein Hauch von Paris

Ein Stück weiter südlich überquert die **Blauwbrug** 40 die Amstel. Mit ihren an einen Schiffsbug gemahnenden, Laternen tragenden Pfeilern erinnert die reich dekorierte Brücke an Pariser Seinebrücken. Blau ist die Brücke übrigens nicht. Der Name stammt noch von der blau gestrichenen Vorgängerbrücke aus Holz.

Einen Häuserblock entfernt führt an der Amstel die **Walter Süskindbrug** 41, eine doppelte Zugbrücke, über die Nieuwe Herengracht. Sie ist nach Walter Süskind benannt, der zahlreiche Menschen vor den Nazis rettete. Er selbst ist wahrscheinlich in Auschwitz umgekommen.

Die gewiss meist fotografierte Brücke Amsterdams ist die nachts hübsch beleuchtete **Magere Brug** 42, eine weiße Holzbrücke, deren Mittelteil hochgeklappt werden kann. Im 17. Jh. gab es hier nur eine Fußgängerbrücke, die Kerkstraatbrug, die so schmal war, dass der Volksmund sie Magere Brug nannte.

Die letzte Brücke der Tour, die rote **Borneobrug** 43, liegt etwas außerhalb am IJhaven. Wie eine Schlange windet sie sich auf 90 m über das Wasser zwischen den Halbinseln Borneo und Sporenbrug, was ihr den Spitznamen Anaconda eingebracht hat. Die spektakuläre Brücke des Architekten Bart Reuser aus 60 t Stahl hat im Jahr 2002 den internationalen Footbridge Award gewonnen.

Karte für den gesamten öffentlichen Verkehr ein: die **OV-Chipkarte** im Kreditkartenformat. Mit dieser können Sie das gesamte Land mit Zug, Tram, Bus und Metro bereisen. Die Einführung der neuen Karte wird schrittweise erfolgen, in Amsterdam kann sie schon auf allen U-Bahnlinien genutzt werden, Busse und Straßenbahnen folgen. Während der Einführungsphase bleiben die ›alten‹ Fahrausweise vorläufig gültig. Die OV-Chipkarte kostet 7,50 € und ist fünf Jahre gültig. Es gibt die persönliche, die anonyme und die Wegwerf-Chipkarte (nicht aufladbar). Der Fahrpreis wird nach gefahrenen Kilometern berechnet. Zu bekommen beim GVB am Bahnhof oder an den Automaten der Metrostationen. Weitere Informationen: www.ov-chipkaart.nl, www.gvb.nl.

Fahrradverleih: McBike, Stationplein 5, Tel. 020 6 20 09 85, www.macbike.nl; Holland Rent a Bike, Damrak 247, Tel. 020 622 32 07; Star Bike Rental, De Ruyterkade 127 (hinter der Central Station), Tel. 020 620 32 15.

Taxi: Zentralruf 020 677 77 77; Wassertaxi: Tel. 020 535 63 63, beide Beförderungsarten sind teuer.

Canal Bus: Tel. 020 623 98 86, www.canal.nl. Verkehrt u. a. zwischen Centraal Station und Rijksmuseum.

Hilfe im Notfall

Verlorenes wiederfinden! In Metro, Bus oder Tram? Fundbüro Tel. 0900 80 11 oder 020 460 60 60. In der Bahn? Bitten Sie einfach an einem Fahrkartenschalter um Hilfe. Auf der Straße? Polizei, Tel. 020 559 30 05.

Benötigen Sie einen Arzt? Bereitschaftsdienst (Centraal Doktorsdienst), Tel. 020 592 33 33, www.atacom.nl.

Nächste Apotheke erfragen: Tel. 020 694 87 09.

Umgebung von Amsterdam

Lisse ▶ D 6

Ab Mitte März verwandelt sich der Bollenstreek, das Zentrum der Blumenzwiebelzucht zwischen Haarlem, Katwijk und Leiden, mit dem Städtchen Lisse in seiner Mitte in einen farbenprächtigen Flickenteppich aus blühenden Feldern, die außer Bienenvölkern große Schwärme von Besuchern aus halb Europa anlocken.

Museum de Zwarte Tulp

Grachtweg 2A, www.museumdezwartetulp.nl, Di–So 13–17 Uhr, 3/2 €

Alles über Blumen im Allgemeinen und über die ›Queen of the Night‹, wie die schwarze Tulpe gerne tituliert wird, im Besonderen, erfahren Sie in diesem kleinen Museum.

Essen & Trinken

Beim Italiener – **Panini:** Kanaalstraat 31, Tel. 0252 41 60 91, www.panini.nl, Mo–Sa 10–20, Do bis 21, So ab 14 Uhr, Pizza ab 7 €, Focaccia ab 10 €. Hübsch bebildertes, gemütliches Restaurant mit offener Küche. Bekannt für ausgezeichnete Pizza. Spezialität des Hauses: Focaccia. Lecker: die vegetarischen Tortellinis.

International-fusion – **A-muze:** Heereweg 238, Tel. 0252 42 46 00, www.a-muze.com, Mo–Fr 12–20, Sa ab 11, So ab 13 Uhr, Lunchgericht ab 6 €, Hauptgericht ab 16 €. Grandcafé mit zahlreichen kleinen Speisen wie Kroketten, *broodjes*, Salaten und Pommes. Gegen den großen Hunger werden in der offenen Küche Speisen wie Kalbsroula-

Lieblingsort

Ein Fest der Farben: Keukenhof und Bollenstreek ▶ D 6

Das fängt schon draußen an, vor den Toren des berühmten Keukenhofs: Ein Patchwork-Teppich aus blühenden Blumenfeldern überzieht die Landschaft des Bollenstreek. Und im Keukenhof: Inseln aus Tulpen und Narzissen in allen Farbvarianten, kunstvoll zwischen Rasen und Schatten spendenden Bäumen drapiert, sogar ein Flüsschen aus blauen Hyazinthen schlängelt sich durch den Park … (Stationsweg 166a, www.keukenhof.nl, Mitte März. bis ca. 20. Mai tgl. 8–19.30 Uhr, Einlass bis 18 Uhr, 13,50/6,50 €. Tipp: Ticket online kaufen erspart viel Zeit!)

den, gebackener Lachs oder würzige Gambas nach thailändischer Art zubereitet. Das A-muze besitzt eine nette Straßenterrasse.

Infos

VVV Lisse: Grachtweg 53a, Tel. 0252 41 42 62, www.hollandrijnland.nl.
Bus: Verbindungen nach Haarlem, Leiden, Nieuw-Vennep, Schiphol.

Haarlem ▶ E 6

Prachtbauten aus dem Goldenen Jahrhundert zeugen vom einstigen Reichtum Haarlems, Namen wie Frans Hals und Jacob van Ruisdal von ihrer kulturellen Blüte, doch weist die Historie der altholländischen Stadt auch düstere Zeiten auf: Belagerung und Gemetzel durch die Spanier kosteten im 16. Jh. Tausenden von Bewohnern das Leben, bevor Wilhelm der Schweiger die Stadt endgültig befreite. Pittoreskes Stadtzentrum ist der von der spätgotischen St. Bavokerk dominierte, von zahlreichen Cafés, kleinen Kneipen und Läden gesäumte Grote Markt.

St. Bavokerk

Oude Groenmarkt 23, www.bavo.nl, Mo–Sa 10–16 Uhr, 2/1,25 €
Die spätgotischen Grote oder St. Bavokerk (14. Jh.), die durch eines der kleinen, an der Südseite angebauten Ladenhäuschen betreten wird, öffnet sich mit einer lichten, von mächtigen Säulen dominierten Halle, über der sich eine mit Intarsien verzierte Zedernholzdecke wölbt. Im Chor befindet sich die Gruft von Frans Hals (1580–1666), Haarlems berühmtestem Maler. Prunkstück ist die **Müller-Barockorgel,** auf der schon Händel und Mozart gespielt haben.

De Hallen

Grote Markt 16, www.dehallen.com, Di–Sa 11–17, So, Fei 12–17 Uhr, 5/2,50 €
Neben der Kirche bilden De Hallen, der prachtvolle, 1602 errichtete Renaissancebau der Vleeshal (Fleischhalle) und die neoklassizistische Verweyhal (1879), ein beeindruckendes Ensemble. Sie werden als Dependancen des Frans Hals Museums für Ausstellungen moderner Kunst genutzt.

Einen weiteren Blickfang bildet die Renaissancefassade des **Rathauses,** ehemals Jagdschloss, an der Westseite des Marktes.

Corrie ten Boom Museum

Barteljorisstraat 19, www.corrietenboom.com, Nov.–März Di–Sa 11–14.30, April–Okt. Di–Sa 10–15.30 Uhr, Eintritt frei
Corrie ten Boom und seine Familie boten während der NS-Zeit Verfolgten in ihrem Haus Unterschlupf, der schließlich an die Gestapo verraten wurde. Mit dem authentisch erhaltenen Versteck, Fotos und Dokumenten wird die Erinnerung an jene Schreckenszeit wach gehalten.

Teylers Museum

Spaarne 16, www.teylersmuseum.nl, Di–Sa 10–17, So, Fei 12–17 Uhr, 7/2 €
Neben der Waag von 1595 stößt man auf Teylers Museum mit der musealen Hinterlassenschaft eines gut betuchten Seidenhändlers. Die erstaunliche Sammlung umfasst neben wissenschaftlichen Apparaten, Fossilien, Mineralien und Münzen auch Zeichnungen und Drucke bedeutender Künstler wie Raffael und Michelangelo.

De Adriaan

Papentorenvest 1a, www.molenadriaan.nl,

Nov.–Febr. Mo, Fr 13–16, Sa, So 10–16, März–Okt. Mo–Fr 13–16, Sa, So 10–16 Uhr, Führung 3/1 €
Wandert man die Spaarne entlang nach Norden, so entdeckt man bald auf der anderen Flussseite die riesige Windmühle De Adriaan, seit dem Jahr 1779 eines der markantesten Bauwerke der Stadt. Bei einer Führung in der Mühle erfährt man vieles über diese Galeriemühle und andere Windmühlen.

Bakenesserhofje

Wijde Appelaarsteeg 11, Mo–Fr 10–17 Uhr, Eintritt frei
In Haarlem gibt es noch 18 malerische *hofjes*. Das 1395 gestiftete Bakenesserhofje ist das älteste des Landes.

Frans Hals Museum

Groot Heiligland 62, www.franshalsmuseum.nl, Di–Sa 11–17, So, Fei 12–17 Uhr, 10/ab 2,50 €
Ein ehemaliges Altmännerstift, in dem Frans Hals seine letzten Jahre verbrachte, beherbergt das dem Maler gewidmete Museum. Die sehenswerte Sammlung, deren Herzstücke acht Schützen- und Regentenporträts von Hals bilden, umfasst – neben weiteren Porträts – Stillleben, Genre- und Landschaftsbilder von Malern des 17. Jh., darunter Jacob van Ruisdael und Adriaen van Ostade.

Übernachten

Edel – **Stempels:** Klokhuisplein 9, Tel. 023 512 39 10, www.stempelsinhaarlem.nl, DZ ab 103 €, Frühstück 11 €/Pers. Das Haus: ehemals Druckerei, in der das nationale Papiergeld gedruckt wurde. Die Zimmer: luxuriös und elegant mit Designer-Interieur. Die Lage: im Herzen der Stadt.

Klassisch – **Die Raeckse:** Raaks 1–3, Tel. 023 532 66 29, www.die-raeckse.nl, DZ ab 69 €. Preiswertes, zentral gelegenes Hotel mit 21 Zimmern, die alle klassisch eingerichtet sind und über Bad, KTV und Telefon verfügen. Mit Grand Café, Brasserie und Terrasse.

Gemütlich – **My Dream B&B:** Leidsevaart 332, Tel. 023 542 35 10, www.bedbreakfast-mydream.nl, DZ 64 € (zzgl. 2,50 € bei nur einer Übernachtung). 2 gemütlich und hell eingerichtete Gästezimmer mit TV, eines mit Internetzugang. Es gibt allerdings nur ein Badezimmer für alle Gäste. Das Frühstück wird im Wohnzimmer serviert.

Hostel – **Stayokay Haarlem:** Jan Gijzenpad 3, Tel. 023 537 37 93, www.stayokay.com, 10 Min. vom Bahnhof Zantpoort Zuid, ab 22 €/Pers.

Camping – **Parc Spaarnwoude:** Zuiderweg 2, Halfweg (östl. Haarlem), Tel. 020 497 27 96, www.topparken.nl, April–Sept., ab 20 €. Geräumige Standplätze, Camper, Zelte und Wanderhütten.

Essen & Trinken

Klassisch französisch – **De Eetkamer van Haarlem:** L. Veerstraat 45, Tel. 023 531 22 61, Mi–So ab 17 Uhr, www.eetkamervanhaarlem.nl, Hauptgericht 18–25 €. An den Wänden zahlreiche Bilder zur Geschichte der Stadt, auf dem Teller klassische Gerichte der französischen Küche sowie kreative Variationen. Vegetarische Speisen runden die Speisekarte ab. Köstlich: Hirschfilet mit leichter Cherrysauce (23,50 €).

Bistro – **Swoel:** Paarlaarsteg 7, Tel. 023 785 32 65, www.swoel.nl, Di–Fr 16–22, Sa 10–22, Einkaufssonntag 12–22 Uhr, Hauptgericht 13–22 €, Lunch-Specials 5–7 €. Modernes Bistro-Dekor mit offener Küche, in der Köche in ›Schornsteinfegerkluft‹ an Fisch, Fleisch und

Tapas werkeln, doch keine Sorge – hier brennt nichts an!
Französisch-mediterrane Küche – **Noor:** Kleine Houtstraat 31, Tel. 023 532 47 81, www.restaurantnoor.nl, Di–Sa 17.30–22.30 Uhr, Hauptgericht 22–26 €. Bequeme Sitzbänke und Polsterstühle in Moccabraun, ein riesiges Weinregel, Akzente in Weinrot hier und dort – das passt zu den guten Weinen des Restaurants. Und mit Wein wird auch gekocht. Lecker zubereitete Fischsuppe (13,50 €).

Aktiv & Kreativ

Bootsrundfahrten – **Post Verkade Cruises:** Spaarne 11a, Tel. 023 535 77 23, www.postverkadecruises.nl, Di–So 12–16 Uhr, jede volle Std. Abfahrt gegenüber Teylers Museum.
Abenteuerlich – **Erlebnispark Linnaeushof:** in Bennebroek, Rijksstraatweg 4, Tel. 023 584 76 24, www.linnaeushof.nl, April–Sept. 10–18 Uhr, 9,50/8 €. Gruselig ist es in der Geistergrotte und arg verwirrend im Spiegelkabinett – das sind nur zwei der Attraktionen, und dann gibt es noch mehr als 350 Spielgeräte.

Abends & Nachts

Infos zum aktuellen Kulturangebot im kostenlosen Lokalblatt »De Haarlemmer« und im »Luna« (s. auch www.uitgeverijluna.nl), das Kinoprogramm im »Uitloper« (in Kneipen und im VVV).
Music & Dance – **Patronaat:** Zijlsingel 2, Tel. 023 517 58 58, www.patronaat.nl, tgl. ab 21 Uhr. Pop, Rock, Folk, Techno, Latin, Ethno – die ganze Palette.
Musik live – **Café Stiels:** Smedestraat 21, Tel. 023 531 69 40, www.stiels.nl, ab 20 Uhr. Jazz, Rhythm und Blues – fast täglich.

Infos & Termine

Infos

VVV: Verwulft 11, Tel. 0900 61 61 600, www.vvvhaarlem.nl.

Termine

April: Blumenkorso Bollenstreek, www.blumenkorso-bollenstreek.nl. Großer Umzug von Noordwijk nach Haarlem, mit blumengeschmückten Prunkwagen und vielen Musikgruppen. Start ist gegen 9.30 Uhr in Noordwijk.

Verkehr

Bahn: Verbindungen nach Alkmaar, Amsterdam, Den Haag, Rotterdam, Zandvoort.
Bus: Verbindungen nach Amsterdam, IJmuiden, Schiphol, Zandvoort, während der Tulpenblüte auch zum Keukenhof.
Fahrradverleih: am Bahnhof, Tel. 023 531 70 66.

Zandvoort ▶ D 6

Beliebtes Seebad, dessen Strand im Sommer allerdings recht überfüllt ist, das nur eine halbe Stunde von Amsterdam entfernt ist. Vom 60 m hoch gelegenen Restaurant des Palace-Hotels hat man eine schöne Aussicht auf den Küstenstreifen, Abwechslung vom Sonnenbaden bieten die zahlreichen Shops, das Spielkasino und der Circuit, die einstige Formel-1- Rennpiste, auf der sich heute nur noch weniger PS-starke Maschinen, ab und an aber auch Skater, Rennen liefern.

Abseits vom Trubel gibt der nördlich gelegene, 2500 ha große **Nationaalpark Zuid-Kennemerland** (▶ D 5/6) viel Raum zum Wandern und Radfahren. Das Besucherzentrum liegt mitten im Park (www.npzk.nl).

Übernachten

Mit Meeresblick – **Zuiderbad:** Bd. Paulus Loot 5, Tel. 023 571 26 13, www.hotelzuiderbad.nl, DZ mit Meerblick 75–110 €. Direkt am Strandboulevard nahe dem Kasino. Nett eingerichtete, helle Zimmer mit Bad (bei einigen liegt die Toilette direkt gegenüber im Flur zur privaten Nutzung mit eigenem Schlüssel). Am schönsten sind die Zimmer mit Balkon im zweiten Stock – traumhafter Meeresblick!
Komfortabel – **Hotel Amare:** Hogeweg 70, Tel. 023 571 22 02, www.hotelamare.nl, DZ ab 65 €. Kleines 15-Zimmer-Hotel im Zentrum und 250 m vom Strand. Geschmackvoll eingerichtete Zimmer mit Dusche, WC, Telefon, Radio und TV, einige mit Balkon. Im hübschen Frühstücksraum wird der Tag mit einem reichhaltigen Frühstück angegangen. Gäste haben übrigens freien Zugang zum Golfcourse von Open Golf Zandvoort!
Heimelig – **Pension Welsink:** Brederodestraat 75, Tel. 023 571 92 30, www.pensionwelsink.nl, DZ 50–70 €. Wunderschöne, ruhig gelegene Villa mit zwei DZ (Dusche und WC auf der Etage) und drei Studios mit privater Dusche und WC, TV und komplett eingerichteter Miniküche. Die gemütliche Terrasse lädt zum Faulenzen ein. Das Auto kann kostenlos auf dem Grundstück geparkt werden, Fahrräder oder Motorräder in der Garage.

Essen & Trinken

Zwischen den Spielen – **Circles:** Badhuisplein 7, Tel. 023 574 05 74, www.hollandcasino.nl, tgl. 17–2 Uhr. Hauptgericht 13–23 €. Im Restaurant des Kasinos (s. rechts) können Sie zwischen den Spielen ein Häppchen essen oder auch ausgiebig dinieren. Etwas aus der Pfanne oder vom Grill, beispielsweise Lachsfilet (ca. 19 €).
Snacks und Fisch bei guter Aussicht – **Take five aan Zee:** Bd. Paulus Loot 5, Tel. 023 571 61 19, www.tfaz.nl, tgl. ab 8.30 Uhr. In dem Pavillon mit schöner Aussicht auf das Meer können Sie zum Lunch leckere *broodjes* (5–8,50 €) und andere Snacks und zum Dinner herzhaften Fisch wie gegrillten Heilbutt (18,50 €) oder ›Fleischiges‹ wie Lammkotelett (21 €) genießen.
Am Strand – **Strandpaviljoen Thalassa:** Bd. Barnaart 18, Tel. 023 571 56 60, www.strandpaviljoenthalassa.nl, tgl. ab 9 Uhr. Authentisches Strandlokal mit geselliger Atmosphäre, spezialisiert auf Fisch (aber auch diverse Fleischgerichte), und der ist hier frisch. Tagsüber Snacks wie belegte *broodjes* (2,50–7 €), Pfannkuchen und Omeletts (5–7,50 €), nach 17 Uhr übernimmt die Dinnerkarte, auf der sich Hauptgerichte wie Roggenflügel (19,50 €) oder eine kleine Seezunge (19,75 €) sehen lassen können.

Abends & Nachts

Spielkasino – **Holland Casino:** Badhuisplein 7, Tel. 023 574 05 74, www.hollandcasino.nl, tgl. 12.30–3 Uhr. Roulette, Black Jack, verschiedene Spielautomaten.

Infos

VVV: Bakkerstraat 2b, Tel. 023 571 79 47, www.vvvzandvoort.nl.
Bahn: Verbindungen nach Amsterdam, Haarlem, Utrecht.
Bus: Verbindungen nach Amsterdam, Haarlem.
Fahrradverleih: Zandvoort Rijwielverhuur Taxicentrale, Stationsplein 1, Tel. 023 571 26 00.

Auf Entdeckungstour

Das historische Herz Hollands, die Zaanse Schans

Wo im 16. Jh. das Festungswerk Zaanse Schans stand, hat man in den 60er-/70er-Jahren des 20. Jh. zahlreiche Häuser und Windmühlen aus Zaandam und Umgebung originalgetreu wieder aufgebaut und ein Stück Holland des 17./18. Jh. geschaffen. Das Besondere ist, dass die Leute hier wirklich wohnen und traditionelle holländische Handwerke ausüben und vorführen.

Reisekarte: ► Karte E 5

Besucherzentrum: Rezeptionshalle des Zaans Museum, Schansend 7, Tel. 075 616 28 62, www.zaanseschans.nl, 7,50/6 €. Für Museen (unterschiedlich geöffnet) zusätzlicher Eintritt, die meisten haben von 10 bis 17 Uhr geöffnet.

Günstig: Zaanse Schans Pass/Plus Pass, 9,50/16,50 €, ermäßigt ab 1,75/2,75 €, gewährt Zugang zum Zaans Museum, einigen Museen und Mühlen sowie weitere Ermäßigungen.

Gewiss, sehr touristisch geht es auf der Zaanse Schans schon zu. Dennoch ist diese Topattraktion einen Besuch wert. Wir beginnen ihn im **Zaans Museum,** das sich mit Exponaten wie traditionellen Trachten, Gemälden, Möbeln und Gebrauchsgegenständen der Geschichte der Region widmet. Gleich am Anfang stößt man auf das skurrile Ölgemälde »Stier's Wreedheid« (»Grausamkeit des Stiers«), das ein Ereignis von 1647 zeigt: Eine von einem Stier in die Luft gewirbelte schwangere Frau verliert bei diesem Angriff ihr Kind, sie stirbt, das Kind überlebt. Sehr viel unaufgeregter präsentiert sich die Ausstellung zur Schokolade von Verkade mit nostalgischen Verpackungen und Maschinenanlagen zur Herstellung von Schokolade und Schokokeksen. Welch süßes Vergnügen!

Idylle aus Holz

In der **Klompenmakerij** im Eingangsbereich der Zaanse Schanz kann man zusehen, wie aus Pappelholz Holzschuhe gemacht werden. Zahlreiche ausgestellte Holzschuhe aus aller Herren Länder machen das Lagerhaus von 1721 zugleich zum Museum. Links um die Klompenmakerij herum geht es an einer kleinen Schleifmühle und der Schiffswerft, einem Schuppen aus dem 18. Jh., in dem Holzboote gebaut werden, vorbei in das **Arbeiter-Wohnviertel.** Kleine Gärten umgeben die grün gestrichenen oder schwarz geteerten Häuser, deren Türen, Fenster und Giebel weiß umrahmt sind. Wie diese sind viele der Bauwerke der Anlage aus Holz, da schwere Gebäude einsinken würden.

Uhren, die nicht ticken

Über eine gewölbte *kippenbrug* (Hühnerbrücke) geht es über den Deichgraben zum Kalverringdijk, auf dem sich an der Zaan schmucke Häuser reihen. Ganz links am Flussufer kann man in der **Tinkoepel,** einem runden Teepavillon, einem Zinngießer bei der Arbeit zuschauen und im benachbarten **Uhrenmuseum** alle Arten von niederländischen Uhren, angefangen bei Sonnen- und Sanduhren, bestaunen. Benachbart liegt ein nostalgischer **Tante-Emma-Laden** von 1887, eine Rekonstruktion des ersten Ladens von Albert Heijn (heute eine große niederländische Supermarktkette), in dem man, ganz wie früher, Süßholz, Kandiszucker, Heilminze bekommt.

Schöner wohnen anno dazumal

Ganz gut speisen kann man im Restaurant **De Hoop Op d'Swarte Walvis** (Der Traum vom schwarzen Wal), das sich ein paar Häuser weiter in Richtung der großen Windmühlen in einem ehemaligen Waisenhaus des 18. Jh. befindet. Mit seiner authentischen Einrichtung gibt das **Museum Noorderhuis,** nebenan, Einblicke in das Leben einer Zaan'schen Kaufmannsfamilie des 19. Jh. Wie in anderen Häusern wurde übrigens auch hier die Haustüre nur bei Hochzeiten und Begräbnissen benutzt und hieß deshalb ›Totentür‹.

Senf und Salatöl aus der Mühle

Ein Stück weiter auf dem Deich kommt man am **Bootsanleger für Fahrten auf der Zaan** (April–Sept., 6/3 €) vorbei zur **Senfmühle De Huisman,** in der mithilfe der Windkraft der grobkörnige Zaandamer Senf hergestellt wird.

In den weiteren fünf sich an der Zaan reihenden, imposanten Mühlen wird Holz zersägt, Farbstoff und Salatöl erzeugt. Gegen Ende der Tour führt der Rückweg an der **Käserei De Catharina Hoeve** vorbei, eine eher kommerzielle Verkaufshalle für holländischen Käse.

Das Beste auf einen Blick

Noord- und Zuid-Holland

Highlights!

Enkhuizen: Alte Kaufmanns- und Speicherhäuser bilden am Hafen den Rahmen, wo die Schiffe der ›Braunen Flotte‹ festmachen. S. 121

Afsluitdijk: Der 30 km lange Deich trennt die Nordsee vom IJsselmeer und schützt das Land bei schweren Stürmen vor Überschwemmungen. S. 123

Rotterdam: Imposante Hochhäuser und markante Brücken prägen seine Skyline. Das ›Manhattan an der Maas‹ ist Europas größte Hafenstadt. S. 129

Den Haag: Großzügige Plätze, elegante Geschäfte, eine blühende Kulturszene und Regierungshauptstadt. S. 144

Auf Entdeckungstour

›Lekker fietsen‹ im Rotterdamer Hafengebiet: Gewöhnlich wird der Hafen bei einer Rundfahrt mit Boot oder Auto erkundet – wir nehmen das Fahrrad, denn *lekker fietsen* bedeutet, frei übersetzt, »genüsslich in die Pedalen treten«. Diese rund 28 km lange Route im Hafengebiet von Rotterdam führt auf einer weitgehend schmalen Landzunge von Rozenburg am Ufer der Nieuwe Maas entlang und u. a. an der riesigen Maeslantkering, der Sturmflutwehr nahe Hoek van Holland, vorbei bis an die Spitze der Landzunge. Die Aussicht auf gewaltige Ozeanriesen sowie Flussschiffe ist garantiert. S. 136

Kultur & Sehenswertes

Leben an der Zuiderzee: Fischerhäuser, Werkstätten, Werften und eine Räucherei – in Enkhuizens Zuiderzeemuseum geben 130 authentische Gebäude Einblicke in das Leben an der Zuiderzee um 1900. S. 121

Windmühlen in Reih und Glied: Mit anderthalb Dutzend Mühlen hat man dem Land bei Kinderdijk einst eine Entwässerungskur verpasst – sie recken noch immer ihre Flügel gen Himmel. S. 140

Aktiv & Kreativ

Mit Dampf und Wind reisen: Von Hoorn nach Medemblick in einer nostalgischen Dampfbahn und mit dem Boot weiter nach Enkhuizen. S. 120

Windjammern im IJssel- und Wattenmeer: Selbst Segel setzen – Segeltörns auf traditionellen Seglern starten in Enkhuizen, Hoorn und anderen IJsselmeer-Orten. S. 122

Genießen & Atmosphäre

Schlafen im Pipowagen: Zu Gast in hölzernen, Zirkuswagen ähnlichen Oldtimern auf dem Bauernhof – origineller geht's kaum. S. 121

Platt, rund und lecker – zu Gast im Pannenkoekenland! Wie in vielen holländischen Städten gibt es in Rotterdam ein ausgezeichnetes Restaurant, das auf *pannenkoeken* spezialisiert ist. Und hier geht es zum Pfannkuchenessen gar aufs Wasser! S. 135

Ein Augenschmaus: Das kleinstädtische Idyll Delft mit seinen schönen Patrizierhäusern, charmanten Grachten und belebten Plätzen sollte unbedingt auf dem Programm stehen. S. 141

Abends & Nachts

Mehr als 150 Biere: Was die Bier-Reklameschilder versprechen, hält die Bierkarte des De Tijd in Dordrecht bereit, u. a. Trappisten- und Abteibiere aus Belgien. S. 161

Provinz Noord-Holland

An der Zuiderzee, dem heutigen IJsselmeer, erblühten im Goldenen Zeitalter die Hafenstädte. Pittoreske, von prachtvollen Kaufmannshäusern und alten Speichern gesäumte Häfen mit historischen Plattbooten führen in das Holland vergangener Tage. An der Nordsee mit ihren aus Fischerdörfern entstandenen Seebädern laden Strände, Meeresbrandung und Dünen zum genussvollen Badeurlaub ein.

Das urbane Ballungsgebiet der Randstad in Zuid-Holland ist das politische, wirtschaftliche und kulturelle Zentrum des Landes. In den Städten zeugen prächtige Bauten, in den Museen großartige Kunstwerke vom Reichtum des Goldenen Jahrhunderts. Hübsche Seebäder bieten Strandkultur und Badespaß.

Alte Zuiderzeestädte am IJsselmeer

Broek in Waterland ▶ F 6

Malerische Holzhäuschen bilden den alten Dorfkern von Broek in Waterland. Bei einem Besuch der Kirche des Ortes sollte man einen Blick auf die Kanzel werfen. Dort ist u. a. eine Sanduhr zu sehen, mit der früher die Länge der Predigt bemessen wurde.

Essen & Trinken

Gesellig und kinderfreundlich – **Pannenkoekenhuis De Witte Swaen:** Dorpstraat 11, Tel. 020 403 15 25, tgl. 12–21 Uhr, Pfannkuchen 4,50–9 €. Das kleine, ursprünglich 1596 erbaute Haus war einst Herberge und Schuhmacherei. Heute werden hier über 60 verschiedene Pfannkuchen gebacken, von süß bis herzhaft, es gibt aber auch leckeren Fisch und Steaks (ca. 15 €) oder belegte Ciabattas.

Marken ▶ F 5

Durch das Waterland, eine Landschaft aus saftigen Wiesen, Kanälen, Seen, führt der Weg nach Marken, einst eine Fischerinsel, die seit 1957 durch einen 8 km langen Deich mit dem Festland verbunden ist. Mit seinen grün-weißen, auf Holzpfählen und Warften stehenden Holzhäusern, dem kleinen Hafen und dem Leuchtturm am östlichen Ende der Halbinsel bietet Marken ein Stück Urholland, wie es sonst nur in Gemälden zu finden ist.

Marker Museum

Kerkbuurt 44, www.markermuseum.nl, tgl. Mo–Sa 10–17, Okt. 11–16, So 12–16 Uhr, 2,50 €/1,25 €

Einige ehemalige Aalräucherhäuser bilden heute das Marker Museum. Eines dieser *rookhuisjes* ist als historisches Fischerhäuschen eingerichtet, in den anderen befindet sich eine Ausstellung zur Dorfgeschichte.

Infobox

Infos im Internet

www.noord-holland.com: Homepage des VVV mit ausführlichen Infos zu Unterkünften, Veranstaltungen, Natur, Museen, Cityguides und mehr, u. a. in Deutsch.

Übernachten

Nostalgisch – **Hof van Marken:** Buurt II, Nr. 15, Tel. 0299 60 13 00, www.hofvanmarken.nl, DZ ab 95 €, Frühstück 13 €/Pers. Sieben liebevoll nostalgisch eingerichtete Zimmer und eine Suite, die meisten mit Aussicht auf das IJsselmeer, bieten den Gästen allen Komfort. Ein Haus mit Wohlfühl-Atmosphäre. Ausgezeichnetes Restaurant.

Essen & Trinken

Am Hafen – **De Taanderij:** Havenbuurt 1, Tel. 0299 60 22 06, April–Sept. Di–So 11–22, Okt.–März bis 19 Uhr, Hauptgericht 15–20 €. Nettes Restaurant, von dessen kleiner Terrasse man bei schönem Wetter die Aussicht auf die Schiffe genießen kann. Hier kann man ganz gut Fisch essen.

Monnickendam ► E 5

Weniger überlaufen ist Monnickendam mit seinen von schönen Giebelhäusern gesäumten Sträßchen, der alten Waag, dem Speeltoren von 1596 mit Glockenspiel und der St. Nicolaaskerk (um 1400), in deren Boden 1229 Grabplatten eingelassen sind. Heute ist der Ort ein beliebtes Wassersportzentrum. Außer über den Landweg gelangt man von hier mit dem Boot zu dem pittoresken Fischerort **Volendam** (► F 5) mit alter Holzkirche von 1685.

Übernachten

Bäuerlich – **De Overleekerhoeve:** Overleek 25 A, Tel. 020 436 13 87, www.overleekerhoeve.com, DZ ab 90 €, ohne Frühstück, aber hier kann man es auch selbst zubereiten. Schöner, im Moorweideland gelegener Bauernhof mit gemütlichen Gästezimmern und Apartments für bis zu 6 Pers., eines behindertengerecht.

Naturverbunden – **B&B Hoeve Meerzicht:** Monnickenmeer 4, Tel. 0299 65 43 36, www.hoevemeerzicht.nl, DZ 80–88 €. In dem stattlichen Bauernhaus inmitten des Polderlandes übernachten Sie in geräumigen, modern mit TV, eigenem Bad und WC eingerichteten Gästezimmern. Die Hochzeitssuite hat sogar einen Whirlpool. Nach Monnickendam sind es nur 2 km.

Tolle Lage – **Hotel van den Hogen:** Volendam, Haven 106, Tel. 0299 36 37 75, www.hogen.nl, DZ 80–90 €. Angenehmes, kleines Hotel-Restaurant, dessen kleine, aber feine Zimmer – die meisten mit schöner Aussicht auf den Hafen und das IJsselmeer – über eigene Dusche, WC und TV verfügen.

Essen & Trinken

Rustikal – **De Roef:** Noordeinde 40, Tel. 0299 65 18 60, www.deroef.info, Küche tgl. 16.30–21.30 Uhr, Hauptgericht ab 17 €. Die Holzbalken, die alten Bilder und der alte, hölzerne Karren verbreiten eine rustikale Atmosphäre. Mächtige Steaks, viel Fisch.

Geräuchertes – **Paviljoen Smit-Bokkum:** Volendam, Slobbeland 19, Tel. 0229 36 33 73, www.smitbokkum.nl, Di–Fr 10–23.30, Sa, So bis 0.30, Küche bis 21 Uhr, Lunchhauptgericht 13–18 €. Mit schöner Aussicht direkt am Jachthafen bietet der Pavillon der Aalräucherei u. a. hausgemachte Aal- und Lachs-Delikatessen an.

Infos

VVV Monnickendam: Nieuwpoortslaan 15, Tel. 0299 65 19 98.

VVV Volendam: Zeestraat 37, Tel. 0299 36 37 47, www.vvv-volendam.nl.
Bus: von Amsterdam nach Volendam, Edam, Monnickendam und Marken. **Verbindungen zwischen den Orten:** von Hoorn nach Edam und Volendam.
Fähre: Marken–Volendam, Infos: www.marken-express.nl, nur Personen und Fahrräder, Einzelfahrt/Fahrrad 4,50 €/5,50 €, ermäßigt 3,50 €/4,50 €.

Edam ►F 5

Weltbekannt ist das alte Hafenstädtchen durch seinen Käse. Der seit dem 16. Jh. abgehaltene traditionelle Käsemarkt vor der alten Kaaswaag, heute nur noch eine Vorführung für Touristen, ist die größte Attraktion Edams.

Edams Museum

Damplein 8, www.edamsmuseum.nl, Mitte April–Okt. Di–Sa 10–16.30, So, Fei ab 13 Uhr, 3/1 €

Die Sammlung des in einem schönen Giebelhaus von 1540 mit ›schwimmendem‹ Keller untergebrachten Museums widmet sich der Geschichte Edams. – Gegenüber liegt der **Dam plein** mit dem 1737 im Stil Ludwigs XIV. erbauten Stadhuis und der ehemaligen Butterhalle (19. Jh.).

Kleine und Grote Kerk

Unter der Last des Glockenspiels aus dem Lot geraten ist der Speeltoren, der Turm der zerstörten Kleine Kerk. In der Grote Kerk (15. Jh.) sind 30 Fenster mit herrlichen Glasmalereien zu bewundern.

Übernachten

Romantisch – **L'Auberge Damhotel:** Keizersgracht 1, Tel. 0299 37 17 66, www.damhotel.nl, DZ ab 125 €. Stilvolles Boutique-Hotel, dessen 11 Gästezimmer und Hochzeits-Suite individuell geschmackvoll mit antikem Interieur ausgestattet sind – natürlich mit allem Komfort einschließlich Internet-Connection. Nach vorn raus hat man eine schöne Aussicht auf die Keizersgracht. Schöne Hotelterrasse, Brasserie, ausgezeichnetes Restaurant.

Ländlich – **B&B Edam:** Jacob Tonissenstraat 14, Tel. 0299 74 24 40, www.benb-edam.nl, DZ 65–75 €, bei nur einer Übernachtung zzgl. 7 €. Großes, am grünen Ortsrand von Edam gelegenes Haus. Von allen drei Zimmern – eines mit großem Balkon – haben Sie Aussicht auf Garten, Gracht und das grüne Hinterland. Nett eingerichtet, schöne Gartenterrasse.

Essen & Trinken

Spitze – **De Fortuna:** Spuistraat 3, Tel. 0299 37 16 71, www.fortuna-edam.nl, Mo–Fr 12–15, tgl. 18–21.30, So ab 17.30 Uhr, Hauptgericht 20–26 €. Gemütliches altholländisches Interieur, mit Werken regionaler Künstler dekoriert. Schöne Terrasse an der Gracht. Großes Angebot an Fisch-, Fleisch-, Geflügel- und Wildspezialitäten auf französische oder niederländische Art zubereitet, auch Vegetarisches.

Festliches Ambiente – **L'Auberge Damhotel:** Keizersgracht 1, Tel. 0299 37 17 66, www.damhotel.nl, tgl. 12–23 Uhr, Hauptgericht 18–25 €. Bei offenem Kamin oder im Sommer auf der Terrasse speisen – ein Genuss für Gaumen und Auge.

Geschmackvoll – **De Beurs, eten en drinken:** www.debeursetenendrinken.nl, Mi–So morgens bis abends, Hauptgericht 15–25 €. Eine kleine loungeartige Sitzecke im barocken Stil, ein kunstvoller portugiesischer Kachelfußboden, glasgemalte Fenster, Antikes

Blick hinter die Kulissen: bei der Käseproduktion in Edam

und Trödel – und fast alles zu kaufen. In dem geschmackvoll eingerichteten Eetcafé kommt Leckeres von der Wiese und aus dem Meer auf den Tisch, auch Vegetarisches.

Infos & Termine

VVV: Damplein 1 (Stadhuis), Tel. 0299 31 51 25, www.vvv-edam.nl.
Juli bis ca. 20. Aug.: Mi 10.30–12.30 Uhr, historischer Käsemarkt, Jan van Nieuwenhuizenplein, www.edammer kaasmarkt.nl.
Bus: Verbindungen nach Amsterdam, Hoorn, Volendam.
Fahrradverleih: Schot, Grote Kerkstraat 7, Tel. 0299 37 21 55.

Hoorn ▶ F 5

Hoorn (69 000 Einw.) war im 16. Jh. die bedeutendste Hafenstadt an der Zuiderzee. Viele alte Speicher- und Handelshäuser, jetzt Wohnungen und Firmensitze, erinnern an die Blütezeit der Stadt. Auf dem Rode-Steen-Platz ragt das Standbild des Jan Pieterzoon Coen, einst Generalgouverneur der Vereinigten Oostindischen Compagnie (VOC), auf.

Außer dem Westfries Museum (s. u.) lohnen das **Museum van de Twintigste Eeuw** (Museum des 20. Jh., Bierkade 4, www.museumhoorn.nl, Di–Fr 10–17, Sa, So ab 12 Uhr, 4,50/3 €) und das **Speelgoedmuseum de Kijkdoos** (Spielzeugmuseum, Italiaanse Zeedijk 106, Di–So 11–17 Uhr, 3/2 €) einen Besuch. Ein Stadtspaziergang sollte einen Bummel durch den Hafen mit dem malerischen, 1532 als Wehrturm erbauten **Hoofdtoren** einschließen.

Westfries Museum

Roode Steen 1, www.wfm.nl, Di–Fr 11–17, Sa, So 13-17 Uhr, April–Okt. auch Mo, 5/3,50 €

Mein Tipp

»We zijn een restaurant«
Im historischen Bauwerk des Ridderikhoff wetteifern 30 Leute, u. a. zahlreiche mit einer geistigen Behinderung, darum, ihre Gäste zufriedenzustellen. »Wir spielen nicht Restaurant: Wir sind eines!« ist ihr Motto, und daran wird niemand zweifeln, der hier speist. Imposante Eichenbalken, ein herrlicher Wintergarten mit Resten von Wandmalereien und ein Raum im Louis-XVI-Stil warten. Ausgesprochen kinderfreundlich. (Roode Steen 9, Tel. 0229 21 21 01, www.ridderikhoff.org, Di 11–17, Mi–Sa 11–20, So 14–20 Uhr, à la carte 5–15 €, Dinner-Hauptgericht ab 15 €.)

Im Staten College (1632), dem Haus mit der prächtigsten Fassade am Platz, beleuchtet das Museum mit Ausstellungen zu VOC, Hoorn und Westfriesland sowie kunstvollen Möbeln und Gemälden Hoorns Vergangenheit. Die Waag (1609) gegenüber beherbergt heute das für seine leckeren Ciabattas bekannte **Grand Café La Bascule.**

Übernachten

Zentral – **De Keizerskroon:** Breed 33, Tel. 0229 21 27 17, www.keizerskroonhoorn.nl, DZ 85–105 €. Zentral gelegenes Hotel mit 28 modern eingerichteten Zimmern, alle mit KTV und WLAN. Café-Restaurant mit Pianomusik und geselliger Straßenterrasse. Gratis Parken für Hotelgäste.

Günstig – **B&B Hoorn:** Brik 124, Tel. 0229 75 66 24, www.bedandbreakfasthoorn.nl, DZ 50 €, Apartment 65 € (bei nur einer oder zwei Nächten zzgl. 5 €/Nacht). Modern und geschmackvoll eingerichtete Zimmer, das DZ unterm Dach mit Mikrowelle und Kühlschrank, das Apartment, 50 m² groß, mit Küche und Balkon. Nur ein Bad für alle Gäste – dennoch: ein Schnäppchen!

Essen & Trinken

Exzellent – **De Hoornse Kogge:** Nieuwendam 2, Tel. 0229 21 93 09, www.dehoornsekogge.nl, Mi–Di 17–22.30 Uhr, Hauptgericht 18–25 €. Gemütliches Restaurant mit Aussicht auf den alten Hafen, die man schön von der Terrasse vorm Haus genießen kann – bei knusprigem Seebarsch, Perlhuhn mit Coquilles (beide um 20 €) oder Lasagne mit Aubergine (ca. 18 €) für Vegetarier.

In uralten Gemäuern – **De Hoofdtoren:** Hoofd 2, Tel. 0229 21 54 87, www.hoofdtoren.nl, tgl. 12–22 Uhr, Hauptgericht 16–27 €, tolle Vorspeisen 8–14 €. Wer in dem markanten uralten Wehrturm einen Fensterplatz bekommt, kann den in den Hafen ein- oder auslaufenden historischen Schiffen mit ihren rostbraunen Segeln zusehen und dazu ein leckeres Carpaccio (12 €), ein Fischsüppchen (6 €) oder Doradenfilet (19 €) genießen. Exzellente Küche.

Aktiv & Kreativ

Mit Dampf reisen – **Stoomtram:** Van Dedemstraat 8, Tel. 0229 21 48 62, www.museumstoomtram.nl (Auskunft auch beim VVV). Von Hoorn nach Medemblik mit der 100 Jahre alten nostalgischen Dampfkleinbahn, an historischen Bahnhofsgebäuden, pittoresken Dörfern und prächtigen Blumenfeldern vorbei. Per Boot geht es nach Enkhuizen und mit der Bahn zurück nach Hoorn.

Infos

VVV-ANWB: Veemarkt 4, Tel. 072 511 42 84, www.vvvhoorn.nl.
Bahn: Verbindungen nach Alkmaar, Amsterdam, Enkhuizen.

Enkhuizen! ► F 5

Fassaden alter Kaufmannshäuser und Speicher, historische Segelboote Mast an Mast – der Hafen von Enkhuizen ist einer der reizvollsten am IJsselmeer. Er wird vom wuchtigen doppeltürmigen **Drommedaris,** einem Überbleibsel der Stadtbefestigung von 1540, bewacht. Einst ein Kerker, beherbergt er heute ein Café. Zu den beeindruckenden historischen Bauwerken der Stadt (18 000 Einw.) gehören das im Stil des holländischen Klassizismus erbaute **Stadhuis** (1688), die mit Wappen und Statuen geschmückte **Waag** (1559) am Kaasmarkt und die gotische **Westerkerk** (1519) mit einer prachtvollen geschnitzten Chorschranke.

Zuiderzeemuseum

Wierdijk 12–22, www.zuiderzeemuseum.nl, tgl. 10–17 Uhr, Nov.–März sind die Gebäude im Museumspark geschl. (vorbehaltlich zeitl. Abweichungen), 13/7,80 €
Die Anlage ist eines der faszinierendsten Museen Hollands. Sie besteht aus dem Museum, das das Thema »Land und Wasser« zeigt, und dem Museumspark mit 130 historischen Gebäuden, u. a. Wohn- und Fischerhäuser, Krämerläden, Werkstätten, Werften und eine Räucherei aus der Zeit um 1900.

Infos

VVV: Tussen Twee Havens 1, Tel. 0228 31 31 64, www.vvvenkhuizen.nl.

Übernachten

Prima Lage – **Die Port van Cleve:** Dijk 74, Tel. 0228 31 25 10, www.dieportvancleveenkhuizen.nl, DZ 75–95 €. Schöne, zentrale Lage am Hafen, gegenüber dem Drommedaris-Turm. Individuell eingerichtete Zimmer mit Bad, KTV, Telefon und Internetzugang. Café-Restaurant mit schöner Straßenterrasse.
Ein Traum – **RecuerDos:** Westerstraat 217, Tel. 0228 56 24 69, www.recuerdos.nl, DZ 85 €, bei mehreren Nächten günstiger. Sehr geschmackvoll eingerichtete Gästezimmer, opulentes Frühstück im herrlichen Wintergarten mit Blick in den schönen, begrünten Innenhof. Pieter Nanne Groot, einer der Gastgeber, ist ein begnadeter Gitarrist.

Essen & Trinken

Speisen in der Schmiede – **De Smederij:** Breedstraat 158, Tel. 0228 31 46 04, www.restaurantdesmederij.nl, Do–Di

Mein Tipp

Originelle Unterkunft

Übernachten Sie zünftig auf dem Bauern-Campingplatz in einem der Pipowagen namens ›Snuitje‹, ›Dikke Deur‹ oder ›Snuf‹. So heißen die hölzernen, Zirkuswagen ähnlichen Oldtimer auf Rädern, die man hier liebevoll zu behaglichen Wohnwagen ausgebaut hat und denen es an bescheidenem Komfort nicht mangelt. (De Gouwe Stek, De Gouw 11, Bovenkarspel bei Enkhuizen, ► F 5, Tel. 0228 51 69 58, www.degouwestek.nl, 2 Pers. 25–100 €.)

17–22 Uhr, Okt.–März Fr–Di, Hauptgericht ca. 25 €. Hierher kommt mancher Einheimische – und das aus gutem Grund. Sehr lecker: Polderentenfilet mit Grünkohl (24,50 €).
Kochen mit Leidenschaft – **De Admiraal:** Havenweg 4, Tel. 0228 31 92 56, www.deadmiraal.nl, tgl. ab 12 Uhr, Hauptgericht ab 19 €, kleines Lunchgericht 10–16 €. Ausgezeichnete französische und holländische Küche. Gute Wahl: Salat Admiraal (frischer Salat mit geräucherter Entenbrust, Käse, Avocado, Croutons, Entenleber). Von der Terrasse schöne Aussicht auf den Hafen.
Leckeres aus dem Wasser – **De Boei:** Havenweg 5, Tel. 0228 31 42 80, www.restaurantdeboei.com, Di–So 12–22 Uhr, Hauptgericht 18–30 €. Nettes, gemütliches Lokal mit kleiner Terrasse am Hafen. Spezialität ist Fisch, aber es gibt auch Leckeres vom Land und für Vegetarier. Die Bouillabaisse kostet 9,50 €.

Aktiv & kreativ

Segeltörns – **Segeln auf traditionellen Schiffen:** auf IJssel- und Wattenmeer, als Tages- oder Mehrtagesfahrt oder Gruppencharter, z. B. Naupar, Stationsplein 3, Tel. 088 252 51 00, www.naupar.de, oder Windjammer weltweit, www.windjammer-weltweit.de.
Mit dem Großsegler auf dem IJsselmeer – **Willem Barentz:** Mitte Juli–Mitte Aug. Mo–Sa, Enkhuizen–Urk 11.15–13.45, Urk–Enkhuizen 15.15–17.45 Uhr, Tel. 0228 31 31 64, www.willem-barentsz.nl, Tickets: VVV Enkhuizen, 30/24 €. 2 Std. Aufenthalt in Urk, dann retour.

Infos

VVV: Tussen Twee Havens 1, Tel. 0228 31 31 64, www.vvvenkhuizen.nl.
Bahn/Bus: Verbindungen nach Hoorn.
Fähre: Enkhuizen–Stavoren, Abfahrt nahe Bahnhof und VVV, Infos: Tel. 0228 32 66 67, www.veerboot.info.
Fähre: Enkhuizen–Urk, Info: Tel. 0228 31 31 64, www.willembarentsz.nl.
Fahrradverleih: Dekker, Nieuwstraat 2, Tel. 0228 31 29 61.

Medemblik ► F 4

Medemblik, früher ein bedeutender Handelsplatz, jetzt Wassersportzentrum, ist eine der ältesten Hafenstädte am IJsselmeer. Zum Schutz vor aufständischen Westfriesen ließ Graf Floris V. um 1282 an der Hafeneinfahrt eine Zwingburg, das heutige Kasteel Radboud, errichten.

Kasteel Radboud

Oudevaartsgat 8, www.kasteelradboud.nl, Mai–15. Sept. Mo–Sa 11–17, So 14–17, sonst nur So 14–17 Uhr, 5/3 €
Die Wendeltreppe im Turm hinauf – und es öffnen sich Fenster ins Mittelalter, soll heißen in Kerker und Waffenkammer. Kinder können die alten Gemäuer per Schnitzeljagd erkunden.

Nederlands Stoommachinemuseum

Oosterdijk 4, www.stoommachinemuseum.nl, Mitte Febr.–Okt. Di–So 10–17 Uhr, 5,50/4,25 €
In dem alten Dampfpumpwerk von 1869 ist eine einzigartige Sammlung von Dampfmaschinen aus Schifffahrt und Industrie, die regelmäßig unter Dampf gesetzt werden, zu bestaunen.

Essen & Trinken

Fast exotisch – **De Artiest:** Achtereiland 12 a, Tel. 0227 54 80 80, www.deartiest.nl, Fr–So 17.30–22.30 Uhr, Hauptgericht 16–20 €. Eine kulinarische Reise

Die holländische Nordseeküste ist ein Garant für Strand- und Badespaß

durch die Weltmeere bietet die Trilogie (19 €), überhaupt stehen auf der Speisekarte diverse Fischspezialitäten, aber auch Fleisch und Vegetarisches. Im Speisesaal ist man von einem Hauch von Orient und Nordafrika umgeben, Terrasse am Hafen.

Romantisch maritim – **De Driemaster:** Pekelharinghaven 49, Tel. 0227 54 30 20, www.restaurantdedriemaster.nl, tgl. 11–21.30, im Winter Do–So, kleines Lunchgericht 3–7 €, Dinner-Hauptgericht 18–23 €. Gesellige, maritime Atmosphäre mit schöner Aussicht auf den Jachthafen. Lunchkarte mit Suppen, *broodjes,* Pfannkuchen, Strammem Max, Menükarte mit Fisch, Fleisch und Geflügel.

Infos

VVV: Kaasmarkt 1, Tel. 0227 54 28 52, www.vvvmedemblik.nl.
Bus: von/nach Enkhuizen, Hoorn.
Museumstoomtram: Die historische Bahn fährt von Medemblik nach Hoorn (s. S. 120).

Afsluitdijk ! ► F 3/4

Nördlich von Medemblik verbindet der 30 km lange Abschlussdeich Noord-Holland mit Friesland und trennt zugleich die Nordsee vom IJsselmeer – seitdem gibt es die Zuiderzee nicht mehr. Jahrhundertelang trieb der ›Blanke Hans‹ in und um die Zuiderzee sein Unwesen – seit 1932 ist es damit vorbei. Bei km 6,5, wo der Damm damals geschlossen wurde, steht ein Aussichtsturm, der einen ausgezeichneten Fernblick gewährt.

Entlang der Küste nach Norden

Egmond aan Zee ► E 5

Der kleine, von hohen Dünen umgebene Badeort besitzt einen der schönsten **Leuchttürme** von ganz Holland. Im **Museum van Egmond** (Zuiderstraat 7, www.museumvanegmond.nl, Juni–Aug. Di–Mi 14–16, 19–21, Fr–So 14–16,

Sept.–Okt Di–So 14–16 Uhr, 2/1 €) in der im eklektischen Stil erbauten Kirche (19. Jh.) wird die Geschichte des Ortes und im ehemaligen Seefahrerheim **Tehuis Prins Hendrik de Zeevaarder** (Voorstraat 41, tgl. 9–17 Uhr, gratis) die der Seefahrer beleuchtet.

Übernachten

Direkt am Strand – **Hotel de Vassy:** Bd. Ir. de Vassy 3, Tel. 072 506 15 73, www.vassy.nl, DZ 95–115 €. Die schöne Lage neben dem Leuchtturm, die Sonnenterrasse und die stilvoll eingerichteten Zimmer, z. T. mit Balkon, machen das Hotel zu einem der attraktivsten des Badeortes. Fahrradverleih.

Am Strandboulevard – **Hotel Golfzang:** Bd. Ir. de Vassy 21, Tel. 072 506 15 16, www.golfzang.nl, DZ ab 100 €. Nettes 3-Sterne-Hotel mit persönlicher Atmosphäre. Moderne, zeitgenössische Zimmereinrichtung mit allem Komfort. Mehrere Zimmer mit Balkon.

An den Dünen – **Neptunus:** Zeeweg 42, Tel. 072 506 21 80, www.hotelneptunus.nl, DZ ab 71 €. Ruhiges Hotel, 5 Min. von Meer und Zentrum. 14 gemütlich eingerichtete Zimmer mit Dusche, WC, TV, zwei davon sind größer und haben zusätzlich einen Balkon. Gemütlicher Frühstücksraum, Sonnenterrasse.

Hostel – **Stayokay Egmond:** Herenweg 118, Tel. 072 506 22 69, www.stayokay.com, ab 20 €/Pers. In Stadtnähe, mitten in den Blumenfeldern.

Essen & Trinken

Das Meer ruft – **Strandpaviljoen De Uitkijk:** Zuid Boulevard 22, Tel. 072 506 46 33, www.strandpaviljoendeuitkijk.nl, April–Okt. tgl. 10–ca. 23 Uhr, Hauptgericht 14–20 €. Wenige Meter von der bei Flut anbrandenden Nordsee gibt's auf der windgeschützten Terrasse leckere Wokgerichte.

Deftiges – **Zilte Zoen:** Bd. 2, Tel. 0900 945 83 96 36, www.ziltezoen.nl, tgl. ab 11 Uhr, Hauptgericht 13–19 €. Hölzerne Bänke, runde und eckige Holztische, kleine Nischen, Sitzplätze auf verschiedenen Niveaus, zeitgenössisches Interieur, schöner Wintergarten und nur eine Straßenbreite vom Strand. Deftig: Langedijker Zuurkoolschotel (Sauerkrautgericht) mit Kasseler, Spanferkelkotelettchen und Rauchwurst.

Leicht verfeinerte französische Küche – **La Chatelaine:** Smidstraat 7, Tel. 072 506 23 55, www.lachatelaine.nl, Fr–Di ab 17.30 Uhr, Hauptgericht 20–25 €. Ein bisschen Barock, ein bisschen modern – das Interieur des Restaurants nahe dem Leuchtturm. Fisch, Meeresfrüchte, Wild (z. B. gebratenes Hirschsteak mit Krapfen von Kürbis und Salbei, ca. 24 €) und Geflügel.

Infos

VVV: Voorstraat 82a, Tel. 072 581 31 00, www.vvvegmond.nl.
Bus: von/nach Alkmaar, Castricum.
Fahrradverleih: Karels, Trompstraat 17, Tel. 072 506 12 50.

Alkmaar ► E 5

Enge Gassen mit manch altem Giebelhaus durchziehen das Zentrum des am Nordholland-Kanal gelegenen Alkmaar (94 000 Einw.), zu dessen schönsten historischen Bauwerken das spätgotische Stadhuis und die Grote Kerk (15. Jh.) zählen.

Am Waagplein

Kaasmarkt: www.kaasmarkt.nl, April–Anfang Sept. Fr 10–12.30 Uhr; Kaasmuseum: www.kaasmuseum.nl, April–

Okt. Mo–Sa 10–16, Fr 9–16, Frühjahrsferien, Ostern, Himmelfahrt, Pfingsten 10.30–13.30 Uhr, 3/1,50 €; Biermuseum: Houttil 1, www.biermuseum.nl, Mo–Sa 13–16, während des Käsemarktes 10–16 Uhr, 3,50/1,75 €
Berühmt ist der historische **Käsemarkt,** auf dem die Käse von traditionell gekleideten Trägern auf Holzbahren zur Waage getragen werden. Um Käse geht es auch im **Kaasmuseum** in der Waag, einer umgebauten Kapelle. Am anderen Ende des Platzes gewährt das **Biermuseum** in einer alten Brauerei Einblick in die Braukunst.

Stedelijk Museum

Canadaplein 1, www.stedelijkmuseumalkmaar.nl, Di–So 10–17 Uhr, 6/3 €
Wer etwas über die Stadtgeschichte vom Goldenen Jahrhundert bis in die Moderne erfahren möchte, kann sich hier umschauen. Tauchen Sie auch in das ›Spielzeuguniversum‹ mit über 100 Jahre alten Spielzeugen ein.

Übernachten

Kleine Oase – **Ons Tuinhuis:** Oudegracht 241, Tel. 072 511 19 99, www.onstuinhuis.nl, 2 Pers. 75–85 €, Frühstück 10 €/Pers., aber man kann es sich auch selbst zubereiten und auf der kleinen Gartenterrasse speisen. Hübsches Gartenhäuschen mit Schlafzimmer, Bad, WC und Küche, mit natürlichen Materialien eingerichtet. KTV, Internetanschluss und ein Laptop gehören zur komfortablen Einrichtung.
Erstaunlich geräumig – **Hotel Te Laat:** Laat 117, Tel. 072 512 55 06, www.telaat.com, DZ 55–80, Suite 125 €, Frühstück 6,50 €/Pers. Das Haus wirkt schmal, doch sind die sechs Gästezimmer und die Braut-Suite – alle mit schönen Badezimmern – erstaunlich geräumig und modern eingerichtet. Hotelbar, Billardtisch, Dart und Schach laden ein zur geselligen Entspannung. Parken ist hier etwas schwierig.

Essen & Trinken

Häppchen zwischendurch – **Henry's Grand Café:** Houttil 34, Tel. 072 511 32 83, www.henrys.nl, tgl. 10–22 Uhr, Lunch 3–15 €, Dinner-Hauptgericht ab 19 €. Geselliges Café am Waagplein mit Snacks, etwa ein Broodje Speciaal mit Filet Américain oder zum Lunch gebackene Champignons – die Auswahl ist beachtlich.
Grand Café – **De Notaris:** Houttil 18, Tel. 072 520 76 08, www.denotarisbv.nl, So–Do 10–2, Fr, Sa bis 3 Uhr, Lunch 3–10 €, Dinner-Hauptgericht 11–25 €. Draußen mit schöner Terrasse am Waagplein, innen Café und Restaurant mit *bolletjes,* Paninis, Suppen und Salaten zum Lunch. Zum Dinner Leckeres aus Wald, Meer und von der Weide. Gute Wahl: Roergebakken Oosterse Visschotel (verschiedene Fischarten, in der Pfanne gebacken, ca. 18 €). Regelmäßig Livemusik am Sonntag.
Ausgezeichnet – **De Bios:** Gedempte Nieuwessloot 54 a, Tel. 072 512 44 22, www.debios.nl, Di–Sa 12–24, So ab 17 Uhr, Lunch 4–15 €, Hauptgericht 18–25 €. Einst Filmtheater, hat das Haus eine Metamorphose erfahren: Das Lokal erstreckt sich über drei Etagen mit Treppen, Zwischendecks und Rohren; hier findet jeder seine Nische. Leckere Lunchtoppers (7,50 €) wie Ciabatta Oosters Rundvlees (Rindfleisch asiatisch). Auch Vegetarisches und gute Weine.

Infos & Termine

VVV: Waagplein 2, Tel. 072 511 42 84, www.vvvalkmaar.nl.

Stimmungsvolles Bild: Der wolkenschwere Himmel scheint in die Nordsee zu fallen

April–Anfang Sept.: historischer Käsemarkt, Fr 10–12 Uhr.
8. Okt.: Jahrestag der Befreiung von den Spaniern.
Bahn: nach Amsterdam, Arnhem, Den Helder, Nijmegen, Utrecht.
Fahrradverleih: Stationsweg 43, am Bahnhof, Tel. 072 511 79 07.

Bergen und Bergen aan Zee ► E 5

Die von Eichen- und Kiefernwäldern umgebene Sommerfrische Bergen hat seit jeher zahlreiche Künstler angelockt, deren Werke hier auch zum Verkauf angeboten oder im **Museum Kranenburgh** (Hoflaan 26, www.museumkranenburgh.nl, Di–So 11–17 Uhr, 7/5 €) ausgestellt werden. Beliebt ist der weiße **Sandstrand** von Bergen aan Zee.

Zee Aquarium

Van der Wijkplein 16, Bergen aan Zee, www.zeeaquarium.nl, April–Sept. tgl. 10–18, Okt.–März 11–17 Uhr, 8,50/6,50 €
Vom riesengroßen, 14 m langen Skelett eines Pottwals über unzählige lebende Meeresbewohner in Dutzenden Aquarien und Hunderten von Muscheln wird hier etliches gezeigt, was in den Weltmeeren vorkommt.

Übernachten

Tolle Lage – **Meyer:** J. Kalffweg 4, Bergen aan Zee, Tel. 072 581 24 88, www.

hotelmeyer.nl, DZ ab 95 €. Beliebtes Familienhotel nur 100 m von Strand, Wald und Dünen. Zimmer mit allem Komfort und Balkon, etliche mit Blick auf das Meer. Gemütliche Bar, stilvolles Café-Restaurant und Tennisplatz.
Tolle Aussicht – **Nassau-Bergen:** Van der Wijkplein 4, Tel. 072 589 75 41, www.hotel-nassau.nl, DZ ab 80 €. Mitten auf einer Düne, nur ein Steinwurf vom Strand! Jedes der Komfortzimmer verfügt über Balkon/Terrasse. Mit Bar, beheiztem Pool, gutem Restaurant.
Kinderfreundlich – **Hotel Rasch:** Zeeweg 2, Tel. 072 581 30 94, www.hotelrasch.nl, DZ 55–120 €. Das gewölbte Dach erinnert an eine klassisch holländische Scheune, doch verbirgt sich darunter ein kleines, kinderfreundliches Familienhotel mit sechs gemütlichen Zimmern und einem Studio. Mit Spielplatz, 250 m zum Meer.

Essen & Trinken

Am Meer bieten mehrere **Strandpaviljoens** diverse Snacks, *broodjes* und Fisch, die man in entspannter Atmosphäre auf der Terrasse mit Blick über Strand und Wasser genießen kann.
Direkt am Strand – **Strandpaviljoen Zuid:** ab März tgl. ab 9.30 Uhr, Snacks ab 3 €, Hauptgericht ab 15 €. Drei große Terrassen, z. T. windgeschützt.
Strandnah – **Zilte Zoen:** CF Zeilerboulevard 12, Tel. 0900 945 83 96 36, www.ziltezoen.nl, tgl. (Ende Okt.–Mitte März Mo, Di geschl.), Snacks 4–11 €, Hauptgericht 12–19 €. Modernes, fast mediterranes Interieur, schöner Wintergarten, große Außenterrasse. Fisch des Tages, fangfrisch (17 €).

Infos

VVV: Bergen aan Zee, Van der Wijckplein 8, Tel. 072 581 31 00, www.vvvbergenaanzee.nl.
Bahn: nächster Bahnhof in Alkmaar, von dort OV-Taxi, Tel. 0900 88 78.

Den Helder ► E 4

Die Stadt (58 000 Einw.) ist Fährhafen mit Booten nach Texel und Heimathafen der niederländischen Marine. Napoleon hat den Ort am nördlichsten Festlandspunkt Hollands 1811 befestigen lassen.

Marinemuseum

Hoofdgracht 3, www.marinemuseum.nl, Nov.–April Di–Fr 10–17, Sa, So 12–17, Ferien und Mai–Okt. auch Mo 10–17 Uhr, 6/3 €

Die Marine stellt sich vor: mit Uniformen, Waffen, Gemälden, Schiffsmodellen und drei (begehbaren) Originalschiffen: dem U-Boot »Tonjin«, einem Minenräumboot und dem Rammschiff »Schorpioen« von 1868.

Reddingsmuseum Dorus Rijkers

Bernhardplein 10, www.redding museum.nl, 20. Dez.–Anfang Jan., Anfang April–Okt. Mo–Fr 10–17, Sa, So 12–17, Anfang Jan.–Anfang April, Nov.–19. Dez. So 12–17 Uhr, 6/5 €, Rundfahrt 2 €

Schon mal Windstärke 10 erlebt? Hier können Sie's – im Windkanal! Hier erlebt man auch die Havarie zweier Boote und eine Fahrt auf einem Rettungsboot zu einem in Seenot geratenen Schiff und kann sich selbst im Computerspiel als Retter testen. Zudem kann man an einer Rundfahrt im Rettungsboot teilnehmen (tgl. 13–16 Uhr, außer im Winter).

Fort Kijkduin

Admiraal Verhuellplein 1, www.fortkijkduin.nl, tgl. 10–18, im Winter 11–18 Uhr, 8/5,50 €

In der Nähe des 69 m hohen roten Leuchtturms De Lange Jaap liegt Fort Kijkduin, dessen Museum die Geschichte dieser napoleonischen Festungsanlage dokumentiert. Sehenswert ist auch das ebenfalls hier untergebrachte **Meeresaquarium.**

Übernachten

Aussicht aufs Meer oder den Hafen – **Lands End:** Havenplein 1, Tel. 0223 62 15 70, www.landsend.nl, DZ 97 €. Komfortables und modernes Design auf den Zimmern, die alle über ein eigenes Bad und WC, KTV und WLAN verfügen. Gutes Café-Restaurant mit Spezialitäten, darunter Fisch.

Zentral – **Forest Hotel:** Julianaplein 43, Tel. 0223 61 48 58, www.foresthotel.nl, DZ 95 €. Mitten im Stadtzentrum gelegen, daher gute Basis fürs Shoppen in den umliegenden Einkaufsstraßen. Die Zimmer sind okay, das Restaurant bietet u. a. leckere Fischgerichte.

Camping, fast am Strand – **De Zwaluw:** Zandijk 17, in Julianadorp aan Zee, Tel. 0223 64 14 92, 17–21 €, www.camping dezwaluw.nl. Schöner Platz direkt am Aufgang zum Strand und Meer.

Essen & Trinken

Speisen mit Aussicht – **Het Veerhuis Lands End:** Havenplein 1, Tel. 0223 62 56 58, www.veerhuislandsend.nl, tgl. 6.30–21.30, Sa, So ab 8 Uhr, Lunch 2,50–16 €, Dinner-Hauptgericht 14–25 €. Prima Lage am nördlichsten Punkt von Noord-Holland, nahe Fährhafen nach Texel. Einladende Terrasse. Niederländische Küche mit Fisch-, Fleisch- und vegetarischen Gerichten.

Internationale Küche – **Stadscafé Effe:** Beatrixstraat 62, Tel. 0223 61 21 10, www.stadscafe-effe.nl, Mo–Fr ab 11, Sa ab 10, So ab 17 Uhr, Lunch 3–15 €, Hauptgericht 13–19 €. In dem zeitgenössisch eingerichteten Grand Café können Sie genüsslich beim Kaffee Ihre Zeitung lesen, einen Happen zum Lunch essen oder ausgiebig speisen. Leckeres Süppchen: Groningse Mosterdsoep (Senfsuppe, 4,75 €).

Infos & Termine

VVV: Bernhardplein 14, Tel. 0223 62 55 44, www.vvvdenhelder.nl.
Juli: Marinedagen, drei Tage der offenen Tür bei der Koniklijke Marine.
Bahn: Verbindungen nach Alkmaar, Amsterdam, Utrecht.
Fähre: nach Texel s. S. 169.

Provinz Zuid-Holland

Rotterdam! ►D 7/8

Imposante Hochhäuser und markante Brücken prägen die Skyline von Rotterdam (590 000 Einw.). Der Ort entstand im 13. Jh. an der Mündung der Rotte in die Nieuwe Maas als kleines Fischerdorf. 1940 wurde die Stadt durch Bomben, die die deutsche Wehrmacht trotz bereits laufender Kapitulationsverhandlungen abwarf, fast völlig zerstört. Ossip Zadkines beeindruckende Bronze »Verwüstete Stadt« am Churchillplein erinnert daran.

Im 17. Jh. war Rotterdam Hollands zweitgrößter Handelshafen, doch dann versandete die Maasmündung, und die großen Frachtensegler blieben aus. Als jedoch im 19. Jh. der Nieuwe Waterweg vom Hafen Rotterdams zur Nordsee angelegt war und die Binnenschifffahrt durch den Ausbau des Kanalnetzes neue Impulse erhielt, setzte ein enormer Aufschwung ein. Heute erstreckt sich Rotterdams Hafen mit seinen Kais von 40 km Länge bis Hoek van Holland und ist mit dem **Europoort,** wo die Supertanker anlegen, einer der größten Seehäfen der Welt.

St. Laurenskerk 1

Grotekerkplein 15, www.laurenskerkrotterdam.nl, Jan./Febr. Di, Sa 10–16, März–Dez. Di–Sa 10–16 Uhr, So zu Gottesdiensten, Führungen 2,50/1,50 €

Hölzerne, bemalte Tonnengewölbe überdachen die spätgotische Kreuzbasilika (15. Jh.), die zu den wenigen 1940 nicht völlig zerstörten Bauwerken gehört; in ihr befinden sich Grabmäler von Seehelden. Auf dem Kirchplatz gedenkt man des berühmten Humanisten und Sohnes der Stadt, Erasmus von Rotterdam, mit einer Bronzestatue.

Maritiem Museum Rotterdam 3

Leuvehaven 1, www.maritiemmuseum.nl, Di–Sa (Juli, Aug. auch Mo) 10–17, So, Fei 11–17 Uhr, 7,50/4 €

Am Ende des Leuvehavens, wenige Schritte von Ossip Zadkines riesiger **Plastik »De verwoeste stad«,** gibt das Museum Einblick in die Welt der Schifffahrt. Allein die Sammlung an Schiffsmodellen ist umwerfend. Deren Prunkstück, das Mataró-Model (15. Jh.), gibt noch immer Rätsel auf.

Historisch Museum Rotterdam 4

Korte Hoogstraat 31, www.historischmuseumrotterdam.nl, Di–So, Fei 11–17 Uhr, 3 €

Im Schielandshuis (ca. 1662) präsentiert das Historische Museum der Stadt eine vielseitige kultur- und stadtgeschichtliche Sammlung, die u. a. Mode, Spielzeug, Münzen und Gemälde sowie den »Atlas van Stolk«, eine der umfangreichsten Sammlungen von Drucken, Landkarten und Zeichnungen zur Geschichte der Niederlande, umfasst.

Infobox

Infos im Internet

www.zuid-holland.com: Homepage des VVV der Provinz mit ausführlichen Infos zu Unterkünften, Veranstaltungen, Natur, Museen, Cityguides und mehr, u. a. in Deutsch.

Zusätzlich verfügen die einzelnen **Touristenbüros (VVV) der Städte** über Homepages, z. B. www.rotterdam.info, www.denhaag.com und www.delft.com.

Centraal Station (Hbf)
Flughafen
Delftse-plein
Hofplein
Pompenburg
Goudsesingel
Conrad-straat
Centraal Station
Weena
Binnenrotte
Meent
Stadhuis
Plaza
Karel-Doorman-Straat
Lijnbaan
Kruisstraat
Stadhuis-plein
Coolsingel
Rodezand
Weste Wagenstr.
Grote Kerkplein
Schouw-burg-plein
Rodin-Plastik
Leuwstr.
West-Kruiskade
Aert
van Nesstr.
Kaufgosse
Beurs W.T.C.
Hoogstraat
Grote Markt
Jan Scharpstr.
Van Oldenbarne-veltplaats
CENTRUM
Straat
Nieuw
Westersingel
Mauritsweg
Gouvernestraat
Crispijn-str.
Bulgerstr.
Blaak
Van Speykstraat
Gaffelstraat
OUDE WESTEN
Oude Binnenweg
Beurs
Wijnhaven
Westblaak
Nieuwe Binnenweg
Eendrachts-plein
Bloomstr.
Schilderstr.
WATERSTAD
Witte de Withstraat
Jongkindstr.
Glashaven
Mathenesserlaan
Museumpark
Gaardstr.
Schiedamsevest
Schiedamsedijk
Leuvehaven
Terwenakker
Boompjes
Rochussenstraat
Wytemaweg
Westersingel
Leuvehaven
Vasteland
NIEUWE WERK
Zalmhaven
Zalmstraat
Houtlaan
Westerstraat
Erasmusbrug
Westzeedijk
Delfshaven
Kievitslaan
Veerkade
Willemskade
Parklaan
Veerhafen
s'-Gravendijkwal
Westerlaan
Calandstraat
Het Park
Maas
Westerkade
Wilheminakade
Otto Reuchlinweg
Parkkade
Maastunnel
0
150
300 m

Rotterdam

Sehenswert

1 St. Laurenskerk
2 Blaakse Bos
3 Maritiem Museum Rotterdam
4 Historisch Museum Rotterdam
5 Havenmuseum
6 Walk of Fame Star Boulevard
7 Wereldmuseum
8 Euromast
9 Kunsthal
10 Natuurmuseum
11 Nederlands Architectuur-instituut
12 Chabot Museum
13 Museum Boijmans van Beuningen
14 Museum De Dubbelde Palmboom
15 Nederlands Fotomuseum

Übernachten

1 Art Hotel Rotterdam
2 Emma
3 Mizar Loftboat B & B Apartment
4 Maritime Hotel
5 Doornroos B & B
6 Bazar
7 Guesthouse B & B Kleiweg
8 Stayokay
9 Stadscamping Rotterdam

Essen & Trinken

1 Parkzicht
2 De Harmonie
3 Four Seasons
4 Elit
5 De Pannekoekenboot

Einkaufen

1 Lijnbaan
2 Beursplein
3 Witte de Withstraat, Van Oldenbarneveldestraat, Nieuwe Binnenweg
4 West Kruiskade
5 De Groene Passage
6 Rotterdam Diamond Center
7 City Center Market

Aktiv & Kreativ

1 www.abseilen.de
2 Spido-Havenrondvaarten
3 Klimcentrum Monte Cervino
4 Rebus Special Events
5 Tropicana

Abends & Nachts

1 Mayfair
2 Nighttown
3 Off Corso
4 Concert- en congresgebouw De Doelen
5 Rotterdamse Schouwburg
6 Holland Casino
7 Pathé
8 Cinerama
9 O'Sheas
10 Locus Publicus
11 Melief-Bender

Lieblingsort

Blaakse Bos 2 – ein Wald aus Baumhäusern
Eine schräge Welt! Man steht auf der Lichtung des Blaakse Waldes und ist von Baumhäusern umgeben. Baumhäusern, die aus gekippten Würfeln bestehen. Würfeln, in denen Menschen wohnen. Das macht neugierig. Wirft Fragen auf. Wie hängen die Bewohner wohl ihre Bilder auf? Wie stellen sie ihre Regale an die Wand? Man wird neugierig. Kommt ins Sinnieren. Und dann haben die Häuser auf einmal Gesichter! Neugierig herabblickende Gesichter. Als wollten sie fragen: Muss denn immer alles gerade sein? Piet Blom, der Architekt – von ihm ist auch der zugehörige Wohnturm Het Potlood (Der Bleistift) – fand: Nein. Mehr zum Hintergrund der 38 Wohnkuben und wie es sich darin lebt, erfährt man im Kijk Kubus, dem Schau-Kubus. (Overblaak 70, www.kubuswoning.nl, tgl. 11–17 Uhr, 2,50/1,50 €.)

Havenmuseum 5
Leuvehaven 50, www.haven museum.nl, Di–Fr 10–17, Sa, So 11–17 Uhr, 5/3 €
Um 100 Jahre zurückversetzt fühlt man sich im Hafenmuseum mit seinem alten Dock, den Hafenkränen, Motoren, Dampfmaschinen und Schiffsoldtimern, die für Besucher zugänglich sind.

Walk of Fame Star Boulevard 6
Ein Stück weiter kann man im Straßenpflaster des Schiedamsdijk die Fuß- oder Handabdrücke von Joe Cocker, Fats Domino und zahlreichen weiteren Berühmtheiten entdecken.

Wereldmuseum 7
Neueröffnung Herbst 2009, Willemskade 25, www.wereldmuseum.nl, Di–So 11–23 Uhr, Eintritt frei
Jenseits der imposanten Erasmusbrücke können Sie im Weltmuseum eine spirituelle Reise durch die verschiedensten Kulturen, darunter die Indonesiens, Ozeaniens, Amerikas, Asiens, Afrikas und des islamischen Kulturgebietes unternehmen. Zum vielseitigen Angebot zählen zudem Themenausstellungen, ein Weltrestaurant, ein Welttheater und eine Weltmediathek.

Euromast 8
Am Rand eines schönen Parks ragt der 185 m hohe Euromast auf, von dessen Panorama-Restaurant man eine ausgezeichnete Aussicht über Stadt und Hafen hat. Atemberaubend ist der raketenartige Aufstieg per Lift in die Turmspitze. Abenteuerlich: Von oben kann man sich abseilen oder am Seil hinuntergleiten (www.abseilen.nl).

Museumspark
Nördlich des Parks liegt der Museumspark mit der **Kunsthal** 9 (www.kunsthal.nl, Di–Sa 10–17, So 11–17 Uhr, 9/2 €), in der Wechselausstellungen zu Kunst, Architektur und Design zu sehen sind, dem **Natuurmuseum** 10 (www.nmr.nl, Di–Sa 10–17, So, Fei 11—17 Uhr, 4/2 €) mit einer umfangreichen Sammlung von präparierten Tieren, Muscheln, Fossilien und Skeletten, dem **Nederlands Architectuurinstituut** 11 (www.nai.nl, Di–Sa 10–17, So, Fei 11–17 Uhr, 8/5 €) mit Wechselausstellungen zu Architektur, Stadt- und Landschaftsgestaltung sowie einer großen Bibliothek und dem **Chabot Museum** 12 (www.chabotmuseum.nl, Di–Fr 11–16.30, Sa 11–17, So 12–17 Uhr, 6,50 €), das Werke des gleichnamigen Expressionisten ausstellt. Absolutes Highlight am Platz ist das **Museum Boijmans van Beuningen** 13 (www.boijmans.nl, Di–So 11–17 Uhr, 9/4,50 €) mit einer umfangreichen Sammlung berühmter Meisterwerke aus Malerei und Bildhauerkunst vom 14. bis 20. Jh., darunter Glanzstücke wie Rembrandts Gemälde »Titus am Lesepult« oder Pieter Brueghels »Turm zu Babel«.

Delfshaven
Vom historischen und sehr idyllischen Delfshaven, dem mittelalterlichen Außenhafen von Delft, starteten 1620 die Pilgrim Fathers ihre Fahrt nach Amerika. In einem malerischen Doppelspeicher von 1826 zeigt dort das **Museum De Dubbelde Palmboom** 14 (Voorhaven 12, www.dedubbeldepalmboom.nl, Di–So, Fei 11–17 Uhr, 3 €) Rotterdams Entwicklung als Hafenstadt.

Nederlands Fotomuseum 15
Wilhelminakade 332 (Gebäude Las Palmas), www.nederlandsfoto museum.nl, Di–Fr 10–17, Sa, So, Fei 11–17 Uhr, 8/3 €
Eines des interessantesten Museen der Stadt ist das Fotografiemuseum, das seit 2007 in der ehemaligen Fertigungshalle der Holland-Amerika-Linie untergebracht ist.

Übernachten

Kunstvoll – **Art Hotel Rotterdam 1**: Mijnsherenlaan 9, Tel. 010 279 41 11, www.arthotelrotterdam.com, DZ ab 155 €, Frühstück extra. Farbenfrohe, geräumige, individuell designte Komfortzimmer mit viel Kunst an den Wänden. Tolle Aussicht auf den Rotterdamer Hafen. Restaurant mit internationaler Küche, holländisch angehaucht.

Modern – **Emma 2**: Nieuwe Binnenweg 6, Tel. 010 436 55 33, www.hotel emma.nl, DZ 130–145 €. Schallgedämpfte Zimmer mit allem Komfort (u. a. WiFi und Internetecke), luxuriöse Badezimmer. Schöne Dachterrasse mit Aussicht auf die Skyline.

Stylish – **Mizar Loftboat B & B Apartment 3**: gegenüber Wijnkade 58, Tel. 062 122 50 13, www.apartmentmizar.nl, 2 Pers. ab 95 €. Der Bauch eines umgebauten Frachtschiffes beherbergt voll ausgestattete Designer-Apartments – eine originelle Alternative zum Hotel. Tolle Lage mit Aussicht auf den Museumshafen mit seinen Schiffen, die man an Deck genießen kann.

Am Wasser gebaut – **Maritime Hotel 4**: Willemskade 13, Tel. 010 411 92 60, www.maritimehotel.nl, DZ 86–99 €. Tolle Lage nahe der imposanten Erasmusbrücke direkt an der Maas. Klassisch-modern eingerichtete Zimmer mit WiFi-Internet. Großes Frühstücksbuffet, Café mit maritimem Hauch.

Geschmackvolle Wohnwelt – **Doornroos B&B 5**: Liduinaplein 6, Tel. 010 418 29 63, www.doornroos.eu, 2 Pers. 80 €, bei 2 Nächten 75 €/Nacht. Die Gastgeber haben hier einen Traum verwirklicht. Das B&B iegt im grünen Vorort Hillersberg, im Norden Rotterdams.

Spektakulär – **Bazar 6**: Witte de Withstraat 16, Tel. 010 206 51 51, www.hotelbazar.nl, DZ 75–125 €. Zimmer wie in 1001 Nacht. Außer den orientalischen Zimmern gibt es in dem ungewöhnlichen Hotel überm Wereldeethuis Bazar (s. u.) afrikanische und südamerikanische Gästezimmer (z. T. sehr klein).

Im Grünen – **Guesthouse B & B Kleiweg 7**: Kleiweg 367, Tel. 062 840 89 15, www.guesthouserotterdam.nl, 2 Pers. 70 € (2 Nächte 130 €). Gemütliches Gartenhaus im Grünen am Rand des Stadtzentrums, modern und komfortabel, mit Wohnzimmer, Küche und Bad. Nicht jedermanns Sache ist vielleicht das niedrige Dachboden-Schlafzimmer, zu dem man über eine steile Dachbodentreppe aufsteigen muss.

Hostel – **Stayokay 8**: Rochussenstraat 107, Tel. 010 436 57 63, www.stayokay.com, ab ca. 20 €/Pers.

Camping im Grünen – **Stadscamping Rotterdam 9**: Kanaalweg 84, Tel. 010 415 34 40, www.stadscamping-rotterdam.nl, 2 Pers. ab 16 €. Ruhiger Platz, wenige Autominuten vom Zentrum, Wanderhütten, Restaurant, gute sanitäre Einrichtungen.

Essen & Trinken

Trendy Welt-Eethuis – **Bazar 6**: Witte de Withstraat 16, Tel. 010 206 51 51, www.hotelbazar.nl, Mo–Do 8–1, Fr 8–2, Sa 9–2, So 9–24 Uhr, Snack 5–12 €, Hauptgericht (ab 17 Uhr) 9–16 €. Türkische Pizza, tunesische Fischsuppe, iranischer Salat, Garnelen nach libanesischer Art, algerische Pfannkuchen – die Speisekarte ist so bunt wie das Volk, das hierher kommt. Günstig.

Im Grünen – **Parkzicht 1**: Kievitslaan 25, Tel. 010 436 88 88, www.parkzicht rotterdam.nl, Mo, Di 10–17, Mi–So bis 1 Uhr, kleines Lunchgericht ab 5 €, Hauptgericht ab 15 €. Leckerer Apfelkuchen, *broodjes*, Salate und Süppchen für den kleinen Hunger oder Saté Gado Gado für den großen – am besten draußen auf der Terrasse mit Aussicht auf den Park genießen.

Französische Küche – **De Harmonie** 2: Westersingel 95, Tel. 010 436 36 10, www.restaurantdeharmonie.nl, 12–14.30, Mo–Do 18–21.30, Fr, Sa bis 22 Uhr, Hauptgericht ab 25 €, 3-Gänge-Menü ab 42,50 €. Frische Zutaten sind das Geheimnis dieses Lokals. Tipps: gebackener Seeteufel mit Rote-Zwiebel-Risotto sowie Beef Consummé. Schöne schattige Gartenterrasse.
Chinese Fusion – **Four Seasons** 3: Noordmolenwerf 171, Tel. 010 414 40 99, www.restaurantfourseasons.com, Mi–Mo 17–21.30 Uhr, Hauptgericht ab 18 €. Authentische asiatische Küche, modern an den westlichen Geschmack angepasst. Köstlich: Seebarsch oder Entenbrust (auch vegetarische Variante!). An Sommertagen sitzt man sehr schön draußen am Wasser.
Food & Cocktails – **Elit** 4: Wijnhaven 3 a, Tel. 010 213 17 66, www.elitrotterdam.nl, Mi–So 16.30–2 Uhr, Hauptgericht 10–13 €. Trendy Lokal am Oude Haven, in dem Sie leckere italienische Gerichte genießen können – und tolle Cocktails.
Pfannkuchen – **De Pannenkoekenboot** 5: Parkhaven beim Euromast, Tel. 010 436 72 95, www.pannenkoekenboot.nl, Essen im Fahrpreis enthalten, 1 Std.: Abfahrten Mi, Fr–So (in Ferien Di–So) 16.30, 18 Uhr, 15/10 €, 3 Std. Pancake Cruise, Sa 20–23 Uhr: 23,50/18,50 €. Vom Boot die Aussicht genießen und dabei unbegrenzt Pfannkuchen essen – ein Traum!

Einkaufen

An der **Lijnbaan** 1, am **Beursplein** 2 und in den umliegenden Straßen im Zentrum gibt es eine Vielzahl von Kaufhäusern und Geschäften (Haute Couture und High Design).
Shoppingwelten – **Exklusives Shopping und trendy Boutiquen** 3: in der Witte de Withstraat, Van Oldenbarneveltstraat, am Nieuwe Binnenweg.
Aus fernen Ländern – **chinesische, surinamische, mediterrane, arabische Läden** 4: West Kruiskade & Umgebung.
Öko & Bio – **De Groene Passage** 5: Mariniersweg 9–33, www.degroenepassage.nl. Bioläden, New-Age-Shop, Öko-Wohnen und ein Dritte-Welt-Laden sind hier versammelt.
Diamanten und Co. – **Rotterdam Diamond Center** 6: Kipstraat 7b.
Markt – **City Center Markt** 7: Binnenrotte und Umgebung, Di, Sa 8–17, Fr 12–18 Uhr, 500 Stände mit Pflanzen und Blumen, Fisch, Büchern, Getränken und Speisen, secondhand und mehr, So 12–17 Uhr: Funshopping für jederman.

Rotterdam Welcome Card
Mit der Karte für 5 € bekommt man ein Gutscheinheft mit Rabatten für 39 Attraktionen, Museen, Geschäfte, Restaurants und Clubs sowie eine City Map. Wer 3–4 € zuzahlt, kann die öffentlichen Verkehrsmittel gratis nutzen. Die Karte ist erhältlich beim VVV, Use-it, Stadtcamping, Stayokay und in etlichen Hotels.

Aktiv & Kreativ

Abseilen & Roop Sliding vom Euromast – **www.abseilen.de** 1.
Hafenrundfahrten – **Spido-Havenrondvaarten** 2: Abfahrt Willemsplein 85, www.spido.nl, Tel. 010 275 99 88. Rundfahrten durch die Häfen und Music Dinner Cruise. Im Sommer Fahrten zum Europoort, zu den Flutbrechern und Deltawerken.
Klettern – **Klimecentrum Monte Cervino** 3: Hoekse Kade 141c, Bergschenhoek, Tel. 010 522 10 92, www.monte

Auf Entdeckungstour

›Lekker fietsen‹ im Rotterdamer Hafengebiet

Gewöhnlich wird der Hafen bei einer Rundfahrt mit Boot oder Auto erkundet. Doch wir nehmen das Fahrrad – lekker fietsen heißt »gemütlich Rad fahren«. Die Route führt auf der schmalen Landzunge von Rozenberg zwischen dem Nieuwe Waterweg und dem Calandkanaal entlang und an der riesigen Sturmflutwehr Maeslantkering vorbei bis zur Breediep.

Reisekarte: ▶ C/D 7/8

Infos zum Hafen: www.portofrotterdam.com, und **zur Maeslantkering:** Neringhuis, Nieuwe Oranjekanaal 139, www.keringhuis.nl, Mo–Fr 10–16, Sa, So, Fei 11–17 Uhr, Eintritt frei.

Länge der Tour: 28 km

Möwengeschrei, Meeresluft, dröhnende Schiffsdiesel, hämmernder Arbeitslärm – Hafenatmosphäre prägt den Ort, wo man das Auto im Nordosten von Rozenburg am Ende des Professor Gerbrandywegs auf einem winzigen Parkplatz am Ufer des Nieuwe Waterwegs abstellt. Das Hämmern kommt von der **Keppel Verolme Werft.** Dort werden Schiffe und Bohrinselplattformen repariert – und mit etwas Glück kann man sehen, wie eine solche Monsterinsel die Werft verlässt und in die Nordsee geschleppt wird.

Picknicken und ›Strandjuttern‹

Auf dem Uferpfad am Nieuwe Waterweg geht es nach Westen. Große Überseepötte, kleinere Küstenschiffe, auf der Hafenzufahrt herrscht reger Schiffsverkehr. Nach einiger Zeit taucht der **Anleger für die Fähre** nach Maassluis auf. Hier bietet ein **Restaurant** die Möglichkeit zur Einkehr. Oder man picknickt an dem kleinen ›Sandstrand‹, der kurz nach dem Fähranleger passiert wird. Hier trifft man häufig auf *jutter,* Strandgutsammler, und findet vielleicht selbst etwas.

Wunderwerk der Wasserbautechnik

Der Pfad wird an der **Maeslantkering,** einem gewaltigen Sturmflutwehr, unterbrochen. Mit seinen beiden 180 m langen, beweglichen Armen wird der Nieuwe Waterweg bei Sturmflut abgeriegelt. Ihre Kugelgelenke, menschlichen Hüftgelenken abgeguckt, sind die größten der Welt. Im **Keringhuis,** jenseits des Gewässers, erfährt man alles über dieses technische Wunderwerk.

Bei Wind spektakulär

Am Ende der Landzunge liegt ein runder Platz, eine Windrose in seiner Mitte. Eine Schautafel verdeutlicht, welche Schiffstypen hier vorbeikommen. Besonders interessant ist die **Breediep,** die schmale Passage vor der Landzunge. Bei starkem Wind sind die Schiffsmanöver, um durch die Passage zu kommen, mitunter spektakulär. Die Straße führt auf einen kleinen Hügel und endet dort. Von der Anhöhe sieht man im Süden den Beneluxhaven für die großen Fähren nach Hull und Felixstowe.

Ein Wald aus Baumskeletten

Am Calandkanaal entlang geht's zurück nach Rozenburg. Rechts taucht ein Wald aus farbigen Baumskeletten auf. Sie markieren die Stelle, an der einst ein Wald angepflanzt wurde. Kurz dahinter liegt der **Scheurhaven** mit den Lotsenbooten. Während der Fahrt an großen Windrädern vorbei erblickt man jenseits des Kanals den riesigen **Petroleumhafen,** an den sich der Europoort anschließt. Oft sieht man auf der Weiterfahrt links auf den Wiesen zottelige Rinder grasen, schottische Highlander.

Einfach riesig

Am Ufer liegt eine riesige Arbeitsplattform für Offshore-Installationen; häufig macht hier der **Thialf,** einer der größten Schwimmkräne der Welt, fest.

Die Tour führt nun Richtung **Caland-Brücke,** einer großen Hebebrücke, deren Durchfahrt 50 m angehoben werden kann, gerade hoch genug für die riesigen, jährlich über 250 Autoschiffe, die im dahinterliegenden **Brittanniëhaven** festmachen. Damit die Schiffe auch noch bei Windstärke 5 und mehr passieren können, hat man hier einen gewaltigen, 1750 m langen, 25 m hohen Windschutz errichtet – weltweit einzigartig. – Vor der Brücke kann man links durch Rozenburg zum Ausgangspunkt zurückkehren.

cervino.nl. Klettern auf 27 m hohem Beton-Kletterfelsen.
Bootsausflüge – **Rebus Special Events** 4: Boompjeskade, Tel. 010 218 31 31, www.rebus-info.nl, Bootsausflüge Rotterdam–Kinderdijk, April–Sept. tgl. 10.45 und 14.15 Uhr, Hafentour in der Abenddämmerung Mi 19–22 Uhr.
Tropisches Badeparadies – **Tropicana** 5: Maasboulevard 100, Tel. 010 402 07 00, Mo–Fr 10–23, Sa, So 10–18 Uhr.

Abends & Nachts

Infos zu Ausgehen & Kulturprogramm: Magazin »R'uit«, erhältlich beim VVV.

Discos und Nachtclubs:

Intim – **Mayfair** 1: Mathenesserlaan 471, Tel. 010 425 41 55, www.themayfair.nl, Mo–Fr ab 15, Sa ab 20 Uhr. Nachtclub, u. a. Shows, Filme, Cabaret.
Disco – **Nighttown** 2: West-Kruiskade 26, Tel. 010 436 12 10, www.nighttown.nl. Disco (Techno, House etc.).
Musik live – **Off Corso** 3: Kruiskade 22, Tel. 010 411 38 97, www.off-corso.nl. Große Bandbreite von Ausstellungen, Talkshows und Livemusik.

Theater und Konzert

Konzerte – **Concert- en congresgebouw De Doelen** 4: Kruisstraat 2, Tel. 010 217 17 00 (Reservierungen), www.dedoelen.nl. Von Klassik bis Moderne, z. B. das Philharmonische Orchester, Tel. 010 217 17 07, www.rpho.nl.
Theater – **Rotterdamse Schouwburg** 5: Schouwburgplein 25, Tel. 010 404 41 11 (Infos), Tel. 010 411 81 10 (Tickets). Theater, Musicals, Modern Dance, Ballett, Familien- und Jugendtheater.
Einarmige Banditen, Black Jack, Roulette & Co. – **Holland Casino** 6: Plaza Complex, Weena 624, Tel. 010 206 82 06, www.hollandcasino.nl, tgl. 12–3 Uhr.
Kino – **Pathé** 7: Schouwburgplein, Tel. 0900 14 58, www.pathe.nl. Mainstream.
Programmkino – **Cinerama** 8: Westblaak 18, Tel. 010 415 33 00, www.cineramabios.nl.

Kneipen

Irischer Pub – **O'Sheas** 9: Lijnbaan 37, Tel. 010 413 36 01, www.osheas.nl. Häufig Livemusik.
Urige Kneipe – **Locus Publicus** 10: Oostzeedijk 364. Unzählige Bier-Reklameschilder an den Wänden, offener Kamin, rund 200 verschiedene Biere.
Rustikaler Charme – **Melief-Bender** 11: Oude Binnenweg 134 b. Braune, über 125 Jahre alte Kneipe.

Infos & Termine

Infos

VVV: Coolsingel 5, Tel. 0900 403 40 65, www.vvvrotterdam.nl.
Use-it Rotterdam: Schaatsbaan 41 und Karel Doormanstraat 34 c, Tel. 010 240 91 58, www.use-it.nl. Info- und Service-Punkt für junge Leute und Rucksackreisende (u. a. freier E-Mail-Service).

Termine

www.cultuurinrotterdam.nl
Mai: Western Union Dunya Festival, Musik, Straßentheater, Tanz, Erzähl- und Dichtkunst aus aller Welt.
Juni: Riverside Blues, Blues in Restaurants und Kneipen am Maasufer.
De Parade, 10 Tage Theater, Musik, Unterhaltung etc. für Jung und Alt.
Juli: Metropolis Popfestival, im Zuiderpark, bekannte Popkünstler.
Juli-Wochenende: Solero Somercarneval, Brass Bands, DJs heizen die Stadt auf, bis die farbenprächtige Caribbean Street Parade durch das Zentrum zieht.
Juli/Aug.: Zomerpodium, 8 Wochen Musik-, Tanz- und Theatervorstellungen im Museumspark.

Blick auf die Rotterdamer Skyline

Aug.: FFWD Danceparade, riesiges Tanzfest.
Sept.: Rotterdam Street Festival, Musiker, Akrobaten, Clowns, Feuerschlucker, Jongleure, Puppenspieler und Breakdancer im Zentrum.
Wereldhavendagen, Rotterdams Haven stellt sich vor.

Verkehr

Flugzeug: Rotterdam Airport, 4 km nordwestl. vom Zentrum, Tel. 010 446 34 44, www.rotterdam-airport.nl. Mit dem Bus (Nr. 33, tagsüber alle 12 Min.) 20 Min. bis/von Hauptbahnhof.
Bahn: Verbindungen nach Amsterdam, Den Haag, Dordrecht, Utrecht, Schiedam.
Bus: Verbindungen zu zahlreichen europäischen Städten mit Eurolines, Tel. 020 560 87 88, www.eurolines.nl.
Fähre: Waterbus nach Dordrecht, Anlegestelle: Rotterdam-Erasmusbrug, Tel. 0900 899 899 8, www.fastferry.nl.
ÖPNV: Rotterdam verfügt über ein weit gespanntes Bus-, Metro- und Tramnetz (www.ret.nl). Zu empfehlen: **Tageskarte** (1, 2, 3 Tage) zur unbeschränkten Nutzung dieser Verkehrsmittel. Erhältlich in Tabakläden, Postämtern, an den Metrostationen Centraal Station, Beurs, Zuidplein und bei RET, Coolsingel 141.
Fahrradverleih: am Bahnhof, Tel. 010 412 62 20.
Taxi: Tel. 010 441 42 86.
Parken: Info-Tel. 010 890 22 00. **Park & Ride** am Stadtrand: kostenloses Parken an den Metrostationen Alexander, Hoogvliet, Kralingse Zoom, Slinge. In der Innenstadt: **Prepaid Chipknip** (Chipkarte, 20 €, nur 17,50 € Guthaben) für den Parkautomaten – der gewünschte Betrag wird abgebucht. Erhältlich beim VVV und an einigen Metrostationen. Man kann aber auch in einem der zahlreichen Parkhäuser im Zentrum parken und dort bezahlen.

Lieblingsort

UNESCO-Weltkulturerbe Kinderdijk – Windmühlen im Ruhestand
Schilf und Seerosen, grasende Pferde, Jogger und *fietser* auf schmalen Wegen zwischen den Kanälen. Und 19 Windmühlen aus dem 18. Jh. Jahrzehntelang haben diese das Land am Kinderdijk (► D 7) entwässert, jetzt sind sie im Ruhestand. Und der Name? 1421 soll hier nach der St.-Elisabethflut eine Wiege mit einem unversehrten Kind angespült worden sein. Eine der Windmühlen kann besichtigt werden. (April–Sept. Mo–Sa 9.30–17.30 Uhr, 3,50/2 €.)

Schiedam ▶ D 7

Eindrücke vom alten Schiedam vermitteln die Grote Kerk (1400), die alte Waag, das Rathaus, die einstige Getreidebörse, das Zakkendragershuisje (Sackträgerhäuschen) – sie alle stammen aus dem 18. Jh. – und fünf riesige Windmühlen.

Gedistilleerd Museum

Lange Haven 74, www.gedistilleerd museum.nl, Di–Fr 12–17, Sa, So, Fei 13–18 Uhr, 4,80/2,40 €
Noch heute wird in einigen der einst 390 Brennereien nach alter Tradition Genever gebrannt – wie, das erfährt man in diesem Museum, wo man den Selbstgebrannten auch probieren kann.

Museumsmühle De Nieuwe Palmboom

Noordvest 34, www.schiedamse molen.nl, Di–Sa 11–17, So 12.30–17 Uhr, 2,75/2 €
19 Windmühlen (s. auch links, Kinderdijk), die größten der Welt, lieferten für die Brennereien gemahlenes Getreide, fünf sind noch erhalten, in der Mühle Nieuwe Palmboom können Sie deren Innenleben studieren.

Stedelijkmuseum

Hoogstraat 112, www.stedelijkmuseumschiedam.nl, Di–So 10–17 Uhr, 5/2,50 €
Das Museum für lokale Geschichte und moderne Kunst überrascht u. a. mit erlesenen CoBrA-Werken, so von Karel Apel und Constant.

Infos

VVV: Buitenhavenweg 9, Tel. 010 473 30 00, www.ontdekschiedam.nu.
Bahn: Verbindungen von Rotterdam Centraal Station nach Schiedam.

Delft ▶ D 7

Delft (97 000 Einw.) ist berühmt für die Herstellung von blau bemalten Fayencen, eine Kunst, zu der sich die Delfter im 17. Jh. durch das von der VOC ins Land gebrachte Porzellan aus China anregen ließen. Schon zuvor erfreute sich die Stadt, die ab 1389 über ihren Kanal mit ihrem Außenhafen Delfshaven an der Maas Zugang zum Seehandel hatte, beträchtlichen Wohlstandes, zu dem besonders die Webereien und Brauereien beitrugen. 1654 wurde Delft durch die Explosion eines Pulverlagers zerstört. Das Stadtzentrum hat sich seit seinem Wiederaufbau kaum verändert und präsentiert sich heute als kleinstädtisches Idyll mit schönen Patrizierhäusern, von Linden gesäumten Grachten und belebten Plätzen wie dem Markt mit der Nieuwe Kerk und dem Stadhuis im Renaissancestil. Hendrik de Keyser erbaute es ab 1620, nachdem ein Feuer das alte Rathaus vernichtet hatte.

Nieuwe Kerk

www.nieuwekerk-delft.nl, April–Okt. Mo–Sa 9–18, Nov.–März Mo–Fr 11–16, Sa 10–17 Uhr
Die spätgotische Basilika ist die Grabeskirche des Hauses von Oranien-Nassau, hier ruhen die niederländischen Könige und Königinnen, auch Prinz Claus fand hier seine letzte Ruhestätte. Im Chor beeindruckt das von Hendrik de Keyser gestaltete Prunkgrab von Wilhelm dem Schweiger, der 1584 in Delft von einem fanatischen Katholiken ermordet worden war, nachdem die Spanier ihn für vogelfrei erklärt und 25 000 Goldkronen auf seinen Kopf ausgesetzt hatten. Enge Wendeltreppen ermöglichen den Aufstieg im schlanken, 108 m hohen Turm, der schöne Aussichten auf die Stadt bietet.

Waag, Vleeshal und Oude Kerk

Ein Stadtbummel führt an der Waag (1770) und der mit zwei Ochsenköpfen verzierten Vleeshal (Fleischhalle, 1650) vorbei zu der ab 1250 erbauten Oude Kerk mit den Grabmälern berühmter Delfter, darunter jener der Admiräle Piet Heyn und Maarten Tromp sowie des Malers Jan Vermeer, dessen berühmte »Ansicht von Delft« im Mauritshuis in Den Haag (s. S. 144) hängt.

Gemeindemuseen von Delft

www.gemeentemusea-delft.nl, Di–Sa 10–17, So 13–17 Uhr, 6,50/5,50 €
Im Prinsenhof (St. Agathaplein 1), einem Frauenkloster aus dem 15. Jh., das den Oraniern später als Residenz diente, zeugen Einschusslöcher in einer Wand vom tödlichen Attentat auf Wilhelm den Schweiger. Jetzt befindet sich hier das **Stedelijk Museum** mit Werken von Delfter Malern des 16. bis 17. Jh., Delfter Fayencen, Silber und zeitgenössischer Kunst. Das völkerkundliche **Museum Nusantara** (St. Agathaplein 4) präsentiert mit vielfältigen Exponaten eine Übersicht über Kunst und Kunsthandwerk indonesischer Kulturen. Bäume und noble Häuser säumen die Gracht Oude Delft, darunter das Gemeenlandhuis van Delfland (Nr. 167) und das Wohnhaus des Industriellen Lambert van Meerten, heute ein **Museum** (Nr. 199), das **Delfter Fayencen** zeigt. In seiner Nähe liegt der Begijnhof mit der Oud-Katholieke Kerk, einer Versteckkirche.

Legermuseum

Korte Geer 1, www.legermuseum.nl, Di–Fr 10–17, Sa, So 12–17 Uhr, 7,50/3 €
Am südlichen Ende der Oude-Delft-Gracht breitet das Legermuseum im einstigen Waffenarsenal der Staten von 1601 Waffen und Kriegszeug aus und erläutert die Kriegshistorie der Niederlande.

Vermeer Centrum

Voldersgracht 21, www.vermeerdelft.nl, tgl. 10–17 Uhr, 6/4 €
Das Zentrum ermöglicht eine interessante Entdeckungsreise durch das Leben und Werk von Jan Vermeer, dem berühmten ›Meister des Lichtes‹.

Hofjes (Innenhöfe)

Nahe dem Oostpoort, dem einzigen erhaltenen Stadttor, liegt das malerische **Klaeuwshofje** (Oranje Plantage 58–77), beim Paardenmarkt stößt man auf das **Pauwhofje** (Paardenmarkt 54–62) und das **Hofje van Gratie** (Van der Mastenstraat 26–38).

Übernachten

Grachtenhotel – **Leeuwenbrug:** Koornmarkt 16, Tel. 015 214 77 41, www.leeuwenbrug.nl, DZ Mo–Fr 99–135, Fr–So 83–115 €. Mittelgroßes 36-Zimmer-Hotel an einer der schönsten Grachten im historischen Zentrum. Die etwas teureren Zimmer haben Grachtenblick.
Komfortabel – **De Koophandel:** Beestenmarkt 30, Tel. 015 214 23 02, www.hoteldekoophandel.nl, DZ 109 €. Altholländisches Haus, das an einem im Sommer recht lebhaften Platz liegt. Hübsch eingerichtete Zimmer mit eigener Dusche, WC, TV und Telefon, angenehmer Frühstücksraum.
Romantisch – **Emauspoort:** Vrouwenregt 9, Tel. 015 219 02 19, www.emauspoort.nl, DZ 99 €, Wohnwagen 95 €. Im historischen Zentrum im Schatten der Nieuwe Kerk erwarten 23 gemütlich altholländisch eingerichtete Zimmer und zwei romantisch hergerichtete, historische Zirkuswohnwagen den Gast – absolut komfortabel. Frühstück backfrisch aus der eigenen Bäckerei.
Camping – **Delftse Hout:** Korftlaan 5, Tel. 015 213 00 40, www.delftsehout.nl. Im Osten von Delft, 2 Pers. 23–27 €. Ru-

hig. Auch Wanderhütten, Chalets und Grashütten.

Essen & Trinken

Fisch & Meeresfrüchte – **Den Blaeuwen Snoeck:** Verwersdijk 14, Tel. 015 213 88 50, www.denblaeuwensnoeck.nl, Mi–Mo 17–22.30 Uhr, Hauptgericht ab 22 €, Spezialität der Saison etwas günstiger. Gemütlich eingerichtetes Fischrestaurant (auch Fleischspeise).

Historisch – **Boterhuis:** Markt 15, Tel. 015 213 49 96, www.boterhuis.nl, tgl. ab 12 Uhr, Lunchspeise ab 4 €, à la carte ab 16 €. Das einstige Lagerhaus (1765) beherbergt heute ein Grand-Diner-Café, in dem man zum Lunch Kleinigkeiten wie *broodjes,* Salate und Suppen bekommt. Romantisch ist es in dem alten Kellergewölbe und draußen direkt an der Gracht.

Preigekrönt und Bio?Logisch! – **Kleyways Stads-koffyhuis:** Oude Delft 133, Mo–Sa 9–19 Uhr, Lunchspeisen ab 4 €, Pfannkuchen ab 10 €. Das Team hat bereits etliche Preise eingeheimst – kein Zweifel, was hier an *(stock)broodjes* serviert wird, schmeckt einmalig lecker. Gut ist auch die Bieslandse Bol (ca. 11 €) mit 100 % Biofleisch.

Qual der Wahl – **Stads Pannekoeckhuys:** Oude Delft 113, Di–So 11–21 Uhr, Pfannkuchen ab 4 €. Schöne alte Prinzenresidenz an malerischer Gracht im Schatten der Kirche. Hier können Sie zwischen Dutzenden leckeren Pfannkuchen wählen, Sie bekommen aber auch hausgemachten Apfelkuchen, Delftsche Waffeln, Suppen, *poffertjes.*

Einkaufen

Lebensmittel – **Markt:** Do auf dem Marktplatz, Sa auf dem Brabantse Turfmarkt.

Antiquitäten und Bücher – **Markt:** im Stadtzentrum, Ende April–Mitte Sept., Sa.

Kunst – **Markt:** Heilige Geestkerkhof, Ende April–Mitte Sept., Sa, So.

Aktiv & Kreativ

Auf Grachten – **Rundfahrten:** Koornmarkt 113, Tel. 015 212 63 85, Mitte März–Mitte Okt. tgl. 11–18 Uhr.

Mit der Pferdebahn – **Rundfahrten:** vom Markt vor dem Rathaus, Ende März–Anfang Sept., Sa, So, Fei und Ferien 11–16 Uhr, Tel. 015 256 18 28.

Per Pedes – **Rundgänge:** VVV, April–Sept. Mi 14 Uhr, Juli, Aug. auch Fr.

Delfter Blau:

Koninklijke Porceleyne Fles: Rotterdamseweg 196, Tel. 015 251 20 30, www.royaldelft.com, April–Okt. tgl. 9–17 Uhr, 6,50 €, Führungen: April–Okt. tgl. 10.30, 12, 14, 15.30 Uhr. Älteste Keramikfabrik, Führungen, Demonstration der Handwerkskunst.

De Delftse Pauw: Delftweg 133, Tel. 015 212 49 20, www.delftpottery.com, April–Okt. tgl. 9–16.30, Nov.–März Mo–Fr 9–16.30, Sa, So 11–13 Uhr, kostenlose Führungen alle 10 Min.

Candelear: Kerkstraat 14, Tel. 015 213 18 48, www.candelaer.nl, April–Okt. Mo–Sa 8.30–18, So 9–18, Nov.–März Mo–Sa 9–17 Uhr. Kleiner Keramikhersteller im Stadtzentrum.

Infos

Touristen-Info: Hippolytusbuurt 4, Tel. 0900 515 55 55, www.delft.nl.

Bahn: von/nach Amsterdam, Den Haag, Rotterdam, Schiedam, Vlissingen.

Fahrradverleih: am Bahnhof, Tel. 015 214 30 33.

Parken: www.parkingdelft.nl.

Den Haag! ▶ D 7

Dort, wo sich die 482 000-Einwohner-Stadt Den Haag erstreckt, lag einst der Jagdsitz der Grafen von Holland, daher der amtliche Name 's-Gravenhage (Gehege der Grafen). Heute ist Den Haag Regierungshauptstadt mit Parlament, Residenz der Königin und ausländischen Botschaften. Durch den Internationalen Gerichtshof ist die Stadt zudem zum Synonym für internationale Gerichtsbarkeit geworden: Kriegsverbrechern wird hier der Prozess gemacht.

Historische Bauwerke, umgeben von großzügig angelegten Plätzen, elegante Geschäfte und eine anspruchsvolle Kulturszene tragen zur typischen Haager Atmosphäre bei.

Binnenhof 1

www.binnenhofbezoek.nl,
Mo–Sa 10–16 Uhr, 3–4 €
Den Binnenhof, einen Gebäudekomplex des Parlaments, passiert die Königin am Prinsjesdag in ihrer goldenen Kutsche, um im **Ridderzaal** (1280) ihre Thronrede zu halten. Eine Führung durch das majestätische Bauwerk lohnt.

Mauritshuis 2

www.mauritshuis.nl, Di–Sa (April–Okt. auch Mo) 10–17, So 11–17 Uhr, 10,50 €
Das klassizistische Mauritshuis beherbergt den bedeutendsten Teil der auf mehrere Museen verteilten »Hague Collection« (Haager Gemäldesammlung), darunter Rembrandts »Anatomie des Dr. Tulp«, Vermeers »Ansicht von Delft« und P. Potters »Der Stier«.

Haags Historisch Museum 3

www.haagshistorischmuseum.nl,
Di–Fr 11–17, Sa, So, Fei 12–17 Uhr,
5 €
Der Geschichte der Stadt widmet sich dieses Museum mit Gemälden, Karten und Dokumenten, ferner wird das Haager Alltagsleben mit Möbeln, Silber, Porzellan und anderen Objekten – auch aus der Jetztzeit – dargestellt, nach dem Motto »Was heute Alltag ist, ist morgen Geschichte«.

Museum Bredius 4

www.museumbredius.nl,
Di–Sa 11–17 Uhr, 4,50 €
Schönes Patrizierhaus (1757), in dem Teile der Sammlung von A. Bredius, dem ehemaligen Direktor des Mauritshuis, zu sehen sind. Zu den Highlights zählen Rembrandts »Christuskopf« und Jan Steens »Satyr unter Bauern«.

Gevangenpoort 5 (zzt. geschl.)

www.gevangenpoort.nl,
Di–Fr 11–17, Sa, So 12–17 Uhr
Das einstige Vorportal der Grafenburg diente früher als Gefängnis. Sein prominentester Insasse, der Staatsmann Hugo Grotius, entkam diesem Verließ, versteckt in einer Bücherkiste. Als Museum beherbergt der Bau heute eine Sammlung von Folterwerkzeugen.

Haagse Passage und Umgebung

Am Buitenhof liegt auch die älteste Geschäftsgalerie des Landes, die elegante, 1885 im Neorenaissancestil erbaute und glasüberdachte **Haagse Passage** 6. Ein Abstecher führt zur **Nieuwe Kerk** 7 von 1679, die das Grab des Philosophen Spinoza birgt. Am Vorgiebel des 1565 im Renaissancestil errichteten **Oude Stadhuis** 8 ist der weise Spruch »Ne Jupiter Quidem Omnibus« (Selbst Jupiter kann es nicht jedem recht machen) zu lesen.

Paleis Noordeinde 9

Der weiße, klassizistische Stadtpalast der Königin beherbergt deren Büros, ihr Wohnsitz ist jedoch das 1647 erbaute Lustschloss Huis ten Bosch im Haagse Bos (Haager Wald). Der an das

Paleis Noordeinde grenzende Palastgarten steht jedermann offen.

Panorama und Museum Mesdag

Panorama Mesdag: Zeestraat 65, www.panorama-mesdag.nl, Mo–Sa 10–17, So, Fei 12–17 Uhr, 6/2,50 €; Museum Mesdag: Laan van Meerdervoort 7, www.museummesdag.nl, Di–So 12–17 Uhr, 5/3 €

Über eine außergewöhnliche Rarität verfügt das sehenswerte **Panorama Mesdag** 10: ein 1680 m² großes, in einem Rundbau aufgehängtes Panoramagemälde des alten Fischerhafens Scheveningen von 1881. Es stammt von Hendrik Willem Mesdag, einem bekannten Maler der Haager Schule. Im **Museum Mesdag** 11 sind Werke dieser und der Schule von Barbizon zu sehen.

Vredespaleis 12

Carnegieplein 2, www.vredespaleis.nl, Führungen im Voraus buchen (Mai–Sept. 10, 11, 14, 15, 16, Okt.–April 10, 11, 14, 15 Uhr, Museum nur zur Führungszeit 11/15 Uhr): Tel. 070 302 41 37, 5/3 €, Museum zzgl. 3 €

Der neogotische, vom 80 m hohen Belfried überragte Friedenspalast (1913) ist Sitz des Internationalen Gerichtshofs. Der Palast mit seinen zahlreichen kostbaren Kunstwerken und einem Museum mit einer Ausstellung zur Historie des Palastes kann nur während der Führungen besichtigt werden.

Omniversum 13

Kennedylaan 5, www.omniversum.nl, Mo 10–15, Di, Mi 10–17, Do, So 10–21, Fr, Sa und in Schulferien 10–22 Uhr, 9,75/7,50 €

Spektakuläre Filmerlebnisse, darunter Ausflüge in den Grand Canyon, in die Alpen, in Afrikas Elefantenreich, Expeditionen in die Tiefsee und zu den Delfinen – alles auf einer gigantischen Leinwand.

Haags Gemeentemuseum 14

Stadhouderslaan 41, www.gemeentemuseum.nl, Di–So 11–17 Uhr, 9/5,50 €

Schon das Gebäude mit seinem vielfarbigen Innendekor und Wandgemälden in lichtdurchfluteten Gängen und Räumen ist ein Kunstwerk – ein Meisterwerk der modernen Architektur Berlages. Es bietet Besuchern einen Überblick über Malerei und Bildhauerei ab dem 19. Jh. Besonders stolz ist man auf die Sammlung von Werken Piet Mondriaans, die größte der Welt. Auch wer sich für Mode und Musikinstrumente begeistert, ist hier richtig.

Madurodam 15

George Maduroplein 1, www.madurodam.nl, tgl. 9–18 Uhr, 14,50/10,50 €

Selbst Kinder überragen hier Windmühlen und Häuser um Haupteslänge, dies ist die kleinste Stadt der Welt. Hier sind die bekanntesten Bauwerke des Landes vereint – maßstabsgetreu im Miniaturformat erbaut.

Übernachten

Vom Standard- bis zum Gartenzimmer – **Sebel** 1: Prins Hendrikplein 20, Tel. 070 345 92 00, www.hotelsebel.nl, DZ 100–130 €, Frühstück 8 €/Pers. Angenehmes Mittelklasse-Hotel mit 33 komfortabel und modern eingerichteten Zimmern (Bad, WiFi) vom Standard- übers Turmzimmer hoch oben bis zum Gartenzimmer mit eigener Terrasse.

Komfortabel – **Maurits** 2: Van Aerssenstraat 65, Tel. 070 352 23 41, www.hotelmaurits.nl, DZ 99 €. Modernes Interieur, alle Zimmer mit Bad, kostenloses WiFi und die ruhige Lage sind einige Pluspunkte des Hotels. Gute Alternative zum DZ sind die Studios (2 Pers. 109 €) mit Kitchenette.

Königlich – **Apartment Royal Den Haag** 3: Repelaerstraat 35, Tel. 070

Den Haag

Sehenswert
1 Binnenhof
2 Mauritshuis
3 Haags Historisch Museum
4 Museum Bredius
5 Gevangenpoort
6 Haagse Passage
7 Nieuwe Kerk
8 Oude Stadhuis
9 Paleis Noordeinde
10 Panorama Mesdag
11 Museum Mesdag
12 Vredespaleis
13 Omniversum
14 Haags Gemeente-museum
15 Madurodam

Übernachten
1 Sebel
2 Maurits
3 Apartment Royal Den Haag
4 B & B at the Beach
5 Fulton
6 Stayokay
7 Kijkduinpark

Essen & Trinken
1 Garoeda
2 Viszooi
3 Le Bistrot de la Place
4 Mochi
5 Lapsang
6 Zebedeus
7 Het Vlaams Friethuis

Einkaufen
1 Haaglanden Mega-Stores
2 Haager Einkaufspassage
3 Babylon
4 Kunst- und Antiquitäten-markt
5 Plein

Aktiv & Kreativ
1 Erlebnispark Duinrell
2 De Uithof
3 Stadtführungen und -wanderungen
4 De Ooievaart

Abends & Nachts
1 O'Casey's Irish Pub
2 De Paas
3 Havana
4 Het Plein
5 Lucent Dans Theater
6 Filmhuis Den Haag
7 Muziekcafé De Paap

388 21 41, www.royal-denhaag.nl, 2 Pers. 95 € (mind. 2 Nächte). Elegant und harmonisch eingerichtetes Familien-Apartment mit Wohn-/Schlafzimmer, Küche und Designerbad, recht zentral gelegen. Fahrradvermietung.
Spitze – **B & B at the Beach** 4: De Savornin Lohmanlaan 467, Tel. 070 325 42 42, www.bbbdenhaag.com, 2 Pers. 90 €, bei 2 Nächten 85 €/Nacht. Nominiert als bestes B & B in den Niederlanden und erstes mit 5 Tulpen (höchstes Niveau der B & B-Klassifizierung in Holland) ausgezeichnetes! Erlesenes Quartier in schickem Vorort, strandnah.
Nettes Apartment – **Fulton** 5: Fultonstraat 113, Tel. 070 351 30 99, 2 Pers. 70 € (ohne Frühstück 60 €). Helles und stilvoll eingerichtetes Apartment mit Bad und eigenem Eingang und einer voll ausgestatteten Küche.
Hostel – **Stayokay** 6: Scheepmakersstraat 27, Tel. 070 315 78 88, www.stayokay.com, ab ca. 20 €/Pers.
Camping – **Kijkduinpark** 7: Machiel Vrijenhoeklaan 450, Tel. 070 448 21 00, etwa 19–29 €. Familiencamping, 500 m vom Strand im Dünengebiet.

Essen & Trinken

Indonesisch – **Garoeda** 1: Kneuterdijk 18A, Tel. 070 346 53 19, www.garoeda.nl, Mo–Sa 11–23, So, Fei ab 16 Uhr, Lunchgericht ab 9 €, Reistafel ab 23 €. Indonesische A-la-carte-Gerichte und authentische Reistafel , serviert im Jugendstilhaus. Monatlich wechselndes Lunchmenü ›Chef's Choice‹ inkl. einem Glas Wein und Kaffee/Tee (ca. 15 €).
Ausgezeichneter Fisch – **Viszooi** 2: Nieuwe Schoolstraat 9, Tel. 070 346 04 11, www.viszooi.nl, Di–Sa 17.30–22 Uhr, Hauptgericht ab 21 €. Hier kommt fangfrischer Fisch aus Scheveningen auf den Tisch, wahlweise als Vor- oder Hauptgericht. Bei der Kombi-Variante gesellt sich zum Fisch auch noch Fleisch wie etwa köstliche Gänseleber.
A la Paris – **Le Bistrot de la Place** 3: Plaats 27, Tel. 070 364 33 27, www.bis

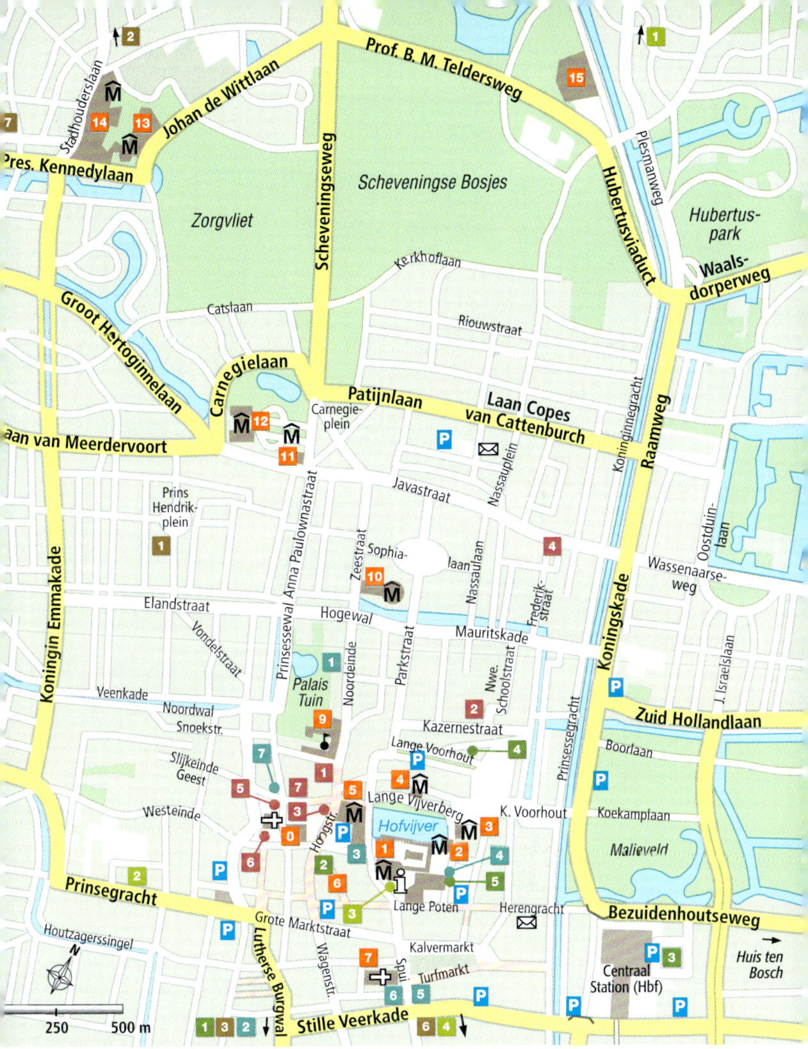

trotdelaplace.nl, ab 12 Uhr Lunch, ab 18 Uhr Dinner, Hauptgericht ab 25 €. Charmantes Interieur, französische Chansons im Hintergrund, vorzügliche französische Küche. Eine gute Wahl sind die Tournedos Rossini.

Fusionküche – **Mochi** 4: Mallemolen 12 a, Tel. 070 326 06 12, www.mochirestaurant.com, Mo–Sa 18–22 Uhr, ab 5 €. Interessante Ost-West-Cuisine, soll heißen, japanische Küche mit holländischem und französischem Einschlag. Trendy-ansprechendes Interieur. Empfehlenswert: Yokan (japanische Speise mit süßen Bohnen) und gebackene Gänseleber.

Lecker Lunchen – **Lapsang** 5: Oude Molstraat 11a, Tel. 070 360 35 98, www.

Rembrandts »Die Anatomiestunde des Dr. Nicolaes Tulp« im Mauritshuis in Den Haag

lapsang.nl, Di–So 10–18 Uhr, Menü ca. 11 €. Nettes Lunchlokal: Quiches, Suppen, knackfrische Salate, Landbrot mit geräuchertem Lachs oder Rauchfleisch. Süße Sünden: hausgemachte Apfel- oder Schokotorte, Karottenkuchen.

Natürlich – **Zebedeus** 6: Rond de Grote Kerk 8, Tel. 070 346 83 93, www.zebedeus.nl, tgl. ab 11 Uhr, Lunchgericht ab 5 €, Hauptgericht ab 18 €. Sommertags sitzt man zu Füßen der Grote Kerk gemütlich auf der Terrasse. Internationale Küche, etliche vegetarische Speisen spiegeln das Bemühen, die Natur möglichst zu respektieren.

Die besten Fritten der Stadt – **Het Vlaams Friethuis** 7: Papestraat 1a.

Einkaufen

Zahlreiche Läden, elegante Bekleidungsgeschäfte und Modeboutiquen finden sich in der Umgebung der Paläste. Interessante und originelle Läden werden im »Den Haag Funshopping Gids«, zu kaufen in Zeitschriften- und Buchläden, vorgestellt. Die Geschäfte in der Haager Innenstadt sind auch sonntags ab 12 Uhr geöffnet.

Den Haag ist ein Mekka für Liebhaber von **Antiquitäten** und **Kunst.** Es gibt unzählige Galerien und Läden. Hilfreich ist die Broschüre »Kunsten Antiekwandeling« (in Holländisch und Englisch) des VVV.

Mehr als 80 Geschäfte– **Haaglanden Mega-Stores** 1: hinter Bahnhof Hollands Spoor. Große Einkaufspassage.
Vielerlei – **Haager Einkaufspassage** 2: am Buitenhof, älteste glasüberdachte Einkaufspassage Hollands.
Shoppingcenter – **Babylon** 3: beim Hauptbahnhof
Antikes – **Kunst- und Antiquitätenmarkt** 4: Lange Voorhout, Mai–Sept. Do 10–19, So 10–17 Uhr, während der übrigen Monate auf dem **Plein** 5, Do 10–18 Uhr. Gut für das eine oder andere Schätzchen.

Aktiv & Kreativ

Wasserspaß – **Erlebnispark Duinrell** 1: Duinrell 1, Wassenaar, Tel. 070 515 52 55, www.duinrell.nl, Mitte April–Okt. tgl. 10–17/18 Uhr, Tikibad ganzjährig bis 22 Uhr. Wasserbahn Splash, Whirlpools, Lazy River, Wellenbad, Wasserspinne, tropisches Tikibad u.v.m.
In- & Outdoor Center – **De Uithof** 2: Jaap Edenweg 10, Tel. 070 321 32 10, www.deuithof.nl. Breites Sportangebot: Skifahren, Gocard-Rennen, Eislaufen, Klettern und mehr.
Geführt – **Stadtführungen und -wanderungen** 3: Royal Tour (Rundfahrt zu den Haager Palästen), Haag Architectuur Tour (Rundfahrt zu alter und moderner Architektur), Organisation und Infos: VVV.
Grachtenfahrt – **De Ooievaart** 4: www.ooievaart.nl. Schiffsrundfahrt inkl. spannender Geschichten.

Abends & Nachts

Über das breite Kulturangebot sowie Wining & Dining informiert die monatlich erscheinende »the hague agenda«, erhältlich beim VVV und in vielen Hotels und Restaurants.

Gemütlich – **O'Casey's Irish Pub** 1: Noordeinde 140, www.ocaseys.nl, Tel. 070 363 06 98.
Romantisch – **De Paas** 2: Dunne Bierkade 16A, Tel. 070 360 01 9, www.depaas.nl. 150 Biersorten.
Disco – **Havana** 3: Buitenhof 19, Tel. 070 356 29 00, www.havana-cafe.nl. Salsa und Disco-dancing.
Angesagt – **Het Plein** 4: Ausgehviertel neben den Regierungsgebäuden.
Modern dance – **Lucent Dans Theater** 5: Spui 150, Tel. 070 880 03 33, www.ldt.nl. Hausbühne des weltberühmten Nederlands Dans Theater.
Movies – **Filmhuis Den Haag** 6: Spui 191, Tel. 070 365 60 30, www.filmhuisdenhaag.nl.
Best off Den Haags Life Music – **Muziekcafé De Paap** 7: Papestraat 32, Tel. 070 365 20 02, www.depaap.nl.

Infos & Termine

Infos

VVV: Hofweg 1, Tel. 0900 340 35 05, www.denhaag.com.

Termine

Um den 30. April: KöniginnenNacht, Event anlässlich des Geburtstags der Königin mit Musikveranstaltungen.
Mai: Pasar Malam Besar, www.pasarmalambesar.nl, multikulturelles Festival auf dem Malieveld.
Juni: The Hague Festivals, www.thehaguefestivals.com, 14 Tage mit zahlreichen und vielfältigen Veranstaltungen, Konzerten und Aufführungen.
Mitte Juli: North Sea Jazz Festival, www.northseajazz.com, berühmte Jazzer aus aller Welt geben sich die Ehre.
3. Di im Sept.: Prinsjesdag, die Königin fährt mit ihrer Goldenen Kutsche zum Rittersaal und eröffnet mit ihrer Thronrede das Parlamentsjahr.

City Card The Hague–Delft
24 Std. kostenlos mit Tram und Bus unterwegs, darüber hinaus Ermäßigungen in über 30 Attraktionen/Museen in Den Haag und Delft. Erhältlich bei den VVVs Den Haag, Delft und Scheveningen (1 Pers. 16 €, 2 Pers. 28 €).

Verkehr

Bahn: Verbindungen nach Amsterdam, Arnhem, Eindhoven, Gouda, Haarlem, Rotterdam, Utrecht, Vlissingen. Direktverbindung zum Flughafen Amsterdam-Schiphol (30 Min.).
Tram: von/nach Delft, Scheveningen.
Bus: Verbindungen nach Scheveningen, Hoek van Holland, Naaldwijk, Wassenaar, Katwijk, Leiden.
Tram & Bus: gut ausgebautes Netz.
Fahrradverleih: Bahnhof Den Haag Centraal Station, Tel. 070 385 32 35; Bahnhof Den Haag Hollands Spoor, Tel. 070 389 08 30.
Parken: günstig im Q-Park-Haus hinter der Centraal Station. Gutes Parkleitsystem.

Scheveningen ► D 7

Wahrzeichen von Den Haags Seebad-Ableger sind das mondäne, 1885 im Empirestil errichtete Kurhaus, jetzt ein Luxushotel, und der 400 m lange Pier mit Aussichtsturm. Im Sommer tummeln sich Tausende Badegäste am 3 km langen Sandstrand, flanieren auf dem Strandboulevard und erfrischen sich in den zahlreichen Strandcafés.

Sealife

Strandweg 13, www.sealifeeurope.com, tgl. 10–18, Juli, Aug. 10–20 Uhr, 12,50/8,50 €
In die Nordsee abtauchen, ohne nass zu werden und sich dabei in die Unterwasserwelt zu begeben, zwischen Haifische, Stechrochen und Quallen – abenteuerlich!

Beelden aan Zee

Harteveltstraat 1, Di–So 11–17 Uhr, 7/3,50 €
Abseits vom Trubel stoßen Sie in diesem Skulpturenmuseum auf den Menschen: mal groß, mal klein, hier aus Bronze, dort aus Stein, als fröhliches oder inniges oder trauriges Wesen dargestellt.

Muzee Scheveningen

Neptunusstraat 92, www.muzee.nl, Di–Sa 10–17, So 12–17 Uhr, 5/3 €
Das Leben der Fischer auf einem Küstensegler, die historische Einrichtung eines Krämerladens, das Strandleben von anno dazumal, Muscheln und Meeresbewohner, das Leben im Korallenriff – hier wird die Geschichte des Fischerdorfes Scheveningen erzählt und das Leben im Meer beleuchtet.

Übernachten

Komfortabel – **Four Season:** Leuvensestraat 56, Tel. 070 355 21 18, www.hotel4seasons.com, DZ 99–110 €. Nettes, kleines in einem ruhigen, begrünten Viertel Scheveningens liegendes Hotel, nur wenige Gehminuten vom Strand entfernt. Schöne Gartenterrasse.
Nostalgisch – **Strandhotel:** Zeekant 111, Tel. 070 534 01 93, www.strandhotel-scheveningen.nl, DZ ab 80 €. Kleines Familienhotel am Nordende des Boulevards mit zutreffendem Namen. Etliche Zimmer sowie der charmante Frühstückssaal gewähren schöne Ausblicke aufs Meer. Augenschmaus: die Eingangsdiele mit offenem Kamin und der nostalgische Salon im viktorianischen Stil. Ein! kleiner Hund pro Zimmer darf hier auch übernachten (15 €).

Jugendstil – **Het Sonnehuys**: Renbaanstraat 2, Tel. 070 354 61 70, www.sonnehuys.nl, DZ 74–85 €. Die charmante Villa wurde 1897 erbaut. Alle 6 Gästezimmer verfügen über Dusche oder Bad, WC, KTV, Radio, Telefon, Gratis-WiFi. Im Preis sind Freikarten bzw. Ermäßigung für einige lokale Attraktionen enthalten. Haustiere erlaubt.

Camping – **Duinhorst**: Buurtweg 135, Wassenaar, Tel. 070 324 22 70, www.duinhorst.nl, 2 Pers. ca. 15 €. April–Sept. Wanderhütte vorhanden. Zum Strand 4 km.

Essen & Trinken

Speisen ohne Grenzen – **Pasta Company**: Dr. Lelykade 24 a, Tel. 070 306 24 44, www.pastacompany.nl, tgl. ab 11 Uhr, Jan.–März Mo geschl., 3-Gänge-Lunch 14 €, 3-Gänge-Dinner 15 €. Speisen aus Frankreich, Italien, Amerika und Asien, darunter etliches an Pasta. Semimodern eingerichtet mit schöner Aussicht auf den Hafen. Freies Parken!

Wein & Fisch – **Lemongrass**: Dr. Lelykade 24, Tel. 070 352 02 95, www.lemongrass-gastronomie.nl, tgl. 12–22.30 Uhr, 2-Gänge-Lunch um 18 €, Hauptgericht um 20 €. Einen guten Tropfen Wein passend zu Fisch oder Fleisch genießen! 20 verschiedene Arten frischer Fisch, aber auch Lamm und Beef, unterschiedlichste Zubereitungsarten. Trendy, mit schöner Terrasse am Hafen.

Strandpavillon – **Culpepper**: Strandweg 65, tgl. 10–22 Uhr, *broodjes* 5–6 €, Pizza 11–14 €. Fast mediterran und direkt am Strand beim Pier. Broodjes, Salate, Pizza & Pasta etc. Tipp: der Sundowner (Häppchen und Cocktail).

Tex-Mex-Cooking – **Chicoleo**: Strandweg 155, Tel. 070 358 86 42, www.chicoleo.nl, tgl. 9–24 Uhr, Lunchgericht ca. 6 €, Combos & Vegetarianos 14–16 €. Zwischen Kakteen, Livemusik und Flamencotänzern genießt man Grillspezialitäten oder Cocktails auf der Terrasse, mit Blick aufs Meer.

Beachclub – **Naturel**: Noorderstrand Noord 2, Tel. 06 10 13 49 10, www.naturel.info, März–Okt. tgl. 10–1 Uhr, *broodjes* 4–5 €, Hauptgericht 13–23 €. Trendy, balinesisches Interieur, leichte und schwere Speisen, lockere Beachclub-Atmosphäre, direkt am Strand.

Einkaufen

Gut shoppen ist auf der Palace Promenade, dem Gevers Deynootplein und dem Boulevard.

Aktiv & Kreativ

Surfschule – **Hart Beach Surf School**: Strandweg 3 b (beim Leuchtturm), www.hartbeach.nl. Auch Vermietung von Surfbrettern und Ausrüstung.

Geführte Radtouren – **City Cycle Tours**: Keizerstraat 27, www.citycycletours.nl, Tel. 070 306 27 92.

Abends & Nachts

Bars und Diskotheken findet man vor allem auf dem Boulevard.

Exotisch – **Tahiti Club**: Strandweg 43, Tel. 070 350 20 68, www.tahiticlub.nl, Do, Fr und Sa abends verwandelt sich das Café in eine exotische Disco.

Rien ne vas plus – **Casino**: Kurhausweg 1, Tel. 070 306 77 77, www.hollandcasino.nl, tgl. 13.30–3 Uhr. Punte Blanco, Black Jack, Big Wheel, französisches und amerikanisches Roulette.

Musicals – **Fortis Circustheater**: Circusstraat 4, Tel. 070 416 76 00, www.fortis-circustheater.nl. So Matineekonzerte.

Kino in acht Sälen – **Pathé**: Kurhausweg 2, Tel. 0900 14 58, www.pathe.nl.

Infos & Termine

Infos
VVV: Gevers Deynootweg 1134, Tel. 0900 340 35 05, www.denhaag.com.

Termine
Mai: Internationales Sandskulpturenfestival, am Strand.
Anfang Juni: Vlaggetjesdag, Fischerfest mit Fischständen & Rundfahrten.
Juni: Nationales Drachenfest, am Strand, zweitgrößtes der Welt.
Juli: Jazzfest Swinging Scheveningen, nationale und internationale Jazzer.
Juli–Mitte Aug.: Sommerfeuerwerk, Fr ab 23 Uhr am Pier.

Verkehr
Tram: Verbindungen nach Den Haag Centraal Station und Den Haag Bahnhof Holland Spoor. Linie 1 fährt über Den Haag bis Delft.
Bus: Verbindung nach Den Haag.
Fahrradverleih: Du Nord Rijwielen, Keizerstraat 27, Tel. 070 355 40 60.

Katwijk & Noordwijk ▸ D 6

Lange Sandstrände laden in den beiden Badeorten zum Sonnenbaden und Spazierengehen ein. Strahlend weiß überragen die Witte Kerk (16. Jh.) und der Leuchturm Vuurbaak (17. Jh.) das einstige Fischerdorf **Katwijk** an der Nordseemündung des Alten Rhein, während in **Noordwijk** der weiße Leuchtturm (1921) den Ort dominiert.

Katwijks Museum
Voorstraat 46, www.katwijksmuseum.nl, Di–Sa 10–17 Uhr, 6/1,80 €
Eine nachgebaute Schiffskommandobrücke, eine Böttcherei, eine Segelmacherei, Gemälde, Bilder, Trachten – ein Blick in den Rückspiegel der Katwijker Vergangenheit.

Space Expo
Keplerlaan 3, Noordwijk, www.spaceexpo.nl, Di–So 10–17 Uhr, in den Schulferien auch Mo, 9,50/6 €
Am Ortsrand von Noordwijk liegt das Zentrum der europäischen Weltraumorganisation ESTEC. Packende Raumfahrtausstellung mit Trägerraketen, Satelliten, Apollo-Mondlandefähre, Gestein vom Mond und mehr.

Übernachten

Gemütlich – **Noordzee:** Boulevard 72, Katwijk aan Zee, Tel. 071 401 57 42, www.hotelnoordzee.nl, DZ 100–155 €. Freundlich eingerichtete Gästezimmer (alle mit Bad/Dusche und WC), z. T. mit Blick aufs Meer.
Rooms with view – **Zee en Duin:** Boulevard 5, Katwijk aan Zee, Tel. 071 401 33 20, www.zeeenduin.nl, DZ 80–90 €. Direkt am Strandboulevard. Freundlich wirkende Zimmer, nach vorn mit kleinem Balkon, von dem Sie die Aussicht aufs Meer genießen können. Hotelbar mit 200 verschiedenen Whiskysorten.
Stimmungsvoll – **Marie Rose:** Emmaweg 25, Noordwijk aan Zee, Tel. 071 361 73 00, www.marierosehotel.nl, DZ 120 €. Luxuriöses Hotel mit stilvollem Ambiente und Komfortzimmern, alle mit Balkon. Schöne Lounge mit Kamin.
Eigensinnig – **De Edelman:** Koningin Astrid Boulevard 48, Noordwijk aan Zee, Tel. 071 361 31 24, www.hoteledelman.nl, DZ 79–105 €. Imposantes Haus direkt am Strand. Alle Zimmer sind stilvoll und individuell eingerichtet. Aus dem Dach ragt wie ein Schiffssteuerhaus die *kapiteinskamer*. Schöne Sonnenterrasse.
Hostel – **Stayokay Noordwijk:** Langevelderlaan 45, Tel. 0252 37 29 20, www.stayokay.com, ab 20 €/Pers.
Camping – **De Noordduinen:** Campingweg 1, Katwijk aan Zee, Tel. 071 402 52

Eine der Hauptattraktionen Scheveningens: die 381 m lange Seebrücke

95, www.noordduinen.nl, 2 Pers. 17–36 €. In den Dünen, mit Laden, Café.

Essen & Trinken

Gutbürgerlich – **De Zwaan:** Boulevard 111, Katwijk aan Zee, Tel. 071 401 20 64, www.restaurantdezwaan.nl, Di–So 11–21.30 Uhr, Lunchspeise ab 6 €, Hauptgericht ab 23 €. Typisch holländisches Restaurant in schöner Lage direkt am Strand. Schöner Ausblick aufs Meer von windgeschützter Terrasse. Fisch-, Grill- und Fleischspezialitäten.

Fisch & Meeresfrüchte – **Brittenburg:** Boulevard 70, Katwijk aan Zee, Tel. 071 407 76 24, www.restaurantbrittenburg.nl, Mo–Fr 12–14.30, 18–21.30, Sa nur abends, Hauptgericht ab 20 €. Klassisch zubereitete Gerichte im modernen Gewand. Schöne Lage am Strand.

Große Vielfalt – **Friends:** Boulevard 68, Tel. 071 401 00 09, Katwijk aan Zee, www.friendskatwijk.nl, tgl. 10–24 Uhr, kleine Lunchspeise ab 3 €, Hauptgericht ab 11 €. Gemütliches Grand-Café-Restaurant am Strand. Pastas, Pfannkuchen, Suppen, Omelettes, Hamburger, Fisch, Fleisch und Vegetarisches.

Vielseitig – **Zuiderbad:** Koningin Astridboulevard 104, Noordwijk aan Zee, Tel. 071 362 05 51, www.zuiderbad.nl, April–Sept. Mo–Fr ab 9.30, Sa, So 9–22, Okt.–März Mo–Fr ab 10, Sa, So ab 9.30 Uhr, kleine Lunchspeise ab 3 €, Hauptgericht ab 15 €. Im Winter Glühwein oder Erbsensuppe am offenen Kamin, im Sommer eine Erfrischung auf der Terrasse am Strand. Die Speisekarte ist vielseitig und reicht von *broodjes* über *pannenkoeken* und Fisch- und Fleischgerichte bis zu Vegetarischem.

Grand Café – **Binnen op Zee:** Parallel Blvd. 4, Noordwijk aan Zee, Tel. 071 361 56 20, www.binnenopzee.nl, Di–Fr 16–24, Sa, So 11–1 Uhr, Lunchspeise ab 3 €, Hauptgericht ab 13 €. Abwechslungsreiche Speisekarte mit Evergreens, großen und kleinen Salaten, Quiches, Geflügel, Fisch und Fleisch. Mit Lesetisch.

Eetcafé – **De Klucht:** Abraham van Royenstraat 108, Noordwijk aan Zee, Tel. 071 361 91 72, www.dekluchtnoordwijk.nl, Do–Di 17–24 Uhr, Hauptgericht ab 15 €. Einfache Speisen; ein vegetarisches Tagesgericht findet man auf der Tafel.

Abends & Nachts

Musisch – **Theater in de Muze:** Wantveld 2, Noordwijk aan Zee, Tel. 071 364 62 26, www.theaterindemuze.nl. Cabaret, Musicals, Tanz, Konzerte etc.

Infos & Termine

VVV: Voorstraat 41, Katwijk aan Zee, Tel. 071 407 54 44, www.vvvkatwijk.nl.
Visitor Center: De Grent 8, Noordwijk aan Zee, Tel. 071 361 93 21, www.noordwijk.info
April: Blumenkorso im Bollenstreek, www.bloemencorso-bollenstreek.nl, von Noordwijk nach Haarlem.
Bus: Verbindungen nach Den Haag, Haarlem, Leiden.
Fahrradverleih: Nico's Fietsplus, Zuidstraat 65, Katwijk aan Zee, Tel. 071 407 16 68, www.nicosfietsplus.nl, Di, So geschl.; Ha-Ha Fietsverhuur, Piet Heinstraat 17, Noordwijk aan Zee, Tel. 071 361 20 70.

Leiden ▶ D 6

Die älteste Universitätsstadt des Landes (117 000 Einw.) hat sich den reizvollen Charme eines alt-holländischen Ortes bewahrt. Bereits die Römer hatten hier eine Siedlung errichtet: Lugdunum Batavorum. Im 14. und 15. Jh. kam Leythen (»an den Wasserläufen«) durch Tuchmacherei zur wirtschaftlichen Blüte, im 16. Jh. war es die größte Stadt Hollands.

1574 wurde Leiden monatelang von den Spaniern belagert, über 4000 Einwohner starben. Dennoch trotzte die Bevölkerung weiterhin dem Feind. Wilhelm der Schweiger bereitete der Belagerung schließlich ein Ende. Zur Belohnung für ihre Tapferkeit durften die Leidener zwischen Steuerfreiheit und einer Universität wählen – sie wählten Letzteres. Gelehrte aus ganz Europa kamen fortan nach Leiden, so der französische Philosoph Descartes.

Doch war Leiden nicht nur ein Ort der Wissenschaft, sondern auch der Kunst. Die Maler Lucas van Leyden, Jan Steen, Wilhelm van de Velde der Ältere und der Jüngere und vor allem Rembrandt van Rijn erlangten große Berühmtheit.

De Burcht

Am Zusammenfluss von Oude und Nieuwe Rijn liegt auf einem 12 m hohen, um 1150 aufgeschütteten Hügel diese Zitadelle, von deren Ringmauer man eine schöne Aussicht auf die Stadt hat. 1574 war von hier der spanische Belagerungsring zu überblicken, und von hier leitete der damalige Bürgermeister Van der Werff die Verteidigung der Stadt.

Hofjes in der Hooigracht

Östlich liegt das idyllische, um 1500 erbaute **St. Annahofje** (Nr. 9), dessen Kapelle den Bildersturm unbeschädigt überstanden hat. Malerisch ist auch das **Schachtenhofje** (Nr. 27).

St. Pieterskerk

Kloksteeg 16, www.pieterskerk.com, tgl. 13.30–16 Uhr, außer bei Events, So um 14 Uhr kostenlose Führung
Am Pieterskerkhof ragt, von zahlreichen Cafés, Restaurants und Antiquitätenläden umringt, die spätgotische St. Pieterskerk empor. In ihr findet man etliche interessante Grabsteine: den äl-

testen Hollands mit dem Relief zweier Leidener Bürger des 15. Jh.; den des Ludolf van Ceulen, der das Ergebnis seiner Forschung, die bis zur 35. Stelle hinter dem Komma errechnete Zahl Pi, in seinen Grabstein meißeln ließ, und den des Oberhauptes der Puritaner, John Robinson, der die Pilgrim Fathers nach Amerika schickte, selbst zu krank war und zurückblieb. – Gegenüber der Kirche steht das **Gravensteen** (13. Jh.) genannte ehemalige Gefängnis, heute Sitz der Juristischen Fakultät.

Hortus Botanicus

Rapenburg 73, www.hortus.leiden univ.nl, April–Okt. tgl. 10–18, Nov.–März Di–So 10–16 Uhr, 5/2,50 €
Jenseits der schönsten Gracht im Lande, der **Rapenburg,** liegt der berühmte, 1590 angelegte Botanische Garten der Universität, in dem über 6000 verschiedene Pflanzen wachsen. Hier pflanzte Carolus Clusius 1594 die ersten Tulpen Hollands.

De Put und Morspoort

Nicht versäumen sollte man zwei der beliebtesten Fotomotive der Stadt: die Mühle De Put (am Zusammenfluss von Witte Singel und Rhein) und das dahinter liegende Morspoort, ein Festungstor von 1669.

Leiden American Pilgrim Museum

Beschuitsteeg 9, Mi–Sa 13–17 Uhr, 3 €
Winziges Museum, dokumentiert das Leben der nach Leiden emigrierten englischen Puritaner, die 1620 mit der »Mayflower« in die Neue Welt segelten und als Pilgrim Fathers in die Geschichte eingingen.

Rijksmuseum van Oudheden

Rapenburg 28, www.rmo.nl, Di–So (in den Ferien tgl.) 10–17 Uhr, 8,50/5,50 €
Topmuseum mit unzähligen archäologischen Grabungsfunden aus Ägypten, Mesopotamien, Griechenland und dem Römischen Reich.

Museum Boerhaave

Lange St. Agnietenstraat 10, www.museumboerhaave.nl, Di–Sa 10–17 (in den Ferien Mo–Sa), So 12–17 Uhr, 6/3 €
400 Jahre Naturwissenschaften und Heilkunde unter einem Dach, mit Schwerpunkt Niederlande. Zu den Top-Exponaten zählen Leeuwenhoeks Mikroskope und die älteste Pendeluhr von Christiaan Huygens.

Stedelijk Museum de Lakenhal

Oude Singel 32, www.lakenhal.nl, Di–Fr 10–17, Sa, So, Fei 12–17 Uhr, 4/2,50 €
Eine kulturgeschichtliche Reise in die Vergangenheit der Stadt vom 16. Jh. bis heute. Unter den Exponaten sind auch Meisterwerke von Rembrandt, Lucas van Leyden und Jan Steen.

Molenmuseum De Valk

2. Binnenvestgracht 1, www.molen museumdevalk.nl, Di–Sa 10–17, So 13–17 Uhr, 3/1,70 €
Windmühle von 1743 mit Wohnung, Werkstatt und Schmiede des Müllers. Außerdem gibt's hier die größten Delfter Kacheln und manches mehr.

Museum Volkenkunde

Steenstraat 1, www.volkenkunde.nl, Di–So (in den Ferien tgl.) 10–17 Uhr, 7,50/4 €
Ethnografische Sammlungen.

Übernachten

Jugendstil – **Marienpoel:** Marienpoelstraat 1 a, Tel. 071 528 35 39, www.marienpoelhotel.nl, DZ 123–158 €. Wunderschönes Jugendstilhaus von 1907, in dem der historische Charakter mit Funktion und stilvollem modernem

Leiden besticht durch sein altholländisches Stadtbild

Komfort kombiniert ist. In den 9 geschmackvoll eingerichteten Gästezimmern und Apartments mit Kitchenette fühlt man sich schnell wohl. Schöne Terrasse.

Romantisch – **Nieuw Minerva:** Boommarkt 23, Tel. 071 512 63 58, www.nieuwminerva.nl, DZ 116–198 €. In einem der sechs historischen Grachtenhäuser des 16. Jh., aus dem das Hotel besteht, wohnte 1830 J. R. Thorbecke, der Vater der niederländischen Verfassung. Romantiker sollten unbedingt eines der 13 luxuriösen Stilzimmer wählen.

Fürstlich – **De Doelen:** Rapenburg 2, Tel. 071 512 05 27, www.dedoelen.com, DZ 105–135 €, Frühstück 7,50 €/Pers. Gelegen an einer der schönsten Grachten der Stadt, zählt das in einem stattlichen Patrizierhaus von 1638 eingerichtete Hotel zu den besten der Stadt. Hohe Stuckdecken und offene, von Kacheln eingerahmte Kamine im Frühstückssaal und in einigen der Zimmer versprühen eine Note von Noblesse.

Großzügig – **Bed en Beschuit:** Beschuitsteeg 10, Tel. 071 512 32 92, www.bedenbeschuit.nl, 2 Pers. 90 €. Im Schatten der Hooglandse Kerk und nur 50 m von der Burcht, ebenerdig und mit eigenem Eingang bietet das Apartment einen idealen Ausgangspunkt für die Erkundung der Stadt. Die Zimmer, ein lichtdurchflutetes und stilvoll eingerichtetet großes Wohn-/Schlafzimmer, eine Kitchenette und ein luxuriöses Bad, sind ein Gedicht.

Essen & Trinken

Koffiebar – **Catwalk:** Steenstraat 30, tgl. 10–18.30 Uhr, Speisen 2–6 €. Zwei Dutzend verschiedene Kaffees und ein Dutzend Tees, dazu Toasts, *pistoletjes*, Sandwiches und Bagels – gut geeignet für eine Pause während des Bummels.
Niveauvoll – **Mangerie de Jonge Koekop:** Lange Mare 60, Tel. 071 514 19 37, www.koekop.nl, Mo–Sa ab 17.30 Uhr, Hauptgericht ab 23 €. Schwarz-weißes Interieur, ein bisschen eng, aber gemütlich. Klassische französische und internationale Cuisine, sehr schmackhaft, niveauvolle Hausweine.
Ausgezeichnete französische Küche – **Scheltema:** Marktsteeg 1, Tel. 071 516 18 87, www.scheltemahoreca.nl, Di–Sa 17.30–22 Uhr, Hauptgericht ab 20 €. Im alten Kesselhaus eines Fabrikgebäudes. Modern eingerichtet, im Sommer schöner Innengarten.
Mehr als nur ein Eetcafé – **Troubadour:** Breestraat 56, Tel. 071 514 10 00, www.troubadour.nu, Mo–Sa ab 17 Uhr, Monatsmenü (3 Gänge) ca. 24 €, Hauptgericht ab 15 €. Burgundische Küche, gemütlich eingerichtetes Restaurant, absolut faire Preise.
Pfannkuchen – **Oudt Leiden:** Steenstraat 49, tgl. 11.30–21.30 Uhr, Stück 6–11 €. Köstliche Pfannkuchen – Durchmesser 40 cm! – und Pfannkuchenspezialitäten, serviert auf Delfter Blau. Hier haben schon Winston Churchill und der Dalai Lama gespeist.

Aktiv & Kreativ

Per pedes – **Stadtführungen**: verschiedene Themen, vom VVV organisiert.
Bootsfahrten – **Rederij Rembrandt**: Tel. 071 513 49 38, Grachtenrundfahrten, Abfahrt vom Beestenmarkt.
Selbst Schippern – **Bootjes en Broodjes:** Blaupoortbrug 1, Tel. 071 514 39 33, www.bootjesenbroodjes.nl. Selbst mit dem Motorboot die Stadt erkunden.

Abends & Nachts

Infos: www.leidseuiburo.nl.
Großes Angebot – **Theater:** In der Universitätsstadt gibt es zahlreiche kleine Theater, Infos und Karten beim VVV.
Auf ein Bierchen – **North End:** Noordeinde 55, www.north-end.nl. Typisch englischer Pub – the dutch way.
Dancing – **In Casa:** Lammermarkt 100, www.danssalonincasa.nl. Livemusik, Dancing und Party.
Vielerlei – **De Burcht:** Burchtsteeg 14, Tel. 071 514 23 89, www.deburchtleiden.nl. Livemusik, Theater, Lesungen.

Infos & Termine

Infos

VVV: Stationsweg 2d, Tel. 071 516 12 11, www.vvvleiden.nl.
Uitburo: Stationsweg 41, Tel. 071 516 09 93, www.leidseuitburo.nl

Termine

Jan.: Leidse Jazzweek, Innenstadt.
Juli: Leidse Lakenfeesten, Fischerumzug, Wettstreit der Straßenmusiker, Jahrmarkt, Tuchmarkt.
2./3. Okt.: Leidse Ontzet, großer historischer Umzug zum Gedenken an die Befreiung von den Spaniern im Jahr 1574, mit großem Eintopf-Essen.

Verkehr

Bahn: von/nach Amsterdam, Den Haag, Gouda, Haarlem, Schiphol, Utrecht.
Bus: von/nach Katwijk, Wassenaar.

Fahrradverleih: am Bahnhof, Tel. 071 5120068.
Günstig parken: Parkplatz Haagweg am Stadtrand, 7 €/Tag, inkl. Busfahrt ins Zentrum.

Gouda ▶ E 7

Pittoreskes Zentrum der Käsestadt ist der Marktplatz mit dem prunkvollen flämisch-gotischen Stadhuis von 1450 und der Käsewaage von 1668. Hier findet im Sommer der berühmte **Käsemarkt** statt, bei dem Träger die Käse auf Holztragen zur Waage bringen.

St. Janskerk

www.sintjan.com, März–Okt. Mo–Sa 9–17, Nov.–Febr. 10–16 Uhr, 2,75/2 €
Die spätgotische und mit 123 m die längste Kirche der Niederlande ist berühmt für die **Goudse Glazen,** 70 wunderschöne, teils aus dem 16. Jh. stammende glasgemalte Fenster mit biblischen Szenen, die den Bildersturm überstanden haben.

museumgoudA und De Moriaan

museumgoudA: Catharina Gasthuis, Oosthaven 9, www.museumgouda.nl, Mo–Sa 10–17, So 12–17 Uhr; Nationaal Farmaceutisch Museum De Moriaan, Westhaven 29, Mi–So 12–17 Uhr, für beide Museen 5 €
Das **Catharina Gasthuis** war einst Krankenhaus und Herberge. Außer der alten Stadtapotheke, der Krankenhausküche und Räumen der Chirurgengilde ist die Dolcel, in der geistig Behinderte eingeschlossen wurden, zu sehen. Exponate zur Geschichte Goudas, historisches Spielzeug und beachtliche Gemälde, u. a. von Ferdinand Bol und Jan Steen, ergänzen die Ausstellung. Jenseits der Gracht liegt das **Pharmazeutische Museum De Moriaan,** in dem u. a. alte Apothekeneinrichtungen zu sehen sind.

Übernachten

Gemütlich– **B&B De Kamer Hiernaast:** Komijnsteeg 1, Tel. 0182 58 28 55, www.dekamerhiernaast.nl, DZ 80 €. Nur wenige Schritte vom Herzen der Stadt bieten Sandra und Arnaud ihren Gästen eine gemütliche Unterkunft mit geräumigem, stilvoll dekoriertem Wohn-/Schlafbereich, Internetzugang, eigenem Bad/WC. Eine Minibar und alles, um selbst Kaffee oder Tee aufzusetzen, gibt es auch. Leckeres Frühstück in der gemütlichen Küche der Gastgeber.
Freundlich und zentral – **Hotel de Keizerskroon:** Keizerstraat 11, Tel. 0182 52 80 96, www.hotelkeizerskroon.nl, DZ 60–75 €. Angenehmes kleines Hotel mit 10 Zimmern, davon 4 Budget-Zimmer, alle freundlich eingerichtet. Auf dem Zimmer können Sie Kaffee oder Tee zubereiten, es gibt Gratis-WiFi und Fahrradverleih. Den Tag können Sie in der geselligen Bar ausklingen lassen.
Camping – **De Reeuwijkse Hout:** Oudeweg 9, Reeuwijk, Tel. 0182 39 59 44, www. campingreeuwijk.nl, 2 Pers. ab 14 €. Stellplätze am See, Sandstrand, Wassersport, Spielplatz.

Essen & Trinken

Mediterran – **Lavendel:** Achter de Kerk 5, Tel. 0182 68 62 02, www.restaurantlavendel.nl, tgl. 17–22 Uhr, 3-Gänge-Menü ca. 27 €, A-la-carte-Gericht 17 €. Einrichtung und Essen mit mediterranem Hauch, schöne Terrasse. Fisch und Fleisch, auch Vegetarisches.
International – **Ratatouille:** Markt 16, Tel. 0182 52 95 22, www.restaurantratatouille.nl, Di–Sa 12–22, So ab 17.30 Uhr, Hauptgericht ab 17 €. Keine Sor-

ge, die Rezepte werden dem Koch nicht wie im gleichnamigen Film von einer Ratte diktiert, hier wird nach Rezepten der internationalen Küche gekocht. Schöne Lage am Markt.
Broodjes und so – **Bite! Eten & Drinken:** Markt 3, Tel. 0182 58 09 10, www.bitegouda.nl, Di–Fr 10–18, Do bis 21, Sa und Einkaufs-So bis 17 Uhr, im Sommer jeden So. Leckere *broodjes* (ab 3 €), klassisch mit Salami oder Käse belegt, aber auch eine Anzahl ›Deluxe‹ und ›Specials‹ sowie Suppen und Salate. Im Sommer sitzt man auch draußen mit schöner Aussicht auf das Rathaus.

Infos & Termine

VVV: Markt 27, Tel. 0900 468 32 88, www.vvvgouda.nl.
Ende Juni–Ende Aug.: Käse- und Handwerkermarkt, Marktplatz, Do 10–12.30 Uhr. Historischer Käsehandel, Vorführungen von Käse-, Holzschuh- und, Pfeifenherstellung, Fayencenmalen.
Bahn: Verbindungen nach Amsterdam, Den Haag, Rotterdam, Utrecht.
Fahrradverleih: am Bahnhof, Tel. 0182 51 97 51.

Dordrecht ▶ E 8

In der Stadt (118 000 Einw.) mit dem bedeutenden Hafen am Zusammenfluss mehrerer Wasserläufe mit der Oude Maas wurde Geschichte geschrieben: Hier verbündeten sich 1572 die Städte Hollands unter Wilhelm I. von Oranien gegen die Spanier, und hier tagte 1618 die Dordtse Synode, auf der sich im Glaubenszwist die strengen Calvinisten durchsetzten. Im Hafengebiet mit seinen historischen Patrizier- und Speicherhäusern steht am Maasufer das Stadttor Groothoofdspoort (17. Jh.). Von hier hat man einen herrlichen Blick auf die rege befahrenen Gewässer. Das alte Dordrecht findet man auch in Werken des großen Malers Albert Cuyp in Dordrechts Museum. Übrigens: Dordrechter nennen ihre Stadt kurz und knapp Dordt.

Dordrechts Museum

Museumstraat 40, www.dordrechtsmuseum.nl, zzt. bis 2010 geschl., Teile der Sammlung werden bis dahin in Dordrechts Museum aan de Haven, Nieuwe Haven 26, gezeigt, Di–So 11–17 Uhr, Eintritt frei
Interessante Sammlung von Werken berühmter Dordrechter Maler wie Albert Cuyp, Samuel van Hoogstraten, Nicolaas Maes, Ferdinand Bol und der Gebrüder Van Strij, aber auch Werke der Amsterdamer Impressionisten und der Haager Schule.

Grote Kerk

Langegelderskade 2, www.grotekerk-dordrecht.nl, April–Okt. Di–Sa 10.30–16.30, So 10–16, Nov.–März Sa, So 13–16 Uhr, Turm 1/0,50 €
Sehenswert im markanten Wahrzeichen der Stadt, der im Stil Brabanter Gotik erbauten Grote Kerk (15. Jh.), ist vor allem das im Renaissancestil geschnitzte Chorgestühl mit biblischen Szenen und Darstellungen der Triumphzüge Kaiser Karls V. Besonderheit der Kirche: Ihr wuchtiger Kirchturm (schöne Aussicht!) trägt anstelle einer Spitze barocke Turmuhren.

Museum Simon van Gijn

Nieuwe Haven 29, www.simonvangijn.nl, Di–So 11–17 Uhr, 6/3,50 €
Den Reichtum der Patrizier bezeugt das am Hafen gelegene Kaufmannshaus von Simon Van Gijn (1836–1922) mit seinen authentisch möblierten Salons und Sälen, dem Wintergarten, der Küche, dem altholländischem Arbeitszimmer und der Bibliothek. Eine Rari-

Mein Tipp

Mit dem Flüsterboot in den Biesbosch
Langsam und geräuschlos über das Wasser gleiten und dabei der Natur nahe sein – die Naturführerin Edith van de Merwe kennt den Biesbosch wie ihre Westentasche und bietet kundige Flüsterbootfahrten an. (Infos: Tel. 0644 82 61 06, www.pakjebiezen.nl.)

tät ist das Zimmer mit vergoldeter Ledertapete.

Übernachten

Originell – **Hotel de Watertoren:** Kromme Zandweg 80, Tel. 078 622 44 11, www.hoteldewatertoren.nl, DZ 110 €. Seit 2001 beherbergt der Wasserturm ein Hotel mit stylish eingerichteten Gästezimmern (luxuriöse Badezimmer). Im Café De Waterjuffer unten im Turm gibt's Frühstück, hier kann man auch lecker speisen.

Naturnah – **De Kop van't Land:** Zeedijk 32, Tel. 078 630 06 50, www.kopvanhetland.nl, DZ 80 €. Wer hier auch zu Abend speist oder mehr als eine Nacht bleibt, zahlt nur 69 €/Nacht. Heimelige Herberge mit 3 Gästezimmern und 2 Apartments – alle mit eigenen Badezimmern – am Rand des Nationalparks De Biesbosch (s. S. 161; Fahrräder stehen bereit). Ausgezeichnetes vegetarisches Herbergsrestaurant.

Idyllisch – **B & B Het Tuinhuis:** Dubbeldamseweg Zuid 362, Tel. 078 614 99 24, www.bedandbreakfasthettuinhuis.nl, Apartment für 2 Pers. 70 €. Gackernde Hühner, deren frisch gelegte Eier morgens zum Frühstück serviert werden, ein Garten mit schattigen Bäumen und Rhododendron, und mitten drin ein schmuckes, hölzernes Gartenhäuschen – Ihr temporäres Zuhause (Schlaf- und Wohnzimmer, Küche).

Hostel – **Stayokay Dordrecht:** Baanhoekweg 25, am Rand des Hollandse Biesbosch, Tel. 078 621 21 67, www.stayokay.nl, ca. 20 €/Pers.

Essen & Trinken

Poffertjes & Pannenkoeken – **Pim's:** Nieuwestraat 19, Tel. 078 631 27 09, Mi–Fr 12–20, Do, Sa bis 21, So 13–21 Uhr. Leckere Pfannkuchen (ab 4 €), außerdem Poffertjes (ab 6 €) und gefüllte Flensjes (ab 8 €). Gemütliches Lokal.

Sicht auf die Maas – **Zomerlust:** Zomerlust 9, Zwijndrecht, Tel. 078 182 21 45, www.restaurantzomerlust.nl, Brasserie tgl. ab 11, Restaurant Mo–Fr Lunch und Dinner, Sa, So nur Dinner ab 17 Uhr, Brasserie-Lunch (3 Gänge) ca. 20 €, à la carte ab 18 €. Schöne Aussicht auf Oude Maas und das alte Dordrecht vom ersten Stock und den Terrassen. Französisch-holländische Küche mit Leckereien wie Entenbrust- und Lammfilet. Spezialität: Entrecôte (ca. 19 €).

Klassischer Italiener – **La Gondola:** Voorstraat 215, Tel. 087 613 78 00, www.ristorantelagondola.nl, Do–So ab 17.30 Uhr, Antipasti 4–14 €, Pasta 10/11 €, Hauptgericht ab 19 €. Venezianisches Ambiente, Blick aufs Wasser, wenn man einen Fensterplatz hat. Am Herd steht, wie man auch am niveauvollen Essen merkt, ein waschechter Italiener.

Niederländisch-belgisch – **Knollen en Citronen:** Groenmarkt 8, Tel. 078 614 05 00, www.knollen-citronen.nl, Mi–Fr ab 18, Sa, So ab 17, Küche bis 22 Uhr, Hauptgericht ab 18 €. Niederländische Küche wie bei Großmutter, verfeinert und mit regionalen Einflüssen. Saisonale Zutaten wie Spargel, Muscheln und Wild.

Einkaufen

Kunstroute – **Kunstrondje Dordt:** www.kunstrondjedordt.nl. Dordrecht – ein Eldorado für Kunstinteressierte und -sammler. Entlang der Route (Broschüre beim VVV) liegen Galerien, Antiquitäten-, Kunsthandwerks- und Kuriosaläden sowie Antiquariate.

Aktiv & Kreativ

Auf Gracht und Fluss – **Fahrten:** Waterrondje Dordt, Tel. 078 613 00 94, April/ Mai und Sept./Okt. tgl. 14–17, Juni–Aug. tgl. 11–17 Uhr, Abfahrt: Wijnbrug, jede volle Stunde. Kartenverkauf im Restaurant Stroper am Ableger.

Abends & Nachts

Theater – **Schouwburg Kunstmin:** St. Jorisweg 76, Tel. 078 639 79 79, www.kunstmin.nl.
Mehr als 150 Biere – **De Tijd:** Voorstraat 170, Tel. 078 613 39 97, www.detijd.nu, Mi–Mo ab 16 Uhr. Was die Bier-Reklameschilder versprechen, hält die Bierkarte bereit, u. a. Trappisten- und Abteibiere aus Belgien, die in ihren spezifischen Gläsern auf den Tisch kommen.

Infos & Termine

Infos

VVV Intree: Spuiboulevard 99, Tel. 0900 463 68 88, www.vvvzhz.nl.

Termine

Mai: Dordt in stoom, www.dordtinstoom.nl, größtes Dampffest Europas, mit allem, was dampft: Dampfschiffen, Dampfzügen, Dampfmaschinen und Veteranenbussen. Hat zuletzt 250 000 Besucher angelockt.
Juni: Internationaal Poppentheaterfestival, www.internationaalpoppentheater.nl, großes Puppentheaterfestival mit Handpuppen, lebensgroßen Puppen und Stelzenläufern.
Juli: Academica Big Rivers, www.bigrivers.nl, großes Festival mit zahlreichen Bands, Musikfilmen, Poeten und Sängern.
Juli: Dordtse Boekenmarkt, www.dordtseboekenmarkt.nl, großer jährlicher Büchermarkt in der historischen Innenstadt.

Verkehr

Bahn: von/nach Amsterdam, Arnhem, Breda, Den Haag, Eindhoven, Vlissingen.
Fahrradverleih: am Bahnhof, Tel. 078 635 68 30.

Nationaal Park De Biesbosch ► E 8

Biesboschcentrum in Dordrecht: Baanhoekweg 53, Tel. 078 630 53 53, Besucherzentrum in Drimmelen: Biesboschweg 4, Tel. 0162 68 22 33, www.biesbosch.org

Von Binsen gesäumte Wasserläufe durchziehen das Sumpfland des 7100 ha großen Naturschutzgebietes, in dem zahlreiche Wasservögel, Eulen, Fledermäuse, ja sogar Biber heimisch sind. Das Sumpfland entstand nach der St. Elisabethflut im Jahr 1421.

Den Nationalpark kann man zu Fuß oder mit dem Fahrrad erkunden. Zu einem besonderen Erlebnis wird eine Fahrt mit dem Kajak, Kanu, Ruder- oder Elektroboot (s. auch S. 160) auf den Wasserläufen dieser Landschaft.

Das Beste auf einen Blick

Westfriesische Inseln

Highlight !

Texel: Die größte der Westfriesischen Inseln ist nur einen Katzensprung vom Festland entfernt und besticht durch ihre Vielseitigkeit: Ihre unendlich langen Sandstrände laden zum Baden im Meer, hübsche Badeorte zum Bummel und über 100 km lange Rad- und Wanderwege zu ausgedehnten Erkundungstouren in die herrlichen, naturbelassenen Gebiete ein. Wer möchte, kann sich tagsüber aus mehreren Tausend Metern am Fallschirm auf die Insel stürzen und später dann ins Disco-Nachtleben eintauchen; sogar ein Kino hat man hier – das einzige von allen Inseln. S. 164

Auf Entdeckungstour

Inselhüpfen von Texel nach Vlieland: Mal eben von Texel nach Vlieland hüpfen, das ist schon ein kleines Abenteuer. Die Reise führt über wackelige Bootsstege auf das alte Motorfrachtschiff ›De Vriendschap‹, das der Kapitän auch noch bei Windstärke 6 durch den Sturm über das Engelschmangat steuert. Anschließend geht es mit dem ›Vliehors Expres‹, einem umgebauten Militärlaster, durch die ›Sahara von Vlieland‹ zum Posthuys, und von dort mit dem *fiets* in den einzigen Ort der Insel, nach Oost-Vlieland. Stunden später nimmt man die gleiche Route zurück. S. 170

Kultur & Sehenswertes

EcoMare (Texel): Interessantes zu allem, was im Watt und in der Nordsee kreucht und fleucht. Attraktion: die Seehundauffangstation, in der kranke Seehunde gepflegt und elternlose Heuler aufgepäppelt werden. Täglich öffentliche Seehundfütterungen! S.166

Pferde-Rettungsboot: Früher Realität, heute für Besucher Amelands inszeniert: Zehn Pferde schleppen ein Rettungsboot im Eiltempo zum Strand, durch die Brandung und ins Meer. S. 179

Aktiv & Kreativ

Fallschirmspringen: Auf Texel und Ameland kann man den Sprung aus dem Flugzeug erlernen und sich die Welt von oben anschauen. S. 169, 184

Zu Fuß zu den Inseln: Mit Führern durchs Watt zu den Inseln wandern – ein einmaliges Naturerlebnis! S. 184

Genießen & Atmosphäre

Terschellings fruchtige Cranberries: In der Cranberry Cultuur Skylge werden sie angebaut und zu Cranberrysaft, -wein, -sirup, -marmelade und -senf verarbeitet. »Komm probieren«. S. 175

Das Graceland von Terschelling: Jukebox, alte Transistorradios, Red-Indian Benzinzapfsäule und fetziger Rock 'n' Roll: Im Strandpavillon Heartbreak-Hotel erinnert alles an die 1950er-Jahre und an Elvis. S. 178

Abends & Nachts

Theater-Restaurant Klif 12: In der restaurierten Scheune in Den Hoorn (Texel) wird beim Diner-Cabaret zwischen den vier Gängen Cabaret, Gesang und Tanz dargeboten. S. 168

Discofieber auf Texel: Wenn in den anderen Inseldörfern das Licht ausgeht, geht es in De Koogs Ausgehmeile erst so richtig los. S. 169

Sonnenbaden und Schwimmen, Surfen, Strand- und Wattwandern, *fietsen* durch Wälder und Wiesen, Natur entdecken in Dünen und Watt, Bummeln durch Hafenstädtchen, Meeresfrüchte schlemmen – man kommt zum Auftanken auf die Waddeneilanden.

Infobox

www.wadden.nl
Informationen über die niederländischen Watteninseln (u. a. Dt.).

www.texel.nl, www.vlieland.nl, www.vvvterschelling.nl, www.vvvameland.nl, www.vvvschiermonnikoog.nl
Infos (auch in Dt.) über die Inseln und über das touristische Angebot (Last Minute, Buchung von Unterkünften, Arrangements etc.).

www.waddenkiosk.nl
Infos zu den Inseln, zudem die Möglichkeit, Bücher (Nl.) und Produkte der Watteninseln wie Cranberry-Delikatessen zu ordern (nur Nl.).

Anreise und Weiterkommen

Die Anreise erfolgt mit der Fähre, nach Vlieland und Terschelling auch mit dem teureren Personen-Schnellboot. Wer seinen Wagen nach Ameland oder Terschelling mitnehmen möchte, muss weit im Voraus reservieren, nach Texel ist das nicht nötig. Vlieland und Schiermonnikoog sind autofrei, man muss sein Fahrzeug auf dem Festland zurücklassen. Im Sommer kann man mit dem Boot von Insel zu Insel hoppen. Auf den Inseln kommt man mit dem Bus von Ort zu Ort. Oder man mietet sich ein *fiets;* einen Fahrradverleih findet man in jedem Ort.

Schöne Kommandeurshäuser und manch Walfischknochen im Gartenzaun erinnern an frühere Zeiten. Ab dem 14. Jh. boten die an der Zufahrt zu den großen Handelshäfen in der Zuiderzee gelegenen Inseln den Kauffahrern, darunter die legendären Ostindienfahrer, Schutz vor Sturm und Piraten. Hier wurden Trinkwasser und Proviant gebunkert und Schäden an Schiffen repariert. Walfang und das *strandjutten* (Strandgut sammeln) trugen zum Wohlstand der Insulaner bei, die Seekriege gegen England im 17. Jh. füllten die Geldbeutel der Schiffsbauer und Ausrüster. Einheimische Kapitäne, die es zu etwas gebracht hatten, errichteten in den Siedlungen stattliche Kommandeurshäuser.

Als Napoleon Ende des 18. Jh. die Kontinentalsperre gegen England verhängte, leitete er damit den Niedergang von Schiffbau und Seehandel auf den Inseln ein. Die Fertigstellung des Noordzeekanals zwischen Amsterdam und IJmuiden im Jahr 1824 machte die meisten inselansässigen Lotsen brotlos und bedeutete einen weiteren Wirtschafteinbruch. Heute leben die Insulaner von Fischfang, Schafzucht, ein wenig Ackerbau und Milchwirtschaft, insbesondere aber vom Tourismus.

Texel !

Nur 20 Min. mit der Autofähre von Den Helder – und Sie sind auf der westlichsten und mit 25 x 8 km größten der Watteninseln. Die schönsten Badeorte sind De Koog an der Nordseeküste und De Cocksdorp am Nordende der Insel. Gebadet werden darf (fast) überall an dem 25 km langen Sandstrand, der sich entlang der ganzen Westseite der Insel erstreckt.

Im **Nationalpark Texelse Duinen** mit den Naturgebieten De Slufter und De

Muy lassen sich herrliche Rundwanderungen unternehmen und zahlreiche Vogelarten beobachten, am besten während geführter Exkursionen.

Die Insel lässt sich mühelos mit dem *fiets,* dem Bus und per pedes erkunden. 135 km Radwege und zahlreiche Wanderwege führen durch Dünen, Wälder, Wiesen und Marschen. Die schönsten Routen sind in der Broschüre »Rad- en Wandertouren«, erhältlich beim VVV, zusammengestellt.

Im Inselinneren fallen die *skijpeboetes* ins Auge, wie halbierte Bauernhäuser aussehende Schafställe, deren Bewohner die Insel zu Tausenden bevölkern. Lammfleisch, das durch das von den Tieren verspeiste salzhaltige Gras einen würzigen Eigengeschmack hat, steht ganz oben auf der Speisekarte.

Den Hoorn ► E 3

Dem Fährhafen 't Horntje am nächsten liegt das im Frühjahr von bunten Blumenfeldern umgebene Den Hoorn mit zahlreichen historischen Lotsenhäusern und der 500 Jahre alten Dorfkirche mit ihrem weißen Turm.

Den Burg ► E 3

Kleinstädtisch wirkt Texels größtes Dorf Den Burg mit seinen zahlreichen Geschäften, Restaurants und Lokalen, es gibt sogar ein Kino. Im Zentrum bietet der Turm der **Hervormde Kerk** (15. Jh.) eine schöne Aussicht. In der ringförmig um die Kirche angelegten Fußgängerzone lässt es sich herrlich flanieren.

Oudheidkamer

Kogerstraat 1, April–Okt. und Weihnachtsferien Mo–Fr 11–17, Sa, So 14–16 Uhr, 1,60/ab 0,90 €

Eine Wohnstube, in der auch geschlafen wurde, die Küche mit Wasserpumpe und der prächtige Salon, alles altholländisch eingerichtet, alte Gemälde und Trachten, in einem der ältesten Häuser (1599) der Insel – schöner Wohnen im 19. Jh. Ein kleiner Kräutergarten ist auch dabei.

Oudeschild ► E 3

Direkt am Wattenmeer liegt Oudeschild, Heimathafen der Texeler Fischereiflotte und Jachthafen für 300 Schiffe. Bei der nahe dem Hafen stehenden **Kornmühle Traanroeier** befindet sich das Museum der Strandgutsammler.

Maritiem- en Jutters Museum

Barentzstraat 21, www.texelsmaritiem.nl, Di–Sa 10–17, So ab 12 Uhr, Juli, Aug. auch Mo, 5,50/4 €

Strandgutsammeln *(juttern)* ist auf Texel normal. Man sammelt z. B. Holz zum Hausbau oder Feuern, aber auch alles, was noch brauchbar oder nett anzusehen ist. In der riesigen Scheune stapelt sich das Strandgut bis unter die Decke. Über seine Funde erzählt der *jutter* gerne so manche Story – sofern er gut drauf ist. In den sehr liebevoll ausgestatteten Gebäuden finden sich darüber hinaus Schmiede, Fischräucherei, die Werkstatt des Schiffszimmermanns, zwei Fischerwohnungen und im Raum De Noordkaap ein Kutter.

De Koog ► E 3

Einst ein winziges Fischernest, duckt sich das während der Badesaison stark besuchte De Koog hinter die Nordseedünen. Nur wenig entfernt liegt seine Hauptattraktion: das überaus sehenswerte Zentrum für Meeresökologie EcoMare.

Seebären unter sich

EcoMare
Ruijslaan 92, www.ecomare.nl, tgl. 9–17 Uhr, 8,75/6 €
Interessantes zu allem, was so im Watt und in der Nordsee kreucht und fleucht. Führungen durch den 70 ha großen Dünenpark sowie in die Naturschutzgebiete und empfehlenswerte Naturexkursionen. Ein echter Clou ist der Wassersaal mit Fischbassins, Streichelbecken und Infos rund ums Wasser. Die absolute Attraktion ist allerdings die Seehundauffangstation, in der kranke Seehunde gepflegt und elternlose Heuler aufgepäppelt werden. Fütterung: 11 und 15 Uhr!

Schipbreuk- en Juttersmuseum
Pontweg 141, Abfahrt an Pfahl 13, Mo–Sa 10–17 Uhr, 3,50/1,75 €
Stolz präsentieren *jutter* im »ersten echten und größten Juttersmuseum der Welt«, eingerichtet auf dem einstigen Bauernhof Flora, ihre Schätze, wozu auch etliche uralte Traktoren und Landmaschinen gehören.

De Cocksdorp ▶ E 3

Das Dorf hat sich, an der Vielzahl der Hotels, Restaurants und Sportanlagen erkennbar, ganz dem Tourismus verschrieben. Am nördlichen Ende der Insel, gebildet aus der bis 1835 separaten Insel Eierland, weist Texels roter **Leuchtturm** den Schiffen den Weg durch das Eierlandse Gat. Am Strand bei der Rettungsstation werden **Bootsausflüge** zur Nachbarinsel Vlieland (s. S. 170) und zu den Seehundbänken angeboten.

Cultuurhistorisch Museum
Hogereind 6, in De Waal, www.cultuurmuseumtexel.nl, 2 Wochen vor Ostern bis niederl. Herbstferien Di–Sa 10–17, So, Fei 13.30–17 Uhr, 3,50/2 €

Pferdewagen aller Art, authentisches Bauerngerät, Schmiede etc. – in und um den schönen, alten Bauernhof im Winzdorf De Waal wird das Landleben auf der Insel beleuchtet, wechselnde Kulturausstellungen gehen noch darüber hinaus.

Oosterend ►E 3

Mit seinen zahlreichen alten, mit typischen grünen Holzgiebeln versehenen Häusern und der frühromanischen Kirche mit wuchtigem Turm (12. Jh.) ist das ruhige Dorf eine Zierde der Insel. Östlich steht die Poldermühle **'t Noorden,** mit der der 1876 angelegte gleichnamige Polder trockengelegt wurde. Drehen sich die Flügel oder ist eine blaue Flagge gehisst, kann die Mühle besichtigt werden.

Übernachten

Harmonisch – **Op Diek:** Diek 10, Den Hoorn, Tel. 0222 31 92 62, www.opdiek.nl, DZ 81–100 € (auch HP möglich), bei nur 1 Nacht zzgl. 10 €, günstige Pauschalangebote. Übernachten Sie in einem riedgedeckten, ehemaligen Gülfhaus in einem der hellen, harmonisch eingerichteten Komfortzimmer. Gemütliche Hausbar, schöne windgeschützte Gartenterrasse.

Rooms with view – **Strandhotel Noordzee:** Badweg 200, De Koog, Tel. 0222 31 73 65, www.noordzee.nu, DZ ab 125 €. Die einmalige Lage direkt am Meer, die geräumigen, luxuriös und mit allem Komfort ausgestatteten Gästezimmer – einige mit Wasserbett und Dampfdusche – machen den besonderen Reiz dieses Hotels aus. Einladendes Restaurant mit schöner Terrasse und Wintergarten, leckerer Apfelkuchen, köstliche Fisch- und Lammgerichte.

Angenehm – **Pension Duinblick:** Ruijslaan 19, De Koog, Tel. 0222 31 74 66, www.duinblick.nl, DZ 50 €, am WE mind. 2, an langen WE und in den Ferien mind. 3 Nächte. In den 6 gemütlichen Gästezimmern – alle mit Dusche/WC – finden Sie auch Kühlschrank und Kaffeekocher. Einige haben einen kleinen Balkon. Am Ortsrand.

Gemütlich – **Carels Kamers:** Zeekral 8, De Koog, Tel. 0222 31 87 60, www.bedandbreakfasttexel.nl, DZ 65–75 €. In Carels gemütlichen Gästezimmern, jedes mit Bad/WC, TV, WiFi, Safe und Kühlschrank, kann man sich wohlfühlen. Unten gibt es eine Terrasse, im Obergeschoss einen Dachgarten. In 5 Min. ist man zu Fuß am Strand, im Wald oder Stadtzentrum.

Kleines B&B – **Ruysduyne B&B:** Ruijslaan 21, De Koog, Tel. 0222 32 71 00, www.ruysduyne.nl, DZ 52–55 €, an WE mind. 3, an Feiertagen mind. 4 Nächte, Juli/Aug. mind. 1 Woche. 4 lichte Gästezimmer, modern und komfortabel, eins mit kleinem Balkon. Frühstück auf dem Zimmer. Liegt am Ortsrand, 5 Min. zu Fuß zum Strand. Eigener Parkplatz.

Komfortabel – **Molenbos:** Postweg 224, De Cocksdorp, Tel. 0222 31 64 76, www.molenbos.nl, DZ ab 106 €. Modern und in warmen Farben eingerichtete Gästezimmer, denen es an nichts mangelt, mit schöner Aussicht vom Balkon oder einer Terrasse (besonders hintere Zimmer). 500 m vom Ort im Grünen gelegen. Café-Restaurant.

Sportlich – **Hotel Texel:** Postweg 134, De Cocksdorp, Tel. 0222 31 12 37, www.hoteltexel.com, DZ ab 90 € (bei nur 1 Nacht zzgl. 15 €), Gartensuite 150 €. Sport und Entspannung bietet das nahe dem Flugfeld (Fallschirmspringen!) gelegene Hotel mit Tennisplatz, Sauna, Schwimmhalle und Beautysalon. Die Gästezimmer sind komfortabel eingerichtet, WiFi in der Lounge. Idyllische Gartensuite. Gutes Restaurant.

Mein Tipp

Speisen & Spaß am laufenden Band

In einer restaurierten Scheune wird im **Theater-Restaurant Klif 12** beim Dinner-Kabarett (47 €) zwischen den vier Gängen Kabarett gespielt, gesungen und getanzt. Hier finden auch das ganze Jahr über Kabarett- und Musikveranstaltungen statt und im Juli und August ist das Kindertheater-Restaurant Klojo en Tante Ko geöffnet. (Klif 12, Den Hoorn, Tel. 0222 31 96 33, www.klif12.nl, April–Okt. Mi, Fr, Sa, Nov.–März Sa, weitere Termine s. Website.)

Günstig – **Casa della Masa:** Molenstraat 20, De Cocksdorp, Tel. 0222 31 63 78, www.casadellamasa.texel.com, DZ 40–45 € (bei nur 1 Nacht zzgl. 7 €). Ruhig am Dorfeingang und nahe Naturgebiet gelegenes B&B mit 3 gemütlichen, in warmen Tönen gehaltenen Zimmern. Frühstück im Wintergarten. Hunde sind nach Absprache herzlich willkommen!

Hostel – **Stayokay Texel:** Haffelderweg 29, Den Burg, Tel. 0222 31 54 41, www.stayokay.com, ab ca. 20 €/Pers.

Camping 1 – **De Krim:** Roggeslootweg 6, De Cocksdorp, Tel. 0222 39 01 12, www.krim.nl, ab ca. 24 €. Gut ausgestattet: Sportmöglichkeiten, Golfplatz, Reitstall, Schwimmbad, Restaurants, Supermarkt. Trekkershut ab 36 €.

Camping 2 – **Loodsmansduin:** Rommelpot 19, Den Hoorn, Tel. 0222 31 72 08, www.texelcampings.nl, Ende März–Okt., 10–28 €. Schöner, teils windgeschützter Platz im Dünengebiet. Sportmöglichkeiten, Freibad mit Jetstream. 4 Wanderhütten (40 €).

Essen & Trinken

Vielseitig – **Dennenoord:** Grensweg 114, Den Burg, Tel. 0222 31 36 99. www.restaurantdennenoord.nl, Mi–Mo 12–22 Uhr, Lunch 2,50–15 €, Dinner 16–27 €. Einfach eingerichtetes Café/Eethuis mit 61 verschiedenen Pfannkuchensorten und 21 Sorten Pizza, aber auch diverse Spezialitäten mit Texeler Lamm, Fisch und Gegrilltem.

Ein Hauch von Italien – **De Worsteltent:** Smitsweg 4, Den Burg, Tel. 0222 32 26 79, www.14sterren.nl, tgl., Lunch 3–8,50 €, Dinner 11–23 €. Freiliegendes Balkenwerk, blanke Holztische – ein urig-romantisch in einer alten Scheune eingerichtetes Restaurant mit weiträumigem Garten. Die italienisch angehauchte Küche bietet u. a. Pommes, *pannenkoeken* zum Lunch und Pasti, Pesce und Carne zum Dinner.

Tolle Aussicht – **Havenzicht:** Haven 6, Oudeschild, Tel. 0222 31 26 02, www.havenzichttexel.nl, tgl. 9.30–21 Uhr, Lunch 4–11 €, Hauptgericht 15–25 €. Alteingesessenes Familien-Restaurant, in dem Sie bei Kaffee, Mittag- oder Abendessen den Blick auf den Hafen genießen können. Frisches aus dem Meer wie gebackener Lachs, Klische und roter Knurrhahn, die Sie auch zusammen als Fischplatte bekommen.

Texelse Lamm – **De Compagnie:** Haven 20, Oudeschild, Tel. 0222 31 36 08, www.decompagnietexel.nl, tgl. 10–22 Uhr, Lunch 3–14 €, Hauptgericht 16–22 €. Gemütliches Café-Restaurant mit schöner Aussicht auf den Hafen. Fisch- und Fleischgerichte – gute Wahl: Lammfilet mit Honig-Senfsauce (ca. 17 €).

Pfannkuchen & mehr – **Eethuis Klif 23:** Klif 23, Den Hoorn, Tel. 0222 31 95 15, www.klif23.nl, tgl. Di–So ab 11 Uhr, Pfannkuchen ab 4 €. 125 verschiedene Sorten, zubereitet u. a. mit einheimischen Zutaten wie Texeler Käse und Kräutern von der Insel.

Texeler Zutaten – **Topido:** Kikkertstraat 23, De Cocksdorp, Tel. 0222 31 62 27, www.topido.nl, Juli/Aug. tgl. ab 10 Uhr, sonst Mo geschl., Lunch ab 5 €, Dinner ab 16 €. Garnelen aus dem Wattenmeer, Käse vom Texeler Bauern, Texeler Lammfleisch und Aal aus dem Texeler Naturreservat. Lecker: der Fischeintopf.

Aktiv & Kreativ

Strandvergnügen – **Baden:** Der Orientierung am Strand dienen nummerierte *paalen* (Pfähle). Rettungspersonal überwacht die Strände bei den *paalen* 10, 12, 15, 17, 19–21 und 28, FKK ist nur bei Pfahl 9 nahe Den Hoorn und bei Pfahl 27 erlaubt. Bei Nummer 31–33 am Nordende der Insel ist wegen starker Strömung Baden/Surfen verboten.
Surfschule – **Ozlines:** bei Pfahl 17, Tel. 06 16 64 59 24, www.ozlines.nl.
Fallschirmspringen – **Paracentrum Texel:** Flugplatz Texel, De Cocksdorp, Tel. 0222 31 14 64, www.paracentrumtexel.nl. Kurse auf jedem Niveau; Tandemsprung für Anfänger – sofort.
In die Natur **Exkursionen:** EcoMare bietet zu verschiedenen Themen geführte Ausflüge an (s. S. 166).
Inselhüpfen – **Vlieland-Tour:** mit Kutter *(beurtscheepje)* und ehemaligem Armeelaster nach Vlieland (s. S. 170).
Auf dem Meer – **Fangfahrten auf dem Garnelenkutter:** Abfahrt im Hafen von Oudeschild. Infosund und Reservierungen sind hier erhältlich: De Zeester TX 35, Tel. 0222 31 35 45, www.zeestertx35.nl; TX 10 Emmie: Tel. 0222 31 36 39, www.garnalenvissen.nl.

Abends & Nachts

Wenn in den anderen Dörfern abends die Bürgersteige hochgeklappt werden, geht es in De Koog, wo die meisten Discos zu finden sind, gerade los.
Dancing – **Café Sam-Sam:** Dorpsstraat 146, De Koog. Disco.
Discotheek – **Toekomst Dance Factory:** Dorpsstraat 22, De Koog, www.toekomsttexel.nl. Licht- und Lasershow.
Kino – **Cinema Texel:** Gravenstraat 33, Den Burg, Tel. 0222 31 20 27, www.cinematexel.nl. Es ist das einziges Kino der Insel.

Hopp on, hopp off – Von Insel zu Insel hüpfen

Mit Inselhüpf-Fähren von Texel nach Schiermonnikoog oder umgekehrt, und dabei keine Insel auslassen – von Mai bis Mitte Sept. sind alle Inseln verbunden. Infos, Fahrpläne und Wattenhop-Arrangementserhält man unter: Tel. 0562 45 11 11, www.nordseeinseln-holland.dc.)

Infos & Termine

Infos

VVV Texel: Emmalaan 66, Den Burg, Tel. 0222 31 28 47, www.texel.net.

Termine

Juni, an einem So: Ronde om Texel (www.roundtexel.com). Größtes Katamaranrennen der Welt.
Juli, an einem Sa: Island Samba Beach Festival mit den besten DJs Hollands. Pfahl 17.
Sept., 2. Wochenende: Texel Culinair in De Koog, kulinarisches Wochenende.

Verkehr

Fähre: Den Helder–Texel: Teso-bootdienst, Tel. 0222 36 96 00, www.teso.nl.
Bus: Bahnhof Den Helder–Fährhafen, Abfahrt 12 Min. nach jeder vollen Stunde. Verbindung vom Fähranleger nach

Auf Entdeckungstour

Inselhüpfen von Texel nach Vlieland

Mit dem Boot geht es von der Nordostspitze Texels über das Eierlandse Gat nach Vlieland. Weiter mit dem Vliehors Expres, einem umgebauten Militärlaster, durch den Vliehors, die ›Sahara‹ Vlielands. Am Posthuys mietet man sich ein Rad, fährt durch Dünen und Wälder zum Dörfchen Oost-Vlieland. Gemütliche Cafés laden dort zur Rast. Später geht's retour.

Reisekarte: ▶ E 2/3–F 2

Reederij De Vriendschap: De Cocksdorp, Texel, Vuurtorenweg 100, Tel. 0222 31 64 51, www.waddenveer.nl, Ende April–Sept. Di–Do, So, Juli/ Aug. mehrere Fahrten tgl., Tickets am: De Noorman bei Rettungsstation KNRM, De Cocksdorp, Abfahrt: Paal 33, 22,50/13 €.

Der Sprung von Texel nach Vlieland – Inselhopping genannt – startet in De Cocksdorp, am nordöstlichen Zipfel von Texel. Dort wartet, an einem Ponton festgemacht und über einen ziemlich fragil wirkenden Holzsteg auf Stelzen zu erreichen, **De Vriendschap.** Der grün-weiß gestrichene altehrwürdige Kutter tuckert schon seit über 80 Jahren über die Nordsee. Das *hopping* nach Vlieland findet bei fast jedem Wetter statt – selbst wenn Landratten meinen, es falle aus, weil es ein bisschen windet und auf den Wellen weiße Schaumkrönchen tanzen, so liegen sie völlig daneben. Erst bei Windstärke 7 fällt die Fahrt ins Wasser.

Ein Juttertje gefällig?

Die Flagge mit dem Totenschädel über den gekreuzten Knochen vorn am Mast ist natürlich ein Gag, Piraten gibt es auf dem Schiff nicht. Im Gegenteil. Der Kapitän erweist sich als netter Seebär, der während der Überfahrt schalkhaft lächelnd den Juttertje, den beliebtesten texelschen Kräuterbitter, serviert. Der es in sich hat. Besonders, wenn das Schiff bei der starken Gezeitenströmung zwischen den Inseln rollt und krängt. Die Fahrt durch das etwa 13 km breite **Eierlandse Gat** endet an einem staksigen Holzgerippe, das im Sand steckt, dem Landungssteg auf Vlieland. Jetzt heißt es umsteigen.

Wenn die Waffen schweigen ...

Am landseitigen Ende des Landungssteges wartet ein eidottergelbes Unikum, der Vliehors-Expres. Dabei handelt es sich um einen ehemaligen Militärlaster, den Besitzer Maarten Nijman mit überdachter Pritsche zum Bus umgebaut hat. – Auf einem Schild in der Nähe des Anlegers heißt es: »Bei roter Fahne wird geschossen!« Damit wird deutlicht, wo man hier ist: nämlich auf militärischem Übungsgelände. Ist die rote Fahne gehisst, donnern Düsenjäger über die Ebene und feuern ihre Geschosse auf herumstehende Panzerwracks ab. Ungeachtet der Knallerei dösen häufig Seehunde auf den Sandbänken, als ob sie wüssten, dass große Teile des Areals Naturschutzgebiet sind. Wenn Maarten den Militärs per Funk seine Abfahrt ankündigt, schweigen – so die Absprache mit dem Kommandanten – die Waffen, und der Laster fährt mit dröhnendem Diesel durch den Wüstensand der ›holländischen Sahara‹, den **Vliehors.**

Trauen Sie sich!

Er nimmt die gesamte Südwesthälfte der Insel ein und ist an Wochenenden, wenn das Militär schweigt, frei zugänglich. Von einer Tour auf eigene Faust ist jedoch abzuraten, wegen der Gefahr, die von herumliegenden Blindgängern ausgeht. Empfehlenswerter ist da schon eine der Touren mit dem Vliehors-Expres, die zu den **Seehundbänken** oder zum ehemaligen **Reddingshuisje** führen. Die 100 Jahre alte kleine weiße Holzhütte auf Stelzen, einst Zufluchtsstätte für gestrandete Seeleute, ist inzwischen zum **Strandjuttermuseum** mutiert. Hier stapelt sich allerlei angeschwemmter Kram. Und hin und wieder wird Maarten hier auch in ganz anderer Funktion tätig: als Trauzeuge. Die Rettungsstation gilt nämlich als eine der Top-10-Traustätten weltweit (www.vliehorsexpres.nl).

Die Fahrt durch die ›Sahara‹ endet am **Posthuys** (tgl. 10–17, Küche 12–16 Uhr, s. auch S. 173). In der ehemaligen Poststation kann man rasten, sich ein Rad mieten und durch Dünen und Wälder zum Dorf **Oost-Vlieland** radeln. Dort warten gemütliche Cafés und im Heimatmuseum Tromp's Huis (s. S. 172) viele Infos zur Insel.

Den Burg, von dort Verbindungen zu den anderen Inselorten.
Fahrradverleih in allen Orten.

Vlieland

Mit nur 12x2km ist Vlieland die kleinste der Westfriesischen Inseln. Hinzu kommt im Westen die bei Flut überspülte 8km lange Sandplatte Vliehors, ein Naturschutzgebiet, das auch militärisches Übungsgelände ist. Auf der Insel gibt es nur das Dorf Oost-Vlieland, eine 26km lange Ringstraße mit einer Handvoll Autos – Besucher dürfen keinen Wagen mitbringen – und viel Natur: Wiesen, Wälder und einen 12km langen Sandstrand.

An warmen Sommertagen bummeln zahlreiche Besucher durch die reizvoll mit Bäumen und hübschen historischen Häuschen gesäumte Dorpsstraat von **Oost-Vlieland** (► F 2), an der sich auch zahlreiche Restaurants, Cafés und Geschäfte befinden. Vom Dorf, das seit 1971 unter Denkmalschutz steht, führt der Postweg durch Dünen und Wälder zum **Posthuys** (► E 3; s. S. 171, 173), einem beliebten Ausflugsziel mit Restaurant und Café.

Tromp's Huys ► F 2

Dorpsstraat 99, www.trompshuys.nl, Okt.–März Di–Sa 14–17, Mai–Sept. Di–Fr 11–17, Sa 14–17 Uhr, 2,75/ab 2€
Im ältesten Haus der Insel, erbaut 1575, ehedem Admiralitätskontor, erhielten berühmte Admiräle wie De Ruyter und Maarten Tromp einst Instruktionen.

Ab 1896 lebte die norwegische Malerin Betzy Berg in dem Haus, einige ihrer Meeres- und Küstenbilder sind hier zu sehen, und ihr stilvolles Wohnzimmer ist noch erhalten. Besonders imposant ist die blaue Fliesenkammer. Mit Ausgrabungsfunden und Exponaten aus der Walfangzeit wird Vlielands Vergangenheit dargelegt.

Nicolaaskerk ► F 2

Kerkplein, Juni–Sept. Mi 10–11 Uhr
Kirchenbänke aus Treibholz, Stützpfeiler aus Schiffsmasten, einen riesigen kupfernen Kerzenleuchter (ein Geschenk Admiral De Ruyters) sowie Grabsteine aus Walfischzähnen findet man in dem Gotteshaus des 17. Jh.

Armhuis ► F 2

Gegenüber der Kirche, in der Regel tgl. 11–19 Uhr
In dem schmucken Haus aus dem 17. Jh. fanden alte Menschen bis 1950 ihre letzte Unterkunft. Heute birgt es ein Restaurant mit Galerie. Es lohnt sich, einen Blick in die mit offenen Kaminen oder alten Öfen ausgestatteten Räume zu werfen.

Vuurtoren ► F 2

Am Dorfrand, Juli/Aug. Mo–Fr 10–12, 15–17, Sa 10–12 Uhr, sonst seltener
Einen schönen Blick über die Insel erhält man von der 55m hohen Plattform oben am roten Leuchtturm.

Übernachten

Gemütlich – **De Wadden:** Dorpsstraat 61, Tel. 0562452626, www.westcordhotels.nl, DZ ab 80€. Einst Seefahrerschule, erinnert im Innern noch manches authentische Detail an jene Zeit. In der persönlichen und entspannten Atmosphäre fühlt man sich schnell zu Hause. Gästezimmer mit dem Komfort eines 3-Sterne-Hotels, einige mit hölzernem Balkon oder Terrasse.
Entspannend – **De Bosrand:** Duinkersoord 113, Tel. 0562451248, www.hoteldebosrand.nl, DZ 84–100€. Herrliche Lage zwischen Dünengürtel und Wald, nur wenige 100m vom Meer.

Gemütlich lässt es sich in einem der Cafés an der Vlielander Dorpsstraat sitzen

Helle, komfortable Gästezimmer, gemütlicher Frühstücksraum. WiFi-Internet, Sauna und Solarium versüßen den Aufenthalt.

Camping strandnah – **Stortemelk:** Kampweg 1, Tel. 0562 45 12 25, www.stortemelk.nl, ab 18 €/2 Pers. Riesige Anlage, und das Meer liegt direkt hinter der nächsten Düne. Großer Kinderspielplatz, Tischtennis, Basketballanlage und Cafeteria sind nur einige der Annehmlichkeiten des Platzes.

Essen & Trinken

Schöner Zwischenstopp – **Posthuys:** Postweg 4, Tel. 0562 45 12 82, www.posthuysvlieland.nl, während der Saison tgl. 10–17, Küche 11.30–16 Uhr, Gerichte 6–13 €. Beliebter, im Westen der Insel gelegener Zwischenstopp bei Wander- oder Radtouren (s. auch S. 171). Pasta, Pfannkuchen, Hamburger, Salate, Suppen und mehr kann man im modern eingerichteten Speisesaal oder auf der großen Terrasse genießen. Zahlreiche Gerichte für Kinder.

Fusion cooking – **Caep Oost:** Willem de Vlaminghweg 2, Tel. 0562 45 38 40, www.vlielandculinair.nl, tgl. 12–21.30 Uhr, Hauptgericht ab 15 €. Orientalische Speisen, schmackhaft mit asiatischen Gewürzen und Kräutern angerichtet und dem westlichen Gaumen angepasst. Fisch, Fleisch und vegetarische Gerichte. Ab und an auch Wagyu-Beef auf der Karte.

Eetcafé – **De Lutine:** Dorpsstraat 114, Tel. 0562 45 14 77, www.de-lutine.nl, in der Saison tgl. ab 10 Uhr, Lunchgericht ab 5 €, Hauptgericht ab 15 €. Schiffsgemälde und ein eingerahmter, rostiger Schiffsnagel der »Lutine« erinnern an das 1799 bei Vlieland gesunkene Schiff. Hier können Sie ein Tasse Kaffee genießen, lunchen und dinieren. Internationale Küche, saisonale Spezialitäten wie Spargel, Wild, Muscheln.

Aktiv & Kreativ

Auf Wanderpfaden – **Exkursionen und Ausflüge:** Ob allein oder geführt, auf der Insel gibt's ein vielfältiges Angebot, zu wandern und sich umzuschauen: Exkursionen im Watt und in den Dünen, Vogelbeobachtungen, ja sogar ein nächtlicher Gang mit dem Nachtwächter. Infos: VVV und Besucherzentrum De Noordwester.

Abends & Nachts

Nachtschwärmer werden auf der **Dorpsstraat** schnell fündig:

Bar & Dancing – **De Oude Stoep:** Dorpsstraat 81, www.deoudestoep.nl, sommertags ab 22 Uhr.

Gemütlich – **Bruun Café:** Dorpsstraat 83, tgl. ab 17 Uhr, richtig was los ab ca. 22 Uhr. Gemütliche Braune Kneipe.

Infos

Infos

VVV: Havenweg 10, Tel. 0562 45 1111, www.vlieland.net.

Bezoekerscentrum De Noordwester: Dorpsstraat 150, Tel. 0562 45 17 00, www.denoordwester.nl. Besucherzentrum zum Einstimmen auf die Insel: mit Infos über Insel, Flora und Fauna, Seeaquarien, einem Pottwalskelett und jeder Menge Strandgut.

Verkehr

Fähre: Harlingen–Vlieland (Reederei Doeksen), Tel. 0517 49 15 00, www.rederij-doeksen.nl. Bewachter, kostenpflichtiger **Parkplatz** am Fährterminal (Tel. 0571 42 01 03).

Bus: Verbindung zwischen Oost-Vlieland und dem Posthuys am Rande des Vliehors 6 x tgl.

Fahrradverleih: Zeelen, in der Dorpsstraat 2 und am Jachthafen, Tel. 0562 44 81 65, www.zeelenfiets.nl.

Terschelling

Die rund 30 km lange und bis zu 5 km breite, zweitgrößte der Inseln hat 5000 Bewohner, die im Hafenort West-Terschelling und einigen kleineren Dörfern im Innern der Insel leben. Entlang der ganzen Nordseeseite erstreckt sich ein herrlicher Sandstrand, an dem überall gebadet werden kann, Rettungspersonal bewacht jedoch nur im Juli und August den Bereich von *paal* 8 bis 12. An den Strand schließt sich nach Süden eine Landschaft neuer und alter Dünen an, die hier und dort von dichten Nadelwäldern bedeckt sind. Den Süden der Insel haben die Bewohner in eine fruchtbare Polderlandschaft verwandelt. Die große Sandplatte am Westende, **De Noordvaader** (▶ F 2), und **De Boschplaat** (▶ G 2), einst eine östlich der Insel liegende etwa 10 km lange Sandbank, die man durch einen Deich mit ihr verbunden hat, sind Biotope einer artenreichen Vogelwelt und stehen unter Naturschutz.

West-Terschelling ► F 2

Stimmungsvolle Hafenatmosphäre, zu der bunte Fischkutter und hölzerne Tjalken, Kuffen und Aaken der Braunen Flotte in besonderer Weise beitragen, empfängt den Besucher. Etliche historische Commandeurshäuser reicher Kapitäne zeugen vom Wohlstand des 16./17. Jh., als Walfang, Schiffsbau und Seehandel der Insel eine wirtschaftliche Blütezeit bescherten. Aus jener Zeit stammt auch der 1594 im Ort erbaute, viereckige **Brandaris**, der 54 m hohe, älteste Leuchtturm Hollands.

Museum 't Behouden Huys

Commandeursstraat 30, www.behouden-huys.nl, April–Okt. Mo–Fr 10–17, Sa 13–17, 15. Juni–Sept. auch So 13–17 Uhr, 3/2 €

Zimmer, im Stil des 19. Jh. eingerichtet, Terschellinger Trachten, wechselnde Ausstellungen über die Insel, Exponate zur Seefahrerei und dem Lotsenwesen – die eine Seite des Heimatmuseums. Die andere ist dem auf der Insel geborenen Kapitän und Polarreisenden Willem Barentsz gewidmet, u. a. mit dem Nachbau seiner Kapitänsbrücke – mit Blick auf Spitzbergen.

Natuurmuseum en Zeeaquarium

Burgemeester Reedekerstraat 11, www.natuurmuseumterschelling.nl, April–Okt. Mo–Fr 9–17, Sa, So 14–17, Nov.–März Di, Sa, So 14–17, Weihnachts- und Frühlingsferien tgl. 14–17 Uhr, 5/3,50 €

Wie entstehen eigentlich Dünen? Wie baut man einen standfesten Deich? Wie ist Terschelling entstanden? Wieso gibt es auf der Insel Wälder? Welche Vögel leben oder rasten auf dem Zug in den Süden hier? Antworten finden Sie in diesem Museum. Im Aquarium blickt man tief in die Nordsee. Attraktion: In offenen Becken kann man gefährliche Stechrochen streicheln.

Midsland ► F 2

Außer ›West‹, wie der Hafenort kurz genannt wird, besitzt nur Midsland einen richtigen Dorfkern. Mit zahlreichen Restaurants, Bars, Kneipen und

Mein Tipp

›Kom proeven‹ – kosten Sie Terschellings Cranberries

Eigentlich findet man Cranberries, eine Unterart der Heidelbeere, eher in Nordamerika. Offenbar gelangten sie in einem gestrandeten Fass auf die Insel, das ein Strandjutter um 1840 gefunden und achtlos in die Dünen entleert hatte. Inzwischen werden sie auf Terschelling in der **Cranberry Cultuur Skylge** (► F 2) großflächig angebaut und zu Cranberrysaft, -wein, -sirup, -marmelade und -senf verarbeitet. Hier können Sie kosten und einkaufen. (Formerum 51A, www.terschellingercranberry.nl, Präsentation Mai–Okt. tgl. 14 Uhr.)

Die Garnelenausbeute vor Terschellings Küste ist groß

Diskotheken ist es das touristische Zentrum der Insel.

Formerum ▸ F 2

Formerum ist der Geburtsort des Seefahrers und Entdeckers Willem Barentsz, nach dem die Barentssee benannt ist. Im **Mühlencafé** der **Koffiemolen** von 1838 lässt es sich gemütlich bei einer Tasse Kaffee entspannen. Oder bei einem Bierchen in der Kneipe des Wrackmuseums De Boerderij (s. u.).

Wrakkenmuseum De Boerderij
Zuid 13, www.wrakkenmuseum.nl, in der Saison tgl. 10–17 Uhr, 2,50/1 €

In dem kleinen, in einem alten Bauernhof eingerichteten Museum stapelt sich der tonnenweise von Tauchern aus dem Meer geborgene Schiffskram. Strandgut, einschließlich Flaschenpost, ist auch zu bestaunen. Außerdem eine Ausstellung über die mit einem Goldschatz beladene, 1799 bei Terschelling gesunkene Fregatte »Lutine«.

Übernachten

Ländlich – **Hotel De Walvisvaarder:** Lies 23, Lies, Tel. 0562 44 90 00, www.walvisvaarder.nl, DZ ab 74 € (bei nur 1 Nacht zzgl. 2,50 €). Schöner, restaurierter Bauernhof, den einst der Kapitän

eines Walfängers erbaut hat. Gemütlich eingerichtete Zimmer mit Bad, WC, TV, Telefon. Großer Speisesaal mit offenem Kamin, Sonnenterrasse, Sauna, schöner Garten. Familiensuite (151 €), mit eigener Piratenkammer für Kinder.
Modern – **Paal 8 Hotel aan Zee:** Badweg 4, West aan Zee, Tel. 0562 44 90 90, www.paal8.nl, DZ ab 99 €. Modernes Haus in sehr schöner Lage direkt am Meer, stilvoll modern eingerichtete Zimmer. Ausgezeichnetes Gourmet-Restaurant De Grië (www.degrie.com).
Budget bis Luxus – **Hotel NAP:** Torenstraat 55, West-Terschelling, Tel. 0562 44 32 10, www.hotelnap.nl, DZ ab 115 €, am WE für 2 Nächte, Ostern, Pfingsten, Himmelfahrt mind. 3 Nächte, WE Aug. und Sept. ab 2 Nächte. Eines der ältesten Hotels auf der Insel, nahe dem Leuchtturm. Zimmerausstattung von Budget bis Luxus, manche mit gesonderter Schlafempore (über Wendeltreppe). Günstige Arrangements.
Hauch von Irland – **Hotel-Pension De Koegelwieck:** Dorpsstraat 35, Hoorn, Tel. 0562 44 94 95, www.koegelwieck.nl, DZ ab 70 € (bei nur 1 Nacht zzgl. 7 €/Pers.). Die Gastgeber ließen sich von ihren Irlandreisen inspirieren. Einfache, aber komfortable Zimmer. Geräumige Irland-Suite (90 €). Romantisches Gartenhäuschen hinterm Hotel (90 €) mit eigener Terrasse. Restaurant mit irischem Bier und Whiskey.
Hostel – **Stayokay Terschelling:** West-Terschelling, Burg van Heusdenweg 39, Tel. 0562 44 23 38, www.stayokay.com, ab ca. 20 €/Pers.
Camping 1 – **'t Wantij:** Oosterend, Oosterend 41, Tel. 0562 44 85 22, www.wantij-terschelling.nl, ca. 11 €. Klein, am Fuße der Dünen und am Rand des Naturreservats De Boschplaat.
Camping 2 – **Nieuw Formerum:** Formerum Noord 13, Tel. 0562 44 89 77, www.nieuwformerum.nl, 2 Pers. ca. 20 €. Im bewaldeten Naturgebiet.

Essen & Trinken

Eet- en terrascafé – **De Rustende Jager:** Formerum 23, Formerum, Tel. 0562 44 85 89, www.rustendejager.com, tgl. 11–23 Uhr, Tagesgericht 8,50 €, Hauptgericht ab 11 €. Tapas, *broodjes,* Pfannkuchen, Fisch, Fleisch, Vegetarisches – etwas für jeden Geschmack. Rustikale Einrichtung mit den Porträts von Bluesgruppen an den Wänden, häufig Livemusik. Gemütliche Terrasse.
International – **De Heeren van Terschelling:** Oosterend 43, Oosterend, Tel. 0562 44 87 80, www.deheerenvanterschelling.nl, Juli/Aug. Mi–Mo 11–16, 18–21 Uhr, sonst seltener, Hauptgericht 22 €. Rustikales, gemütliches Interieur mit offenem Kamin und Terrasse, auf der man ein leckeres Bauernbrot-Sandwich, Süppchen oder Garnelenkroketten, aber auch vorzügliche Gerichte der internationalen Küche essen kann.
Eethuis – **De Koegelwieck:** Dorpsstraat 35, Hoorn, Tel. 0562 44 94 96, www.koegelwieck.nl, Mitte Febr.–Mitte Nov. Do–Mo 17.30–21.30 Uhr, Hauptgericht ab 17 €. Kleines Restaurant mit niederländischer und irischer Küche, da fehlen auch Fish 'n' Chips (in Guinness frittierte Kabeljaufilets mit hausgemachter Sauce Ravigotte) nicht.

Aktiv & Kreativ

Stiefeln in Gummi – **Wattwandern:** geführte Wanderungen, aber auch Wanderungen entlang markierter Routen, die man allein unternehmen kann. Infos und Broschüren beim VVV.

Abends & Nachts

Dancing – **Danscafé De Stoep:** Oosterburen 5, Midsland, Tel. 0562 44 91 45.
Muziek & Eetcafé – **De Groene Weide:**

Mein Tipp

Das Graceland von Oosterend auf Terschelling
Wenn der pinkfarbene Cadillac in den Dünen auftaucht, sind es nur noch ein paar Schritte zum 2 km von Oosterend entfernt, einsam am Strand liegenden Pavillon **Heartbreak Hotel.** Eine Jukebox, alte Transistoradios und Plattenspieler, eine Red-Indian-Benzinzapfsäule, Mobiliar und Bilder erinnern an die 1950er-Jahre und an Elvis. Und natürlich die Musik: fetziger Rock 'n' Roll. Wer hier einen Patsy Cline bestellt, bekommt gebackene Muscheln, bei einem Chuck Berry ist es die Pfanne mit diversen Fischsorten – die Gerichte sind nach Rock-'n'-Roll-Stars benannt. Lecker sind die hausgemachten Hamburger, und bei frischer Brise ist die heiße *snert* (Erbsensüppchen) genau richtig. Während der Sommersaison jedes Wochenende Livemusik! (Am Ende des Badwegs, Oosterend, ▶ F 2, Tel. 0562 44 86 34, www.heartbreak-hotel.nl, tgl. ab 10 Uhr, kleines Lunchgericht 3–7 €, Dinnergericht 13–22 €.)

Dorpsstraat 81, Hoorn, Tel. 0562 44 84 59, www.groeneweide.nl. Refugium des holländischen Sängers Hessel, der hier auch mehrmals pro Woche auftritt.
Romantisch – **De Walvis:** am Groene Strand, West, www.walvis.org, Frühjahr–Herbst 10–24, sonst bis 22 Uhr. Sonnenuntergang über dem Meer bei Cocktails im Strandpavillon – schön!

Infos & Termine

Infos

VVV: Willem Barentszkade 19 a, Terschelling-West, Tel. 0562 44 30 00, www.vvvterschelling.nl.

Termine

Juni: Oerol-Festival, www.oerol.nl, 10-tägiges Sommerfestival auf der ganzen Insel, Theater, Musik, Tanz und mehr.

Verkehr

Autofähre: Harlingen–Terschelling (Doeksen), Tel. 0517 49 15 00, www.rederij-doeksen.nl.
Bus: Verbindungen zwischen den Inselorten.
Fahrradverleih: in allen Inselorten.

Ameland

Die Geschichte Amelands verleitet zum Schmunzeln, gelang es den gewitzten Inselfriesen doch immer wieder, durch geschickte Neutralitätspolitik das Beste für ihr Eiland herauszuholen: 1396 überließen sie beim Kampf um Friesland die Insel widerstandslos dem Grafen Albrecht von Bayern und durften deshalb weiterhin über sie bestimmen; als im 17. Jh. auf dem Festland der Achtzigjährige Krieg gegen Spanien tobte, erlangte die Insel 1629 die Unabhängigkeit von Spanien, weil sie den Katholiken auf der Insel Religionsfreiheit zusicherte. Und als sich die Holländer 1654 im Seekrieg mit England befanden, rangen die Insulaner Oliver Cromwell die Anerkennung ihrer Unabhängigkeit ab und konnten, während die niederländische Handelsflotte in den Häfen der Zuiderzee festsaß, mit ihren Schiffen unbehelligt Handel treiben. Vom Wohlstand durch Handel und Walfang im 17./18. Jh. zeugen noch heute zahlreiche stattliche Kommandeurshäuser, manche mit Zäunen aus Walfischknochen.

Heute locken der schöne, 27 km lange Nordseestrand und die ausgedehnten Dünen und Waldlandschaften jährlich Tausende von Sommergästen auf die Insel – die ca. 3500 Insulaner leben weitgehend vom Tourismus. Große Teile der Insel sind artenreiche Vogelschutzgebiete, wo aber auch – einzigartig für die Westfriesischen Inseln – Rehe äsen. Touristen dürfen zwar Autos mit auf die Insel bringen, doch lässt sich diese auch bequem mit dem *fiets* erkunden.

Nes ▶ G 2

Trotz des starken Tourismus hat sich die Hafensiedlung Nes in ihrem historischen Zentrum noch einiges von ihrer malerischen Ursprünglichkeit bewahrt. Um den 1664 erbauten und 1732 zum **Leuchtturm** erhöhten Kirchturm scharen sich kleine Häuschen, von denen das am Rixt van Doniaweg 8 erbaute **Commandeurshuiz** von 1625 das älteste ist.

Natuurcentrum

Strandweg 38, www.amelandermusea.nl, April–Nov. Mo–Fr 10–17, Sa, So 13–17, Nov.–Jan. Mi–Sa 13–17, Weihnachtsferien Mo–Fr 10–17, Sa 13–17 Uhr, 5,75/4 €

Im neu gestalteten Naturzentrum werden Jung und Alt auf eine Reise in die Amelander Natur mit faszinierender Tier- und Pflanzenwelt mitgenommen. Im Wassertheater mit dem riesigen Meeresaquarium ist versammelt, was in der Nordsee kreucht und fleucht.

Buren ▶ G 2

Buren besteht aus einigen Bauernhöfen, die sich locker um den Dorfplatz scharen. Auf diesem leuchtet die bronzene **Rixt van Oerd,** die mit Hakennase und Laterne bewaffnete Hauptdarstellerin einer einheimischen Legende, heute Autos und Radfahrern den Weg. Zu ihren Lebzeiten soll die alte Fischerwitwe mit ihrem Irrlicht – sie hatte eine Laterne an die Hörner ihrer Kuh gebunden und diese nachts in die Dünen getrieben – Schiffe zum Stranden gebracht haben. Bis sich eines Tages ihr einziger Sohn unter den Opfern befand.

Landbouw- en Juttersmuseum Swartwoude

Hoofdweg 1, www.amelandermusea.nl, April–Nov. tgl. 10–17, Ferien Mo–Fr 10–12, 13–17, Sa, So, Fei 13.30–17, Dez.–März Mi–Sa 13.30–17 Uhr (mit Abweichungen), 3/2,50 €

Stallluft schnuppern, Schafskäse probieren und anschauen, wie man im

Mein Tipp

Mit 10 PS durch die Brandung

Hufe donnern über den Strand, zehn schwere Pferde legen sich kraftvoll ins Zeug, schleppen das blau-weiße Rettungsboot »Abraham Fock« im Eiltempo über den Strand und durch die Brandung ins Meer. Bis 1988 war das Lancieren des Amelander *paardenreddingboot* mit Pferden zur Rettung Schiffbrüchiger Realität, heute wird es bis zu 14 Mal im Jahr für Besucher inszeniert – faszinierend! Es empfiehlt sich, früh vor Ort zu sein.

Lieblingsort

Strandvergnügen auf Ameland

Sand unter den Sohlen, eine leichte Brise um die Ohren, Meeresrauschen, Strand und Wasser – Weite bis zum Horizont. Hier und dort bunte Tüpfelchen: sonnenhungrige Urlauber und spielende Kinder. Am Strand von Ameland, oben am Dünenrand, kann man das »am Meer sein« so richtig auskosten.

19. Jh. auf der Insel zurechtkam. Für die Bauern der Insel gab die Scholle noch nie genug her, weshalb sie sich, wie hier gezeigt wird, zusätzlich mit Fischfang und Strandjuttern über Wasser halten mussten.

Ballum und Hollum ▸ G 2

Schöne alte, von kleinen Gärten eingerahmte Häuschen und Höfe bestimmen das Dorfbild von **Ballum.** Das schönste Dorf der Insel ist jedoch **Hollum,** mit dem mächtigen Bau der Hervormde Kerk (14. Jh.), auf deren *kerkhof* noch zahlreiche mit Abbildungen von Segelschiffen verzierte Grabsteine an die Walfangzeiten erinnern, und mit von Bäumen gesäumten Straßen, an denen sich viele alte Kapitänshäuser reihen.

Cultuurhistorisch Sorgdrager Museum

Heerenweg 1, Hollum, www.amelandermusea.nl, Nov.–März Mi–Sa 13.30–17, April–Juni Mo–Fr 10–12, 13–17, Sa, So 13.30–17, Juli–Sept. Mo–Fr 10–17, Okt. Mo–Fr 10–12, 13–17 Uhr (mit Abweichungen), 3/2,50 €

Ausgebleichte Walfischknochen in der Umfriedung des Sorgdragershuuske lassen keinen Zweifel: Dieses Haus gehörte einst einem Walfängerkommandeur, nämlich Pieter Sorgdrager, der es 1751 erbaut hat. Ein Rundgang durch die Wohnung gibt interessante Einblicke in den Amelander Lebensstil jener Zeit. Noch mehr über die Geschichte der Insel und über den Walfang erfahren Sie in der Ausstellung im benachbarten Bauernhaus.

Maritiem Centrum Ameland

Oranjeweg 18, Hollum, www.amelandermusea.nl, Nov.–März Mi–Sa 13.30–17, April–Juni Mo–Fr 10–12, 13–17, Sa, So 13.30–17, Juli–7. Sept. Mo–Fr 10–17, Sa, So 13.30–17, Okt. Mo–Fr 10–12, 13–17 Uhr (mit Abweichungen), 4/3 €

Navigieren mit Sternen, Kompass und Küstenlinien? Wie das funktioniert, kann man hier herausfinden. Und man erfährt, wie es bei atemberaubenden Rettungsaktionen Schiffbrüchiger vergangener Tage zuging. Hauptattraktion ist das alte, von zehn Pferden ins Meer gezogene *paardenreddingboot* (s. S. 179).

Übernachten

Nobel – **Hotel Nobel:** Gerrit Kosterweg 16, Ballum, Tel. 0519 55 41 57, www.hotelnobel.nl, DZ ab 114 €. Individuell und in verschiedenen Farben gehaltene Zimmer mit allem Komfort, am schönsten sind die im englischen Stil eingerichteten. Ebenerdige Gästezimmer haben eine Gartenterrasse. Entspannung bieten Türkische Bäder und eine Sonnenbank.

Familiär – **Hofker:** J. Hofkerweg 1, Nes, Tel. 0519 54 20 02, www.hotel-hofker.nl, DZ ab 90 € (bei nur 1 oder 2 Nächten zzgl. 3,50 €/Pers./Nacht). Solides Familienhotel, geräumige Zimmer mit Bad, WC, TV, Kühlschrank, Kaffeebar und kleinem französischen Balkon mit Aussicht auf den Garten. Ausgedehntes Frühstücksbuffet.

Modern – **Hotel Nes:** Strandweg 39, Nes, Tel. 0519 54 21 83, www.hotelnes-ameland.nl, DZ ab 88 € (bei nur 1 Nacht zzgl. 4 €). Modern eingerichtetes Familienhotel, helle mit Bad, WC, Minibar, Telefon und Wasserkocher ausgestattete Zimmer, alle mit Balkon oder Terrasse.

Logies en ontbijt – **De Jong:** Oosterlaan 6, Hollum, Tel. 0519 55 43 05, www.ameland.net, DZ 50 €. 3 Gästezimmer in einem Einfamilienhaus mit gemütlicher Atmosphäre, Zimmer mit Waschbecken, gemeinschaftliche Dusche und WC auf dem Gang, gemeinschaftliches Wohnzimmer mit Kochblock und TV.

Klein, aber fein – **B&B Beverwijk:** Reddingbootweg 13a, Hollum, Tel. 0519 554501, www.kamerverhuurameland.nl, ab 48 €. In ruhiger Lage nahe dem Zentrum gelegenes Haus mit 2 nett eingerichteten Gästezimmern, jeweils mit eigenem Bad und WC, TV und Kaffeemaschine.

Hostel – **Stayokay Ameland:** Oranjeweg 59, Hollum, Tel. 0519555353, www.stayokay.com, ab 20 €/Pers.

Camping 1 – **Ferienpark Klein Vaarwater:** Klein Vaarwaterweg 114, Buren, Tel. 0519542156, www.kleinvaarwater.nl, im eigenen Zelt oder Camper bei 2 Pers. ca. 19 €. Gut ausgestatteter Platz zwischen Buren und dem Strand, Bungalows, Mietwohnwagen.

Camping 2 – **Duinoord:** Jan van Eijkweg 4, Nes, Tel. 0591 54 20 70, www.campingduinoord.eu, 2 Pers. ab 25 €. Riesiges, komfortabel ausgestattetes Areal in den Dünen nahe dem Strand.

Essen & Trinken

Eetcafé – **De Boerderij:** Camminghastraat 22, Ballum, Tel. 0519554214, www.eetcafedeboerderij.nl, tgl. 11–22 Uhr, Hauptgericht ca. 20 €. Ehemaliger Bauernhof mit schöner Terrasse, wo man leckeres Ameländer Apfelgebäck, aber auch köstliche Spareribs oder Scholle bekommt.

Ausgezeichnete europäische Küche – **Herberg de Zwaan:** Zwaneplein 6, Hollum, Tel. 0519 55 40 02, www.herbergdezwaan.nl, tgl. ab 11, in der Hochsaison ab 10 Uhr, Hauptgericht ab 16 €. Bei etlichen Gerichten kann man statt der ganzen eine halbe Portion bestellen. Tipp: Lammrücken mit Honig-Thymian-Sauce. Speisen Sie in der prächtigen *heerskamer* im nordniederländischen Rokokostil oder auf der Terrasse im Schatten uralter Bäume.

Das Wahrzeichen Amelands ist rot-weiß-geringelt

Urgemütlich – **De Klimop:** Johan Hofker Weg 2, Nes, Tel. 0519 54 22 96, www.restaurantdeklimop.nl, tgl. 12–21.30 Uhr, kleine Lunchgerichte ab 2,50 €, Hauptgericht ab 16 €. Gebälk an der Decke, rustikale hölzerne Stühle und Tische, offener Kamin mit Rehbocktrophäe, der Speisesaal erinnert an ein Jagdgasthaus. Tatsächlich gibt es neben Spareribs, Fisch und Vegetarischem hier auch Wildgerichte wie Fasan.

Piratennest – **De Piraat:** Oude Steiger 5, Nes, Tel. 0519 54 31 38, www.restaurantdepiraat.nl, während der Hochsaison tgl. 10–22 Uhr, Lunchspeisen ab 2,50 €, Hauptgericht ab 15 €. Kinderspielhöhle und Speisesaal mit großer Kogge, draußen ein Spielplatz – das richtige Lokal für quirlige Kinder, die hier leckere Pfannkuchen, *poffertjes* und dicke Piraten-Burger vertilgen können. Schöner Blick von der Terrasse auf den Hafen.

Aktiv & Kreativ

Im Watt und am Strand – **Wandern:** Geführt durch den Schlick wandern und dabei das Ökosystem Watt kennenlernen oder zum Muschelnsammeln an den Strand. Infos beim VVV.

Am Strand – **Fischen:** bei Ballum. Mit dem Schleppnetz am Strand entlang: Krabben, Schollen und mit Glück Seesterne ›fischen‹. Infos beim VVV.

In der Luft unterwegs – **Fallschirmspringen:** Paracentrum Ameland, Flugplatz Ballum, Tel. 0519 55 48 80, www.skydive-ameland.nl. Kurse im Fallschirmspringen oder den Tandemsprung sofort.

Mein Tipp

Zu Fuß zu den Inseln

Vom Festland durch das Watt nach Schiermonnikoog oder Ameland (▶ G/H 2) wandern, auf Touren mit erfahrenen Führern – ein einmaliges Naturerlebnis, das wegen der Länge der Strecken Stehvermögen erfordert und nicht ungefährlich ist. (Infos und Anmeldung: Wadloopcentrum Fryslân, www.wadlopen.nl.)

Abends & Nachts

Disco – **De Lichtboie:** Kerkplein 3, Nes, Tel. 0519 54 24 84, www.delichtboie-ameland.nl.

Infos & Termine

Infos

VVV: Hollum, Fabrieksweg 6, Tel. 0519 55 44 25; Nes, Bureweg 2, Tel. 0519 54 65 46, www.vvvameland.nl.

Termine

Juni: Rugby-Festival, weltweit größtes Strandrugby-Festival mit Teams aus ganz Europa.

August: Roggenfest in Nes, mit Straßentheater, Musik und Kabarett.

November: Kunstmonat, Künstler aus dem In- und Ausland präsentieren ihre Werke in Museen, Kirchen und in der Landschaft.

Verkehr

Autofähre: Holwerd–Ameland/Nes (Wagenborg), Auskunft Tel. 0900 455 44 55 oder 0519 56 15 82, Buchungen Tel. 0519 54 61 11, www.wpd.nl. Gebührenpflichtige, bewachte **Parkplätze** am Hafen (Tel. 0519 56 25 09).

Bus: Busse haben Anschluss an die Fäh-

ren und fahren alle Dörfer und Campingplätze an.
Fahrradverleih: Kiewiet, direkt auf dem Fährdamm in Nes, Tel. 0519 54 21 30, www.fietsenopameland.nl.

Schiermonnikoog ►H 2

Die Insel misst 16x4km und wurde, wie auch ihr einziger Ort, nach friesischen Mönchen benannt, die das kleine Eiland im 12. Jh. in eine fruchtbare Scholle umzuwandeln versuchten. Später wurde sie mehrmals an Privatleute verkauft. Der letzte Besitzer, Graf von Bernstorff, in dessen einstigem Gutssitz De Rijsbergen sich heute ein B&B befindet, wurde 1945 ohne Federlesen enteignet, die Insel gehört jetzt zu Friesland.

Die Insel ist besonders bei Naturliebhabern beliebt. Besucher müssen ihre Autos auf dem Festland zurücklassen, die meisten Straßen enden ehedem am Ortsrand oder setzen sich als Rad- oder Fußwege fort. Drei Viertel der Insel sind Nationalpark. Die drei Naturreservate **Westerplas, Kapeglob** und **Kobbeduinen** sind auf den vorgegebenen Wegen frei zugänglich, ausgenommen während der Brutzeit der Vögel.

Auf Schiermonnikoog geht es ruhiger zu als auf den anderen Inseln. Das eher bescheidene Nachtleben spielt sich in einigen wenigen Lokalen ab. Mit architektonischen Attraktionen ist die Insel nicht gesegnet, da wird der rote **Leuchtturm** schon zur Sehenswürdigkeit. Hässlich ist der **Wassermann,** ein auf der höchsten Düne gelegener Bunker, von dem man jedoch eine schöne Aussicht hat. Zu Füßen der Düne liegt der **Vredenhof,** ein kleiner Friedhof, auf dem vom Meer angeschwemmte Tote zahlreicher Nationen begraben sind.

Bezoekerscentrum Nationaal Park
Torenstreek 20, Mo–Sa 10–12, 13.30–17.30, So 10–14 Uhr, 1€
Hier werden Biologie und Ökologie von Wattenmeer und Insel beleuchtet und vogelkundliche Führungen und Naturexkursionen in die sonst unzugänglichen Gebiete angeboten.

Übernachten

Geschichtsträchtig – **Hotel Van der Werff:** Reeweg 2, Tel. 0519 53 12 03, www.hotelvanderwerff.nl, DZ ab 105 € (HP und VP möglich). Gäste werden im Oldtimer-Bus aus den 1960er-Jahren, einst ein Baseler Stadtbus, vom Boot abgeholt und zu dem 1726 erbauten Anwesen, vormals Rathaus, Posthaus und Gericht, gebracht. Hier haben schon Prins Bernhard, Prinzessin Juliana und Kronprinz Willem Alexander logiert. Im einstigen Ballsaal ist heute das Restaurant untergebracht.
Ein bisschen altholländisch – **Duinzicht:** Badweg 17, Tel. 0519 53 12 18, www.hotelduinzicht.nl, DZ ab 104 €. Geselliges Familienhotel in schöner Lage am Rand des Dorfes und zu Füßen des Leuchtturms. Es ist nicht zu verfehlen, denn der mächtige Unterkiefer eines Wals markiert den Hoteleingang. Viele der Zimmer haben Balkon oder Terrasse, von wo man auf eine Grünanlage blickt. Tennisplatz und Schwimmbad gehören zum Komfort.
Fernsehlose Herberge – **Rijsbergen:** Knuppeldam 2, Tel. 0519 53 12 57, www.rijsbergen.biz, DZ 82 €, Buchungen Fr, Sa und in Ferien mind. 2 Nächte, Ostern, Himmelfahrt, Pfingsten mind. 3 Nächte. 1757 von den Besitzern der Insel erbaut, stehen von der alten ›Burcht‹ nur noch die Außenmauern,

innen ist alles renoviert. Ein- bis Vierbettzimmer mit Dusche und WC, Aufenthaltsräumen und Hausbar, schöne, von Wiesen und Bäumen gesäumte Terrasse, Spielterrain.
Komfortabel – **Pension Westerburen:** Middenstreek 32, Tel. 06 52 21 22 87, www.westerburen.nl, DZ 64–78 €. Nahe dem Dorfzentrum und dennoch ruhig gelegen, verfügt die Pension über 10 DZ, einige in einem Nebengebäude hinter dem Haupthaus. Helle, nett eingerichtete Zimmer mit Dusche, WC, TV, Radio und Telefon. Die Pension verfügt über Internetzugang und bietet den Gästen einen Laptop für den allgemeinen Gebrauch.
Camping – **Seedune:** Seeduneweg 1, Tel. 0519 53 13 98, April–Sept., 2 Pers. ca. 16 €. Schöner, im Nationalpark gelegener Platz mit Kantine, nur Zelte.

Essen & Trinken

International – **De Tjattel:** Langestreek 94, Tel. 0519 53 11 33, www.detjattel.nl, tgl. 12–15, 16.30–21 Uhr, Lunchgericht ab 4 €, Hauptgericht ab 16 €. Zwischen der Kirche und dem weißen Leuchtturm gelegen, große Terrasse. Gegrilltes und Gerichte aus der internationalen Küche, gute Auswahl an Fisch, auch vegetarische Gerichte, große Salatbar.
Strandpaviljoen – **De Marlijn:** Prins Bernhardweg 2, Tel. 0519 53 13 97, www.demarlijn.com, Mitte Febr.–Mitte Nov. tgl 11–18, Hochsaison bis 21 Uhr, sonst nur an Wochenenden, Lunchgericht ab 4 €, Hauptgericht ab 18 €. Beliebter Stopp bei Inselwanderungen und Radtouren bei Paal 7, wo man sich bei einem *stokbroodje* (Baguette) oder einem Salat stärken kann. In der Hochsaison kann man abends auch eines der A-la-carte-Fischgerichte genießen.
Pizzas, Vis & Vlees – **De Ware Jakob:** Langestreek 46, Tel. 0519 53 16 87, www.dewarejakob.nl, meist ab 16/17 Uhr, Juli–Aug. tgl., Nov.–März Do–So, sonst Di–Fr, Pizza ab 8 €, Fisch und Fleisch ab 13 €. Pizzeria mit einfacher Einrichtung, schönem Wintergarten und Terrasse. Auch Fisch und Fleisch.

Aktiv & Kreativ

Baden: Gebadet werden darf überall am Strand, allerdings ist Nacktbaden zwischen Paal 2 und 7 verboten. Bei Paal 6 und 7 wird der Strand im Sommer von Rettungspersonal bewacht, gesurft werden kann bei Paal 3 und 4. Die Sandbänke vor der Insel, Kinderstuben der Seehunde, dürfen nicht betreten werden.

Abends & Nachts

Disco – **De Toxbar:** Reeweg 7, Tel. 0519 53 14 41, www.toxbar.nl.

Infos

Infos
VVV: Reeweg 5, Tel. 0519 53 12 33, www.vvvschiermonnikoog.nl.

Verkehr
Fähre: Lauwersoog–Schiermonnikoog (Wagenborg), Auskunft Tel. 0900 455 44 55, Buchungen Tel. 0519 34 90 50, www.wpd.nl. Bewachter **Parkplatz** am Fährterminal (Tel. 0519 34 91 39).
Bus: zwischen Fährhafen und Ort.
Fahrradverleih: Schierfiets, Noorderstreek 32, Tel. 0519 53 17 00, www.fietsenverhuurschiermonnikoog.com.

Natur, so weit das Auge reicht – Nationalpark Schiermonnikoog

Das Beste auf einen Blick

Provinzen im Norden

Highlight!

Groningen: Schmale Gassen, Einkaufsstraßen, belebte Plätze, beschauliche Innenhöfe, historische Bauwerke, die sich mit Konstruktionen der Moderne vermischen – die Stadt ist das kulturelle und wirtschaftliche Herz der gleichnamigen Provinz. Und die *stadjers,* wie die Bewohner – darunter Tausende Studenten –, genannt werden, fühlen sich hier pudelwohl. Kein Wunder ist es also, dass Groningen 2005 den Titel ›Beste Binnenstadt van Nederland‹ eingeheimst hat. Ganz nebenbei wurde sie auch schon zur Fahrradstadt Nummer eins erklärt, und wer sie besucht, merkt sofort, warum. S. 203

Auf Entdeckungstour

Das Planetarium unter der Wohnzimmerdecke: Sieben Jahre, von 1774 bis 1781, arbeitete der Wollkämmer und Amateur-Astronom an seinem Werk, noch heute funktioniert es – und zwar präzise: das berühmte Planetarium Eise Eisingas. Bei einem Besuch Franekers ein absolutes Muss! S. 200

Hunebedden – Von Hünen keine Spur: Im Hondsrug findet man über 50 *hunebedden* (Hünengräber), das größte in Borger, wo auch das Nationaale Hunebedden Informatiecentrum liegt. Hier erfährt man alles über diese ungewöhnlichen Relikte und ihre Erbauer. Eine Radtour führt zu weiteren in der Nähe liegenden beeindruckenden Hünengräbern. S. 212

Kultur & Sehenswertes

Aldfaers-Erf-Route: Krämerläden, Bäckerei, Tischlerei, Schmiede, Tagelöhnerbehausung, Dorfschule, Kirche und Bauernhof – hier entdeckt man das Friesland von ›damals‹. S. 197

Groninger Museum: Das Gebäude ist eine lustvolle Komposition aus Farben und Formen, der Inhalt eine erstklassige Sammlung von Exponaten zur regionalen Geschichte, von Kunsthandwerk und bildender Kunst des 16. bis 20. Jh. Best of Groningen! S. 203

Aktiv & Kreativ

Spaziergang auf dem Meeresboden: Es muss ja nicht gleich eine anstrengende Wattwanderung vom Festland zur nächsten Insel sein, um die *wadden* kennenzulernen. Da genügt vielleicht erst einmal ein dreistündiger Wattstreifzug auf dem schlickigen Meeresboden. S. 210

Genießen & Atmosphäre

Über Nacht im Hafenkran: Schlafen im Leuchtturm, Rettungsboot oder Hafenkran, in Harlingen ist das, abgesehen vom Preis, kein Problem. S. 199

Erinnerungen an Kuba: In ›Hemingway's Cuba‹ in Groningen wird es einem auch in der holländischen Provinz ganz warm ums Herz. Schön die Atmosphäre, lecker die Grillgerichte, spritzig die Musik und ein Traum die Cocktails … S. 208

Hortus Haren: Vom chinesischer Garten der Mingdynastie bis zum englischen Landhausgarten – kurz: exquisite Gartenkultur. S. 209

Abends & Nachts

Disco Dancing: Auf Groningens Poele- und Peperstraat liegen etliche Diskotheken. S. 208

Provinz Friesland

Hollands Norden, das sind – abgesehen von den Westfriesischen Inseln und Noord-Holland – die zwischen IJsselmeer und Ems liegenden Provinzen Friesland, Groningen und Drenthe. Freslân, wie die Friesen ihr Land nennen, kann auf unterschiedliche Weise entdeckt werden: mit dem Boot auf friesischen Meeren, Kanälen und Flüssen, per *fiets* zwischen saftig grünen Weiden, auf Schusters Rappen in rauschenden Wäldern und Marschland, in historischen Städten, belebten Häfen, stillen Weilern. Hier lässt sich die Ruhe und Weite des Nordens genießen.

Leeuwarden (Ljouwert) ► G 3

Leeuwarden, schöne Hauptstadt und kulturelles Zentrum der Provinz Friesland, hat es mit über 200 Schreibweisen ins »Guinness Book« geschafft. Weithin bekannt ist die Stadt durch den berühmten Eislaufmarathon Elfstedentocht (s. S. 197).

Vom Bahnhof zum Waagplein

Von der Centraal Station führt der Weg ins Zentrum an der 1880 erbauten **Beurs** 1 (Börse) und an der **Mercuriusfontein** 2, einem 1923 aufgestellten Springbrunnen mit symbolischen Tierfiguren, vorbei ins Zentrum zum Waagplein. Blickfang auf dem belebten Platz ist der pittoreske Renaissancebau der **Waag** 3 (1598), wo früher Butter und Käse gewogen wurden.

Mata-Hari-Denkmal 4

Auf der Vischmarktpijp stößt man auf ein Denkmal für Mata Hari, deren Geburtshaus ganz in der Nähe liegt (Op de Kelders 33). Margaretha Geertruida Zelle, so der richtige Name der legendären Tänzerin, wurde 1917 nach einem dubiosen Prozess in Paris wegen Spionage für die Deutschen verurteilt und hingerichtet.

Fries Museum 5

Turfmarkt 11, www.friesmuseum.nl, Di–So 11–17 Uhr, 6/ab 3 €, Mi Eintritt frei

Auch im Fries Museum, das in der Kanselarij (Kanzlei) untergebracht ist, gedenkt man der Tänzerin Mata Hari mit einer Ausstellung. Doch in erster Linie beleuchtet das bedeutendste Heimatmuseum der Niederlande 50 000 Jahre friesische Kultur und Geschichte, angefangen bei archäologischen Funden bis hin zur modernen Kunst.

Grote Kerk 6

Unter dem Chor mit seinen schönen glasgemalten Fenstern liegt in der Grote Kerk (15. Jh.) seit 1588 die Familiengruft der friesischen Nassauer. An den Wänden der Grabstätte sind die Wappen und Namen aller Beigesetzten angebracht. An der Südostseite des Chors gewährte das **Oranjepoortje** den Mitgliedern des Hauses Oranien-Nassau separaten Zugang zur Kirche.

Fries Natuurmuseum 7

Schoenmakersperk 2, www.friesnatuurmuseum.nl, Di–So 11–17 Uhr, 5/4 €

Hier lernt man Friesland ›unter Wasser‹ kennen, steht staunend vor dem 15 m langen Skelett eines Potwals und kann im Reisekabinett des Kapitäns Severein Schätze bewundern, die dieser von seinen Fahrten mitgebracht hat, darunter exotische Muscheln und Beuteltiere – und viele Attraktionen mehr.

Pier Pander Museum 8

Groeneweg 1, www.pierpander.nl, Di–So 11–17 Uhr, 2/1 €
An die glanzvolle Zeit friesischer Statthalter erinnert der Prinsentuin, ein 1648 als Lustgarten angelegter, durch zahlreiche Skulpturen verschönerter Park, in dem sich das Pier Pander Museum mit Werken dieses friesischen Bildhauers befindet.

Keramiekmuseum Princessehof 9

Grote Kerkstraat 11, www.princessehof.nl, Di–So 11–17 Uhr, 8/6 €
Im schönen Stadtpalast lebte bis 1765 Prinzessin Maria-Louise, die Witwe des ertrunkenen Statthalters Johan Willem Friso. Jetzt sind hier eine einmalige Sammlung von asiatischem und modernem Porzellan sowie die weltgrößte Sammlung von Fliesen zu sehen.

Oldehove Toren 10

Aufstieg Mai–Sept. Di–Sa 14–17 Uhr, 2/1 €
Leeuwardens Wahrzeichen, der schiefe Turm ohne Spitze, neigt sich bedenklich zur Seite. Daher war der Bau des 1529 begonnenen spätgotischen Kirchturms bei 40 m Höhe gestoppt worden. Der schiefe Turm ist 1,68 m aus dem Lot, doch nicht nur das: Er ist auch leicht krumm erbaut worden, um die Neigung auszugleichen.

Stadhuis 11

Am Nieuwesteeg stößt man auf so manches altmodische Lädchen. An der säkularisierten Westerkerk vorbei geht es zu einem der markantesten Gebäude der Stadt: dem im Stil des klassizistischen Barock erbauten Stadhuis mit einem Glockenturm von 1715.

Auf dem Raadhuisplein spendet die von Königin Wilhelmina gepflanzte **Wilhelminalinde** Schatten.

Übernachten

Top – **Paleis Stadhouderlijk Hof 1**: Hofplein 29, Tel. 058 216 21 80, www.hotelstadhouderlijkhof.nl, DZ ab 120 €. 4-Sterne-Tophotel im Herzen der Stadt. Elegant und komfortabel eingerichtete Zimmer – bis 1971 im Besitz der königlichen Familie.
Modern – **Leeuwarder Eurohotel 2**: Europaplein 20, Tel. 058 213 11 13, www.eurohotel.nl, DZ ab 80 €. Elegant und modern eingerichtete 45 Zimmer, mit Internet und Hosenpresse, sodass

Infobox

Infos zu Friesland

www.toerisme.frieslandtotaal.nl: Alles über Tourismus in der Region, Infos zu Unterkünften, einzelnen VVVs etc.
www.friesuitburo.nl: Uitbüro Friesland – Wo ist was los? Ausgehtipps.

Infos zu friesischen Regionen

www.vvvlauwersland.nl: Nordostfriesland.
www.friesemeren.nl und **www.vvv-wymbrits.nl:** Friesische Seenplatte.
www.vvv-terpelan.nl: Terpenland.
www.vvvmidfryslan.nl: Frieslands Mitte.
www.friesekust.nl: IJsselmeer-Küste.

Infos zu den Westfriesischen Inseln

s. S. 164.

Leeuwarden (Ljouwert)

Sehenswert
1 Beurs
2 Mercuriusfontein
3 Waag
4 Mata-Hari-Denkmal
5 Fries Museum
6 Grote Kerk
7 Fries Natuurmuseum
8 Pier Pander Museum
9 Keramiekmuseum Princessehof
10 Oldehove Toren
11 Stadhuis

Übernachten
1 Paleis Stadhouderlijk Hof
2 Leeuwarder Eurohotel
3 Hotel 't Anker
4 B & B De Hedera
5 MS Elisabeth
6 De Kleine Wielen

Essen & Trinken
1 Humphrey's
2 Onder de Kelders
3 't Pannekoekschip
4 Yucatan
5 Pompeï

Einkaufen
1 Sint Jacobsstraat
2 Nieuwestadt
3 Kleine Kerkstraat
4 Nieuwesteeg
5 Winkelcentrum Zaailand
6 Wochenmärkte

Aktiv & Kreativ
1 Grachtenrundfahrten

Abends & Nachts
1 Club Noa
2 Fire Palace
3 Stadsschouwburg Harmonie
4 Filmhuis Leeuwarden
5 Cinema

Sie den Tag faltenfrei angehen können. Restaurant mit ›Frysk menu‹.
Schlicht – **Hotel 't Anker** 3: Eewal 69, Tel. 058 212 52 16, www.hotelhetanker.nl, DZ mit Etagendusche/WC 55 €, DZ mit Dusche/WC 70 €. Einfaches Hotel mit 23 Zimmern (Standard bis Luxus). Gratis-WiFi, Abstellplatz für Fahrräder.
Günstig – **B & B De Hedera** 4: Goudenregenstraat 1 c, Tel. 06 53 77 24 31, www.dehedera.nl, DZ ab 57 €. 5 Gehmin. vom Zentrum. 2 geschmackvoll eingerichtete Zimmer mit modernem Interieur inkl. Kühlschrank, schöner Frühstücksraum, stimmungsvolle Terrasse. Gemeinschaftsdusche/-toilette.
Zünftig – **MS Elisabeth** 5: Harlingertrekweg 57, Tel. 058 215 98 26, www.collagecharter.nl, DZ 50 €. B & B auf einem ehemaligen Frachtschiff, 4 luxuriöse Schiffskabinen, jede mit großem Doppelbett und Waschbecken. 2 Toiletten, 1 Bad und 1 Dusche, Gemeinschaftsraum mit großem Frühstückstisch, TV mit Internetzugang, freies Parken nahe dem Schiff.
Camping – **De Kleine Wielen** 6: De Groene Ster 14, www.dekleinewielen.nl, Tel. 0511 43 16 60, ca. 16 €/2 Pers. Am See gelegen, 5 km östlich. Cafeteria, Laden, Snackbar, Sportmöglichkeiten.

Essen & Trinken

Qual der Wahl – **Humphrey's** 1: Nieuwestad 91, Tel. 058 216 49 36, www.humphreys.nl, tgl. 17–22/23 Uhr, 3-Gänge-Menü 22,50 -27,50€. Gemütlich, aus der Menükarte lassen sich aus 6 Vorspeisen, 6 Hauptgerichten und 6 Desserts ein Menü zusammenstellen – der Preis ist immer derselbe, nur die Karte wechselt jeden Monat.
Rustikal – **Onder de Kelders** 2: Bierkade 11, Tel. 058 844 20 20, www.onderdekelders.nl, Di–So 12–21.30 Uhr, Hauptgericht ab 19,50 €. Rustikales, in Kellern eingenistetes Restaurant, Terrasse direkt auf der Gracht. Französisch-mediterrane Küche, lecker: Texeler Lamm.
Mehr als 100 Sorten Pfannkuchen – **'t Pannekoekschip** 3: Willemskade 69, Tel. 0511 212 09 03, www.pannekoekschipleeuwarden.nl, Mo, Di 17–21, Mi–So ab 12 Uhr, ab 5 €. Im Herzen der Stadt auf einem Zweimastklipper.
Mexikanisch – **Yucatan** 4: St. Jacobsstraat 18, Tel. 058 212 38 08, www.yucatan.nl, tgl. ab 16.30 Uhr, Hauptgericht ab 11,50 €. Nett dekoriert wie in einer mexikanischen Cantina – und so sind auch die Speisen: leckere Totillas, Tacos, Enchiladas und Burritos.
Neapolitanisch – **Pompeï** 5: Groentemarkt 7, Tel. 058 212 40 92, www.pizzeriapompei.nl, Mo–Fr 16–22, Sa, So ab 14 Uhr, ab 13 €. Dem Pizzabäcker zuschauen und dann die Pizza genießen, oder Scaloppina, Canelloni, Lasagne …

Einkaufen

Vielfalt – In der **Sint Jacobsstraat** 1, **Nieuwestad** 2 und **Kleine Kerkstraat** 3 findet man vielerlei Läden, Galerien, Cafés, Snackbars und Restaurants.
Nostalgisch – **Nieuwesteeg** 4: Sträßchen mit vielen nostalgischen Läden.
Shopping Center – **Winkelcentrum Zaailand** 5: Zaailand (an der Mercuriusfontein). Shopping Center nach Art einer amerikanischen Mall mit zahlreichen kleinen Shops.
Markttage – **Wochenmärkte** 6: Wilhelminaplein, Fr 8–16, Mo 13–17, Voorstreek, Over de Kelders, Sa 9–17 Uhr.

Aktiv & Kreativ

Quer durch die Stadt – **Grachtenrundfahrten** 1 und **Stadtführungen** im Juli und Aug., organisiert vom VVV.

Vor der Regatta auf dem Sneeker Meer (Friesische Seenplatte)

Abends & Nachts

Trendy Disco – **Club Noa** 1: Nieuwestad 63-65, Zentrum, www.club-noa.nl.
Dance-trance – **Fire Palace** 2: Nieuwestad 47-49, www.fire-palace.nl. Ausgehzentrum mit drei Discos, Pub, Café.
Konzerte, Theater, Kabarett – **Stadsschouwburg Harmonie** 3: Ruiterskwartier 4, www.harmonie.nl, Reservierung Tel. 058 233 02 33.
Movies 1 – **Filmhuis Leeuwarden** 4: Ruiterskwartier 6, Tel. 058 213 73 96, www.filmhuisleeuwarden.nl.
Movies 2 – **Cinema** 5: Nieuwestad 38-42, Tel. 058 212 52 20, www.leeuwarderbioscopen.nl.

Infos

VVV: Sophialaan 4, Tel. 0900 202 40 60, www.vvvleeuwarden.nl.
Bahn: Verbindungen nach Groningen, Harlingen, Sneek, Utrecht, Zwolle.
Treintaxi: Tel. 058 213 25 25.
Bus: von/nach Dokkum, Drachten, Holwerd (Autofähre nach Ameland), Lauwersoog (Personenfähre nach Schiermonnikoog).
Fahrradverleih: am Bahnhof, Tel. 058 213 98 00.
P+R: gratis Parken auf dem P+R Kalverdijk (Ostseite des Stadtrings) und P+R WTC-Expo (Westseite des Rings). Von dort fahren Busse in die Stadt.

Rund um die friesische Seenplatte

Sneek (Snit) ►G 3

Im Mittelalter lag Sneek, heute die zweitgrößte Stadt der Provinz Friesland, noch an der Zuiderzee und war stark befestigt, woran das beeindruckende Waterpoort aus dem Jahr 1613, das Wahrzeichen der Stadt, noch erinnert. Das nette Städtchen mit dem großen Jachthafen ist das Tor zu den friesischen Seen, einem riesigen Segelrevier.

Fries Scheepvaart Museum
Kleinzand 14, www.friesscheepvaartmuseum.nl, Mo–Sa 10–17, So 12–17 Uhr, 3/ab 1 €
Zu sehen sind Dutzende Buddelschiffe und Schiffsmodelle des 18./19. Jh. – wahre Wunderwerke. Dazu Gemälde und Drucke zur Schifffahrt, nachgebildete Jachtinterieurs. Zudem wird das Schlittschuhlaufen einschließlich der Elfstedentocht, beleuchtet. Einen wahren Schatz stellt die Sammlung friesischen Silbers dar.

Übernachten

Dekorativ – **Amicitia Hotel Sneek:** Graaf Adolfstraat 37, Tel. 0515 43 68 00, www.amicitiahotel.nl, DZ ab 105 €. Übernachten im echten Hindelooper-Zimmer? Oder lieber mit Schlossinterieur ? Oder eher im orientalischen Zimmer? Oder 1960er-Jahre-Zimmer? Hier hat man die Wahl.
Gleich am Bahnhof – **Daaldersplaats:** Stationsstraat 66, Tel. 0515 41 31 75, www.daaldersplaats.nl, DZ ab 85 € (Juli, Aug. zzgl. 10 €). Modern eingerichtete Zimmer, kostenloses Parken. Mit Restaurant und Terrasse.
Zentral – **De Wijnberg:** Marktstraat 23, Tel. 0515 41 24 21, www.hoteldewijnberg.nl, DZ 75–100 €. Helle, modern eingerichtete Zimmer mit Bad/Dusche, Toilette, Telefon, TV. Überdachte Terrasse, kleine Garage und abschließbarer Unterstand für das Fahrrad.Schöne, alte Lounge und Pub aus dem 19. Jh.
Hostel – **Stayokay Sneek:** Oude Oppenhuizerweg 17, Tel. 0515 41 21 32, www.stayokay.com, ab 24 €/Pers.

Essen & Trinken

Aus dem Meer – **Sneek aan Zee:** Oosterdijk 10, Tel. 0515 41 27 56, www.

Mein Tipp

Ganz schön bitter!
In dem kleinen, nostalgischen Wein- und Spirituosenhandel **De Weduwe Joustra** in Sneek findet man alles, was die Haus-Destillerie produziert, u. a. den berühmten Kräuterbitter Beerenburg und den etwas leichteren Beerinnenburg für Damen, den aber auch Männer trinken dürfen. (Kleinzand 32, www.weduwejoustra.nl.)

sneekaanzee.nl, Di–Sa ab 11 Uhr, à la carte ab 15 €. In alter Bäckerei und ehemaliger Kapitänswohnung mit Bettschrank, Ofen und Antiquitäten. Vorzüglicher Fisch und Meeresfrüchte, aber auch Fleisch. Menü um 23 €.
Gesellig – **De Albatros:** Oppenhuizerweg 50, Tel. 0515 43 06 62, www.de-albatros.nl, tgl. 11–24 Uhr, im Winter Mo, Do geschl., Lunch ab 5 €, Hauptgericht ab 11 €. Resto-Brasserie, schöne Terrasse mit Blick aufs Wasser. Von italienischen Ciabattas über friesische Senfsuppe zu Steingegrilltem, Fisch und Fleisch.

Einkaufen

Markt: Di, Sa morgens auf dem Grootzand, Kram aller Art.

Infos & Termine

VVV: Marktstraat 18, Tel. 0515 41 40 96, www.vvvsneek.nl.
August: Sneekweek, www.sneekweek.nl, internationale Segelregatta auf dem Sneeker Meer.
Bahn: Verbindungen nach Leeuwarden, Stavoren.
Bus: Verbindungen mit Bolsward, Emmeloord, Heerenveen.

Sloten (Sleat) und das Gaasterland ▶ G 4

Infozentrum Mar en Klif, Gaasterland, Oudemirdum, De Brink 4, www.marenklif.nl, April–Okt. Mo–Sa 10–17, So 11–17, Nov.–März Sa 11–16 Uhr
Stadtwälle, von Giebelhäusern gesäumte Grachten, die Wassertore Wousenderpoort und Lemsterpoort sowie eine Holländermühle von 1755 bestimmen das Ortsbild von **Sloten,** der kleinsten Stadt Frieslands. Südwestlich von Sloten lädt das **Gaasterland,** ein Wald- und Hügelgebiet mit etlichen steilen Kliffs, zum Wandern und Radfahren ein.

Infos

VVV Sloten: Koestraat 44, Tel. 0514 53 15 83.
Bus: von/nach Bolsward, Workum.

Stavoren (Starum) und Hindeloopen (Hylpen) ▶ F 4

Stavoren gehörte im 14. Jh. der Hanse an, doch dann versandete die Zufahrt zum Meer und die Stadt wurde vom Seehandel abgeschnitten. Heute ist die Hafenstadt ein Zentrum für Wassersport und Sportfischerei. Enge Straßen, schmale Kanäle, rustikale kleine Holzbrücken und schöne Kapitänshäuser tragen zum Reiz von **Hindeloopen** bei, das ebenfalls einst Hansestadt war.

Hidde Nijland Museum

Dijkweg 1, Hindeloopen, www.muse

umhindeloopen.nl, April–Okt. Mo–Fr 10–17, Sa, So, Fei 13.30–17 Uhr, 3/2 €
Im 18. Jh. hat man in Hindeloopen gern zum Pinsel gegriffen und Möbel, Alkoven, Kistchen und Koffer in charakteristischer Weise bemalt, aber auch Gemälde geschaffen – heute als Hindelooper Malkunst bekannt. Neben solchen Exponaten wird hier mit Hindelooper Trachten, Interieur, Gemälden und Fotos auf die lokale Geschichte eingegangen.

Eerste Friese Schaatsmuseum
Kleine Weide 1, Hindeloopen, www.schaatsmuseum.nl, Mo–Sa 10–18, So 13–17 Uhr, 1,50 €
Hier finden Sie die größte Schlittschuhsammlung der Welt, alles über Eislaufen und alles rund um den Schlittschuh und den berühmten Elfstedentocht, ein volksfestartiges, spektakuläres Eisschnelllaufereignis.

Übernachten

Einstmals Stadtbauernhof – **De Stadsboerderij:** Hindeloopen, Nieuwe Weide 7-9, Tel. 0514 52 12 78, www.destadsboerderij.nl, DZ 72 €. In renoviertem Stadtbauernhof von 1797, das beste Zimmer ist das luxuriöse Brautzimmer mit Alkoven im Hindelooper Stil.
Einfach und gemütlich – **Hotel-Pension De Twee Hondjes:** Paardepad 2, Hindeloopen, Tel. 0514 52 28 73, www.detweehondjes.nl, DZ ab 65 € (bei nur 1 Nacht zzgl. 6 €), Low-Budget-Bedstee (altholländische Bettnischen) ab 25 €/Pers., Hund 6 €. Nett eingerichtete Zimmer mit Waschbecken, gemeinschaftliche Duschen und Toilette auf dem Flur.
Camping – **Hindeloopen:** Westerdijk 9, Tel. 0514 52 14 52, www.campinghindeloopen.nl, April–Okt., ab 10 €. Nur durch den Deich vom IJsselmeer getrennt, Spiel- und Tennisplätze, Kinderbauernhof, Supermarkt, Snackbar in 200 Jahre altem Bauernhof.

Essen & Trinken

Pannenkoeken – **De Friese Doorloper:** Hindeloopen, Kleine Weide 1, am Schaatsmuseum, Mo–Sa 10–18, So 13–17 Uhr, 50 Sorten Pfannkuchen, 3–10 €.

Infos

Infos
VVV Hindeloopen: Nieuwstad 26, Tel. 0514 85 12 23, www.vvvhindeloopen.nl.
VVV Stavoren: Stationsweg 7, Tel. 0514 68 24 24.

Verkehr
Bahn: Stavoren–Hindeloopen–Sneek–Leeuwarden.
Bus: Verbindungen zwischen Hindeloopen und Bolsward.
Fähre: Stavoren–Enkhuizen, Tel. 0228 32 66 67, www.veerboot.info, Abfahrt: Stationsweg 7 (beim VVV).

Mein Tipp

Friesland anno dazumal
Auf der **Museumsroute Aldfaers Erf,** auf Deutsch: Erbe unserer Vorfahren, lässt sich das Friesland von anno dazumal entdecken: in den Dörfern Ferwoude, Plaam, Exmorra und Allingawier mit Tante-Emma- und Krämerläden, Dorfbäckerei und -tischlerei, Schmiede, Dorfschule, Tagelöhnerbehausung, Kirche und Bauernhof. (www.aldfaerserf.nl, April–Okt. Di–So 10–17 Uhr.)

Originalgetreue Werkstätten im Eerste Friese Schaatsmuseum in Hindeloopen

Bolsward (Boalsert) ▸ G 3

Kaum zu glauben: Bolsward (10 000 Einw.) hatte einst Zugang zum Meer, denn es lag an der Middelzee, war sogar Hansestadt und nutzte den heute mit einem Satteldach versehenen Turm der Martinikerk als Leuchtturm.

Oudheidkamer

Jongemastraat 2, April–Okt. Mo 14–16, Di–Fr 9–12, 14–16, Juli, Aug. Mo–Sa 10–17 Uhr, Eintritt frei
Eindrucksvolles Zeugnis friesischer Architektur ist das mit Rokoko-Freitreppe und Barockgiebel geschmückte Stadhuis (1614), in dessen Oudheidkamer die Historie der Stadt dargelegt wird.

Einkaufen

Hochprozentig – **Distilleerderij Sonnema:** Stoombootkade 12, www.sonnema.nl. Berenburger Kräuterschnaps.

Übernachten

Zentral – **De Wijnberg:** Marktplein 5, Tel. 0347 75 04 38, www.wijnbergbolsward.nl, DZ ab 75 €. Gemütliches Hotel, 27 komfortable Zimmer. Sauna, Solarium, Hotel-Restaurant, Brasserie (u. a. Fischgerichte). Regionaltypische Küche.
Stilvoll – **Hid Hero Hiem:** Kerkstraat 51-53, Tel. 0515 57 52 99, www.hotelhidherohiem.nl, 2 Pers. 95 €. In restauriertem Waisenhaus von 1553 im Zentrum von Bolsward. 14 luxuriöse und stilvolle Apartments mit Wohnzimmer inkl. Küche, Bad, Toilette und separatem Schlafzimmer, hell und geschmackvoll, mit TV und WiFi. Ruhig gelegen, grüner Innenhof mit Terrasse.
Historisches Haus mit Luxus von heute – **Heeremastate:** Heeremastraat 8, Tel. 0515 57 30 63. www.heeremastate.eu, DZ 68 €. Im Herzen der Stadt. Fast hätte ein schwerer Sturm 1972 das Haus weggefegt. 4 gemütlich eingerichtete Zimmer, jeweils mit Dusche und WC.

Essen & Trinken

Französische Küche – **De Lavendelhof:** Nieuwmarkt 24, Tel. 0515 57 48 97, Di–Fr 12–14 und ab 18, Mo, Sa nur ab 18 Uhr, Menü ca. 20 €.

Infos

Toeristisch Informatiepunt: Wipstraat 6, Tel. 0515 57 77 01, www.bolsward.nl.
Juni: Elf-Steden-Tour, Fahrradtour durch elf friesische Städte.
Bus: Verbindungen nach Heerenveen, Leeuwarden, Sneek.
Fahrradverleih: Molenmaker Tweewielers, Witherenstraat 20, Tel. 0515 57 28 63.

Harlingen (Harns) ► F 3

Namen wie Java und Sumatra an ehemaligen Lagerhäusern des Noorderhaven erinnern an die Kolonialzeit, als die Hafenstadt Harlingen ihre Hochblüte erlebte. Gut 500 historische Giebelhäuser, der weiß getünchte Leuchtturm, der alte Hafen, wo im Sommer die historischen Frachtsegler festmachen, und der belebte Jachthafen verleihen der Fährstadt besonderes Flair.

Het Hannemahuis

Voorstraat 56, www.hannemahuis.nl, Di–Fr 11–17, Sa, So 13.30–17 Uhr, 3,50/1,50 €
Gemälde, Schiffsmodelle, Stadtpläne, Fliesen und ganze Stilzimmer beleuchten hier die Vergangenheit der Stadt als Festungsstadt und Walfanghafen.

Übernachten

Luxuriös – **Stadslogement Almenum:** Kruisstraat 8-14, Tel. 0517 41 77 06, www.stadslogementharlingen.nl, Apartment 103 € für 2 Pers., auch DZ 86 €. 10 luxuriöse Hotel-Apartments und Gästezimmer in einem renovierten Lagerhaus aus dem 17. Jh., dem ältesten Gebäude in Harlingen, und 4 Arbeiterhäuschen. Schöne Lage um einen Garten im historischen Zentrum.
Zimmer mit Aussicht – **Holland Hotel Zeezicht:** Zuiderhaven 1, Tel. 088 688 58 36, www.hollandhotels.nl, DZ ab 95 €. Stilvoll eingerichtete Zimmer, einige mit Hafenblick. Im Zeekasteel direkt am Seehafen gegenüber dem Anleger für die Fähren gelegen. Cafébar mit viel Atmosphäre und überdachter, windgeschützter Terrasse sitzt man mit Blick auf ein- und auslaufende Schiffe.
Stilvoll – **Anna Casparii:** Noorderhaven 69, Tel. 0517 41 20 65, www.annacasparii.nl, DZ 93–105 €, HP, VP möglich, Hund 10 €. 14 Zimmer mit Dusche/Bad, Toilette, Telefon, TV, Minibar. In 3 stattlichen Grachtenhäusern im Herzen von Harlingen mit schöner Aussicht über den Jachthafen. Stilvolle Lounge. Ein Restaurant mit diversen Fischspezialitäten gehört zum Haus.

Mein Tipp

Übernachten extrem
Übernachten Sie doch einfach in Harlingens altem, außer Dienst gestelltem **Leuchtturm**, im ehemaligen **Rettungsboot** oder im **Hafenkran** – so extrem wie die Lokalitäten sind auch die Preise, dennoch sind die Quartiere gut ausgebucht. (Buchungs-Tel. 0517 41 44 10, www.vuurtoren-harlingen.nl, 319 €/Tag.)

Auf Entdeckungstour

Das Planetarium unter der Wohnzimmerdecke

Beim Rathaus von Franeker steht ein unscheinbares Haus. Wäre da nicht das Schild über der Tür, niemand wüsste, dass sich hinter der Backsteinfassade ein technisches Kunstwerk von besonderer Faszination befindet: das berühmte Planetarium des Eise Eisinga.

Reisekarte: ▶ G 3

Planetarium Eise Eisinga: Eise Eisingastraat 3, www.planetarium-friesland.nl, Nov.–März Di–Sa 10–17, So 13–17, April–Okt. auch Mo 13–17 Uhr, 4,50/ab 3,75 €.

Die Wohndiele des Häuschens bildet den Eingangsbereich des Museums. Nebenan dann die einstige **Wohnkammer,** in der die Familie auch schlief: Eise Eisinga und seine Frau im Bettkasten, darunter in Schubladen die Kinder, solange sie noch klein waren. Staunend blickt man zur Wohnzimmerdecke, denn dort befindet sich Eisingas Lebenswerk: das Planetarium.

Sonne statt Kronleuchter

Von 1774 bis 1781 hat Eisinga daran gebastelt, nachts bei Kerzenschein und im Geheimen, sieben Jahre lang. Wo sich in Wohnzimmern gewöhnlich Kronleuchter befinden, hängt eine goldbepinselte Holzkugel als Sonne. Drumherum kreisen Kügelchen, die durch Ritzen von der Decke hängen: die Planeten Merkur, Venus, Erde, Mars, Jupiter und Saturn. Für jeden hat Eisinga einen ellipsenförmigen Schlitz in seine Wohnzimmerdecke gesägt – die Planetenbahnen. In den Kammern neben dem Bettkasten entdeckt man Gewichte an Seilen, wie man sie von Standuhren kennt. Sie sind Teil des Antriebs. Etliche Anzeiger an der Decke und den Wänden zeigen täglich die aktuellen Daten unseres Sonnensystems an.

Saturn kreist zum achten Mal

Nun aber zurück auf den Flur und die steile Holztreppe hinauf. Oben breitet sich die **Mechanik** über der Wohnzimmerdecke aus: eine verwirrende Ansammlung von Achsen, Scheiben und Zahnrädern mit 10 000 handgeschmiedeten Stiften.

Den Antrieb des Räderwerks besorgt eine Pendeluhr, nur sie wurde von einem Uhrmacher gebaut. Sie bewegt die Planeten in exakt dem Zeitraum um die Sonne, die sie auch im All benötigen. Der Saturn, beispielsweise, braucht für eine Runde 29 Jahre und 164 Tage und dreht seit Fertigstellung des Planetariums erst seine achte Runde durch das Wohnzimmer.

Weltuntergang

In einem der weiteren Räume – das Nachbarhaus gehört ebenfalls zum Museum – erfährt man dann etwas über den eigenwilligen Tüftler. Der 1744 geborene Friese war Wollkämmer und ein – wen wundert's – Mathematikgenie. Er hatte zwar nur die Volksschule besucht, doch schon mit 17 Jahren ein 665-seitiges Mathematikbuch verfasst. Es folgten weitere Werke über Astronomie.

Anstoß zum Bau seines Planetariums war der bevorstehende Weltuntergang. Den nämlich hatte ein gewisser Pfarrer aus Bozum, eine Art friesischer Nostradamus, für Mai 1774 prophezeit, als Folge einer katastrophalen Konstellation der Himmelskörper. In der Bevölkerung brach Panik aus. Das Unwissen seiner Mitbürger über die Vorgänge im All verursachte bei Eise Eisinga Kopfschütteln, und so baute er ein Modell des Planetensystems – zwecks Aufklärung.

Erst wäg's, dann wag's

Damit nach seinem Ableben das Planetarium auch weiterhin präzise funktioniert, erließ Eisinga Vorschriften. So muss etwa die Länge des Pendels vom Uhrwerk bei starken Temperaturschwankungen verändert werden.

Auch nach mehr als 200 Jahren hat der Mechanismus des nun ältesten in Betrieb stehenden Planetariums nichts von seiner Präzision eingebüßt. Offenbar hatte Eisinga tatsächlich nach der Inschrift gehandelt, die oberhalb der Hauspforte angebracht ist: »Voersint eer Ghy begint« (Erst wäg's, dann wag's).

Essen & Trinken

Chinesisch-indisch – **Xin-Hua:** Grote Bredeplaats 2, Tel. 0517 41 57 81, www.xinhua.nl, tgl. 11.30–22 Uhr, Reistafel ab 16 €, Hauptgericht 13–18 €. Riesiges Angebot aus der chinesischen und indischen Küche, z. T. zum Mitnehmen.
Trendy – **Eigentijds:** Grote Bredeplaats 29, Tel. 0517 41 25 98, www.eigentijds.com, Mi–Sa ab 11 , So ab 12 Uhr. Lunchgericht ab 4 €. Trendy bis klassisches Interieur, das Richtige für einen kleinen Lunch mit leckeren *broodje*, Toast, *uitsmijter* oder Salate, und hinterher ein schönes Eis.

Infos

Toeristisch Informatiepunt: St. Odolphisteeg 10, Tel. 0517 43 02 07, www.harlingen-friesland.nl.
Aug.: Visserijdagen, Fischereifest mit Schiffsparade und traditionellem Ringreiten.
Bahn: von/nach Franeker, Leeuwarden.
Fähren: von Harlingen-Hafen nach Vlieland (s. S. 172) und Terschelling (s. S. 174).
Fahrradverleih: BDS Harlingen, Loods Willemshaven 1 a, Tel. 0517 41 52 42.

Franeker (Frjentsjer) ▶ G 3

Das nette, von Ringwall und Stadtgraben umgebene Städtchen Franeker war über 200 Jahre eine renommierte Universitätsstadt, bis Napoleon dem ein Ende bereitete. Die Studentenkneipe **De Bogt fen Genú** (1589), die älteste Kneipe der Niederlande (Vijverstraat 1), existiert noch immer.

Museum Martena

Voorstraat 35, www.museummartena.nl, Di–Fr 10–17, Sa, So 13–17 Uhr, 5/2 €
Schauen Sie sich unbedingt das Orrery, ein Mini-Planetarium, und die 158-bändige Xylotheek an, beide erinnern an die einstige Universität. Auf der Beletage dieses ehemaligen Stadtschlosses befinden sich Sammlungen von Gemälden und Porzellan und unterm Dach die Kirmes von Jacob Kooistra. Ein sehenswertes Museum!

Übernachten

Am Wasser – **De Stadsherberg:** Oud Kaatsveld 8, Tel. 0517 39 26 86, www.stadsherbergfraneker.nl, DZ 85–93 €. 10 nette Hotelzimmer, davon 5 mit Dachterrasse und Aussicht auf die alte Stadtmauer. Hier auch Bootsverleih, Kanus, Motorboot. Café-Restaurant mit Blick auf den Kanal.
Außerhalb – **B&B Lutje Lollum:** Lutje Lollum 1, Tel. 0517 39 11 84, www.bedandbreakfastlutjelollum.nl, DZ 70 €. Umgebaute Ställe, deren Charakter noch zu erkennen ist. 2-Personen-Suiten, 1 Familiensuite. Mit Pferden und Hunden willkommen (vorher absprechen). Ein paar Minuten außerhalb Franekers. Internet und Terrasse.

Essen & Trinken

Burgundisch – **De Grillerije:** Groenmarkt 13, Tel. 0517 39 70 44, Di–So 17–21 Uhr, Hauptgericht ab 16 €. Trendy zeitgenössisches Ambiente, hier und dort moderne Fotokunst an den Wänden. Während man auf die Spezialitäten vom Grill wartet, kann man sich an alten holländischen Spielen versuchen.

Infos

VVV Franeker: Dijkstraat 26, Tel. 0900 540 00 01, www.friesekust.nl.

Bahn und Bus: von/nach Harlingen und Leeuwarden.
Fahrradverleih: Zandberg, L. Homanstraat 4, Tel. 0517 39 70 38, www.zandbergfietsen.nl.

Nationaal Park Drents-Friese Wold ▶ H 4

Besucherzentrum: Terwisscha 6 a, Appelscha, Tel. 0516 46 40 20, www.nationaalpark-drents-friese-wold.nl, April–Okt. Di–So 10–17, Nov.–März nur So, in Schulferien Di–So; Informationszentrum: Bosweg 2 a, Diever, Tel. 0521 59 17 48, Mo–Sa 13–16 Uhr
Der 6100 ha große Nationalpark und das nördlich daran anschließende **Fochteloërveen,** eines der letzten erhaltenen und heute geschützten Hochmoore der Niederlande, lassen sich am besten per pedes oder per *fiets* erkunden.

Provinz Groningen

Die dynamische Universitätsstadt Groningen, Nabel und Hauptstadt der gleichnamigen Provinz im Norden des Landes, überrascht mit modernen und historischen Bauwerken, reichen Museen und von viel jungem Volk belebten Plätzen. Alte Warften, feudale Gutshöfe, beeindruckende Landsitze und alte Moorkolonien im Umland erzählen die Geschichte dieser Provinz im Nordosten der Niederlande.

Groningen ! ▶ I 3

Die Provinzhauptstadt Groningens (185 000 Einw.) sprüht nur so vor Lebensfreude. Zu ihrem lustvollen Flair tragen insbesondere – seit 1614 gibt es hier eine Universität – die vielen Studenten, gemütlichen Kneipen, Cafés, Restaurants und Shoppingwelten bei. Die Stadt ist alt, bereits 1040 taucht sie als Villa Cruoninga in einer Urkunde auf. Doch sie erneuert sich ständig. Sichtbare Zeichen jüngster Frischzellenkuren sind die zahlreichen, Preise einheimsenden Prachtexemplare der Toparchitektur. Da darf auch ein Architekturfestival nicht fehlen.

Centraal Station 1

Die schönste Art in Groningen anzukommen, ist mit der Bahn – die Halle des 1896 erbauten Bahnhofs mit ihren kunstvollen Holzschnitzereien, den prächtigen Kachelwänden und der faszinierenden Stuckdecke ist eine der schönsten der Niederlande. Und draußen vor der Tür wartet schon das absolute Highlight der Stadt, das Groninger Museum.

Groninger Museum 2

Museumeiland 1, www.groninger-museum.nl, Di–So 10–17, Fr bis 22 Uhr, 10/ab 3 €

Infobox

Infos zu Groningen
www.provinciegroningen.nl: Wissenswertes zur Provinz (auch dt.).
www.groningen.nl: Alles über die Stadt Groningen (auch dt.).
www.groningeruitburo.nl: Uitburo Groningen. Möchten Sie wissen, wo wann was los ist? Hier sind Sie richtig!

Groningen

Sehenswert
1 Centraal Station
2 Groninger Museum
3 Grote Markt
4 Martinikerk
5 Provinciehuis
6 Prinsenhof
7 Pepergasthuis
8 Anthonygasthuis
9 Pelstergasthuis
10 Korenbeurs
11 A-Kerk
12 Noordelijk Scheepvaart en Niemeyer Tabakmuseum
13 Wall House #2

Übernachten
1 Martini
2 B&B Moeiteloos in Groningen
3 B&B Cessinas
4 B&B Mooiland
5 Museum Guesthouse
6 Stadspark

Essen & Trinken
1 Muller
2 De Zevendehemel
3 Hemingway's Cuba
4 Eetcafé d'Ouwe Brandweer
5 Goudkantoor

Einkaufen
1 Herestraat
2 Waagstraatcomplex
3 Vismarkt
4 Blumenjahrmarkt: A-Kerkhof, Oude Ebbingestraat
5 Nas & Mazzel

Aktiv & Kreativ
1 Rondvaartbedrijf Kool – Grachtenrundfahrten
2 Stadtführungen VVV

Abends & Nachts
1 Casino
2 Pathé
3 Images filmtheater & café
4 Grand Theatre

Schon das Gebäude, eine lustvolle Komposition aus Farben und Formen von Alessandro Mendini und anderen Architekten, ist ein Kunstwerk. Es liegt »wie ein Hochseeschiff, das aus Versehen in die Stadtgracht gefahren ist« mitten im Wasser. Im Inneren stößt man auf Exponate zur regionalen Geschichte und auf eine erlesene Sammlung von Kunsthandwerk und bildender Kunst des 16. bis 20. Jh. Zu den Highlights zählen Werke von Rembrandt, Paul Gauguin, van Gogh, G. H. Breitner und Andy Warhol.

Grote Markt 3

Mittelpunkt des von einem Kanalring umgebenen Zentrums ist der von zahlreichen Cafés gesäumte Grote Markt mit dem neoklassizistischen **Stadhuis** von 1810 und dem prächtigen Renaissancebau des **Goudkantoor.** Dem einstigen Goldprüfamt aus dem Jahr 1635, heute ein Restaurant-Café, hat der italienische Architekt Adolfo Natalini eine moderne, spektakuläre Glas- und Stahlkonstruktion, den **Waagstraatkomplex,** zur Seite gestellt.

Martinikerk 4

www.martinikerk.nl, Mitte April–Mitte Nov. Sa, Mai, Juni, Sept. Di–Sa 12–17, Juli, Aug. Mo–Sa 11–17, Führungen um 13.30, Mi auch 15 Uhr, 1 €

Die romanisch-gotische Basilika des 13. Jh. verfügt über eine der größten **Barockorgeln** des Landes, beeindruckende Fresken aus dem 16. Jh. schmücken den Chor. ›D'Olle Grieze‹ (der alte Graue), wie der Volksmund ihren Turm nennt, bietet eine schöne Aussicht. Sein **Glockenspiel** entstammt der berühmten Hemony-Werkstatt, und auf der Turmspitze sitzt, anstelle der Wetterfahne, das Ross des hl. Martin.

Provinciehuis 5 und Prinsenhof 6

Prinsenhoftuin: April–Mitte Okt. tgl. 10 Uhr bis Sonnenuntergang

Am Martinikerkhof liegt der Neorenaissancebau des **Provinciehuis,** dem Sitz der Provinzregierung. Der **Prinsenhof,** ein ehemaliges Kloster aus dem 15. Jh., war Bischofs- und Statthalterresidenz. Im prächtigen Prinsenhoftuin, dem Rosen- und Kräutergarten,

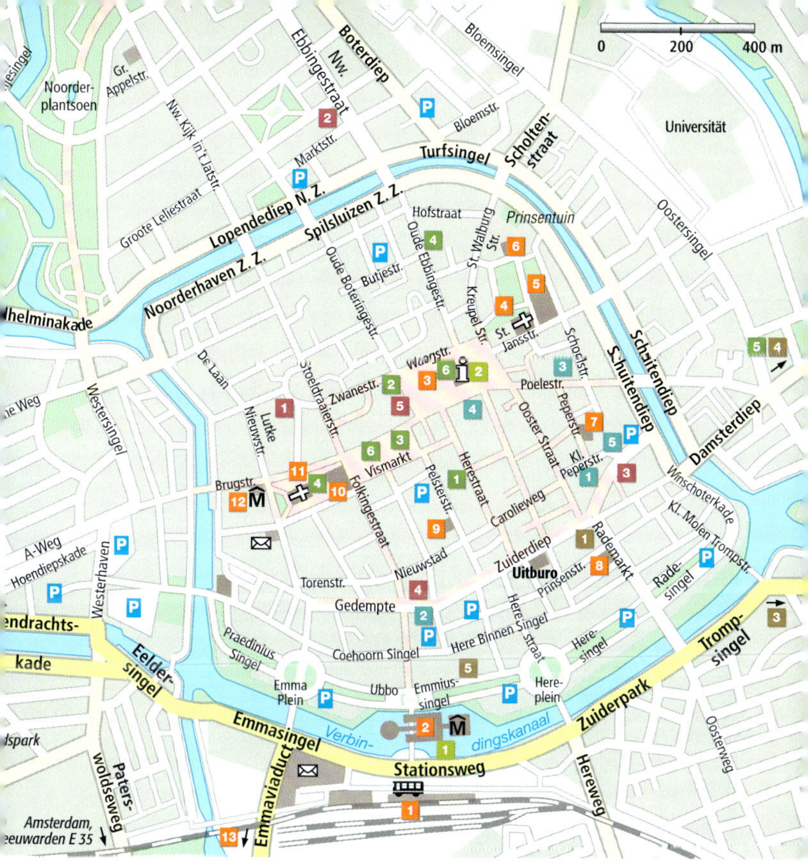

kann man an der Sonnenuhr von 1731 die Zeit ablesen und in der Theeschenkerij einen leckeren Tee genießen.

Hofjes und Gasthuizen

Über die Stadt sind mehr als 30 *hofjes* und *gasthuizen*, ehemalige soziale Einrichtungen, verteilt, das **Pepergasthuis** 7 (Peperstraat 22), das **Anthonygasthuis** 8 (Rademarkt 27) und das **Pelstergasthuis** 9 (Pelsterstraat 43) zählen zu den schönsten. In der Fassade der **Korenbeurs** 10 von 1865 findet man Standbilder von Ceres, Merkur und Neptun, den Gottheiten für Ackerbau, Handel und Schifffahrt. Nebenan erhebt sich die **A-Kerk** 11 mit ihrer schönen Turmbekrönung.

Noordelijk Scheepvaart- en Niemeyer Tabakmuseum 12

Brugstraat 24, www.noordelijkscheepvaartmuseum.nl, Di–Sa 10–17, So 13–17 Uhr, 4/2,50 €

Von Schiffen, so groß, dass sie draußen bleiben mussten, oder so winzig, dass sie in Flaschen passen, von Schiffsmotoren und Seemännern, von Torf-, Küsten- und Binnenschifffahrt und Schiffbau seit dem Mittelalter erzählt dieses Museum. Eine Sammlung schöner alter Tabakpfeifen und Schnupftabakdosen sowie einen Tabakladen von anno dazumal findet man in den hinteren Räumen.

Wall House # 2 13

A.J. Lutulistraat 17, www.wallhouse.nl
Zum wohl ungewöhnlichsten Wohnhaus in Groningen – eine riesige Betonwand teilt es in zwei Hälften – pilgern Architekturbegeisterte aus aller Herren Länder. Häufig finden in dem »spacigen Bau« des amerikanischen Architekten John Hejduk Kunstprojekte statt, dann ist es auch für Besucher zugänglich.

Übernachten

Stilvoll – **Martini** 1: Gedempte Zuiderdiep 8, Tel. 050 312 99 19, www.martinihotel.nl, DZ ab 81 €, Frühstück 11 €/Pers. Modernes Hotel mit luxuriös eingerichteten Gästezimmern, Treppenhaus mit schönen, bleiverglasten Fenstern, einladende Bar. Im Grand Café im Stil der 1950er-Jahre kann man gemütlich bei einer Tasse Kaffee Zeitung lesen, im Winter am offenen Kamin.
Gemütlich – **B&B Moeiteloos in Groningen** 2: Prinsesseweg 35, Tel. 0616 72 82 09, www.moeiteloosingroningen.

Rette sich, wer kann: Ein Schiff wird in Groningens Schiffsbauwerft zu Wasser gelassen

nl, DZ 70 €. Haus in schöner Lage der Oranjebuurt. Steile Treppen führen hinauf zu 2 nett eingerichteten Zimmern, jeweils mit Bad, aber Gemeinschafts-WC. Kleiner gemütlicher Wohnraum mit Leseecke, Frühstückstisch und Kaffeemaschine. Internet-Zugang auf den Zimmern, kein TV und Telefon. Gesundes, vegetarisches Frühstück.
Komfortabel – **B&B Cessinas** 3: Winschoterdiep 31 A, Tel. 050 311 26 39, DZ 60–70 €. Zentral in der Stadt am alten Kanal nach Winschoten gelegen. 2 nett eingerichtete kleine Apartments mit eigenem Bad, Küche und/oder Kochnische, Terrasse. Kaffee und Tee gratis. Internet-Zugang. Fahrräder können untergestellt oder gemietet werden.
Familiär – **B&B Mooiland** 4: Mooiland 72, Tel. 050 313 40 43, www.bedandbreakfast-mooiland.nl, DZ 65 €. In ruhiger Gegend am Rand von Groningen gelegen. Helles, gemütlich eingerichtetes Gästezimmer mit eigenem Eingang im Anbau. Unten der Wintergarten, wo's Frühstück gibt, oben über die Holztreppe erreicht man Wohn- und Schlafzimmer, mit schöner Terrasse.
Günstig – **Museum Guesthouse** 5: Ubbo Emmiussingel 25, Tel. 050 313 62 26, www.museumguesthouse.nl, DZ 60 €. B&B-Gästehaus mit 1 DZ und 1 EZ direkt gegenüber dem Groninger Museum. Das helle, gemütlich eingerichtete DZ hat eine eigene Dusche, TV, Internet-Zugang und ein Regal voller Bücher, viele in English. WC auf dem Flur.
Camping – **Stadspark** 6: Campinglaan 6, Tel. 050 525 16 24, www.campingstadspark.nl, ca. 16 €. Etwa 2,5 km vom Stadtzentrum, Zelte, Camper, Caravans, sehr gut ausgestattet.

Essen & Trinken

Sternenküche – **Muller** 1: Grote Kromme Elleboog 13, Tel. 050 318 32 08, www.restaurantmuller.nl, Di–Sa 18–22 Uhr, Menü ab 60 €, Hauptgericht ab 28 €. Spitzenrestaurant mit elegantem, klassischem 1930er-Jahre-Interieur und gepflegter klassischer Küche.
Auf Wolke 7 – **De Zevendehemel** 2: Zuiderkerkstraat 7, Tel. 050 314 51 41, www.zevendehemel.nl, Di–Sa ab 17 Uhr, vegetarisches Hauptgericht ca. 19 €, Fisch oder Fleisch ca. 20 €. Stimmungsvolles Restaurant, französisch-italienische Küche, Fleisch vom Biobauern, auch vegetarische und veganische Gerichte, gute Weine. Do, Fr, Sa meist Pianomusik live.

Kubanisch – **Hemingway's Cuba** 3: Gedempte Kattendiep 23/1, Tel. 050 589 34 09, www.viaromanica.nl, tgl. 17–22 Uhr, Grillspezialitäten ab 19 €, andere Hauptgericht ab 14 €. Fotos von Hemingway und Castro an den Wänden, kubanisch-karibische Musik, gemütliche Terrasse. Tapas, knackige Salate, Leckeres vom Grill und natürlich Kaffee mit einem Schuss Rum.

Eetcafé – **Eetcafé d'Ouwe Brandweer** 4: Gedempte Zuiderdiep 75–77, Tel. 050 318 03 23, www.ouwebrandweer.nl, Café So–Do ab 17, Fr/Sa ab 16, Küche ab 17 Uhr, Hauptgericht ab 14 €. Stimmungsvolles Eetcafé in ehemaliger Feuerwache, in der noch manches an die Feuerwehr erinnert, so die Namen der Speisen: *rookmelder* (Rauchmelder) z. B. sind gefüllte Burritos.

Historisch – **Goudkantoor** 5: Waagplein 1, Tel. 050 589 18 88, www.goudkantoor.nl, Mo ab 12, Di–Sa ab 10, So 12–18 Uhr, Lunchgericht ab 5 €, Dinner ab 14 €. Gemütliche Atmosphäre im weit über 300 Jahre alten, einstigen Goldprüfamt (s. S. 204), nettes Café-Restaurant für ein *kopje koffie* zwischendurch oder um mittags oder abends eine Kleinigkeit zu essen. Lecker: Groninger Senfsuppe mit Speck und Gartenkräutern.

Mein Tipp

Kunst in der Stadt

Durch Groningens Innenstadt wandern und dabei die vielen **Straßen-Kunstwerke** entdecken, beispielsweise das »Kunstpissoir« des berühmten Architekten Rem Koolhaas. Büchlein (nl.) mit Infos beim VVV (s. S. 209).

Einkaufen

Shoppingstraßen – Zahlreiche **Läden** findet man in der **Herestraat** 1 und im modernen **Waagstraatcomplex** 2, stimmungsvoll ist es in der alten **Korenbeurs** 10 (s. beide auch S. 204).

Märkte – **Obst, Gemüse, Blumen etc.: Grote Markt** 3 und **Vismarkt** 3, Di, Fr, Sa 9–17 Uhr.

Blumenjahrmarkt – **Grote Markt** 3, **Vismarkt** 3, **A-Kerkhof** 4, **Oude Ebbingestraat** 4. Karfreitag.

Basar – **Nas & Mazzel** 5: Dampsterdiep 269, www.nas-en-mazzel.nl, Di–Fr 10–18, Sa 10–17 Uhr. Überdachter Bazar, 40 Läden mit mediterranen Delikatessen, marokkanischer Festkleidung und israelischen Accessoires etc.

Aktiv & Kreativ

Grachtenrundfahrten – **Rondvaartbedrijf Kool** 1: Tel. 050 312 83 79, Mai–Sept., Abfahrt gegenüber Hbf.

Touren – **Stadtführungen** 2: Juli, Aug. Mo nachmittags, ausgehend vom VVV. Architektuurroute op de fiets: Mit dem Fahrrad zu den architektonischen Highlights, Büchlein (nl., engl., 12,50 €) erhältlich beim VVV.

Abends & Nachts

Die quirlige Universitätsstadt erfreut sich eines lebhaften Nachtlebens. **Kneipen** häufen sich um den Grote Markt, um den Kromme Ellebogen und die Gedempte Zuiderdiep. Auf etliche **Diskotheken** trifft man in der Poelestraat und Peperstraat.

Was wann wo los ist steht in »Uitgaanskrant Groningen« und »Uitloper« (erhältlich beim VVV) und unter www.groningeruitburo.nl (hier auch Kartenvorverkauf).

Rien ne va plus! – **Casino** 1: Gedempte Kattendiep 150, Tel. 050 317 23 17, www.hollandcasino.nl, tgl. 13.15–3 Uhr. American und französisches Roulette, Black Jack, Punto Blanco etc.

Kino 1 – **Pathé** 2: Gedempte Zuiderdijk 78, Tel. 0900 14 58, www.pathe.nl. Mit 9 Kinos das größte in der Stadt.

Kino 2 – **Images filmtheater & café** 3: Poelestraat 30, Tel. 050 312 04 33, www.images.nu.

Theatralisches – **Grand Theatre** 4: Grote Markt 35, Tel. 050 314 05 50, www.grand-theatre.nl.

Infos & Termine

Infos

VVV-Infoladen und **Uitshop:** Grote Markt 25, Tel. 050 313 97 41, www.toerisme.groningen.nl.

Uitburo: Gedempte Zuiderdiep 22, Tel. 050 319 97 50, www.groningeruitburo.nl.

Termine

Jan.: Popfestival Noorderslag.

Juni/Juli: Musikfestival Swingin' Groningen.

Aug.: Theaterfestival Noorderzon, kultureller Höhepunkt des Sommers.

28. Aug.: Bommen Berend, große Feier anlässlich der Befreiung von den Truppen des Bischofs von Münster.

Verkehr

Bahn: Verbindungen nach Amersfoort, Assen, Delfzijl, Harlingen, Leeuwarden, Winschoten, Zwolle.

Bus: Verbindungen nach Holwerd (Autofähre nach Ameland, s. S. 178), Lauwersoog (Fähre nach Schiermonnikoog, s. S. 185), Stadskanaal, Veendam.

Parken: P&R-Plätze befinden sich am Stadtrand.

Fahrradverleih: am Bahnhof, Tel. 050 312 41 74.

Umgebung von Groningen

Hortus Haren ► I 3

Kerklaan 34, Haren, www.hortusharen.nl, tgl. 9.30–17 Uhr, 4,50/ab 2 €

Den Garten eines englischen Landhauses, einen Wildkräutergarten, einen chinesischen Garten der Mingdynastie, einen Steingarten und einen keltischen Garten der Mythologie – im Hortus Haren ist all dies zu finden.

Dorfkirche von Midwolde und Nationaal Rijtuigmuseum ► H 3

Kutschenmuseum: Burg Nienoord bei Leek, www.rijtuigmuseum.nl, April–Okt. Di–Fr 10–17, Sa, So 13–17 Uhr, 5 €

Ein Juwel der Bildhauerei birgt die **Dorfkirche von Midwolde:** das 1669 von Rombout Verhulst geschaffene Prunkgrab eines Adligen von der nahe gelegenen Burg Nienoord. Das Kasteel selbst beherbergt das **Nationaal Rijtuigmuseum** (Kutschenmuseum) mit 250 Kutschen und Schlitten von Bauern, Bürgern, Adeligen und Mitgliedern des Königshauses.

Openluchtmuseum Het Hoogeland ► I 2

Warffum, Schoolstraat 4,www.hethoogeland.com, April–Okt. Di–Sa 10–17, So 13–17 Uhr, 5/ab 2 €

Nördlich von Groningen kommt man durch das malerische, denkmalgeschützte Dorf Winsum nach **Warffum,** wo das Freilichtmuseum Het Hoogeland mit 20 Gebäuden, darunter Dorfladen, Schänke und Fischerhaus, Eindrücke vom dörflichen Leben und Arbeiten von vor 100 Jahren vermittelt.

Menkemaborg ► I 2

Uithuizen, Menkemaweg 2, www.menkemaborg.nl, März–Mai Di–So, Juni–Sept. tgl.

Mein Tipp

Spaziergang im Watt
Es muss ja anfangs nicht gleich eine anstrengende Wattwanderung vom Festland zur nächsten Insel sein, um das Watt kennenzulernen. Da genügt vielleicht erst mal ein dreistündiger Wattstreifzug auf dem schlickigen Meeresboden. Der dann bei Erfolg zünftig mit einem hochprozentigen ›Wattwässerchen‹ begossen wird. (Dijkstraa Wadlooptochten, Hoofdstraat 118, Pieterburen, ▶ J 2, Tel. 0595 52 83 45, www.wadloop.nl.)

10–17, Okt.–Dez. Di–So 10–16 Uhr, 6/4,50 €
Die Menkemaborg hat ihren Ursprung im 14. Jh., ist komplett von Wasser umgeben und die schönste ihrer Art in der Provinz Groningen. Das edle Interieur der Räume, darunter der Große Saal mit imposantem Kamin und das Schlafgemach mit Himmelbett, vermittelt Eindrücke vom Lebensstil des Landadels im 17./18. Jh. Und im schönen **Rosengarten** mit Heckenlabyrinth lässt es sich herrlich lustwandeln.

Appingedam ▶ I 2

Der Ort ist besonders wegen der **›hängenden Küchen‹** bekannt, Küchenanbauten, die über dem Wasser ›schweben‹. Sehenswert sind außerdem die Wand- und Deckenmalereien in der **Nikolaikerk** (13. Jh.), einer der eindrucksvollsten Kirchen der Provinz.

Fraeylemaborg bei Slochteren ▶ I 3

Slochteren, Hoofdweg 30, www.fraeylemaborg.nl, März–Dez. Di–Fr 10–17, Sa, So, Fei 13–17 Uhr, 4,50/ab 2 €
Bei Slochteren, wo 1959 ›die Blase‹, das damals größte Erdgasfeld Europas, entdeckt wurde, liegt die um 1600 erbaute Fraeylemaborg mit reich mit Stilmöbeln ausgestatteten Räumen.

Nicht alle Mühlen in Holland sind Windmühlen, wie die Wassermühlen **Fraeylemamolen** (1786) und **Grote Polder** (1783) am Groenendijk beweisen.

In Grenznähe ▶ K 3/4

Die ›Mühlenstadt‹ **Winschoten** lohnt den Besuch mit den Korn- und Graupenmühlen De Edens, erbaut 1761 (Nassaustraat), und De Berg von 1854 (Grintweg 61, Besichtigung n V., Tel. 0597 41 43 63) sowie der 25 m hohen Mühle De Dijkstra von 1862 (Nassaustraat 63, Besichtigung n. V., Tel. 0597 41 42 69). Auch wenn eine blaue Fahne aufgezogen ist, können Besucher das Innere der Mühlen besichtigen.

Direkt an der Grenze zu Deutschland beeindruckt die sternförmig angelegte Festungsstadt **Bourtange,** von Wilhelm von Oranien um 1580 an der einzigen Furt im umliegenden Moor errichtet und über Jahrhunderte weiter ausgebaut – sie trotzte allen Angriffen. Inmitten von Wäldern liegt bei Ter Apel das um 1465 gegründete Kreuzherrenkloster **Ter Apel,** heute ein Museum für Religionsgeschichte und kirchliche Kunst (Boslaan 3, Di–Sa 10–17, So, Fei 13–17, Sommerferien Mo–Sa 10–18, So 13–18 Uhr). **Stadskanaal,** eine 25 km lange Siedlung mit Häusern und Bauernhöfen, die sich an schnurgeraden Kanälen reihen, ist die älteste Moorkolonie der Provinz. Im **Streekhistorisch Centrum** (Ceresstraat 2, Di–Fr 10–17, So 14–17 Uhr) wird die Geschichte der Veen-Siedlungen veranschaulicht.

Provinz Drenthe

Die Reste von mehr als 50 jungsteinzeitlichen Hünengräbern auf dem hügeligen Hondsrug bezeugen, dass Drenthe das älteste Siedlungsgebiet der Niederlande ist. Mit ihren Mooren, ausgedehnten Wäldern, Äckern und Wiesen, den von Schafherden bevölkerten Heiden, den stillen Angerdörfern und altsächsischen Gehöften hat die Provinz viel von ihrem ursprünglichen ländlichen Charakter bewahrt.

Assen ▶ I 30

Die Hauptstadt der Provinz Drenthe war noch bis 1809, als König Louis Bonaparte dem Ort Stadtrechte verlieh, ein unbedeutendes, nur rund 600 Einwohner zählendes Dorf, dessen Ursprung eine mittelalterliche Abtei ist. Heute ist Assen eine moderne Stadt, deren gut besuchte Fußgängerzone zum Shopping einlädt.

Besonders lebhaft wird es hier, wenn Ende Juni auf der Motorradrennstrecke **Circuit** südwestlich der Stadt der Große Preis der Niederlande ausgetragen wird.

Drents Museum

Brink 1, www.drentsmuseum.nl, Di–So 11–17, 6/ab 3 €

Zu sehen ist hier das älteste erhaltene Boot der Welt! Neben diesem aus einem Moor geborgenen Einbaum von ca. 7800 v. Chr. bekommt man Moorleichen aus dem 3. bis 5. Jh. und archäologische Funde aus Hünengräbern zu sehen und erlebt im GeoExplorer, einem audiovisuellen Spektakel, wie die Erde entstand. Exponate des Kunstgewerbes wie Möbel und Gebrauchsgegenstände, Silberwerk und Textilien sowie Zeichnungen und Gemälde vermitteln Eindrücke von der Drenther Wohnkultur und Drenther Landschaft. Beeindruckend auch die Sammlung »Kunst 1885–1935« mit Jugendstil- und Art-déco-Werken.

TT Circuit Assen

De Haar 9, www.tt-assen.com, April–Okt. tgl. 9.30–17, Juli/Aug. bis 18 Uhr

Was Wimbledon für den Tennissport und der Nürburgring für die Formel 1 ist, das ist der TT Circuit Assen für den Motorradrennsport. Hier wird am letzten Junisamstag die Dutch TT, der Große Preis der Niederlande für Straßenrennmotorräder, ausgetragen – ein Renntag, der über 100 000 Besucher anlockt. Auch beim World Superbike und Truckstar Festival geht die Post ab. Und wenn nichts los ist, kann man dort mit dem eigenen Bike eine Runde drehen.

Übernachten

Zentral – **Hotel De Jonge:** Brinkstraat 85, Tel. 0592 312023, www.hoteldejonge.nl, DZ 90–100 € (HP, VP möglich). Zentral gelegenes Haus mit neuem An-

Infobox

Infos zu Drenthe

www.drenthe.nl: Alles zu Tourismus, Kultur, Natur und mehr; Arrangements für den Urlaubsaufenthalt etc.

www.provincie.drenthe.nl: Wissenswertes zur Provinz.

Auf Entdeckungstour

›Hunebedden‹ – von Hünen keine Spur

Hünengräber sind prähistorische Grabstätten aus gewaltigen Gesteinsbrocken, rund 5000 Jahre alt. Der Hondsrug, ein Landstrich im Osten der Provinz Drenthe, ist davon förmlich durchsetzt. Über 50 Hünengräber sind dort zu finden. Die Relikte aus dem Neolithikum zählen zu den ältesten Spuren menschlicher Besiedlung der Niederlande.

Reisekarte: ► I 4

Hunebed Centrum: Bronnegerstraat 12, Borger, www.hunebedcentrum.nl, Mo–Fr 10–17, Sa, So, Fei 11–17 Uhr, 5,75/ab 3 €.

Länge der Tour: rund 10 km.

Borger im Hondsrug, das ist *die* ›Hunebeddenstadt‹. Hier befinden sich das größte Hunebed der Niederlande und das **Hunebed Centrum,** in dem man alles über die merkwürdigen Felsbauten erfährt. Schon am Parkplatz stoßen wir auf den Nachbau eines prähistorischen Kornspeichers. Die Menschen, die diese Speicher erbauten, errichteten auch die Hünengräber. Hünen waren – wie man einst glaubte – die Erbauer allerdings nicht.

Mehr über ihr Leben erfährt man im Zentrum. Sie schneiderten ihre Kleider aus Fell und Pflanzenfasern, jagten, bestellten kleine Äcker und stellten kunstvoll verzierte, trichterförmige Gefäße her. Wissenschaftler nennen die Menschen daher auch das Trichterbechervolk. Und natürlich hat man hier auch eine ihrer Grabstätten, ein Hunebed, aufgebaut. Wände und Decke sind aus wuchtigen Felsen, deren dem Innenraum zugewandte Seiten flach sind. Die Spalten zwischen den Felsen sind mit kleineren Steinen ausgefüllt und das Ganze liegt, bis auf den Eingang, in einem Erdhügel. Dieses Hunebed ist nachgebaut, doch zu einem echten ist es nicht weit. Es liegt im Wald neben dem Zentrum, ist über 22 m lang und etliche der Felsbrocken wiegen um die 20 t! Was wir hier sehen, ist allerdings nur noch der Rohbau aus großen Felsbrocken.

Heidnische Tempel?

Auf der Bronnegerstraat, hinter dem alten Gebäude des Centrum, geht es nach **Bronneger.** Hübsche, rietgedeckte Häuschen und saftige Wiesen säumen den Weg. In Bronneger folgen wir dem Schild ›Hunebed‹ nach links bis in ein Waldstück, in dem nah beieinander drei kleine Hunebedden liegen. Wie an vielen anderen Stellen, so sind auch diese teilweise zerstört. Zwar ließ die Obrigkeit schon ab 1734 die Felsenbauten schützen, doch da war es für viele zu spät. Es heißt, im Mittelalter hätten christliche Missionare Hunebedden zerstört, weil sie darin heidnische Tempel sahen (und dass ihnen die Felsen beim Kirchbau zugute gekommen wären). Im 18. Jh. dann vernichtete der Pfahlwurm etliche Hunebedden. Nicht dass der Holz fressende Schädling zum Steinbeißer mutiert wäre, vielmehr zerfraß er die Holzpfähle, die die Seedeiche festigten. Ersatz-Bollwerk musste her, und so warf man kurzerhand die Felsbrocken von Hunebedden in die Deiche.

Das Werk von Riesen?

200 m weiter liegen rechts in einem Hain zwei weitere Hunebedden, von denen eines mit seinen gewaltigen Felsen besonders beeindruckt. Über die Herkunft der Megalithen im Hondsrug ist man gut informiert. Sie wurden durch das vordringende Gletschereis der Eiszeit von Skandinavien herangeschleift. Das erklärt übrigens auch, weshalb sie an einer Seite eine nahezu ebene Fläche aufweisen.

Am Ende des Weges geht es rechts auf den Kerkweg nach **Drouwen,** wo am Steenhopenweg kurz vor der Unterführung unter die N 34 links zwei große Hunebedden liegen. Eines der beiden zeichnet sich durch einen Ring aufrecht im Boden stehender Steine, Peristalithen genannt, aus. Damit wurde das einstige Hügelgrab an seinen Rändern verkleidet, um die Erosion des Grabhügels zu verhindern. Wegen der Schwere der Steine hat man lange geglaubt, Hunebedden müssten das Werk von Riesen – Hünen eben – gewesen sein, daher stammt auch der Name. Dabei waren die Erbauer Menschen von kleiner Gestalt – aber mit effizienten Techniken.

bau, alle Zimmer mit Bad oder Dusche, Toilette, KTV, Radio und Telefon, etliche mit Balkon. Fahrradverleih, Grand Café und Restaurant.

Farbenfroh – **B & B Midlaren:** Huttenweg 6, in Midlaren, Tel. 050 409 35 49, www.bedandbreakfastmidlaren.nl, DZ 70€. Ob das gelbe, blaue oder rosa Zimmer – Sie treffen immer eine gute Wahl. Bei schönem Wetter Frühstück im Garten. Im gemeinschaftlichen Badezimmer erwartet Sie ein Whirlpool. Wer abends im Dorf essen möchte, kann hier kostenlos ein Fahrrad leihen.

Komplett ausgestattetes Apartment – **B & B Torenlaan6 c:** Torenlaan 6 c, Tel. (mobil) 06 57 14 00 45, www.torenlaan6c.nl, DZ 75 €. Ebenerdiges Apartment im Zentrum von Assen mit 2 großen und geschmackvoll eingerichteten Gästezimmern, Dusche, WC und Terrasse. In der Küche kann man selbst kochen. WiFi-Internet.

Essen & Trinken

Koffiebar – **Granny's:** Cereplein 118, Tel. 0592 30 14 62, Mo 12.30–17.30, Di–Sa ab 9.30 Uhr, *appeltaart* ab 2 €. Netter Café-Laden, in dem man Grannys berühmte Apfeltorte kaufen oder wahlweise auch direkt verzehren kann.

Happerij & tapperij – **Zusjes de Boer:** Markt 13, Tel. 0592 30 01 09, www.zusjesdeboer.nl, Fr, Sa ab 14, So, Di–Do ab 16 Uhr, kleines Gericht ab 4€, Hauptgericht ab 10 €. Interieur im englischen Stil. Leckere Salate, Süppchen, Tapas und mehr.

Infos

Infos

VVV: Marktstraat 8, Tel. 0592 24 37 88, www.ditisassen.nl.

Verkehr

Bahn: von/nach Groningen und Zwolle.

Bus: von/nach Stadskanaal, Veendam.

Fahrradverleih: am Bahnhof, Tel. 0592 31 04 24.

Umgebung von Assen

Nördlich von Assen liegt das beliebte Wassersportrevier **Zuidlardermeer** (▶ I 3). Bei **Anloo,** einem der schönsten Dörfer der Provinz, kann man im **Pinetum ter Borgh** (www.pinetumanloo.nl; ▶ I 3), einem großen Park, 400 verschiedene Nadelbäume entdecken.

Drents Boomkroonpad ▶ I 4

Drouwen, Steenhopenweg 4, www.staatsbosbeheer.nl, April–Okt. tgl. 10–17, Nov.–März So 10–16 Uhr, 3,50/1,75 €

Bäume von der Wurzel bis zur Spitze kennenlernen: Erst geht es durch einen 22 m langen Wurzeltunnel, dann auf dem in 22 m Höhe errichteten Baumkronenpfad zwischen die Wipfel.

Herinneringscentrum Kamp Westerbork ▶ I 4

Oosthalen 8, Hooghalen, www.westerbork.nl, Mo–Fr 10–17, Sa, So 13–17, Juli, Aug. 11–17 Uhr, Jan. geschl., Museumsbus vom Herinneringscentrum zum Kamp 2 € (mit Rückfahrt).

Das Zentrum dokumentiert die Geschichte des Lagers und die Deportation von Juden, Sinti und Roma in die nationalsozialistischen Vernichtungslager. Im 2,5 km entfernten ehemaligen Durchgangslager stehen 102 000 Steine auf dem einstigen Appellplatz für die 102 000 Gefangenen, die von hier in die Konzentrationslager deportiert wurden – eine von ihnen war Anne Frank (s. auch S. 65).

Emmen und Umgebung
▶ K 4

Rund um die Industriestadt **Emmen** liegen etliche Hünengräber. Eine viel besuchte Attraktion im Ort selbst ist der Tierpark.

Noorder Dierenpark
Hoofdstraat 18, www.dierenpark-emmen.nl, tgl., März–Mai, Okt. 10–17, Juni–Aug. 10–18, Sept. 10–17.30, Nov.–Febr. 10–16.30 Uhr, 18,50/16,50 €
450 Tierarten und ein tropischer Schmetterlingspark, in dem 1500 Falter flattern, führen Besucher in die Tierwelt aller Erdteile. Kinder können in den Baumhütten, auf dem Schiffswrack und in den Pueblos des Speelexpeditie Yucatán herumtollen.

Schoonoord und Orvelte ▶ I 4
Ein Bild vom Leben der Menschen im Moor in der Zeit um 1900 vermitteln die Freilichtmuseen Veenpark (Barger-Compascuum, Berkenrode 4, www.veenpark.nl, Karfreitag–Herbstferien 10–17, Juli, Aug. bis 18 Uhr, 12/10,50 €) und Ellert en Brammert (Tramstraat 73, www.ellertenbrammert.nl, April–Okt. tgl. 9–18 Uhr, 5/4 €) in **Schoonoord.**

Auch im Museumsdorf **Orvelte** scheint die Zeit stehengeblieben zu sein (Dorpsstraat 1 a, www.orvelte.eu, Karfreitag bis Herbstferien Di–So, in Ferien auch Mo 11–17 Uhr, 12,50/3 €). Hier gibt es noch alte Bauernhöfe und Handwerksbetriebe, z. B. eine Schmiede, in der auf traditionelle Weise gearbeitet wird.

Übernachten

Gemütlich – **Susanna's B & B:** Laan van de Bork 544, Tel. 0591 62 44 10, www.bedandbreakfast-emmen.nl, DZ 50 €. 2 gemütlich eingerichtete Gästezimmer – beide mit TV –, untergebracht in einem Reihenhaus, gemeinschaftliches Badezimmer. Auf Anfrage können Mahlzeiten – ausschließlich vegetarisch – oder Lunchpakete zubereitet werden.
Modern – **De Koraal:** Koraaldreef 42, Tel. 0591 63 28 22, DZ 55–65 €. Modernes, freistehendes Haus, modernes Interieur in den beiden harmonisch eingerichteten Gästezimmern, die jedes eine Sitzecke und ein eigenes Bad haben. Zur komfortablen Ausstattung gehören zudem TV, DVD/Video, Internetzugang.

Infos

Infos
VVV: Hoofdstraat 22, Tel. 0591 64 97 12, www.vvv.nl.

Verkehr
Bahn: Emmen–Mariënberg–Zwolle.
Bus: Emmen–Barger–Compascuum und Emmen–Schoonoord sowie Assen–Orvelte–Zweeloo.
Fahrradverleih: am Bahnhof, Tel. 0591 61 37 31.

Nationaal Park Dwingelderveld ▶ H/I 4

Besucherzentrum: Ruinen, Benderse 22, www.np-dwingelderveld.nl, April–Sept. und in allen Schulferien tgl., Okt.–März Mi–So 10–17 Uhr, Eintritt frei
Nordöstlich von Ruinen bietet der Nationalpark mit Wäldern, Heide und Moorlandschaften zahlreichen Vogelarten ein Refugium und Besuchern gute Möglichkeiten für erholsame Wanderungen.

Das Beste auf einen Blick

Provinzen in der Mitte

Highlights!

Urk: In dem kleinen, calvinistischen Hafenstädtchen geht man seit über 1000 Jahren dem Fischfang in der Nordsee nach. Freitags kehren die Boote zurück, und man reist von weither an, um den Fisch zu ersteigern. Der Sonntag ist den Urkern heilig, man trägt die Trachten, Sport ist out, Geschäfte und Restaurants sind geschlossen, und erst nach Mitternacht geht es wieder hinaus aufs Meer. S. 222

Utrecht – die Stadt: Utrecht wird vom Oude und Kromme Rijn, von der Vecht, dem Amsterdam-Rijn-Kanal und zahlreichen Grachten durchflossen, an deren baumbestandenen Kais man auf zahlreiche urige Studentenkneipen und Restaurants trifft. S. 224

Auf Entdeckungstour

Land Art in Flevoland: In der Landschaft Flevolands findet man sechs faszinierende Landschaftskunstwerke, so auch das monumentale Observatorium oder De Groene Kathedraal, die Kathedrale von Reims – nachgebildet aus wachsenden Bäumen. S. 220

Mufflon und Monet – Natur und Kunst im Hoge Veluwe Park: Eingebettet in Wälder, Heide und Moor, liegt an einem See das Jagdschloss St. Hubertus mit dem Grundriss eines Hirschgeweihs. Mitten im Park trifft man auf das weltbekannte Kröller-Müller Museum mit einer Sammlung erlesener Kunstwerke. S. 242

Kultur & Sehenswertes

Batavia Werf in Lelystad: Hier kann man nicht nur den Schiffsbauern beim Nachbau des Admiralitätsschiffs »De 7 Provinciën« über die Schulter schauen, sondern sich auch auf die Schiffsplanken des bereits originalgetreu nachgebauten VOC-Schiffs »Batavia« aus dem 17. Jh. begeben und es erkunden. S. 218

Museumpark Orientalis in Nijmegen: Begegnung mit den großen Weltreligionen im weitläufigen Freilichtmuseum. S. 244

Aktiv & Kreativ

Paddeln durch De Weerribben: Entdecken Sie die Landschaft des wasserreichen Nationalparks De Weerribben-Wieden zwischen Kalenberg und Ossenzijl bei einer Tour mit dem Kanu! S. 234

Genießen & Atmosphäre

Anders reisen mit der Fähre: Die Reise mit der Fähre über das IJsselmeer von Urk nach Enkhuizen ist ein besonderer Genuss, denn die Überfahrt erfolgt mit der »Willem Barentsz«, einem der größten Segelschiffe der Niederlande. Und das Fahrrad kann auch mit. S. 223

Honigsüß: Köstlich ist der Deventer *koek*, ein mit Honig hergestelltes Gebäck, das man in Deventer bekommt. S. 235

Abends & Nachts

Utrechts gemütliche Kneipen und Cafés: in den alten Werftkellern unten an den Kaimauern, am Janskerkhof und an der Neude. S. 227

Provinz Flevoland

Flevoland, dem IJsselmeer abgerungen, ist die jüngste Provinz Hollands. In Lelystad und Almere kommen Freunde moderner Architektur auf ihre Kosten, während die einst auf Inseln in der Zuiderzee gelegenen Fischerorte Urk und Schokland mit ihrem historischen Charme bestechen.

Lelystad ▶ F/G 5

Die Provinzhauptstadt (62 000 Einw.) ist nach Cornelius Lely, dem ›Vater des Abschlussdeiches‹, benannt. Die Attraktion der erst seit 1967 existierenden Retortenstadt mit ihrer mittlerweile etwas betagten ›modernen‹ Architektur ist die Batavia Werf.

Batavia Werf

Oostvaardersdijk 1–9, www.batavia werf.nl, tgl.10–17 Uhr, 10/ab 5 €
Die Batavia Werf ist eine besondere Werft, denn hier hat man das VOC-Schiff »Batavia« aus dem 17. Jh. originalgetreu nachgebaut und arbeitet nun – dabei können Sie den Schiffsbauern zusehen – am Nachbau des Admiralitätsschiffs »De 7 Provinciën«.

Infobox

Infos zu Flevoland

www.flevoland.nl (nl., engl.): Homepage der Provinz mit allgemeinen und touristischen Informationen.
www.auchflevoland.de: Umfassende touristische Informationen zur Provinz Flevoland mit Tipps zu Unterkünften, Ausgehen, Shoppen, Natur, Veranstaltungen. Mit kleinem Film.

Poldermuseum Nieuw Land

Oostvaardersdijk 1–13, www.nieuw landerfgoed.nl, Di–Fr 10–17 (in den Schulferien auch Mo), Sa, So 11.30–17 Uhr, 7,50/ab 3,50 €
Die Geschichte des größten Einpolderungsprojekts aller Zeiten, des Zuiderzeeprojekts, dem Flevoland seine Existenz verdankt, ist spannend – hier wird sie in all ihren Aspekten erzählt.

Aviodrome

Pelikaanweg 50, Luchthaven, www.aviodrome.nl, Di–So (in den Schulferien auch Mo) 10–17 Uhr , 15,75/ab 13,25 €
Sie möchten einen Tag in den Wolken verbringen? Der Erlebnispark der Luftfahrt macht's möglich! Die magische Zeitmaschine versetzt Besucher in die Pionierzeit der Fliegerei, in der Boing 747 geht's ins Cockpit, und wer möchte, kann einen Rundflug buchen – um nur einige der Attraktionen zu nennen.

Oostvaardersplassen

Südwestlich der Stadt erstreckt sich am Markermeer das 5600 ha große Naturschutzgebiet Oostvaardersplassen, in dem über 200 Vogelarten, Fuchs und Rotwild heimisch sind.

Übernachten

Ruhige Lage – **De Lange Jammer:** Pioniersstraat 15, Tel. 0320 26 04 15, www.delangejammer.nl, DZ 95 €. Bungalow-Hotel mit gut ausgestatteten Zimmern (TV, Telefon, gratis Internetanschluss). Shuttle-Service, Fahrradverleih.
Alternativ zum Hotel – **Dijana Bed & Breakfast:** Mergelland 50, Tel. 06 21 25 49 43 (mobil), DZ 60 €. 2 komfortabel mit TV, Telefon und Internetzugang ein-

gerichtete DZ und 2 EZ in einem modernen Haus. Gemeinschaftliches Bad.

Essen & Trinken

American style – **Steak van de Keizer:** Agoraweg 11 b, Tel. 0320 23 41 68, www.steakvandekeizer.nl, tgl. 17–21.30 Uhr, Hauptgericht ab 14 €. Das Innere des Lokals mit Totempfahl und Fell an der Wand, auf den Tellern Fleisch und Fisch vom Grill. Auch ein vegetarisches Gericht.
Bistro – **La Route:** De Schans 18–23 a, Tel. 0320 22 18 18, www.laroute.nl, Di–So ab 17 Uhr, Hauptgericht ab 13 €. Nettes, familiengeführtes Bistro im Zentrum, offene Küche. Neben Bistrospeisen wie Jakobsmuscheln gibt's hier leckere Spareribs, Entenbrust- und Springbockfilet.

Einkaufen

Outlets – **Batavia Stad:** Bataviaplein 60, www.bataviastad.nl. Factory Outlet, Shopping Center mit 70 Lädchen.

Aktiv & Kreativ

Luftig – **Rundflüge** / Flugzeug: Aero-Service, Tel. 0320 28 83 33, www.aeroservice.nl; Helikopter: Heli-Holland, Tel. 0320 28 86 54, www.heliholland.nl.
Surfen, Segeln und Paddeln – **Surfschool Paradiso:** Uilenweg 8, Tel. 0320 25 68 93, www.surfschoolparadiso.nl. Vermietung von Segelbooten, Surfbrettern und Kanus.

Infos

Infocentrum: Stadhuis, Stadhuisplein 2, Tel. 0320 278 911, www.lelystad.nl.
Bahn: Verbindungen nach Amsterdam, Almere, Utrecht.
Bus: von/nach Enkhuizen, Kampen.
Fahrradverleih: Meerens, Waagpassage 17, Tel. 0320 22 83 89.

Almere ▶ F 6

Die erst 1975 gegründete, rasant gewachsene Stadt Almere (186 000 Einw.) ist vor allem für ihre moderne Architektur bekannt. Insbesondere in den Vierteln Musiekwijk, Filmwijk, Stedenwijk, De Regenboogbuurt und De Realität werden Freunde farbenfroher Baukunst fündig. Die inmitten der Stadt liegenden Seen **Weerwater** und **Noorderplassen** sowie das **Gooimeer,** an dem sich Almere-Haven erstreckt, bieten ausgezeichnete Möglichkeiten für Wassersport.

CASLa

Centrum voor Architectuur, Stedebouw en Landschap, Weerwaterplein 3, Almere-Stad, Tel. 036 538 68 42, www.casla.nl, Di–Sa 12–17 Uhr
Almere und Umland zeigen viel moderne Architektur. Das Zentrum veranstaltet Führungen, gibt Infos sowie Fahrrad- und Wanderrouten zu den interessanten Bauwerken heraus.

Orchideeënhoeve

Oosterringweg 34, Luttelgeest, Tel. 0527 20 28 75, www.orchideeenhoeve.nl, Mo–Sa 9–18, So, Fei 11–18 Uhr, 9/ab 4 €
Eine der schönsten Orchideensammlungen ist im tropischen Paradies Orchideeënhoeve zu bewundern.

Übernachten

Luxus pur – **Apollo Hotel Almere City Centre:** Koetsierbaan 2, Tel. 036 527 45

Auf Entdeckungstour

Land Art in Flevoland

Landschaft, Skulptur, Architektur – bei den großmaßstäblichen, skulpturellen Land-Art-Projekten verwischen die Grenzen. Namhafte Künstler, darunter Stararchitekt Daniel Libeskind, der den Wettbewerb zur Neugestaltung von Ground Zero in New York gewann, haben ihre Landschaftskunst in Südflevoland eingebracht. In dem aus der einstigen Zuiderzee durch Trockenlegung gewonnenen Polder gibt es bisher sechs Projekte, das jüngste wurde 2009 installiert.

Reisekarte: ► F 6–G 5

Museum De Paviljoens: Odeonstraat 3, Almere, www.depaviljoens.nl. Hier findet man Infos zu den Projekten sowie zu organisierten Tagestouren.

Polderland Garden of Love & Fire

Am westlichen Rand von Almere am Pampushavenweg.

Drei schmale Kanäle, die nirgendwohin führen, ein Fußweg und ein Labyrinth aus mannshohem Aluminium, auf einen Betonstreifen platziert: ein Garten der Meditation. Mit fünf Linien verbindet Daniel Libeskind hier Raum und Zeit. Die Kanäle führen imaginär Almere, die ›Stadt ohne Geschichte‹, mit Berlin, wo Libeskind lebt, und Salamanca zusammen. Dort lebte im 16. Jh. der Mönch Juan de la Cruz, dessen Werk »Die lebendige Liebesflamme« Libeskind inspiriert hat. Das Labyrinth symbolisiert das Herumirren des Menschen bei der Suche nach der Bedeutung des Seins.

Die Kathedrale von Reims in den Niederlanden?

Südöstlich von Almere im Dreieck A27, Vogelweg und Waterlandseweg.

Es gibt sie! Die Säulen der **Groene Kathedraal** von Marinus Boezem bestehen aus 178 Pappeln und man kann auf den Kreuzrippen des Gewölbes wandeln, hier durch Plattengänge zwischen den Säulen symbolisiert. Boezem sieht in der Kathedrale einen Höhepunkt des von Menschen gemachten Raumes.

Unter Wasser

Im Landschaftspark De Wetering bei Zeewolde.

Dass dieses Stück Land einst Meeresboden war und der Ort Zeewolde unter Wasser läge, gäbe es die Deiche nicht, verdeutlicht Richard Serras **Sea Level.** Geht man an den Wänden des Kunstwerks entlang, fühlt man, imaginär ›unter Wasser‹ zu sein und wie es ist, langsam wieder an die Oberfläche zu kommen, denn die Oberkante der Wand entspricht der Meereshöhe.

See aus Erde und Wasser

An der N706 (Vogelweg), etwa auf halber Länge der Straße.

Piet Slegers' **Aardzee** ist von einem Deich eingeschlossen, die Erde darin hier und dort aufgewühlt wie die See. Linien und Bänder aus grau-blauen Muscheln verweisen auf Luft und Wasser. Das 50 000 m² große Kunstwerk, eine ›Landschaft der Erfahrung‹, deutet zugleich auf den Schutz eines Polders mit seinen Erdwällen und die bewegenden Kräfte der See hin.

Stonehenge in de Polder

Nordöstlich von Lelystad an der N307 und dem Swifterringweg.

Das nächste Land-Art-Objekt ist das **Observatorium** von Robert Morris. Wer eine intensive Erfahrung mit dem Universum sucht, begibt sich am besten im März, Juni, September oder Dezember – das magische Datum ist der jeweils 21. Tag des Monats! – noch vor Sonnenaufgang dorthin, tritt genau ins Zentrum im innersten Kreis der Erdwälle und wartet auf die Sonne. Wenn der Wettergott mitspielt, taucht diese exakt in dem entsprechenden V-förmigen Sucher auf. Die Vorstellung, bewusst mitzuerleben, wie die Erde soeben den weitesten oder nahesten Punkt auf ihrer Bahn um die Sonne durchläuft – für manchen ganz prickelnd.

Blick übers Markermeer

Am Bataviahaven in Lelystad.

Sie ist 25 m hoch, 44 t schwer und hockt am Pier des Batavia-Hafens von Lelystad und blickt hinaus auf das Markermeer – eine menschliche Figur. **Exposure** stammt von dem in London lebenden Briten Antony Gormley. Der bildende Künstler ist berühmt für seine menschlichen Figuren, die sich überall in der Welt umschauen.

00, www.apollohotelsresorts.com, DZ ab 135 €. Moderne Architektur, modernes Design im Innern, stilvolle Lounge, gemütliche Brasserie und farbenfrohe Zimmer mit Designermöbeln, die extra für das Hotel entworfen wurden, komfortable Ausstattung.

Komfortabel – **Bastion Hotel Almere:** Audioweg 1, Almere-Stad, Tel. 036 536 77 55, www.bastionhotels.nl, DZ ab 86 €, Frühstück 13 €/Pers. Am Stadtrand gelegenes Hotel mit komfortabel eingerichteten Standard- und Deluxe-Gästezimmern. Kostenloser WiFi-Zugang im ganzen Haus. Gemütliche Bar, Café-Restaurant.

Gemütlich – **Pension Almere:** Lindengouw 7, Tel. 06 46 44 64 09 (mobil), DZ 62 €. Angenehmes B&B in einem Eckhaus, 3 geschmackvoll eingerichtete Zimmer, gemeinschaftliches Bad.

Essen & Trinken

Eetcafé in Hafennähe – **Ome Jan's:** Kruisstraat 43, Tel. 036 534 86 19, www.eetcafe-omejan.nl, Di–So ab 16 Uhr, Hauptgericht ab 11 €. Nettes kleines Eetcafé, bekannt für seine leckeren Spareribs und Fischgerichte. Monatsmenü auf der Wandtafel.

Aus dem Meer – **Krab aan de Haven:** Sluiskade 16, Tel. 036 531 15 57, www.krabaandehaven.nl, Mi–Mo ab Mittag, Hauptgericht ab 18 €. Stylisch, etwas kühl wirkendes Interieur, Terrasse mit Hafenblick. Fisch und Meeresfrüchte, aber auch Lamm. Zu den Spezialitäten zählen Krabben, Krebs und Austern.

Japanisch – **Sensei Haven:** Havenzicht 6/12, Tel. 036 521 56 66, www.senseihaven.nl, tgl. 17-–23 Uhr, Sushi ab 1,75 €, A-la-carte-Hauptgericht ab 15 €. Ausgezeichnete Sushis, Sashimis und Teppanyaki, aber auch zahlreiche Fischgerichte und Pfannkuchen. Terrasse mit schöner Aussicht auf den Hafen.

Aktiv & Kreativ

Freizeitpark – **Walibi World:** Biddinghuizen, Spijkweg 30, Tel. 0321 32 99 91, www.walibi.nl, Mitte April–Okt. tgl. 10–17/18/20/21 Uhr, 27,50/25 €. Großer Freizeitpark, in dem u. a. El Condor, eine Riesenachterbahn, ins Tal stürzt.

Infos

VVV: Stadhuisplein 1, Tel. 036 548 50 41, www.vvv-almere.nl.
Bahn: Verbindungen nach Amsterdam und Lelystad.

Urk ! ► G 5

Die Bewohner von Urk, einst eine Zuiderzeeinsel, die jetzt am Rand des Noordoostpolders liegt, haben auch nach dem Bau des Abschlussdeichs ihre Fischfangtradition beibehalten, ebenso den alten Dialekt und den Brauch, an Festtagen die Volkstracht zu tragen. Kleine, traditionell grün oder braun gestrichene Häuser und der runde, weiße Leuchtturm verleihen dem 18 000-Einwohner-Ort einen besonderen Charme.

Museum het oude Raadhuis

Wijk 2-2, www.museum.opurk.nl, April–Okt. Mo–Fr 10–17, Sa 10–16, sonst Mo–Sa 10–13 Uhr, 4/2 €
Das Alte Rathaus, eine Mini-Ausgabe des Kopenhagener Stadthauses, beherbergt eine authentisch eingerichtete Fischerwohnung und vielerlei Exponate zur Geschichte von Urk.

Übernachten

Bett & Wellness – **B & B Roos van Saron:** Wijk 1-44, Tel. 0527 68 81 15, www.

Traditionelle Architektur in Urk

roosvansaron.com, DZ 100 €. Nostalgisch-luxuriöse Zimmer: Im Bedstee schnuppern Sie die Atmosphäre alten Urker Volkslebens – Sie übernachten im Bettschrank mit bereitstehendem Nachttopf; im ›Pronk‹ genießt man den Pomp höheren Standes; im ›Strand‹ das Interieur eines alten Strandhauses. Schönes Lesezimmer mit Aussicht auf den Hafen. Guter Wellnessbereich.

Essen & Trinken

In den **Fischrestaurants am Hafen** kann man vorzüglich essen.

Infos

Tourist Info: Wijk 2/2, Tel. 0527 68 40 40, www.touristinfourk.nl.
Bahn: Nächster Bahnhof in Kampen.
Bus: Verbindungen nach Kampen.
Personenfähre: Urk–Enkhuizen, Mitte Juli–Mitte Aug. Mo–Sa. Tickets: an Bord oder bei der Tourist Info. Um 8.45 Uhr mit dem Motorschiff, Fahrzeit 2 Std. Um 15.15 Uhr mit dem Segelschiff, Fahrzeit 2,5 Std. Info: Tel. 0527 68 40 40, www.willem-barentsz.nl.
Fahrradverleih: Bikeshop Urk, Industrierondweg 20, Tel. 0527 68 48 57, www.bikeshopurk.nl.

Emmeloord und Schokland ► G 5

In der Mitte des Noordoostpolders überragt der 65 m hohe Poldertoren, zugleich Wasser- und Glockenturm mit einem der größten Glockenspiele des Landes, das Städtchen **Emmeloord.** Von hier bietet sich ein schöner Rundblick.

Das Dorf **Schokland** auf der gleichnamigen ehemaligen Fischerinsel, die jetzt nur noch als Hügel in der Landschaft zu erkennen ist, gehört zum UNESCO-Weltkulturerbe. Das Schokland Museum (Middelbuurt 3, www.schokland.nl, April–Okt. Di–So, Nov.–März Fr–So 11–17 Uhr, Juli, Aug. auch Mo, 3,80/3 €) dokumentiert die Geschichte der Insel.

Infos

VVV: De Deel 25a, Emmeloord, Tel. 0527 61 20 00, www.vvvnoordoostpolder.nl.
Bus: von Kampen, Lelystad Centrum, Steenwijk und Zwolle nach Emmeloord. Achtung: Es gibt kein öffentliches Verkehrsmittel zum Dorf Schokland.

Provinz Utrecht

Utrecht, Hollands kleinste Provinz, hat viel zu bieten: malerische Dörfer, prachtvolle Schlösser, alte Gehöfte sowie Mühlen und eine vielseitige Landschaft, die vom schönen Tal der Vecht bis zum Utrechter Hügelland reicht. Mittelpunkt ist die lebhafte Universitäts- und Bischofsstadt Utrecht mit ihrem imposanten Dom.

Utrecht! ► F 7

Die Universitäts- und Bischofsstadt Utrecht ist die viertgrößte Stadt der Niederlande (299 000 Einw.), das historische Zentrum ist jedoch klein und lässt sich mühelos auf einem Spaziergang erkunden. Zu den stimmungsvollsten Grachten zählt die **Oude Gracht** mit zahlreichen schönen Giebelhäusern. Treppen führen zu baumbestandenen Kais hinab, in deren alten Lagern und Stapelräumen sich heute Studentenkneipen, Boutiquen und Restaurants eingenistet haben. Im **Stadtschloss Oudaen** (1320; Oude Gracht 99) wurde 1713 mit dem Frieden von Utrecht der spanische Erbfolgekrieg beendet.

Die von Stadtgräben umgebene Altstadt wird vom Wahrzeichen Utrechts, dem 112 m hohen **Turm des Doms** (erbaut ab 1254) dominiert. Das Mittelschiff existiert nur noch als Grundriss in Form von dunklen Pflastersteinen auf dem Domplatz, ein Orkan hat es 1674 fortgerissen; das Querschiff mit Chor steht seitdem separat. Der Dom bildet das Zentrum eines von Bischof Bernold im 11. Jh. aus Kirchen gebildeten Kreuzes, von dem noch die turmlose St. Janskerk (Nord), die Pieterskerk (Ost) und ein Kreuzgang der Mariakerk (West) existieren. Nicht weit vom Dom steht an der Kromme Nieuwegracht 49 das gotische **Paushuisje,** das Haus des bisher einzigen holländischen Papstes, Hadrians VI. (1522/1523).

Infobox

Infos zur Provinz Utrecht
www.provincie-utrecht.nl (nl.): Homepage der Provinz mit allgemeinen und touristischen Links.

Museum Catharijneconvent

Lange Nieuwstraat 38, www.catharijneconvent.nl, Di–Fr 10–17, Sa, So, Fei 11–17 Uhr, 11,50/ab 7,25 €

Weltweit einzigartiges Museum zur Geschichte des Christentums in den Niederlanden.

Centraal Museum

Nicolaaskerkhof 10, www.centraalmuseum.nl, Di–So 11–17 Uhr, 8/2 €

Das älteste städtische Museum der Niederlande zeigt umfangreiche Sammlungen zu Kunst, Kunstgewerbe, Möbeln, Mode, Design und Stadtgeschichte.

Nederlands Spoorwegmuseum

Maliebaanstation, www.spoorwegmuseum.nl, Di–So 10–17 Uhr, 14,50/ab 11,50 €

Eine Traumreise mit dem Orient Express, Riesendampfloks, Eisenbahn- & Tram-Oldtimer (Original oder Modell).

Nationaal Museum van Speelklok tot Pierement

Steenweg 6, www.museumspeelklok.nl, Di–So, Fei 10–17, in den Ferien auch Mo, 8/ab 4,50 €

Spieldosen, Pianolas, Drehorgeln und singende Nachtigallen sind nur einige Exponate dieser einzigartigen Sammlung mechanischer Musikinstrumente, die ältesten stammen aus dem 15. Jh.

Rietveld Schröderhuis

Erasmuslaan 5, www.rietveldschroderhuis.nl, Mi 11–16 Uhr zu jeder vollen Stunde individuell mit Audiotour, Do–So 11–14 Uhr Führung zur vollen Stunde, 15–16 Uhr individuell mit Audiotour, telefonische Anmeldung empfohlen, Tel. 030 236 23 10

Weltbekanntes, von DeStijl-Architekten Gerrit Rietveld 1924 für die Innenarchitektin Truus Schröder entworfenes, von ihr lange Zeit bewohntes Haus, heute Monument der Moderne, zu dem alljährlich unzählige Kunstkenner pilgern. Zählt zu den wichtigsten Bauwerken der De-Stijl-Bewegung.

Übernachten

Riesig – **NH Centre Utrecht Hotel:** Janskerkhof 10, Tel. 030 231 31 69, DZ ab 99 €, Frühstück extra. Imposantes, altes Haus mit Aussicht auf den Janskerkhof. Die mit allem Komfort ausgestatteten Zimmer sorgen für einen angenehmen Aufenthalt.

Gepflegt – **Den Ulch B&B:** Westerkade 8 A, Tel. 030 240 06 96, www.martschellekensdesign.nl, DZ 60 €. Die 2 Gästezimmer sind modern und geschmackvoll mit viel Couleur eingerichtet. Es gibt einen Frühstücksraum, ein gemeinschaftliches Badezimmer und eine schlichte Terrasse.

B & B – **Kilim-Centre-Inn:** Herenweg 28 bis, Tel. 030 233 49 75, www.kilimcentre-inn.nl, DZ 50–-60 €. Gemütlich eingerichtete Zimmer mit Terrasse oder Balkon. Im Zentrum der Stadt, die Altstadt kann man von hier zu Fuß erreichen (Bushaltestelle in der Nähe).

Hostel 1 – **Strowis:** Boothstraat 8, Tel. 030 23 80 280, www.strowis.nl, DZ 58 €, Frühstück 6 €/Pers. Angenehme, helle Zimmer in einem Haus aus dem 17. Jh., nicht weit vom Zentrum. Kleine Bar. Für ein Paar Euro kann man ein Fahrrad mieten.

Hostel 2 – **Stayokay Bunnik:** Rhijnauwenselaan 14, Tel. 030 656 12 77, www.stayokay.com, ab 23 €/Pers.

Essen & Trinken

Chic & trendy – **'t Weeshuis:** Domplein 16, Tel. 030 236 49 82, www.weeshuis.nl, Küche tgl. 17–21.30 Uhr, Hauptgericht ab 14 €. Tagsüber auf der Terrasse leckeren Kaffee trinken, abends eine Kleinigkeit speisen. Die Küche serviert Gerichte mit französisch-italienischem Einschlag.

Am Dom – **Lofen:** Domplein 17, Tel. 030 231 52 17, www.lofen.nl, So–Mi 12–24,

Café mit Aussicht in Utrecht

Do bis 1, Fr, Sa 11–1 Uhr, Lunchgericht ab 5 €, Hauptgericht ab 16 €. Stimmungsvolles Interieur, Terrasse zu Füßen des Doms. Internationale Küche, ausgedehnte Dinnerkarte mit Fleisch- und Fischgerichten.

Mediterran angehaucht – **De Fetkamer:** Steenweg 29, Tel. 030 232 80 11, www.deetkamer.com, tgl. ab Mittag. Lunchgericht ab 4 €, Hauptgeriche ab 16 €. Schöner, heller Speisesaal und offene Küche, Sommertags auch draußen. Prima Fisch, aber auch Gutes vom Metzger.

Stimmungsvoll – **Aal:** Oudegracht a/d Werf 159, Tel. 030 233 48 26, www.aalrestaurant.nl, Di–So 16–23 Uhr, 3-Gänge-Menü ca. 22 €, Hauptgericht ab 18 €. Urig, ungezwungen, gemütlich in den mittelalterlichen Werftgewölben an der Utrechter Gracht, auch draußen, direkt am Wasser. Leckeres aus der französisch-internationalen Küche, auch Vegetarisches.

Afrikanisch – **The Ostrich:** Oudegracht 153, Tel. 030 231 05 44, Di–So 17–22 Uhr, Hauptgericht 17–26 €. Ausgefallene afrikanische Küche, traditionell und modern, Getränke, Kunst an den Wänden, selbst die Musik – alles afrikanisch. Fisch, Fleisch, Vegetarisches. Grachtenkeller mit schöner Terrasse.

Einkaufen

Einkaufstipp: Lecker sind die *boterspritsjes,* ein Utrechter Spritzgebäck.

Shoppingzentrum – **Hoog Catharijne:** beim Bahnhof, www.hoogcatharijne.nl. Überdachte Einkaufspassagen mit ca. 200 Läden, Restaurants und Cafés.
Laden an Laden – **Fußgängerzone:** Weitere interessante Läden in der Fußgängerzone in der Altstadt.

Abends & Nachts

Ausgehtipps: www.inutrechtuit.nl.
Kneipen & Co – **Gemütliche Kneipen und Cafés:** An der Utrechter Oude Gracht, am Janskerkhof und an der Neude warten etliche urgemütliche Studentenkneipen und Restaurants, die sich in den alten Werftkellern unten an den Kaimauern eingenistet haben, auf Gäste.

Aktiv & Kreativ

Ausflüge mit dem Boot – **Rederij Schuttevaer:** gegenüber Oudegracht a/d Werf 85, Tel. 030 272 01 11, www.schuttevaer.com.
Ein PS – **Kutschfahrten:** am Domplein.

Infos & Termine

VVV: Domplein 9, Tel. 0900 128 87 32, www.utrechtyourway.nl.
3. Wochenende im April: Bluesroute, www.bluesroute.nl, Konzerte in der ganzen Stadt.
Mai: Festival a/d Werf, www.festivalaandewerf.nl, internationales Theater- und Kunstfestival.
Ende Aug. bis Anfang Sept.: Holland Festival Oude Muziek, www.oudemuziek.nl. Musik aus dem 11. bis 19. Jh.
Bahn: Verbindungen nach Amsterdam, Arnhem, Den Haag, Eindhoven, Leiden, Rotterdam, Zwolle.
Fahrradverleih: am Bahnhof, Tel. 030 231 11 59.
Park & Ride: beim Stadion Galgenwaard im Osten des Zentrums.

Schlösser in der Umgebung Utrechts

Die wechselvolle Geschichte der Niederlande hat der Provinz Utrecht zahlreiche sehenswerte Schlösser beschert, viele waren einst Festungen. Nur wenige von ihnen sind allerdings für die Öffentlichkeit zugänglich.

Das imposanteste ist gewiss das von R. J. H. Cuypers entworfene Bilderbuchschloss **Kasteel De Haar** (1892) bei Haarzuilens (► E 7, Kasteellaan 1, Infos s. www.kasteeldehaar.nl).

Östlich von Utrecht reihen sich am Flüsschen Vecht neben Schlössern und Burgen auch edle Landsitze. Bei Soest liegt in einem herrlichen Park das weiße Schloss, das einst die königliche Familie nutzte, **Paleis Soestdijk** (► F 7, www.paleissoestdijk.nl, Schloss: Führungen 9.30–15.15 Uhr, nur nach vorheriger Online-Reservierung, 12,50/10 €; Park: 9.15–17.30 Uhr, 5/2 €, Feiertagsregelung für Paleis und Park s. Website).

Schloss Zeist aus dem 17. Jh. nahe der einstigen Herrnhuter-Gemeinde Zeist erinnert an das Schloss von Versailles (► F 7, Zinzendorflaan 1, www.slotzeist.nl, Führungen: So 13.30, 15, Juli, Aug. zusätzlich Mo–Do 14.30 Uhr, 4,50/3,50 €).

Von einem reizvollen bewaldeten Park umgeben ist **Kasteel Huis Doorn.** Hier lebte der deutsche Kaiser Wilhelm II. bis zu seinem Tod im Exil. Highlight bei einer Schlossbesichtigung ist seine berühmte Sammlung von Schnupftabakdosen (► F 7, Doorn, Langbroekerweg 10, www.huisdoorn.nl, Mitte März–Mitte Mai Di–So 13–17,

Mitte Mai–Mitte Sept. Di–Sa 10–17, So 13–17, Mitte Sept.–Mitte Nov. Di–So 13–17, Mitte Nov.–Mitte März Mi, Sa, So 13–17 Uhr, 7,50/ab 4 €).

Südlich von Doorn schirmten die Festungen Beverweerd, Sterkenburg, Lünenburg, Moersbergen, Leeuwenburgh, Sandenburg und Zuilenburg, heute Schlösser, den Südosten von Utrecht gegen Eindringlinge ab. **Schloss Amerongen** (17. Jh.) mit seinem reichen Interieur ist zu besichtigen (► F 7, Drostestraat 20, www.kasteelamerongen.nl, Führungen: Mai–Mitte Okt. Sa, So 14.30 Uhr, 7,50 €).

Oudewater ► E 7

Im 16. Jh. pilgerten Frauen aus ganz Europa nach Oudewater (10 000 Einw.), um zu beweisen, dass sie keine Hexen waren. Wer dort mehr als 50 kg auf die Heksenwaag brachte, war zu schwer, um als Hexe auf einem Besen zu reiten und erhielt ein entsprechendes Zertifikat. Wer will, kann sich im **Museum de Heksenwaag** (Leeuweringerstraat 2, www.heksenwaag.nl, April–Okt. Di–So, Fei 10–17 Uhr, Eintritt 4,25/2 €) heute noch ein derartiges Dokument ausstellen lassen.

Übernachten

Idyllisch – **B & B Tuinhuis Ruige Weide:** Ruige Weide 9, Tel. 0348 56 23 18, www.tuinhuisruigeweide.nl, DZ 50 €, (bei nur 1 Nacht zzgl. 2 €/Pers.). Grüne Gärten mit Obstbäumen und zahlreichen Sitzecken, kleine Weiher, ein schöner Wintergarten mit Aussicht auf die Polder – wer Natur liebt, ist in diesem ehemaligen Bauernhaus richtig. Das leckere Bauernfrühstück wird im gemütlichen Esszimmer, im Wintergarten oder draußen am Wasser serviert.

Essen & Trinken

Eetcafé – **Rendez-Vous de Bontekoe:** Wijdstraat 25, Tel. 0348 56 48 65, www.rendezvousdebontekoe.nl, Mi–So 17–21.30 Uhr, Hauptgericht ab 18 €, Tagesmenü ab 28 €. Nettes kleines Eetcafé in winzigem Haus. In den Tapas-Menüs sind mehrere halbe Portionen von A-la-carte-Gerichten vereinigt.

Infos

VVV: Leeuweringerstraat 10, Tel. 0900 468 32 88, www.vvvoudewater.nl.
Bus: von Gouda, Utrecht, Woerden.

Amersfoort ► F 6/7

Schmale Gassen und malerische Plätze mit alten Giebelhäusern prägen das Bild des alten, von einem Grachtenring umgebenen Kerns der Stadt Amersfoort (143 000 Einw.). Drei **historische Stadttore,** das Kamperbinnenpoort, das pittoreske Koppelpoort und das Waterpoort Monnickendam, zeugen von der einst starken Befestigung. Auf der Stadtmauer sind noch etliche **›muurhuizen‹** (Mauerhäuser) erhalten. 100 m hoch ist der **Lange Jan,** der spätgotische Onze Lieve Vrouwen Toren. Die Kirche selbst flog 1787 in die Luft, man hatte sie als Pulvermagazin benutzt.

Museum Flehite

Westsingel 50, www.museumflehite.nl, Di–Fr 11–17, Sa, So 12–17 Uhr, 6 €, Mannenzaal (Juli, Aug.) 4 €

Eingerichtet in drei historischen *muurhuizen,* vermittelt das Museum ein Bild von der Geschichte der Stadt und bewahrt die Erinnerung an Johan van Oldenbarnevelde. Museal ist auch der mittelalterliche **Mannenzaal** (Männerschlafsaal) mit den kurzen Bettnischen im Haus gegenüber.

Mondriaanhuis
Kortegracht 11, www.mondriaan huis.nl, Di–Fr 11–17, Sa, So 12–17 Uhr, 5/2,50 €
Amersfoort ist die Geburtsstadt vom Begründer des Kubismus, Piet Mondrian (1872–1944), dessen Leben und Werk in seinem Geburtshaus gewürdigt wird.

Übernachten

Designereinrichtung – **Logies de Tabakplant:** Coninckstraat 15, Tel. 033 472 97 97, www.tabaksplant.nl, DZ ab 95 €. Einst Wohnhaus eines Tabakplantagenbesitzers – tatsächlich wurde in der Gegend im 17. Jh. reichlich Tabak angebaut –, beherbergen das heute denkmalgeschützte Haus und das benachbarte Gebäude 24 individuell im Designerstil eingerichtete Gästezimmer.
Ungewöhnlich: Auf dem Wasser nächtigen – **De Roode Kaat:** Kleine Koppel 7, Tel. 033 457 29 78, www.bedand breakfast.nl, DZ 65 €. Nächtigen Sie zünftig in der ehemaligen Kajüte des Schiffsmaats oder der Matrosen auf einem historischen Segler. Eng ist es schon, aber sehr romantisch. Schöne Lage im alten Hafen mit Blick auf die Koppelpoort.

Essen & Trinken

Kreativ – **Het Moment:** Westsingel 48-49, Tel. 033 461 38 77, Di–So ab 17 Uhr, Hauptgericht ab 16 €. Im Zentrum gelegenes Restaurant, das kreative französisch-niederländischer Küche anbietet. Sehr schöne Terrasse im alten Garten.
Geselliges Restaurant – **Mama Roux:** Hof 9 (Marktplein), Tel. 033 462 00 23, www.gezelligwinkelen.nl, tgl. ab 12–15, 17.30–23 Uhr (Küche bis 21 Uhr), Hauptgericht ab 16 €. A-la- carte-Restaurant mit Eethuis-Atmosphäre, kleine gemütliche Terrasse am Marktplatz. Fisch, Fleisch und Geflügel. Sehr gute vegetarische türkische Pizza und leckeres belgisches Trappistenbier.

Infos

VVV: Stationsplein 9–11, Tel. 0900 112 23 64, www.amersfoortyourway.nl.
Bahn: Verbindungen nach Amsterdam, Groningen, Utrecht.
Fahrradverleih: am Bahnhof, Tel. 033 461 49 85.

Provinz Overijssel

Die alten Hansestädte Zwolle, Kampen und Deventer, das malerische Giethoorn mit seinen Kanälen, die urcalvinistischen Dörfer Staphorst und Rouveen, das Salland mit bewaldeten Hügelketten, Heidegebieten und alten Flussarmen sind nur einige der Highlights in der Provinz Overijssel.

Infobox

Infos zur Provinz Overijssel
www.provincie.overijssel.nl (auch dt.): Allgemeine und touristische Infos.

Zwolle ► H 5

Von der mittelalterlichen Festungsanlage der Provinzhauptstadt (118 000 Einw.) sind noch der sternförmige Stadtgraben sowie zwei ehemalige Stadttore erhalten: das fünftürmige **Sassenpoort** und das **Pelserpoortje.** Zu den bemerkenswerten historischen Bauwerken zählen außerdem die **Onze Lieve Vrouwe Kerk** (um 1500) mit ihrem *peperbus* (Pfefferbüchse) genannten Turm, die **Grote Kerk** (um 1400), deren Turm 1669 durch ein Feuer vernichtet wurde, und die neugotische **Hoofdwacht** (Hauptwache) von 1614.

Ausflug ins Vechtdal

Östlich von Zwolle liegt das Vechtdal, eine reizvolle Landschaft mit Wäldern und Heideflächen, über die das **Natuurinformatiecentrum Ommen** (Besthmermolen, Hammerweg 59a, www.natuurinformatiecentrum.nl, Mai–Okt. Mi–So 13–17, Nov.–April Mi, Sa, So 13–16 Uhr) informiert.

Übernachten

Luxus pur – **De Koperen Hoogte:** Lichtmisweg 51, Tel. 0529 42 84 28, www.dekoperenhoogte.nl, DZ ab 120 €, Frühstück 15,50 €/Pers. Sie suchen ein außergewöhnliches Dach über dem Kopf? Dann sind Sie hier, im ehemaligen Wasserturm, richtig. Alle luxuriös mit Minibar, Klimaanlage, »home theatre system«, Doppel-Jacuzzi und Dampfbad ausgestatteten Gästezimmer haben Wohlfühlcharakter.

Romantisch – **Ada's Spiekertje:** Spiekerbrink 38, Tel. 038 453 60 94, DZ 63 €. Bestens ausgestaltet mit TV, Sitzecke und eigenem Badezimmer mit separater Dusche und WC ist das hübsche riedgedeckte Häuschen hinten im Garten eigentlich mehr als ›nur‹ ein Gartenhäuschen. Auf der kleinen Terrasse kann man dem Sonnenuntergang beiwohnen.

Essen & Trinken

Cucina italiana – **La Liguria:** Rode Haanstraat 4, Tel. 038 422 07 82, So, Mo ab 16, Di–Sa ab 11 Uhr, Pizza 8–15 €. Authentische italienische Gerichte von kalten und warmen Antipasti über Pizzas zu Pastas. Nette Atmosphäre.

Tapasbar – **La Bodega:** Bethlehemskerkplein 36, Tel. 038 422 91 39, www.tapasbarlabodega.nl, Di–So ab 16 Uhr, Tapas ab 4 €, Tapaskombination 17 €. Gemütliches romantisches Lokal, schöne Terrasse. Tapas in allen Variationen; lecker: Garnelen mit Knoblauch.

Infos

VVV: Grote Kerkplein 15, Tel. 0900 112 23 75, www.vvv-zwolle.nl.
Bahn: von/nach Deventer, Enschede, Groningen, Kampen, Leeuwarden, Utrecht.
Fahrradverleih: am Bahnhof, Tel. 038 421 45 98.

Kampen ► G 5

Das nahe der IJsselmündung gelegene Kampen war während seiner Blütezeit im 15. Jh. Hanse- und Freie Reichsstadt. Von der damaligen Stadtbefestigung existieren noch die **Tore** Koornmarktpoort, Broedeerpoort und Cellebroederpoort. In der Altstadt sind rund 500 denkmalgeschützte historische Bauwerke zu bewundern. Besonders beeindruckend ist die Fassade vom **Raadhuis,** dessen Schöffensaal besichtigt werden kann (Oude Straat 133, Besichtigung auf Absprache, 1 €). Das **Stedelijk Museum** (Oude Straat 133, www.stedelijkmuseakampen.nl, Di–Sa 10–17, So 13–17 Uhr, 5/3 €) dokumentiert die Stadtgeschichte Kampens seit dem Mittelalter.

Übernachten

Nostalgisch – **Van Dijk:** IJsselkade 30, Tel. 038 331 49 25, www.hotelvandijk.nl, DZ 83 €, mit Aussicht auf die IJssel zzgl. 10 €. Monumentales Gebäude am Ufer der IJssel, das auch im Inneren – nehmen wir nur die große Marmortreppe – beeindruckt. Das Hotel ist

Wenn an Kampens ›IJsselfront‹ die Sonne sinkt

Lieblingsort

Giethoorn – das ›Klein-Venedig‹ der Niederlande
Blesshühnchen, Enten und vielleicht ein Schwanenpaar auf den Torfstichkanälen, schilfgedeckte Häuser auf den Streifen Landes dazwischen – Giethoorn (▶ H 4) ist ein malerischer Fleck. Am besten kommt man früh morgens oder abends hierher. Denn tagsüber tummeln sich hier viele Touristen.

eine sehr beliebte Unterkunft bei Radwanderern.

Selbstversorger – **Het Buitenhof:** Buiten Nieuwstraat 60, Tel. 038 333 89 98, www.bedinkampen.nl, DZ 50–85 €. 2 kleine Wohnungen, *hofjes* genannt, und 1 große Wohnung in einer einstigen Zigarrenfabrik bieten viel Raum zum Entspannen. Alle verfügen über Schlafzimmer, Bad, WC und eine Küche, in der Sie das Frühstück selbst zubereiten können. Ruhige, autofreie Straße.

Essen & Trinken

Holländische Küche – **De Vier Jaargetijden:** IJsselkade 59, Tel. 038 333 34 63, www.devierjaargetijden.nl, Mo–Fr ab 12, Sa, So ab 14 Uhr, Lunchgericht ab 3 €, Hauptgericht ab 12 €. An der Uferstraße gelegen, schöne Aussicht von der Terrasse im ersten Stock und der kleinen Straßenterrasse. Hier kann man kleine und große Speisen genießen oder auch nur ein Tässchen Kaffee.

Platt und lecker – **Hollandpannenkoeken:** Oudestraat 160, Tel. 038 333 77 10, www.hollandpannenkoeken.nl, Di–Do 11–20, Fr, Sa bis 21, So 14–21 Uhr, Pfannkuchen ab 7 €. Kleine Tische, farbige Stühle, teils freiliegendes Mauerwerk, ungezwungene Atmosphäre. Pfannkuchen aller Art, darunter indische, mexikanische und ägyptische.

Infos

VVV: Oudestraat 151, Tel. 0900 112 23 75, ww.vvvkampen.nl.
Bahn: Verbindung nach Zwolle.
Bus: von und nach Bolsward, Dronten, Emmeloord, Lelystad, Meppel, Sneek, Urk.
Fahrradverleih: am Bahnhof, Tel. 038 331 50 79.

Giethoorn ► H 4

Ein Netz von Kanälen – dienten ursprünglich dem Torftransport – und malerische, schilfgedeckte Häuser prägen das Bild Giethoorns. In diesem ›Klein-Venedig‹ (s. auch S. 232) sind wie früher viele der Häuser nur mit dem Boot zu erreichen. Reizvoll ist eine Fahrt mit dem gemieteten Elektroboot auf den Grachten. Die vielen kleinen Seen im Osten und Südwesten sind mit Kanälen verbunden und bieten ausgezeichnete Möglichkeiten für Wassersportler.

Übernachten

Bäuerlich – **Hoeve Montigny:** Kanaaldijk 5, Tel. 0521 36 14 83, www.hoeve montigny.nl, DZ 60 €. Landleben genießen, einmal selbst melken, eine Runde auf dem Trecker drehen – der große Bauernhof bietet viel. In den 10 gemütlich eingerichteten Gästezimmern mit Kochecke/Küche ist man gut aufgehoben. Campinggäste sind ebenfalls willkommen (Stellplätze ab 10 €).

Essen & Trinken

Stimmungsvoll – **De Rietstulp:** Ds.T.O. Hylkemaweg 15, Tel. 0521 36 18 33, www.rietstulp.nl, April–Okt. tgl. 10–21, Nov.–März Mi–So 11–20 Uhr, *koffietafel* ca. 10 €, Hauptgericht ab 17 €. Stimmungsvolles Restaurant in schilfgedecktem ehemaligen Bauernhaus, schöne Terrasse. Frühstück, Brunch, Lunch und Dinner – alles holländisch.

Aktiv & Kreativ

Unterwegs auf den Kanälen – **De Rietstulp:** Adresse s. o. (Restaurant). Bootsrundfahrten und Mietboote.

Mein Tipp

Mit dem Kanu durch De Weerribben

Ausgedehnte Kanutouren lassen sich im wasserreichen Nationalpark De Weerribben-Wieden zwischen Kalenberg und Ossenzijl unternehmen. (Natuuractiviteitencentrum De Weerribben, ► G/H 4, Ossenzijl, Hoogeweg 27, www.npweerribbenwieden.nl, April–Okt. tgl. 10–17, Nov.–März Di–Do 10–16, So 12–16 Uhr.)

Infos

VVV: Eendrachtplein 1, Tel. 0900 567 46 37, www.vvvgiethoorn.nl.
Bahn: nächster Bahnhof in Meppel.
Bus: von und nach Steenwijk und Zwolle.

Staphorst und Rouveen ► H 5

Über 12 km erstrecken sich die Reihendörfer **Staphorst** und **Rouveen** mit zahlreichen riedgedeckten, blau-grünen Bauernhäusern aus dem 18. Jh. Die Bewohner, von denen noch einige traditionelle Trachten tragen, sind streng calvinistisch (s. auch S. 59).

Museum Boerderij Staphorst

Gemeenteweg 67, www.museumboerderijstaphorst.nl, April–Okt. Mo–Sa 10–17 Uhr, 3/2 €

In diesem Museum auf einem der alten Bauernhöfe von Staphorst erfährt man allerlei über das bäuerliche Leben in früheren Zeiten und den Ort selbst.

Infos

VVV Staphorst: Gemeenteweg 44, Tel. 0900 112 23 75, www.vvvstaphorst.nl.
Bahn: bis Meppel, von dort Bus nach Staphorst.

Deventer ► H 6

Die Silhouette der alten Hansestadt Deventer (98 000 Einw.) wird vom **Deventertoren,** dem Turm der romanischen Grote Kerk, dominiert. In der hübschen Altstadt findet man zahlreiche **mittelalterliche Bauwerke** wie den Stadhuiskomplex, das Buyskensklooster und das pittoreske Bergkwartier, das Viertel rund um die Bergkerk.

Historisch Museum

Brink 56, www.deventermusea.nl, Di–Sa 10–17, So 13–17 Uhr, 4/1 €

In der imposanten Waag (1528), der alten Stadtwaage, werden die geschichtlichen Höhepunkte der Stadt dargestellt.

Übernachten

Stilvoll – **B & B Op de Keizer:** Brinkpoortstraat 34, Tel. 0642 71 92 12, DZ 95 €. Luxus umgibt den Gast in dem stattlichen, zentral gelegenen Herrenhaus, mit einer Atmosphäre, die zwischen klassisch und modern liegt. Das fürstliche Frühstück wird im Speisezimmer serviert.

Modern – **Sandton Gilde Hotel:** Nieuwstraat 41, Tel. 0570 64 18 46, www.gildehotel.nl, DZ ab 90 €. Prächtiges Patrizierhaus, das einen grünen Innenhof mit Terrasse einfasst. Die Gästezimmer mit modernem Interieur sind mit allem Komfort ausgestattet, etliche der Räume haben einen überdachten Balkon.

Essen & Trinken

Bella italia – **Da Mario:** Vleeshouwerstraat 4, Tel. 0570 61 93 93, www.damario.nl, tgl. 16.30–23 Uhr, Pizza ab 8 €, Hauptgericht ab 17 €, 3-Gänge-Menü ca. 20 €. Behagliches italienisches Restaurant mit offener Küche, leckere Pizzas, Geflügel- und Fischgerichte.

Portugal lässt grüßen – **Chez Antoinette:** Roggestraat 10, Tel. 0570 61 66 30, www.chezantoinette.nl, Di–So 17–1 Uhr, Hauptgericht ab 14 €. Stilvoll dekoriertes Restaurant und Bodega wie in Portugal. Peixe und Carne (Fisch und Fleisch) werden nach authentischen portugiesischen Rezepten zubereitet.

Eetcafé – **Engel en Bengel:** Grote Overstraat 55, Tel. 0570 61 47 54, www.engelenbengel.nl, Di–Fr ab 17, Sa ab 12, So ab 13 Uhr, alle Lunchgerichte 6 €, alle Hauptgerichte 13,50 €. Hübsches Lokal, ein bisschen bunt, doch das trägt zur netten Atmosphäre bei. Übersichtliche Speisekarte, jeweils nur fünf bis sechs Gerichte. Lecker: Käsefondue.

Infos

VVV: Brink 56, Tel. 0900 353 53 55, www.vvvdeventer.nl.
Bahn: Verbindungen nach Apeldoorn, Arnhem, Enschede, Zwolle.
Fahrradverleih: am Bahnhof, Tel. 0570 61 38 32.

Im Salland ▶ H/J 6

Östlich von Deventer erstreckt sich wellenförmig der waldreiche **Sallandse Heuvelrug** mit dem großen Heidegebiet am Haarlerberg – eine Einladung zum Wandern und Radfahren. Das **Bezoekerscentrum in Nijverdal** (Grotestraat 281, www.sallandseheuvelrug.nl, März–Okt. Di–So 10–17, Nov.–Febr. bis 16 Uhr) informiert ausführlich über diese Landschaft, in der auch Hellendoorn mit dem bekannten **Freizeitpark Avonturenpark** liegt (Luttenbergerweg 22, www.avonturenpark.nl, Ostern bis Okt. tgl. 10–17/18/19 Uhr, 19,75/19,25 € sonst am Wochenende).

Enschede ▶ K 6

Die Textilstadt Enschede (156 000 Einw.) ist der größte Ort der Provinz. Mit modernen Geschäften und einem breiten Kulturangebot ist er ein Magnet für die Menschen des Umlandes. Da die Altstadt 1862 bei einem Feuer nahezu völlig zerstört wurde, sind außer der **Grote Kerk** keine historischen Bauwerke zu besichtigen.

Rijksmuseum Twenthe

Lasondersingel 129–131, www.rijksmuseumtwenthe.nl,
Di–So, Fei 11–17 Uhr, 6/3 €
Mit einer beachtlichen Sammlung von Werken bildender Kunst und von Kunstgewerbe vom Mittelalter bis

Mein Tipp

Köstlich ...
... ist der **Deventer Koek** – ein seit Jahrhunderten nach einem Geheimrezept mit Honig hergestelltes Gebäck, das man u. a. im nostalgisch eingerichteten **Deventer Koekhuisje** am Brink 84 bekommt.

heute ist das Twenther Reichsmuseum eine gute Adresse für Kunstinteressierte.

TwentseWelle
Het Rozendaal 11,
www.twentsewelle.nl,
Di–So 11–17 Uhr, 7,50/5 €
Wie lebte der Mensch nach der letzten Eiszeit in der Twenter Region? Und wie hat er sich zum heutigen Wesen entwickelt? Diese ›Große Geschichte‹ wird hier mit zahlreichen Exponaten und interaktiven Präsentationen erzählt. Sehenswert.

Übernachten

Stilvolles Haus – **Eden Hotel de Broeierd:** Hengelosestraat 725, Tel. 053 850 65 00, www.edenhotelgroup.com, DZ ab 70–130 €, Frühstück 15 €/Pers. Luxuriöse Hotelzimmer im englischen Stil in der einst ältesten Pension Enschedes, die nach sorgfältiger Renovierung manches von ihrem originalen Charakter bewahren konnte. Schöne Gartenterrasse, geselliges Bistro. Am Stadtrand, gegenüber den Wäldern von Twente.
Luxus-Wellness – **Huize Hölterhof:** Hölterhofweg 325, Tel. 053 461 13 06, www.huizeholterhof.nl, DZ 175 €. 4 km vom Zentrum, romantisches englisches Landhaus im Grünen, Café-Restaurant, Spielplatz und großer Wellnessbereich. Im Preis enthalten: u. a. Sauna, Bäder, Fahrradverleih.

Essen & Trinken

(Kinder)freundliches Eetcafé – **Sam Sam:** Oude Markt 15, Tel. 053 430 39 29, www.samsam-enschede.nl, Mo–Sa ab 9.30, So ab 11 Uhr, kleines Gericht ab 2,50 €, Hauptgericht ab 15 €. Café mit Essgelegenheit, große Terrasse, internationale Küche. Kinderfreundlich. Leseecke mit vielen Zeitungen und Zeitschriften.
Tapas in geselliger Atmosphäre – **Paddy's Tapasbar:** Oude Markt 12, Tel. 053 432 80 88, www.paddys.nl, Mi–Fr ab 14, Sa/So ab 12 Uhr, Tapas ab 2 €, Lunchgericht ab 4 €. Ein bisschen Irish-Pub-Stil, ein bisschen Restaurant, schöne Lounge. Prima Tapas in geselliger Atmosphäre.

Infos

VVV: Stationsplein 1 a, Tel. 053 432 32 00, www.vvvenschede.nl.
Bahn: von/nach Apeldoorn, Hengelo, Zwolle.
Fahrradverleih: am Bahnhof, Tel. 053 432 27 92.

Ootmarsum ▶ K 6

Mit seiner westfälischen Hallenkirche (13. Jh.), dem Rathaus im Rokokostil (1778) und den vielen Fachwerkhäusern könnte das schöne Dorf Ootmarsum glatt als Freilichtmuseum durchgehen.

Ein solches, das **Openluchtmuseum** (Smithuisstraat 2, www.openluchtmuseumootmarsum.nl, tgl. 10–17 Uhr, Dez.–Jan. nur an Wochenenden und in den Weihnachtsferien, 4,50/ab 3,50 €) mit einem Bauernhaus von 1700, Fachwerkscheune, Schmiede, Wagenmacherei u. v. m. gibt es hier aber sogar noch zusätzlich.

Verkehr

Bahn/Bus: bis Almelo, Bulinie 64 bis Haltestelle Ootmarsum, Denekamperstraat.

Provinz Gelderland

Entspannen kann man in der Veluwe, Hollands größter Naturlandschaft, mit Wäldern, Heidegebieten und Sandverwehungen. Auch die Betuwe, das Deltaland von Rhein, Waal und Maas, lädt zu Wanderungen und Radtouren ein. Die Feudalzeit wird beim Besuch der alten Herrenhäuser und Gehöfte in Gelderlands Achterhoek lebendig.

Arnhem ► G/H 7

Die am Niederrhein gelegene Hauptstadt der Provinz Gelderland ist durch den Film »Die Brücke von Arnheim« weltbekannt. Bei den Kämpfen im September 1944 wurden große Teile der Stadt zerstört. Heute ist Arnhem eine moderne Großstadt (145 000 Einw.).

Einige der historischen Gebäude wurden rekonstruiert: Am Markt ragt die **Eusebiuskerk** (15. Jh.) mit ihrem 93 m hohen Turm empor. Man gelangt im gläsernen Lift nach oben und hat von dort eine herrliche Aussicht auf die Stadt. Das **Duivelshuis** (1545) gegenüber, so benannt wegen der drei Teufel an der Fassade, war ursprünglich das Wohnhaus des Heerführers Maarten van Rossum (1478–1555), dessen Statue hoch oben auf der Dachkrone steht. Vom Rheinufer hinter der Sabelspoort (14. Jh.) erblickt man die im Zweiten Weltkrieg schwer umkämpfte Rheinbrücke John Frost.

Oorlogsmuseum 40–45

Kemperbergerweg 780, www.arnhemsoorlogsmuseum.com, Di–So 10–17 Uhr, 5/4 €

Vom einzelnen Uniformknopf bis zum kompletten Kampfpanzer – in diesem privaten Museum, einst als Hobby begonnen, hat man authentisches Material aus der Zeit des Zweiten Weltkriegs zusammengetragen.

Historisch Museum

Bovenbeekstraat 21, www.hmarnhem.nl, Di–Fr 10–17, Sa, So, Fei 11–17 Uhr, 3,75/2,50 €

Arnhemer Fayencen, Glaskunst, Gildesilber, Gemälde aus dem 17. Jh. und ein faszinierendes Puppenhaus – das in einem Patrizierhaus des 18. Jh., einst auch Bürgerwaisenhaus, eingerichtete Museum zeigt wertvolle Kunstgegenstände aus der Gemeinde Arnhem und dokumentiert die Geschichte der Stadt anhand von Fotos, Gemälden und anderen Exponaten.

Außerhalb von Arnhem

Nederlands Openluchtmuseum ► G/H 7

Schelmseweg 89, www.openluchtmuseum.nl, April–Okt. tgl. 10–17 Uhr, Nov.–März Zeiten s. Homepage, 14/9,80 €, Parkplatz 4,50 €

Infobox

Infos zur Provinz Gelderland

www.gelderland.nl (nl.): Homepage der Provinz mit allgemeinen und touristischen Informationen.

Infos zu einzelnen Regionen etc.

www.vvvachterhoek.nl (auch dt.)
www.develuwe.nl (auch dt.)
www.rivierenland.nl
www.vvvarnhemnijmegen.nl (auch dt.)
www.hanzesteden.info (auch dt.)

Rosige Zeiten: Feiern zu Frühjahrsbeginn in Arnhem

Im Norden von Arnhem lädt das Freilichtmuseum mit über 80 wiederaufgebauten historischen Bauwerken aus der Zeit von 1600 bis 1970 zu einer kurzweiligen Reise in die Vergangenheit ein.

Burgers' Zoo ▶ G/H 7
Schelmseweg 85, www.burgerszoo.nl, April–Okt. tgl. 9–19, Nov.–März 9–17 Uhr, einige Teilbereiche schließen früher, 17,50/ab 15,50 €
Viel Zeit kann man in diesem ungewöhnlichen Zoo verbringen, wo den Besuchern u. a. verschiedene Ökosysteme und Landschaften mit den dort lebenden Tieren und Pflanzen nahegebracht werden: tropischer Regenwald, Wüste, Lagune, Busch, Mangrove, Savanne …

Nationaal Park Veluwezoom ▶ H 7
Besucherzentrum: Heuvenseweg 5 a, Rheden, Tel. 026 497 91 00, www.veluwezoom.nl, Di–So 10–17 Uhr, in den Schulferien auch Mo
Ältester Nationalpark der Niederlande mit ausgedehnten Heide- und Moorlandschaften – hier grasen Islandponys und Schottische Hochlandrinder.

Übernachten

Jugendstil – **Molendal:** Cronjéstraat 15, Tel. 026 442 48 58, www.hotel-molen

dal.nl, DZ 90–160 €. Am Rand des Zentrums. Schöne Villa mit großen, luxuriös eingerichteten Zimmern in warmen Farbtönen. Gesellige Terrasse.
Auf dem Fluss 1 – **B & B Aan de Rijn:** Onderlangs 124, Tel. 026 334 06 04, www.aan-de-rijn.nl, 2 Pers. 40–65 €. Sehr gastlich eingerichtetes Wohnboot mit 2 Gästezimmern, Bad und Frühstücksraum, Terrasse direkt am Wasser. Das ›Haus‹ ankert auf einem toten Rheinarm – sehr einladend, um morgens eine Runde zu schwimmen.
Auf dem Fluss 2 – **Anthonia River B & B:** Boterdijk 25, Tel. 026 445 68 14, www.anthonianet.nl, 2 Pers. 65–70 €. Schönes Wohnboot auf dem Niederrhein, mit 2 großen, gemütlich und modern eingerichteten Zimmern mit Bad, WC und eigener Küche.
Hostel – **Stayokay Arnhem:** Diepenbrocklaan 27, Tel. 026 442 01 14, www.stayokay.com, ab ca. 23 €/Pers.
Camping – **De Hoge Veluwe:** Koningsweg 14, Tel. 026 443 22 72, www.hoogeveluwe.nl, direkt vor dem Nationalpark, 2 Pers. 18–29 €. Auch Wanderhütten.

Essen & Trinken

Indisch-asiatisch – **Kohinoor of India:** Oude Oeverstraat 7, Tel. 026 351 45 13, www.kohinoorofindia.nl, tgl. 17–23 Uhr, Hauptgericht ab 14 €. Am Rand des Einkaufszentrums. Orientalisches Flair, köstliche Curry- und Tandoori-Spezialitäten, viel Vegetarisches.
Pannekoekhuis – **Den Strooper:** Koningsweg 18, Tel. 026 351 69 87, www.denstopper.nl, Mi–Mo 12–20, Juli, Aug. 10.30–20.30 Uhr, Pfannkuchen ab 7 €. Beim Eingang Schaarsbergen des Nationalparks De Hoge Veluwe. Terrasse, riesige Auswahl an Pfannkuchen.

Abends & Nachts

Am **Korenmarkt** im Nordwesten der Altstadt findet man zahlreiche gemütliche Kneipen und Cafés.

Aktiv & Kreativ

Wandern – **Nationaal Park Veluwezoom:** www.veluwezoom.nl. 5000 ha große Wald- und Heidelandschaft.

Infos

VVV: Stationsplein 13, Tel. 0900 112 23 44, www.vvvarnhem.nl.

Bahn: Verbindungen nach Zwolle, Nijmegen, Eindhoven, Amsterdam, Utrecht.
Fahrradverleih: am Bahnhof, Tel. 026 442 17 82.

Achterhoek ► H 6–8

Im östlich der IJssel gelegenen, sich bis zur deutschen Grenze erstreckenden Achterhoek, der ›hintersten Ecke‹ Gelderlands, findet man fruchtbare Äcker und große Moor- und Heideflächen. Hier residierte früher der Adel in von prachtvollen Parks umgebenen Land- und Herrenhäusern. Bei Vorden und Laren findet man etliche dieser Schlösser, so **Kasteel Vorden (** ► H 7) heute Rathaus von Vorden, und das Landhaus **Huis Verwolde** bei Laren mit französischen Stilgärten (► H 6, Jonker Emilelaan 4, Führungen Mitte April–Okt. Di–Sa 11–16, So 13–16 Uhr jede volle Stunde, 4,50/2,50 €). Im Süden zieht die bei 's-Heerenberg gelegene Wasserburg **Kasteel Huis Bergh** (► H 8, www.huisbergh.nl, Führungen Sa 14, So 13.30, 15, Mitte April–Okt. Di–So 12.30, 16.30 Uhr, 8/5 €), eine der schönsten Hollands, viele Besucher an.

Der autofreie Ort **Bronkhorst** (► H 7) mit 160 Einwohnern kleinste Stadt Hollands, besitzt noch den Charme eines Bauerndorfs von früher.

Apeldoorn ► G/H 6

Das einst ärmliche Nest Apeldoorn am Ostrand der Veluwe verwandelte sich in eine reizende Villen- und Gartenstadt, nachdem Wilhelm III. von Oranien es 1692 zur Sommerresidenz erwählt und dort sein Jagdschloss Het Loo errichtet hatte. Heute ist die Stadt (136 000 Einw.) ein wirtschaftliches Zentrum der Region.

CODA-Museum

Vosselmanstraat 299, www.coda-apeldoorn.nl, Di–Sa 10–17.30, Do bis 20.30, So 13–17 Uhr, 5 €
Der Geschichte der Stadt und der Provinz sowie moderner und zeitgenössischer Kunst gewidmet.

Paleis Het Loo

Koninklijk Park 1, www.paleishet loo.nl, Di–So 10–17 Uhr, 10/ab 3 €
In der Sommerresidenz der Oranier, Jagdschloss Het Loo, lebte zuletzt Königin Wilhelmina bis zu ihrem Tod 1962. Eine Besichtigung des Schlosses und der herrlichen Parkanlagen (www.kroondomeinhetloo.nl) ist ein Muss.

Übernachten

Komfortabel – **Abbekerk:** Canadalaan 26, Tel. 055 522 24 33, www.hotelab bekerk.nl, DZ 85–90 €. In dem kleinen 10-Zimmer-Hotel, das nur 5 Gehmin. vom Zentrum entfernt ist, logieren Sie in nett eingerichteten Zimmern, alle mit Bad und WC. Finnische Sauna.
B & B – **Hofje van Wissel:** Wisselseweg 68, Epe (ca. 17 km nördl. von Apeldoorn), Tel. 0628 64 63 41, www.hof jevanwamel.nl, 2 Pers. 75 €. Schönes, kleines, ländlich im Grünen gelegenes romantisches Ferienhäuschen.

Essen & Trinken

Deftiges – **Farmer's Steakhouse:** Nieuwstraat 74 b, Tel. 055 522 09 85, www.farmerssteakhouse.nl, Mo–Sa 17–22, So ab 16 Uhr, Hauptgericht ab 14 €. Speisesaal voll urigem Bauerngerät fürs Auge, deftige Steaks mit Cajun-Fritten oder gebackenen *aardappels* für den Gaumen.
Beim Griechen – **Parthenon:** Raadhuisplein 8, Tel. 055 522 23 23, www.

restaurant-pathenon.nl, tgl. 17–22 Uhr, Hauptgericht ab 15 €. Klassisches Interieur mit viel Griechisch-Blau, leckere klassische griechische Gerichte – viel vom Grill – und Spezialitäten. Ab und an Livemusik.

Infos

VVV: Deventerstraat 18, Tel. 055 526 02 00, www.vvvapeldoorn.nl.
Bahn: u. a. von/nach Deventer, Utrecht und Zutphen.
Bus nach Paleis Het Loo: vom Bahnhof Apeldoorn mit Nr. 102 und 104.

Harderwijk am Veluwemeer ▸ G 6

Harderwijk war einst ein bedeutender Fischereihafen, von 1647 bis 1811 sogar Universitätsstadt. Hier studierte der bedeutende Botaniker Carolus Linnaeus (Carl von Linné, 1707–1778). Das in einem stattlichen Herrenhaus des 18. Jh. eingerichtete **Stadsmuseum** (Donkerstraat 4, www.stadsmuseum-harderwijk.nl, Mo–Fr 10–17, Sa 13–16 Uhr, 2/1,50 €) informiert über die Stadthistorie. Zu den Resten der Stadtbefestigung gehört das **Vispoort** aus dem 14. Jh.

Dolfinarium

Strandboulevard Oost 1, www.dolfinarium.nl, Mitte Febr.–1. Nov. tgl. 10–17, Juli/Aug. bis 18 Uhr, 25/22,50 €
Ein Besuch bei den Delfinen, Seehunden und Haien, in der Lagune und im Indianerdorf ist ein riesiger Spaß.

Infos

Bahn: Bahnverbindung nach Zwolle, Amersfoort.

Zaltbommel ▸ G/H 7

Die Kleinstadt an der Waal wurde früher von schweren Überschwemmungen heimgesucht, woran heute noch der alte Kinderreim »Een temidden van die rommel, dreef de torenspits van Bommel« (In der Mitte von dem Unrat treibt die Turmspitze von Bommel) erinnert. Die Altstadt ist von Wällen und Stadttoren umgeben. Zu den berühmten Besuchern der ehemaligen Hansestadt gehörten in der Vergangenheit Karl Marx, Franz Lizt und Eduard Manet.

Stadskasteel Zaltbommel

Nonnenstraat 5, www.stadskasteelzaltbommel.nl, Di–Fr 10–16.30, Sa, So 14–16.30 Uhr, 3/2 €
Schönes, vom legendären Gelderschen Heerführer Maarten van Rossum 1535 erbautes Stadtschloss, in dem eine Sammlung von Kunstobjekten, Karten, Möbeln und allerlei Gebrauchsgegenständen Einblicke in die Geschichte des Ortes gewährt.

Übernachten

Romantisch – **Marie's:** Koningstraat 22, Tel. 0418 51 69 19, www.galeriemarie.nl, DZ 65–85 €.Unten eine Kunstgalerie, oben 2 geräumige, urgemütlich eingerichtete Gästezimmer mit einem Gemeinschafts-Luxusbad. Im kleinen romantischen Garten kann man abends bei einem Glas Wein den Ausklang des Tages genießen.

Infos

Tourist Info: Markt 10, Tel. 06 15 87 33 84.
Bahn: Verbindungen nach 's-Hertogenbosch, Eindhoven, Utrecht.

Auf Entdeckungstour

Mufflon und Monet – Natur und Kunst im Hoge Veluwe Park

Fuchs, Hirsch und Mufflon sagen sich im 5500 ha großen Nationaal Park De Hoge Veluwe gute Nacht. Doch der Park ist nicht nur reich an Natur. Hier stößt man auch auf eine erstaunliche Ansammlung von Kunst: Mitten im Park liegt das weltbekannte Kröller-Müller Museum mit seinem interessanten Skulpturenpark.

Reisekarte: ▶ G 7

National Park De Hoge Veluwe: Apeldoornseweg 250, Hoenderloo, www.hogeveluwe.nl, Jan.–März, Nov.–Dez. 9–18, April 8–20, Mai, Aug. 8–21, Juni, Juli 8–22, Sept. 9–20, Okt. 9–19 Uhr, Zugang bis 1 Std. vor Schließung, Besucherzentrum April–Okt 9.30–18, Nov.–März bis 17 Uhr, 7/3,50 €, Auto 6 €. Eingänge: bei Hoenderloo, Otterlo und Schaarsbergen.

Kröller-Müller Museum: www.kmm.nl, tgl. 10–17, Skulpturengarten bis 16.30 Uhr, 7/3,50 €

Los geht's am **Eingang Hoenderloo** des Nationalparks, wo man das Auto parken und auf *witte fietsen* umsteigen kann. 1700 dieser ›weißen Fahrräder‹ stehen den Besuchern des Parks kostenlos zur Verfügung, können überall genommen und wieder hinterlassen werden – eine grandiose Idee. Gleich hinter dem Eingang zweigt am pilzförmigen ANWB (Niederländischer Fahrradclub)-Wegweiser 2169 die Fietsroute 2 nach rechts von der Straße ab, hinein in die Natur. Im Park leben zahlreiche Hirsche, Rehe, Wildschweine und Mufflons, und die Chance, Wild zu Gesicht zu bekommen, ist hoch.

Hirschgeweih im Großformat

Beim Wegweiser 21235 geht es auf der Fietsroute 1 rechts ab zu einem See, an dem der berühmte Architekt H. P. Berlage 1914 das feudale **Jagdschloss St. Hubertus** für die vermögende Familie Müller-Kröller erbaute. Dem Zeitgeist der aufkommenden 1920er-Jahre entsprechend, erhielt es den Grundriss eines Hirschgeweihs, in dessen Mitte das Hubertuskreuz in Form eines hohen Turmes prangt.

Mit dem Rad durch die Wüste

Die Route führt nun in großem Bogen durch das **Otterlose Zand,** eine Art Sandwüste mit seltenen Flechten und Schmetterlingsarten. Alle Jahre wieder wird hier die Flur bereinigt und unerwünschte Vegetation aus dem Sand entfernt, um das Biotop zu erhalten. Skurril: Mitten in der Sandfläche stößt man auf ein Standbild des südafrikanischen Buren-Führers Generaal de Wet, ein Freund der Familie Kroeller-Müller. Wenige Kilometer weiter liegt eingebettet in eine Landschaft aus Wald, Moor und Heide ein flaches Bauwerk: das weltberühmte **Kröller-Müller Museum.** Am Zugang steht grau und in die Landschaft starrend Oswald Wenckebachs **Meneer Jacques.** Gleich dahinter, erfrischend, eine Konstruktion aus knallroten Eisenträgern, das **K-piece** von Mark di Suvero.

Und als Sahnehäubchen van Gogh

Nun ins Museum. Die von der Kunstsammlerin Helene Kröller-Müller (1869–1939) angelegte Sammlung von Gemälden, Zeichnungen und Skulpturen hat ihren Schwerpunkt in der Kunst des späten 19. und frühen 20. Jh., doch findet man auch Werke des Mittelalters von Gerard David, Lucas Cranach und anderen sowie Keramik aus Asien, Griechenland und den Niederlanden. Die Namen der großen Meister, deren Arbeiten hier präsentiert werden, füllen eine lange Liste. Um nur einige zu nennen: Ensor, Manet, Monet, Gauguin, Picasso, Renoir, Mondrian und Toorop. Das Sahnehäubchen bilden 280 Gemälde und Zeichnungen von Vincent van Gogh.

Einklang von Kunst und Natur

Dem ersten Kunstgenuss schließt sich ein weiterer an, im **Skulpturengarten** mit seinen über 30 so überraschenden wie faszinierenden Kunstwerken. Nehmen wir nur Jean Dubuffets **Jardin d'Email,** ein Garten in Weiß, der sich in jeder Hinsicht von einem normalen Garten unterscheidet. Oder Kenneth Snelsons **Needle tower,** ein Wunderwerk aus Rohren und Drahtseilen. Innerhalb des Rundwegs gibt es wiederum den **ökologischen Rundweg** mit zehn Kunstwerken, bei denen Kunst und Natur ineinandergreifen. Beispielsweise bei den **18 Liegenden Männern** von Tom Claassen. Die aus einfachen Holzblöcken bestehenden ›Männer‹, die hier seit 2001 liegen, zerfallen nach und nach und kehren so zur Natur zurück.

Romantischer Ausklang des Tages an einem Rheinarm in Zaltbommel

Nijmegen ► G 8

Die 162 000-Einwohner-Stadt geht auf die römische Siedlung Ulpia Noviomagus zurück. Karl der Große erwählte den Ort zur Residenz. Von seiner Pfalz auf dem heutigen Valkhof ist nur noch die Schlosskapelle St. Nikolaaskerk erhalten. 1579 trat Nijmegen der Union von Utrecht bei, wurde 1585 von den Spaniern eingenommen und sechs Jahre später von Maurits von Oranien befreit. Nach den schweren Bombardierungen im Zweiten Weltkrieg wieder aufgebaut, ist Nijmegen heute eine vitale Universitätsstadt.

Sehenswert sind der **Belvedere** (16. Jh.), ein Wachturm der einstigen Festungsanlage, die **St. Stevenskerk** (ab 1254) mit Fürstenbank, Herrenbank und einer Kanzel im Renaissancestil, die **Latijnse School,** eine Lateinschule aus dem 16. Jh., und die **Stadwaag** (1612). Zu einer Verschnaufpause laden hübsche Terrassencafés und Restaurants an der Waal ein.

Museum Het Valkhof

Kelfkensbos 59, www.museumhet valkhof.nl, Di–Fr 10–17, Sa, So, Fei 12–17 Uhr, 7/ab 3,50 €

Gesichtshelme aus dem 1. Jh. und ein Porträtkopf von Kaiser Trajanus aus Xanten als zwei Highlights von vielen der archäologischen Sammlung, alte und moderne Kunst, u. a. von Titus Nolte und Panamarenko präsentiert dieses interessante Museum.

Museumpark Orientalis

Profetenlaan 2, 4 km südöstlich der Stadt, www.museumparkorientalis. nl, Di–So 10–17 Uhr, 10/ab 6 €

In dem weiträumigen, nach Art eines Freilichtmuseums angelegten Park begibt man sich in die Welten von Judentum, Christentum und Islam, die u. a. im Zeltlager Ain Ibrahiem, in einer Karawanserei, in der Via Orientalis und im Tell Arab präsentiert werden.

Übernachten

Stilvoll – **Berlagehuis:** Groebeekseweg 195, Tel. 024 360 26 92, www.studio puur.nl/berlagehuis, DZ 80 €. Unverputzter Backstein und Fenster mit Bleiverglasung – das Wohnhaus weist Elemente der Stilrichtung des berühmten Architekten Berlage auf. Innen erwartet den Gast ein modernes geräumiges DZ mit eigenem Bad und in der Kühlbox ein Marieken-Bier von De Hemel, der Nijmeger Stadtbrauerei.

Harmonisch – **AnnA B & B Deluxe:** St. Annastraat 208, Tel. 024 350 18 08, www.sintanna.nl, DZ 90–94 €. Hohe Decken, glänzende Holzböden, glasgemalte Fenster, warme Farbtöne – in der Nieuw-Zeelandkamer und in der Scheepvaartkamer fühlt man sich schnell wohl. In der Traveler-Bibliothek gehen Träume auf Reisen. Toller Wintergarten und schöner Hausgarten.

Rooms with view – **Courage:** Waalkade 108, Tel. 024 360 49 70, www.hotelcourage.nl, DZ 105–115 €. Schöne Lage mit Aussicht auf die Waal und Waal-Brücke sowie den Hafen. Klassisch und modern eingerichtete Zimmer mit allem, dem Preis angemessenen Komfort. Hotelgäste haben freien Zugang zum Fietsmuseum Velorama (www.velorama.nl).

Essen & Trinken

Eetcafé – **Uylenspieghel Spijshuis:** Ganzenheuvel 71, Tel. 0243 23 20 75, www.uilenspieghel.nl, Mo–Sa 16–22, So ab 15.30 Uhr, Hauptgericht ab 14 €. Typisch Nijmegisches Restaurant, holländisch-belgisch-französische Küche.

Bistro-Brasserie – **Staps:** Ganzenheuvel 1, Tel. 024 360 91 11, www.stadscafestaps.nl, Mo–Fr ab 11.30, Sa ab 16, So ab 14 Uhr, Lunchgericht ab 3 €. Bistro-Atmosphäre, Wintergarten. Tosti´s mit biologischem Brot, genau wie die Uitsmijter (Strammer Max), knackige Salate zum Lunch – typisch Bistro-Cooking, nur etwas kreativer.

Alternativ – **De Platz:** Bloemerstraat 90, Tel. 024 322 27 57, www.cafedeplatz.nl, tgl. 12–16, 17.30–21.30 Uhr. Lunchgericht ab 3 €, Hauptgericht ab 9 €. Alternatives Dekor, stimmungsvolles Lokal, eine lokale Institution. Fisch, Fleisch und Vegetarisches zu sehr zivilen Preisen.

Aktiv & Kreativ

Bootsfahrten auf der Waal – **Rederij Tonissen:** Tel. 024 323 02 85, www.tonissen.nl, im Juli, Aug.

Infos & Termine

VVV / Uitburo: Keizer Karelplein 32 h (Schouwburg), Tel. 0900 112 23 44, www.vvvnijmegen.nl.

Mitte Juli: Internationale Vier-Tage-Wanderung, 200-km-Wandermarathon auf den Deichen um die Stadt.

Bahn: u. a. von/nach Arnhem, 's-Hertogenbosch, Kleve, Venlo, Zwolle.

Fahrradverleih: am Bahnhof, Tel. 024 322 96 18.

Mein Tipp

Die Affen sind los!

Im **Freigehege Apenheul** des **Naturparks Berg en Bos** westlich von Apeldoorn leben rund 400 Affen, ca. 30 verschiedene Spezies. Die meisten tummeln sich frei zwischen den Besuchern. Die Gorillas – hier lebt die größte Gruppe der Zoowelt – sind natürlich eingezäunt. (▶ G 6, J. C. Wilslaan 21, Tel. 055 357 57 57, www.apenheul.nl, April–Nov. tgl. 9.30–17, Juli, Aug. bis 18, Mai, Juni, Sept. an Wochenenden bis 18 Uhr, 17,50/14 €.)

Das Beste auf einen Blick

Provinzen im Süden

Highlight !

Maastricht: Die Provinz- und Kulturhauptstadt Limburgs ist die älteste Stadt der Niederlande. Vom Ruhestand ist sie jedoch weit entfernt. In den unzähligen Restaurants und Cafés mit bis an den Randstein vorgezogenen Straßenterrassen ist schon tagsüber, wenn jedermann sein *kopje koffie* oder einen Genever trinkt, nur mühevoll ein Platz zu ergattern. Die zahlreichen historischen Bauwerke – an die 1600 sind denkmalgeschützt! – sowie die schmalen Gassen und Plätze verleihen der Altstadt ein würdiges Antlitz. Von einem Facelifting hat man glücklicherweise bisher abgesehen, wie die Abwesenheit gesichtsloser Hochhäuser und Autoschneisen in der Altstadt verrät. S. 267

Auf Entdeckungstour

Dem Meer getrotzt – Mammutprojekt Oosterscheldedam: Die Stormvloedkering Oosterschelde, ein monumentales Sturmflutwehr, schützt mit 62 Riesenschotten die Oosterschelde und das dahinterliegende Land vor Sturmfluten. Im Deltapark Neeltje Jans ist in der Delta Expo alles über das gewaltige Schutzbauwerk zu erfahren. S. 260

Wie Perlen an einer Kette – Schlösser in Süd-Limburg: Im Maastal und in den Seitentälern in Süd-Limburg erinnern zahlreiche Schlösser und Schlossparks an vergangene Zeiten der Feudalherrschaft. Die meisten sind prächtig restauriert, manche sind zugänglich, in anderen befinden sich Restaurants, bei vielen darf man die schönen Schlossparkanlagen besichtigen. S. 276

Kultur & Sehenswertes

Hinter Festungsmauern: Willemstad ist die am besten erhaltene holländische Festungsstadt. S. 266

Bonnefantenmuseum Maastricht: Der spannende Bau beherbergt interessante archäologische Funde aus der Provinz Limburg und exquisite Sammlungen alter und zeitgenössischer Kunst. S. 269

Aktiv & Kreativ

De Efteling: Ob im Spukschloss oder auf der Wildwasser-, Bob- und Achterbahn, Hollands berühmtester Freizeit- und Vergnügungspark bietet Spaß für die ganze Familie. S. 263

Segway Tour: Erst lernt man die Balance zu halten, dann geht's los durch die Straßen Maastrichts – auf dem elektrisch angetriebenen Brett. S. 273

Genießen & Atmosphäre

Hostel Domburg: Das vielleicht schönste Hostel im ganzen Lande befindet sich in dem mittelalterlichen, mit Türmen und Schlossgraben ausgestatteten Schloss Westhove aus dem 13. Jh. S. 252

Malerisches Veere: Willkommen in einem der schönsten Hafenstädtchen Zeelands an der Nordostküste Walcherens. S. 254, S. 256

Gaumenlust: Jeden August lädt Maastricht für vier Tage zum Preuvenemint ein. Beim Feinschmeckerfestival bieten über 50 Gastronomen, Weinhändler und Brauer ihre Köstlichkeiten zum Probieren an. S. 270

Abends & Nachts

Underground: Im Backstage, in einer alten Fabrik am City-Rand von Maastricht, wird bis tief in die Nacht Musik fabriziert. S. 273

Provinz Zeeland

Seit der ›Blanke Hans‹ durch Deiche, Dämme und Sturmflutwehre im Zaum gehalten wird, hat sich Zeeland stark entwickelt: Aus verfallenden Fischerdörfern wurden hübsche Seebäder, aus grauen Orten reizende Städtchen, aus maroden Anlegeplätzen malerische kleine Häfen. Wassersportler finden hier ihr Revier, Radfahrer tolle Routen, Badegäste riesige Strände, Naturfreunde ursprüngliche Landschaften.

Walcheren und Beveland

Middelburg ► B 9

Die Provinzhauptstadt (39 000 Einw.) geht auf eine karolingische Fluchtburg zum Schutz vor den Normannen zurück. Innerhalb der Burg bauten Norbertinermönche im 12. Jh. eine Abtei, um diese herum entstand eine Siedlung mit sternförmiger Verteidigungsanlage aus Grachten und Wällen, die heute noch existiert. Das 1940 zerbombte Stadtzentrum wurde im ursprünglichen Stil wiederaufgebaut, auch das monumentale gotische **Stadhuis,** einer der schönsten Profanbauten des Königreichs (Führungen Ende März–Okt. Sa–Mi 11.30–17.15, So ab 12 Uhr, 4,25/3,75 €). Wahrzeichen Middelburgs ist der **Lange Jan,** der 91 m hohe Turm der ehemaligen Abteikirche.

Infobox

Infos für die Provinz Zeeland
www.zeeland.nl (u. a. in dt.): Homepage der Provinz Zeeland, auch mit touristischen Infos.
www.vvvzeeland.nl (u. a. in dt.): Umfassende Infos des Fremdenverkehrsamtes, u. a. mit interaktiver Karte, auf der man nach gemütlichen Unterkünften, Attraktionen, sauberen Stränden und Aktivitäten suchen kann.

Zeeuws Museum

Abdij (plein), www.zeeuwsmuseum.nl, Di–So 10–17 Uhr, 8/4 €
Der Abteikomplex mit drei Kirchen und Anbauten beherbergt das Zeeuws Museum mit Historama, das zahlreiche Exponate zur Historie der Provinz, der Stadt und der Abtei zeigt. Raritäten sind die aus der Oosterschelde geborgenen Votivsteine, mit denen römische Englandfahrer der Göttin Nehalennia dankten, wenn ihre Schiffe wohlbehalten zurückkehrten.

Mini Mundi

Koepoortlaan 1, www.minimundi.nl, 7.9.–8.11., 19.12.–3.1., 13.5.–3.7. tgl. 10–19, 4.7.–6.9. Fr–Mi 10–20, Do 10–22, 9.11.–18.12. Mi, Fr 10–19 Uhr, Kasse 2 Std. früher, 13,50/ab 11,50 €
Im Norden der Stadt liegt Mini Mundi, ein Familienpark, in dem insbesondere Kinder Spaß haben: Am Ballontoren geht es 10 m in die Lüfte, im Schommelschuit geht es auf Schlingerkurs usw. Hier befindet sich auch **Miniatuur Walcheren,** in dem unzählige historische Gebäude Walcherens im Maßstab 1:20 zu bewundern sind.

Übernachten

Monumental – **Hotel aan de Dam:** Dam 31, Tel. 0118 64 37 73, www.aandedam

hotel.nl, DZ ab 90 €, Suite ab ca. 123 €. Stattliches, 1652 für die VOC erbautes Haus im historischen Stadtkern. Wertvolle antike Möbel und Raritäten geben den individuell eingerichteten Zimmern ein barockes Ambiente.
Klassisch – **Grand Hotel du Commerce:** Loskade 1, Tel. 0118 63 60 51, www.hoteldu commerce.nl, DZ ab 64 €. Weiße Fassade, auffallende rote Markisen an den Fenstern – das älteste und größte Hotel der Stadt hat etwas Mediterranes. Das Interieur ist klassisch, alle Gästezimmer haben ein eigenes Badezimmer. Schöne Aussicht auf den Kanal.
B & B am Jachthafen – **Van de storm in de stilte:** Kinderdijk 28, Tel. 0118 21 75 63, www.bedandbreakfast.nl, DZ 60 € (bei nur 1 Nacht 70 €), Frühstück 5 €/Pers. 5 Min. vom Zentrum entfernt. Nette Gästezimmer mit Sitzecke, Bad/WC, TV, DVD/Video, Internetzugang. Vom Gästezimmer zur Straßenseite schöne Aussicht auf den Hafen.
Camping – **Middelburg:** Koninginnelaan 55, Tel. 0118 62 53 95, www.cam pingmiddelburg.nl, 2 Pers. ca. 20 €. Netter Platz im Grünen, auch Vermietung von Zelten und 4-Pers.-Caravans.

Essen & Trinken

Zentral – **Bommel:** Markt 85, Tel. 0118 64 22 14, www.cafebommel.nl, So–Mi 10–1, Do–Sa bis 2 Uhr, Menü ab 20 €. Kleines Café-Restaurant direkt neben dem Rathaus, sommertags auch draußen. Leckere Fischgerichte.
Steakhouse – **De Tamboer:** Plein 1940-6, Tel. 0118 61 21 17, www.detamboer.info, Di–So 17–21.30 Uhr, Juli, Aug. tgl., Hauptgericht ab 14 €. Rustikale Einrichtung; sehr gute Steaks, aber auch Fisch und Vegetarisches.
Brasserie – **Panneke:** Lammerensteeg 5, Tel. 0118 62 52 87, www.panneke.com, Mi–So 12–15, 18–23 Uhr, Lunchgericht ab 3 €, Hauptgericht ab 14 €. Ungewöhnliches Interieur. Klasse Küche, die über dem Niveau der normalen Brasserie rangiert.

Abends & Nachts

Wann was wo los ist, kann man dem monatlich erscheinenden »Uitloper« entnehmen (liegt in Lokalen aus).
Podium für Musik, Theater & Tanz – **De Spot:** Beddewijkstraat 15, Tel. 0118 63 32 29, www.despotmiddelburg.nl.

Infos & Termine

Infos

Tourist Shop Middelburg: Markt 65 c, Tel. 0118 67 43 00, www.touristshop.nl.
ANWB/Tourist Info: Nieuwe Burg 40, Tel. 0118 65 99 00, www.visitmiddel burg.nl.

Termine

Donnerstag: Markt, vor dem Stadhuis.
Pfingstwochenende: Internationales Jazzfestival, www.jazzfestivalmiddel burg.nl. Middelburg swingt.
Erstes Juniwochenende: Vól koren, www.middelburgvolkoren.nl. Großes Chorfestival in der ganzen Stadt.
Juli/Aug.: Ringrijderij, Ringreiten.

Verkehr

Bahn: Verbindungen nach Amsterdam, Breda, Rotterdam, Vlissingen, Zwolle.
Fahrradverleih: am Bahnhof, Tel. 0118 61 21 78.

Vlissingen ► B 9

Die größte Hafenstadt von Zeeland (45 000 Einw.) ist zugleich ein beliebtes Seebad mit schönem langen Strand. An die kriegerische Vergangenheit des

Traumhafter Blick aufs Meer – am Strandboulevard Vlissingens

einst zur Bastion ausgebauten Ortes erinnern noch der Gefängnisturm, zahlreiche Kanonen und das Keizersbolwerk aus der Zeit von Kaiser Karl V., das Napoleon wieder aufgebaut hat. Der berühmteste Sohn der Stadt, Admiral de Ruyter, wird mit einem Standbild auf der Rotunde geehrt, die eine schöne Aussicht auf Hafen und Meer bietet.

Zeeuws Maritiem MuZEEum

Nieuwendijk 11, www.muzeeum.nl, Mo–Fr 10–17, Sa, So, Fei 13–17 Uhr, 8/ab 5 €

Meisterhafte Porträts seeländischer Seehelden, Hafenansichten von Vlissingen, Schiffsmodelle und Fundstücke vom Wrack des 1735 in der Scheldemündung gesunkenen VOC-Schiffes »'t Vliegent Hart« – hier lernt man die maritime Geschichte Zeelands kennen.

Het Arsenaal

Arsenaalplein 1, www.arsenaal.com, tgl. 10–19, Kasse bis 17 Uhr, 13/ab 11 €

Auf echte Haie, Rochen, Papageien und Piraten trifft man im maritimen Vergnügungszentrum Het Arsenaal, von dessen 65 m hohem Turm sich Aussichten auf die Westerschelde bieten.

Übernachten

Nordseeblick – **De Leugenaar**: Bd. Bankert 132, Tel. 0118 41 25 00, www.hoteldeleugenaar.nl, DZ 92–110 €, HP möglich. Schöne Lage am Nordseeboulevard. Nach vorn liegende, mit Balkonen ausgestattete Zimmer mit toller Aussicht aufs Meer. Stylisches Interieur, Restaurant mit überdachter Terrasse.

Aussicht aufs Meer – **Truida**: Bd. Bankert 108, Tel. 0118 41 27 00, www.hoteltruida.nl, DZ 85–105 €. Angenehmes Hotel direkt am Strandboulevard. Wer die herrliche Aussicht genießen möchte, sollte eines der 12 nach vorn liegenden Zimmer wählen, wer sich gern selbst kochen möchte, eines der 8 Zimmer mit Kitchenette.

Ländlich – **De Kienstee**: Sasputsestraat 11, Schoondijk bei Breskens, Tel. 0117 34 83 13, www.dekienstee.nl, DZ 71 €. Ruhe und Entspannung bietet dieser Bauernhof, in dessen Nebengebäude Sie in 3 Gästezimmern logieren können. Alle mit Bad/WC, Breitband-Internet-Anschluss. Netter Frühstücksraum.

Essen & Trinken

Fisch und mehr – **Het Station:** Stationsplein 5, Tel. 0118 46 59 09, www.hetstationvlissingen.nl, im Sommer tgl. 10–21, im Winter Di–So 11–20 Uhr, Hauptgericht ab 15 €. Beliebtes Restaurant, große Auswahl an Fischgerichten, aber auch Fleisch, Geflügel, Vegetarisches.
Irish – **Celtic Haven:** Nieuwendijk 14, Tel. 0118 41 64 50, www.celtichaven.nl, Di–Fr ab 17, Sa ab 13, So ab 12.30 Uhr, Hauptgericht ab 17 €, Tagesgericht ca. 11 €. Nettes Lokal mit einem Hauch von Irland. Ab und an irische Livemusik. Terrasse mit Sicht auf Jachthafen.
Trendy – **Gecroonde Liefde:** Nieuwendijk 13, Tel. 0118 44 11 94, www.degecroondeliefde.nl, Mo–Mi 10–18, Do, Fr bis 21, Sa, So 12–21 Uhr, Lunchgericht ab 3 €, Hauptgericht ab 18 €. Beim Zeeuws Maritiem MuZEEum gelegene Brasserie mit Terrasse und schöner Aussicht auf Jachthafen. Frisches vom Land und aus dem Meer, lecker: Fischsuppe.
Steakhouse – **Scandalous:** Smallekade 15, Tel. 0118 41 81 28, www.scandalous.nl, Do–Mo 12–21.30, Sa, So bis 22 Uhr, Hauptgericht ab 15 €. Mit Grand Café. Hier gibt's saftige Steaks, Gegrilltes und Rippchen, Fisch und Muscheln.

Infos

VVV / ANWB: Oude Markt 3, Tel. 0118 42 21 90, www.vvvzeeland.nl.
Bahn: Verbindungen nach Amsterdam, Bergen op Zoom, Dordrecht, Middelburg, Roosendaal, Rotterdam.
Fahrradverleih: am Bahnhof, Tel. 0118 46 59 51.
Schnellfähre: Vlissingen–Breskens (stdl., Mai–Mitte Sept. ca. alle 25 Min.), nur Fußgänger, Fahrräder, Mopeds. Infos: Tel. 013 549 99 19, www.veolia-transport.nl. Mit dem Auto nimmt man den **Westerscheldetunnel** (Terneuzen–Ellewoudsdijk).

Badeorte an Walcherens Westküste ▸ B 9

Einen schönen Strand und fast 50 m hohe Dünen bietet der Familienbadeort **Zoutelande.** Auf einer der höchsten Dünen zeigt das Bunkermuseum (Mai–Okt. Mi, So 13–17, gratis) in zwei Bunkern des Atlantikwalls aus dem Zweiten Weltkrieg Ausstellungen über die Landung der Alliierten und Beobachtungsgerät.

Aus dem häufig von Mondrian gemalten Kirchturm des Badeortes **Westkapelle** wurde, nachdem ein Feuer das Gotteshaus vernichtet hatte, der Leuchtturm Hoge Licht. Gemeinsam mit dem gusseisernen *vuurtoren* Noorderhoofd (19. Jh.) leitet er die Schiffe um die Westspitze von Walcheren.

Domburg, das älteste Seebad der Niederlande, ist noch immer eines der beliebtesten. Über dem Ort mit hübschen Landhäusern und Villen liegt ein Hauch von Belle Epoque.

Zwischen Domburg und Oostkapelle liegt das imposante, vermutlich auf eine Festung aus dem 9. Jh. zurückgehende **Kasteel Westhove,** heute eine der schönsten Jugendherbergen des Landes (s. S. 252). Der freundliche Badeort **Oostkapelle** mit seinen breiten Dünen und Stränden ist weniger überlaufen als Domburg. Die Qualität des Meerwassers ist ausgezeichnet.

Übernachten

Kinderfreundlich – **Pieter de Coninck:** Noordkerkepad 10 a–12, Westkapelle,

Tel. 0118 57 13 93, www.hotelwestkapelle.nl, DZ 65–80 €. Gemütliches 2-Sterne-Hotel in ruhiger Seitenstraße, nahe Leuchtturm; die modern eingerichteten Gästezimmer mit jeweils eigener Dusche/WC und KTV. Hauseigener Spielplatz, Parkmöglichkeiten. Einladende kleine Gartenterrasse.

Komfortabel – **Zuiderduin Beachhotel:** De Bucksweg 2, Westkapelle, Tel. 0118 56 18 10, www.zuiderduinbeachhotel.nl, DZ ab 70 €. Komforthotel direkt hinter den Dünen, wenige Gehmin. vom Strand. WiFi-Internet, Sauna und Solarium, Tennis, Tischtennis und Tischfußball spielen möglich.

Sportlich – **The Wigwam:** Herenstraat 12, Domburg, Tel. 0118 58 12 75, www.wigwamhotel.nl, DZ 72–114 € (bei nur 1–3 Nächten zzgl. 7 €). Genießen Sie den Komfort eines gut ausgestatteten Hotels, samt Sonnenterrasse/-bank, Heimtrainer, Tischtennisraum und Tummelplatz für die Kleinen.

In den Dünen – **Zonneduin:** Nehalenniaweg 1, Domburg, Tel. 0118 58 13 29, www.hotelzonneduin.nl, DZ 105–155 €. Schöne Lage, dicht beim Strand. Moderne Komfortzimmer mit Balkon/Terrasse. Besonders reizvoll ist die Aussicht beim Frühstück in der 2. Etage.

Studios – **Nordzee:** Badstraat 4, Domburg, Tel. 0118 58 29 70, www.hotelnoordzee.info, DZ 85–120 €. Recht modern eingerichtete Studios mit Badezimmer, Balkon oder Terrasse, Telefon und TV, die VIP-Studios sogar mit Kochnische. Einige haben Aussicht auf das Meer, das etwa 150 m entfernt ist.

Schönes Landgut – **Green White Hotel:** Noordweg 43, Oostkapelle, Tel. 0118 59 12 23, www.greenwhite.nl, DZ 110–130 €. Drei riedgedeckte Häuschen und ein Landhaus an einem Weiher inmitten einer Parkanlage – eine grüne Idylle zum Entspannen. Die Gästezimmer, individuell und modern, sind nicht ohne einen romantischen Hauch.

Ländlich – **Randduin:** Duinbeekseweg 24, Oostkapelle, Tel. 0118 58 16 52, www.randduin.nl, DZ 71–95 €. Grüne Idylle am Waldrand, luxuriöse Zimmer und Studios mit Kochnische. Rosengarten, Spielplatz, Terrasse.

Camping – **De Boomgaard:** Domineeshofweg 1, Westkapelle, Tel. 0118 57 13 77, www.deboomgaard.info, 2 Pers. 16 €. Komfort-Camping, 1 km von Dorf und Strand, Café-Restaurant, beheiztes Schwimmbad.

Charmant – **Villa Westerduin:** Laone 6, Renesse, Tel. 0111 46 25 00, www.westerduin.nl, DZ ab 97 €. Idyllische, strandnah in großem Garten mit alten Bäumen gelegene Villa mit 5 im Laura-Ashley-Stil eingerichteten Gästezimmern in früherer Pfarrei. Nutzung von Pool, finnischer Sauna und Pub des zugehörigen Badhotels möglich.

Hotel-Pension – **Zoom-Oord:** Hogezoom 170, Renesse, Tel. 0111 46 18 60, www.zoomoord.nl, DZ 60–80 €. Stimmungsvoll von riesigem Garten umgebenes Gästehaus mit 11 geschmackvoll eingerichteten Komfortzimmern unterschiedlicher Größe. Gefrühstückt wird im großen Aufenthaltsraum mit

Mein Tipp

Eine der schönsten Jugendherbergen des Landes

Das Hostel befindet sich im mittelalterlichen, mit Türmen und Schlossgraben ausgestatteten Schloss Westhove aus dem 13. Jh. Zum Strand sind es nur wenige Minuten zu Fuß. Schöne Aussicht von den Terrassen auf die Dünen. (**Hostel Domburg**, Duinvlietweg 8, Tel. 0118 58 12 54, www.stayokay.com, ab 27 €/Pers., an WE wesentlich teurer.)

im Winter bullerndem Gusseisen-Ofen, im Sommer auf überdachter Terrasse.
Wellnessoase – **Noordzee Hotel & Spa:** Noordzeestraat 2, Cadzand-Bad, Tel. 0117 39 18 10, www.hotel-noordzee.nl, DZ ab 122 €. Moderne Architektur mit hübschem Türmchen, in dem sich eines der Zimmer befindet – herrliche Aussicht garantiert. Alle Zimmer sind stilvoll und individuell eingerichtet.
Strandnah – **Hotel de Schelde:** Scheldestraat 1, Cadzand-Bad, Tel. 0117 39 17 20, www.hoteldeschelde.nl, DZ ab 90 €. Elegant eingerichtete Gästezimmer mit allem modernen Komfort, einige haben Balkon.

Essen & Trinken

Pavillon auf dem Deich – **De Westkaap:** Westkapellse Zeedijk 7, Westkapelle, Tel. 0118 57 35 57, www.westkaap.nl, tgl. ab 10.30 Uhr, Lunchgericht ab 3 €, Hauptgericht ab 15 €. Windgeschützte Terrasse, tolle Aussicht aufs Meer. Köstliches von See und Land.
Stylish – **Mondriaan:** Ooststraat 6, Domburg, Tel. 0118 58 44 34, www.domburgbythesea.nl, tgl. 17.30–22 Uhr, Hauptgericht ab 24 €. Modern eingerichtetes Restaurant. Fangfrischer Fisch, Hummer, Lamm und Vegetarisches.
Trendy Eetcafé – **Hij & Ik:** 't Groentje 1/3, Domburg, Tel. 0118 58 14 36, www.hijenikdomburg.nl, tgl. ab 11 Uhr, Jan. geschl., Lunchgericht ab 4 €. Fisch, Fleisch, Pasta, etliches Vegetarisches, ausgezeichnete Salate, faire Preise.
Mex-Grill – **El Fuego:** 't Groentje 9, Domburg, Tel. 0118 58 65 85, www.elfuego.com, tgl. ab 16 Uhr, Hauptgericht ab 16 €. Authentisches mexikanisches Spezialitäten-Restaurant. Leckere Cocktails, Quacamole und Tortillas. Empfohlen: *Sizzling fajitas.*
Qual der Wahl – **De Pannekoekenbakker:** Domburgseweg 75, Oostkapelle, Tel. 0118 58 28 97, www.pannekoekenbakker-oostkapelle.nl, März–Okt. tgl. ab 11.30 Uhr, sonst nur Sa, So, ab 7 €. Gemütliches Restaurant mit Kinderspielecke und -platz sowie Terrasse. 250 verschiedene Pfannkuchen.
Kinderlieb – **Dennenbos:** Duinweg 64 a, Oostkapelle, Tel. 0118 58 65 55, www.restaurantdennenbos.nl, tgl. ab 16, außerhalb der Saison nur Fr–So., Hauptgericht ab 13 €, Pizza ab 7 €. Café-Restaurant-Pizzeria mit großem Innengrill und ›Kinderland‹, wo Kinder essen und spielen können. Pasta, Pizza, Fleisch und Fisch, auch Vegetarisches.
Pizzeria – **Buon Cuore:** Wilhelminaweg 8, Renesse, Tel. 0111 46 22 99, www.pizzeriabuoncuore.nl, tgl. ab 17 Uhr, Pizza ab 8 €. Pizza, Pasta, Spareribs, Hot Chicken Wings. Lockere Atmosphäre.
Eetcafé – **Loze Visser:** Hoogenboomlaan 38 a, Renesse, Tel. 0111 46 21 95, www.cafedelozevisser.nl, tgl. 12–21.30 Uhr, Menü ab 10 €. Gemütlich, urig, sehr kinderfreundlich. Fisch, Fleisch und Pfannkuchen. Auf dem Weg zum Strandaufgang Wilhelminahoeve.
Hotel-Restaurant – **Jean d'Haut:** Scheldestraat 1, Cadzand-Bad, Tel. 0117 39 17 20, www.hoteldeschelde.nl, tgl. ab mittags, Hauptgericht ab 20 €. Restaurant des Hotels De Schelde; stilvoll, internationale und französische Küche.
Strandpaviljoen – **Caricole:** Duinovergang 8, Cadzand-Bad, Tel. 0117 39 18 64, www.caricole.nl, tgl. Do–Di 10–20 Uhr, Juli, Aug. tgl., Lunch ab 7 €, Hauptgericht ab 15 €. Windgeschützte Terrasse direkt am Strand. Waffeln, Pfannkuchen, *bitterballen* (fritt. Fleischkroketten), auch Fisch-/Fleischgerichte.

Infos

VVV Zeeland: www.vvvzeeland.nl.
VVV Westkapelle: Zuidstraat 134, Tel. 0118 58 13 42.

VVV Domburg: Schuitvlotstraat 32, Tel. 0031 11 85 81.
VVV Oostkapelle: Lantsheerstraat 1, Tel. 0118 58 13 42.
VVV Renesse: Zeeanemoonweg 4a, Tel. 0900 202 02 33.
VVV Cadzand-Bad: Bd. de Wielingen 44d, Tel. 0117 39 12 98.

Veere ► B 9

Eines der schönsten Hafenstädtchen Zeelands ist das vom mächtigen Turm der **Grote Kerk** (15. Jh.) überragte Veere. Am Kai erinnern die **Schotse Huizen** (Schottenhäuser) 't Lammeken (1539) und De Struys (1561) an die Zeit, als Veere das Privileg für die Einfuhr kostbarer Wolle aus Schottland besaß. Der **Campveerse Toren** (1500) am Ende des Kais ist das einzige Überbleibsel der Stadtfeste und eine der ältesten Stadtherbergen der Niederlande. Beeindruckend ist das **Stadhuis** (1470) mit spätgotischer Fassade und schmuckem Renaissance-Glockenturm.

Übernachten

Romantisch – **Auberge de Campveerse Toren:** Kaai 2, Tel. 0118 50 12 91, www.campveersetoren.nl. Im historischen Gebäude und drei weiteren Häusern an Kai und Jachthafen, DZ 135–185 €. Der idyllisch an der Hafeneinfahrt gelegene, um 1500 erbaute Turm mit Anbauten ist einer der ältesten der Niederlande. Viele der luxuriösen Zimmer und Apartments mit prächtiger Aussicht auf Veerse Meer oder Hafen.
Heimelig – **B & B Familie Crowther:** Kapellestraat 21, Tel. 0118 50 12 88, www.urlaub-in-veere.de, DZ 65–75 € (an WE und in der HS mind. 2 Nächte). Übernachten Sie in gemütlichen Zimmern. Schöner englischer Garten.

Essen & Trinken

Kreative französische Küche – **'t Waepen van Veere:** Markt 23, Tel. 0118 50 12 31, www.waepen.nl, tgl. 11–20.30 (Juli, Aug. bis 21) Uhr, Nov.–März nur Mi–So, Hauptgericht ab 24 €. Hotel-Restaurant, sommertags auch auf der Terrasse. Romantische Atmosphäre. Spezialitäten: Fisch und Hummer.
Köstliche Pfannkuchen – **Suster Anna:** Markt 8, Tel. 0118 50 15 57, www.susteranna.nl, tgl. ab 10 Uhr, Pfannkuchen ab 5 €, Hauptgericht ab 12 €. In schönem altem Haus schräg gegenüber vom Stadthaus. Im Sommer sitzt man draußen unterm schattigen Baum.
Romantisch – **In den Struyskelder:** Kaai 25, Tel. 0118 50 13 92, www.struyskelder.nl, Do–So ab Mittag, im Sommer auch Mo, Lunchgericht ab 4 €, Hauptgericht ab 20 €. Kleines gemütliches Café-Restaurant im Souterrain eines historischen Hauses am Hafenkai, schöne Wandmalereien. Schön sitzt man auch im Garten oder auf der Terrasse. Französische Küche.

Infos

VVV: Oudestraat 28, Tel. 0118 58 13 42, www.vvvzeeland.nl.
Bus: Verbindungen nach Middelburg, Vrouwenpolder.

Yerseke ► C 9

Das Städtchen ist bekannt für die Zucht von Miesmuscheln und Austern, die hier während der Saison in der *mossel mine* (Muschelversteigerung) täglich unter den Hammer kommen. Zwischengelagert werden die in der Yerseker Oesterbank und im Wattenmeer gefischten Schalentiere in den *oesterputten* (Austerbecken) beim Hafen.

Aus dem Wasser gefischt: Austernzucht im alten Hafen von Yerseke

Oosterschelde Museum Yerseke
Kerkplein 1, www.oosterscheldemuseum.nl, Di–Fr 9.30–12.30, 13–16, 1. Mai–Sa bis 2.Sept.-Sa jeden Sa 10–16, Sommerferien auch Mo 13–16 Uhr, 2/1 €
Ausstellung zur Geschichte und Technik der Muschel- und Austernzucht.

Übernachten

Günstig und familiär – **B & B Sinke:** Damstraat 25, Tel. 0113 57 17 98, www.bedandbreakfastsinke.nl, DZ 40–45 €, Gartenhäuschen 55 € (bei nur 1 Nacht zzgl. 5 €/Pers.). Gastfreundlich, ruhig, gesellig – das B & B der Familie Sinke. 3 der 4 Gästezimmer mit Waschplatz und TV, Gemeinschaftsbad mit separatem WC. Gästecomputer mit Internetanschluss.

Camping – **Zon en Zee:** Burenpolderweg 30 a, Tel. 0113 57 18 60, www.campingzonenzee.nl, 2 Pers. 15–20 €. An der Oosterschelde, hafennah.

Essen & Trinken

In den zahlreichen Restaurants stehen Muschel- und Austerndelikatessen ganz oben auf der Speisekarte.

Lieblingsort

Idyll am Veerse Meer

Die Segeljacht, die mit eingeholten Segeln langsam vorbeituckert, der Skipper, der sein Boot am Kai festmacht, der mittelalterliche Campveerse Turm gegenüber, wo spielende Kinder auf den alten Kanonen reiten – Ausblicke auf die Hafenidylle in **Veere** (▶ B 9). Erst geht es über die schmale Zugbrücke am Hafen auf dessen nördliche Seite, dann den Kai entlang bis fast an die Spitze zur Hafeneinfahrt, so kommt man an diesen Ort.

Mein Tipp

Muschelfest
Am Muscheltag, der alljährlich am dritten Samstag im August in Yerseke stattfindet, kann jeder Muscheln essen, so viel er will – und zwar gratis.

Aus dem Meer 1 – **Oesterbeurs:** Wijngaardstraat 2, Tel. 0113 57 22 11, www.oesterbeurs.nl, Mi–So 12–14, 18–21 Uhr, Hauptgericht ab 23 €.
Aus dem Meer 2 – **Reymerswale:** Burgemeester Sinkelaan 5, Tel. 0113 57 16 42, www.nolethetreymerswale.nl, Do–Mo 12–14, 18–21 Uhr, Muscheln 16–18 €, Menü ab 43 €.
Aus dem Meer 3 – **Nolet's Vistro:** Burgemeester Sinkelaan 6, Tel. 0113 57 21 01, www.vistro.nl, Di–So 11.30–15, 18–21 Uhr, Hauptgericht ab 20 €.

Infos

VVV: Kerkplein1, Tel. 0900 168 16 66, www. vvvzeeland.nl.
Bus: Verbindungen nach Goes und Rotterdam Zuidplein.

Schouwen-Duiveland ► B/C 8

Zierikzee ► C 8

Weithin sichtbar zeigt der 62 m hohe **Dikke Toren** (erbaut ab 1454) die Lage der schönsten Stadt der Insel an. Ursprünglich sollte der Kirchturm der St. Lievenskerk 130 m hoch werden, doch als die im Mittelalter durch Handel, Fischerei und Tuchweberei wohlhabend gewordene Stadt plötzlich in Geldnot geriet, blieb er unvollendet. Das Kirchenschiff brannte 1882 ab. Über 550 Bauwerke der von einem Grachtenring umgebenen Stadt stehen unter Denkmalschutz und tragen zusammen mit den schmalen Gassen, belebten Plätzen und gemütlichen Cafés zum Reiz von Zierikzee bei.

Stadhuismuseum

Meelstraat 6, bis 2010 geschl.
Im Stadhuis (1554) mit reich verziertem hölzernem Glockenturm gibt das Museum Einblicke in die Stadtgeschichte.

Maritiem Museum

Mol 25, April–Okt. und Schulferien Mo–Sa 10–17, So 12–17 Uhr, 2/1 €
Am Havenplein steht die aus der Kapelle eines mittelalterlichen Gasthauses hervorgegangene **Gasthuiskerk** mit der Beurs (Börse). Nebenan widmet sich das Maritiem Museum im früheren Gefängnis Gravensteen (16. Jh.) der lokalen Schifffahrtsgeschichte, Highlight ist gewiss das Schiffsmodell von 1627, eines der ältesten Modelle der Niederlande.

Museumhaven

Oude Haven und Vissersdijk 2 (Werft), www.museumhavenzeeland.nl, Anfang April–Mitte Sept. Di–Fr 13–16.30, Oude Haven auch Sa 13–16.30 Uhr, Eintritt frei
Ein malerisches Ensemble bilden das Hafentor Zuidhavenpoort (14. Jh.) und zwei weiße Zugbrücken an der Einfahrt zum Oude Haven, wo auch das Noordhavenpoort (14. Jh.) steht. Im **Oude Haven** säumen Schiffsoldtimer des Museumhafens den Kai, darunter der Klipper »Mijn Genoegen«, mit dem einst Kartoffeln, Sand und Kohle transportiert wurden, der Botter »Meeuw« (1895), der der Fischereiinspektion

diente, und ein kleines Fährboot von 1914. In der **Stads & Commercie Werf** des Museums werden Schiffe wie diese restauriert.

Übernachten

Kleines B & B – **In den Vergulde Slaeper:** Nieuwe Bogerdstraat 20, Tel. 0111 42 27 85, DZ 45–70 €. Geräumige, geschmackvoll eingerichtete Zimmer mit eigenem Bad/WC im Parterre in ruhiger Straße im Herzen der Stadt, nahe Hafen. Mit schöner Terrasse.

Kleine Familienpension – **Klaas Vaak:** Nieuwe Bogerdstraat 24, Tel. 0111 41 42 04, www.pensionklaasvaak.nl, DZ 45–60 €, in der HS bei nur 1 Nacht zzgl. 5 €, Frühstück 7,50 €/Pers. 7 Zimmer, jedes mit Kühlschrank und TV, einige mit eigenem Bad und WC. Am schönsten ist das Dachzimmer. Mit Garten.

Essen & Trinken

Leckereien aus der burgundischen Küche – **De Proeverij:** Kraanplein 12, Tel. 0111 41 29 31, www.restaurantdeproeverij.nl, tgl. ab 11 Uhr, Lunch ab 6 €, Hauptgericht ab 16 €. Klassisch eingerichtet mit viel Holz an den Wänden. Auch Vegetarisches, Spezialität: Austern und Hummer.

Fisch & Meeresfrüchte – **Auberge Maritiem:** Nieuwe Haven 21, Tel. 0111 41 21 56, www.brasseriemaritiem.nl, tgl. 12–22 Uhr, Sept.–April Di–So, Lunch ab 4 €, Hauptgericht ab 25 €. Französische Raffinesse lässt grüßen.

Infos

VVV: Nieuwe Haven 7, Tel. 0900 202 02 33, www.vvvzeeland.nl.

Bahn: Nächster Bahnhof in Goes.

Bus: Verbindungen nach Goes.

Provinz Noord-Brabant

Noord-Brabant, die Provinz ›beneden de rivieren‹ (unterhalb der Flüsse), besticht durch herrliche Naturgebiete wie die Loonse- en Drunense-Dünen, gut erhaltene Festungsstädte wie Willemstad und Heusden und gepflegte Gastronomie und Geselligkeit dank langer Zugehörigkeit zu Spanien.

's-Hertogenbosch (Den Bosch) ▶ F 8

Im Zentrum von Den Bosch (138 000 Einw.), wie die Provinzhauptstadt meist genannt wird, erhebt sich die gotische **St. Janskathedraal** (1380–1530), die prunkvollste Kirche der Niederlande. Sie ist außen üppig mit Figuren geschmückt – es sollen 600 sein!

Bedeutendster Sohn der Stadt ist der Maler Hieronymus Bosch (1450–1516). Vor dem klassizistischen **Stadhuis** (1670) am Markt steht sein Denk-

Infobox

Infos für die Provinz Noord-Brabant

www.brabant.nl (nl., engl.): Website der Provinz.

www.bijzonderbrabant.nl (nl.): Website mit vielen touristischen Infos.

Auf Entdeckungstour

Dem Meer getrotzt: Mammutprojekt Oosterscheldedam

Die Niederlande liegen großenteils unter dem Meeresspiegel, schwere Sturmfluten wie die von 1953 gehören zu den größten Gefahren. Dagegen hat man u. a. dieses Sturmflutwehr errichtet, zum Schutz der Oosterschelde und des dahinterliegenden Landes. Im Deltapark Neeltje Jans erfährt man alles über das monumentale Schutzbauwerk, kann zudem in der Orkanmaschine Stürme erleben, Walknochen streicheln und sich auf dem Wasserspielplatz mit dem nassen Element vergnügen.

Reisekarte: ▶ B 8

Deltapark Neeltje Jans: Eiland Neeltje Jans, Faelweg 5, Vrouwenpolder, Tel. 0111 655 655, www.neeltjejans.nl, April–Okt. tgl. 10–17.30, übrige Zeiten s. Website, 18,50/15,50 €.

Schon bei der Anfahrt auf der N57 fallen die riesigen Betonpfeiler der Sturmflutwehr auf, sie bilden entlang der Straße ein regelmäßiges Muster. Auf der ehemaligen Arbeitsinsel Neeltje Jans verlassen wir an der Abfahrt zum Deltapark die N57, fahren jedoch erst einmal auf die Seeseite der Insel. Vom Parkplatz geht es zu Fuß zur nördlichsten Stelle der Insel. Von dort hat man eine gute Aussicht auf die Sturmflutwehr. Beeindruckend ist der Anblick bei ablaufendem Wasser, das dann durch die geöffneten Flutwehrtore in Richtung Meer schießt, noch faszinierender bei Sturm.

Kontrolle hat höchste Priorität

62 gigantische Stahlschürzen, zwischen 300 und 500t schwer, warten hier auf ihren Einsatz und können bei Gefahr innerhalb einer Stunde abgesenkt werden. Eigentlich sind die Fluttore immer geöffnet, werden jedoch ein Mal im Monat probeweise herabgelassen, um ihre Hydraulik zu testen. Kontrolle hat höchste Priorität, und so werden auch die Sockel und der Untergrund regelmäßig von Unterwasserfahrzeugen mit Kameras inspiziert.

2000 Jahre Kampf gegen das Wasser

Nun aber in den Deltapark! Eine Dokumentation verdeutlicht die enorme Leistung beim Bau dieses monumentalen Sperrwerks, das dem Wasser den Kampf ansagt. Draußen sieht man nur wenig von den gewaltigen, bis zu 45m hohen und an die 18000t schweren Betonpfeilern, die zu Dreiviertel unter Wasser sind.

Angesichts dieses halboffenen Sturmflutwehrs fragt man sich allerdings, ob da nicht auch ein Damm gereicht hätte? Auch darauf findet man hier eine Antwort. Tatsächlich wollte man die Oosterschelde ursprünglich durch einen durchgehenden Damm vom Meer abschotten. Doch da hatte man die Rechnung ohne das Volk gemacht. Fischer sahen ihre Erwerbsquellen – ergiebige Fang- und Zuchtbänke für Austern, Miesmuscheln, Hummer und essbare Herzmuscheln – durch die beabsichtigte Umwandlung in einen Süßwassersee gefährdet, Naturschützer fürchteten den Verlust der Laichplätze von Flundern und der Biotope für Wasser- und Zugvögel. Es hagelte Proteste. Und so gab man schließlich dem Druck des Volkes nach, mit dem Ergebnis, dieses halboffene Sturmflutwehr zu errichten.

Übrigens: Hier im Deltapark kann man auch eine Tour in das klaustrophobische Innere der Wehranlage unternehmen.

Hier bleibt keiner trocken!

Aber natürlich bietet der Deltapark mehr als nur Informationen zum Sperrwerk. Hier kommen vor allem auch Kinder auf ihre (nicht unerheblichen) Kosten. Nehmen wir nur das Seehundbecken, in dem die Wasserbewohner mit den großen Kulleraugen herumwuseln. Oder die Wasserrutsche und den Wasserspielplatz, auf dem man an Wassergeräten aller Art das nasse Element selbst ›erfassen‹ kann – nasse Füße garantiert!

Interessant ist auch das Innere des riesigen Wals aus Aluminium, in dem man, faszinierende Unterwassergesänge von Walen und Delfinen im Ohr, ein echtes Walskelett begrabschen kann.

Tipp: Die Bootsrundfahrt hinaus auf die Oosterschelde ist im Eintrittspreis inbegriffen – mit etwas Glück bekommt man auf der Tour Seehunde oder Robben auf Sandbänken zu Gesicht – manchmal sogar Schweinswale.

mal. Im ältesten Haus der Stadt, dem schlossähnlichen **Haus De Moriaan** (Anfang 13. Jh.) auf der anderen Seite des Platzes befindet sich heute das VVV.

St. Janskathedraal und Museum De Bouwloods

Kathedrale: www.sint-jan.nl, Museum: Mai–Sept. Di–So, April, Okt. Mi, Sa, So 13–16.30 Uhr, 3 €

Die **Kathedrale** beherbergt sehenswerte Kunstschätze, darunter ein als wundertätig verehrtes Gnadenbild (13. Jh.), ein kupfernes Taufbecken (1492), Ikonen und einen Antwerpener Leidensaltar (15. Jh.). Im **Museum De Bouwloods** sind 200 Bildhauerarbeiten ausgestellt, die das Gotteshaus einst schmückten, inzwischen aber durch Kopien ersetzt wurden.

Dämonische Figuren und Fabelwesen bevölkern die Werke des bekanntesten Sohnes der Stadt, Hieronymus Bosch

Übernachten

Businessmäßig – **Euro Hotel Den Bosch:** Hinthamerstraat 63, Tel. 073 613 77 77, www.eurohotel-denbosch.nl, DZ 115–159 €. Zentral, zahlreiche Zimmer mit Aussicht auf die Kathedrale. Viel besucht von Geschäftsleuten, aber auch Urlaubern. Zimmer mit allem Komfort.

Kunstvoll – **B & B de Mozaiektuin:** Voordijk 57, Vlijmen (7 km westl. von Den Bosch), Tel. 073 511 91 39, www.demozaiektuin.nl, DZ 70/80/90 € bei 3/2/1 Nächten. Mosaike im romantischen Garten und in den beiden stilvoll eingerichteten Gästezimmern, jeweils mit Bad und voll ausgestatteter Küche. Fahrradraum.

Essen & Trinken

Eetcafé – **Van Puffelen:** Molenstraat 4, Tel. 073 689 04 14, www.restaurantvanpuffelen.nl, Di–Fr ab 16.30, Sa, So ab 12 Uhr, Lunch ab 4 €, Hauptgericht ab 16 €. Nettes, modern eingerichtetes Eetcafé über der Binnendieze.

Flämisches Eetcafé – **Het Groote Genoegen:** Achter het Stadhuis 10, Tel. 073 689 02 54, www.grootegenoegen.nl, Mi–Sa 12–22, So–Di ab 16 Uhr, Hauptgericht ab 13 €. Gemütliche Atmosphäre. Lecker: Gentse Stoverij (in Abteibier gegartes Rindfleisch). Belgische Biere. Mit Terrasse.

Tapasbar – **Le Couple:** Ridderstraat 36, Tel. 073 613 00 60, www.lecouple.nl, Di–Do 12–20, Fr–So bis 21 Uhr, Häppchen ab 3 €. Kreative Küche.

Aktiv & Kreativ

Thematische Bootsfahrten – **Durch die Stadt:** Tel. 073 612 23 34, www.kringvriendenvanshertogenbosch.nl. Auf der Binnendieze durch die Stadt.

Infos & Termine

VVV: Markt 77, Tel. 0900 112 23 34, www.vvvdenbosch.nl.
Febr./März: Karneval, buntes Treiben rund um die Kathedrale.
Bahn: nach Amsterdam, Arnhem, Eindhoven, Maastricht, Nijmegen, Utrecht.
Fahrradverleih: am Bahnhof, Tel. 073 613 47 37.

Ausflüge von Den Bosch ► F 8

Einen Besuch wert ist das nordwestlich von Den Bosch gelegene Städtchen **Heusden,** dessen um 1560 errichtete Festung samt Wassertor, drei auf dem Bollwerk stehende Windmühlen und der Maashafen komplett erhalten sind.

Ein paar Kilometer weiter südlich laden die **Loonse en Drunense Duinen,** ein 3400 ha umfassender Nationalpark mit Europas größtem Flugsandgebiet, zu Spaziergängen in der Natur ein.

Von hier ist es nicht weit zu Hollands berühmtestem Freizeit- und Vergnügungspark, **De Efteling** bei Kaatsheuvel (Europalaan 1, Tel. 0416 28 81 11, www.efteling.nl, April–Nov. tgl 10–18, Mitte Juli–Aug. bis 21, Sa im Aug. bis 24 Uhr, 28/26 €, Mitte Juli–Aug. 30/28 €), der viele Attraktionen für Groß und Klein bietet, z. B. Spukschloss, Wildwasser-, Bob- und Achterbahn.

Eindhoven ► F/G 9

Eindhoven, bis Ende des 19. Jh. ein kleiner Handelsort, verzeichnete nach dem Bau der Werke des Glühbirnenherstellers Philips und des Automobilbauers DAF einen enormen Aufschwung und ist heute eine moderne Handels-, Industrie- und Messestadt mit rund 229 000 Einwohnern. In den großen Einkaufsstraßen Grote und Kleine Berg sowie Hoogstraat herrscht meist Hochbetrieb.

DAF-Museum

Tongelresestraat 27, www.dafmuseum.nl, Di–So 10–17 Uhr, 7/ab 2,50 €
Hier sind sämtliche seit 1928 hergestellte DAFs ausgestellt, aber auch unzählige andere alte Pkws, Lkws und Rallye-Wagen. An einem Werkplatz kann man sehen, wie die DAFs hergestellt wurden.

Van Abbemuseum

Bilderdijklaan 10, www.vanabbemuseum.nl, Di–So 11–17, Do bis 21, ab 17 Uhr Eintritt frei, 8,50/ab 4 €
Großartige Sammlung moderner Kunst, u. a. Meisterwerke von Picasso, Chagall, Kokoschka, Beuys, Gordon und McCarthy. Wechselausstellungen.

Übernachten

Klassisch bis luxuriös – **Sandton Hotel:** Stratumsedyk 23 f, Tel. 040 212 13 30, www.sandton-eindhoven.nl, DZ ab 75 €. Zentral gelegenes, modernes Hotel. Auch Suiten.
Gut ausgestattetes B & B – **B & B Flora:** San Giogilaan 3, Tel. 040 211 03 71, DZ ca. 70 €. Von außen eher unscheinbar, entpuppt sich das B & B in ruhigem Viertel als Tipp. Das Gästezimmer ist hell, geräumig und freundlich eingerichtet, mit eigenem Bad und WC, TV, DVD/Video und Internet, Kühlschrank, Wasserkocher und Mikrowelle.
Heimelig – **Orphuisje:** Orpheuslaan 17, Tel. 040 245 10 88, DZ 50 €, Studio 65 €. Freundliche Atmosphäre, Gästezimmer und Studio mit TV, Video/DVD und Internetzugang, eigenem Badezimmer und WC, das Studio mit Küche. Tolles Frühstück, ausgesprochen fürsorgliche Gastgeber.

Essen & Trinken

International – **De Bengel:** Stationsplein 28, Tel. 040 244 07 52, www.debengel.com, tgl. ab 10, Küche 12–23 Uhr, Menü 21 €. Schräg gegenüber vom Bahnhof. Gemütliche, moderne Einrichtung. Saftige Burger (10 €) und Spareribs (ca. 15 €). Große Terrasse.
Eetcafé – **Hoogste Tijd:** Vrijstraat 38, Tel. 040 296 24 88, www.hoogstetijd.nl, Mo ab 16, Di–Sa ab 12, So ab 14 Uhr. Modernes Lounge-Café mit kleinen Gerichten wie Garnelen (8 €), Suppe (4,50 €) und Salaten (8,50 €).
Thai – **Muk-Da:** Kleine Berg 10, Tel. 040 244 66 66, www.mukda.com, Mo–Do 17–22, Fr, Sa 16–22.30, So 16–22 Uhr, Hauptgericht ab 13 €. Authentisches thailändisches A-la-carte-Restaurant – Achtung: Manches ist sehr scharf gewürzt (auf der Karte ausgewiesen).

Einkaufen

Shoppingzentrum – **De Heuvel Galerie:** www.heuvelgalerie.nl, zwischen Vestdijk und Keizersgracht.

Infos

VVV: Stationsplein 17, Tel. 09 00 01 12 23 63, www.vvveindhoven.nl.
Bahn: Verbindungen nach Breda, Maastricht. Amsterdam, Rotterdam, Utrecht, Venlo.
Fahrradverleih: am Bahnhof, Tel. 040 243 66 17.

Ausflüge von Eindhoven ► G 9

In **Nuenen** schuf Vincent van Gogh, dessen Vater hier Pfarrer war, zwischen 1883 und 1885 etwa ein Viertel seines gesamten Werkes: 194 Ölgemälde und über 250 Zeichnungen, u. a. das berühmteste Werk dieser Periode, »Kartoffelesser«. Im Van Gogh Documentatiecentrum (Berg 29, www.vangoghvillagenuenen.nl, Di–So 11–16 Uhr, 3/1,50 €) werden Leben und Schaffen des Künstlers an diesem Ort beleuchtet.

Auf 18 Würfelhäuser des durch seine Rotterdamer ›Baumhäuser‹ berühmten Architekten Piet Blom stößt man in **Helmond,** dessen Rathaus und Gemeindemuseum (Kasteelplein 1, www.gemeentemuseumhelmond.nl, Di–Fr 10–17, Sa, So, Fei 13–17 Uhr, 4/1,50 €) in dem von einem schönen Park umgebenen Kasteel Helmond (1402) untergebracht sind.

Östlich von Deurne bieten Wälder, Heide und Moorland im 1340 ha großen **Nationaal Park De Groote Peel** (Besucherzentrum Mijl op Zeven, Ospel, www.nationaal-parkdegrootepeel.nl) einer artenreichen Vogelwelt ein Reservat und Besuchern ein faszinierendes Ausflugsziel.

Das **Beiaard- en Natuurhistorisch Museum** (Osteraderstraat 23, www.carillon-museum.nl, Sa–Mo, Fei 13–17, Di–Fr 9.30–17 Uhr, 5,70/ab 2,80 €) in Asten informiert über die Landschaft De Peel, außerdem kann man hier auch Glockenspiele bestaunen.

Breda ► E 8/9

Etliche Belagerungen musste die Festungsstadt Breda über sich ergehen lassen, so auch 1590. Damals befreite Prinz Moritz von Oranien die Stadt von den Spaniern, indem er seine Soldaten unter der Ladung eines Torfschiffs versteckt in die Festung einschmuggeln ließ und so die Spanier überrumpelte. Der sog. **Historische Kilometer** führt zu einigen bedeutenden Bauwerken: dem Kasteel van Breda, einst Sitz der

Grafen von Oranien und seit 1828 Königliche Militärakademie, dem Verteidigungstor Spanjaardsgat (1610), der Grote Kerk (15./16. Jh.) und dem Begijnhof (16. Jh.). Im Bereich von Grote Markt und Havenmarkt trifft man auf gemütliche Lokale und vielerlei Läden.

Breda's Museum
Parade 12, www.breda-museum.org, Di–So 10–17 Uhr, 5/3,50 €
Ausstellung zur wechselvollen Geschichte von Stadt und Umgebung, zudem eine Vielzahl von Kunstobjekten.

Übernachten

Art déco – **Het Scheepshuis:** Teteringsdijk 196, Tel. 076 58 16 910, www.hetscheepshuis.nl, DZ 70 €, Frühstück 10 €. Die prächtige, von Bäumen umgebene Villa am Rand des Stadtzentrums verfügt über 12 stilvolle, individuelle Gästezimmer. DZ mit Bad/WC, einige mit Oversize-Betten von 2,20 m Länge.
Oase im Grünen – **Time Out:** Overaseweg 25, Tel. 076 561 49 48, www.timeout-breda.nl, Apartment für 2 Pers. 99 €, bei nur 1 Nacht 105 €. Schönes an riesigem Garten gelegenes Haus, in dem Sie in einer komplett eingerichteten Wohnung mit eigenem Eingang logieren. Sommertags können Sie auf der Terrasse frühstücken.
Camping – **Liesbos:** Liesdreef 40, Tel. 076 514 35 14, www.camping-liesbos.nl, April–Okt. 2 Pers. 13–18 €. Laden, Cafeteria, Schwimmbad.

Essen & Trinken

Eetcafé – **De Sinjoor:** Nieuwe Ginnekenstraat 3, Tel. 076 521 11 99, www.de-sinjoor.com, Di–Sa 12–21.30, So, Mo ab 17 Uhr, Lunchmenü ca. 13 €, MaDiWoDo-Menü (von Mo–Do erhältlich) ca. 17 €, Hauptgericht ab 17 €. Eetcafé mit Art-déco-Interieur. Fisch, Pasta, Fondue und etliches mehr.
Günstig – **De Boulevard:** Grote Markt 8, Tel. 076 514 63 99, www.boulevardbreda.nl, Di–So 17–22 Uhr, 3-Gänge-Menü ca. 12 €. Bunt mit Theaterrequisiten eingerichtetes Theater-Restaurant und Café, in dem man ein täglich wechselndes Menü bekommt.
Kolonialer Flair – **De Colonie:** Grote Markt 26, Tel. 076 521 40 82, www.colonie.nl, tgl. ab 9 Uhr, Lunchgericht ab 4 €, Hauptgericht ab 14 €. Urig-gemütliches Restaurant mit kolonialer Deko, internationale Speisen. Große Terrasse.

Infos & Termine

VVV: Willemstraat 17 und Grote Markt 38, Tel. 0900 522 24 44, www.vvvbreda.nl.
Febr./März: Karneval, buntes Karnevalstreiben.
Bahn: Verbindungen nach Boxtel, Dordrecht, Roosendaal, Rotterdam, Den Bosch.

Mein Tipp

Brabantse Koffietafel
Diese Brabanter Spezialität hat mit Kaffee und Kuchen wenig gemein. Vielmehr handelt es sich um eine Mittagsmahlzeit, bei der eine deftige Gemüsesuppe auf den Tisch kommt, gefolgt von Brat-, Blut- und Mettwurst, gekochtem und rohem Schinken, Speck und Sülze, verschiedenen Käsesorten, Brot und Brötchen. Erst zum Schluss gibt es Apfeltaschen, Kaffee – und *brandewijn met suiker.*

Fahrradverleih: am Bahnhof, Tel. 076 521 05 01.

Willemstad ▶ D 8

Von sieben Bastionen und einem sternförmigen Graben umgeben, ist Willemstad die am besten erhaltene Festung der Niederlande. Luftaufnahmen lassen die perfekte Symmetrie der Anlage erkennen. Die **Nederlands Hervormde Kerk** (1607) im Zentrum des Städtchens war die erste reformierte Kirche des Landes. Weitere sehenswerte Bauwerke sind das **Arsenaal** (1793), die weiße **Oranjemolen** (1734) am Hafen und das **Mauntshuis** (1623), das alte Jagdhaus von Prinz Moritz.

Bergen op Zoom ▶ D 9

Von der mittelalterlichen Festungsanlage der alten Markgrafenstadt sind noch das Gevangenpoort und die Bastion Ravelijn erhalten. In der Vorhalle des monumentalen Stadhuis am Markt sind zahlreiche Wappen sehenswert.

Markiezenhof

Steenbergsestraat 8, www.markiezenhof.nl, Di–So 11–17 Uhr, 5/2,50 €
Das schönste Monument der Stadt ist der Palast der Markgrafen von 1512, mit feudalem Interieur und einzigartiger Sammlung von Kirmesminiaturen.

Übernachten

Glücksbringer – **Angelina's B & B:** Korenbeursstraat 29, Tel. 0164 25 17 00, www.angelinasbedandbreakfast.nl, DZ 50 €. Beide Zimmer, das eine in Weiß, das andere in Grün gehalten, sind mit TV, DVD-Spieler, Minibar ausgestattet, drahtloses Internet ist gratis. Gemeinschaftliches Bad, jedoch 2 Toiletten.
Stattliches B & B – **De Drie Scheepkens:** Engelsestraat 21, Tel. 0164 26 14 42, www.dedriescheepkens.nl, DZ 75–95 € (bei nur 1 Nacht zzgl. 5 €). Im Zentrum, 100 m vom Grote Markt, mit 3 luxuriös eingerichteten Gästezimmern, jeweils mit Bad. Auf der großen Dachterrasse kann man auf Liegestühlen den Abend ausklingen lassen.
Camping – **De Heide:** Bemmelenberg 12, Tel. 0164 23 56 59, www.campingdeheide.nl, 2 Pers. 14–30 €. Geschützt im Erholungsgebiet De Heide gelegen. Mit Laden, Cafeteria.

Essen & Trinken

Vortreffliche französische Küche – **La Pucelle:** Hofstraat 2 a, Tel. 0164 26 64 45, www.hetmarkiezenhof.nl, Di–Fr 17–22, Sa 12–22, Küche ab 16 Uhr, Lunchgericht ab 7 €, Dinner ab 22 €. Im historischen Stadpaleis Markiezenhof aus dem 15. Jh. Auch vegetarische Gerichte.
Mediterran – **La Pidola:** Fortuinstraat 14, Tel. 0164 27 16 21, www.lapidola.nl, Di–Sa ab 18, So, Fei ab 17 Uhr, Hauptgericht ab 15 €. Stimmungsvolle südländische Einrichtung, Speisen der Mittelmeerküchen Frankreichs, Spaniens und Nordafrikas.

Infos & Termine

VVV Brabantse Wal: Kortemeestraat 4, Tel. 0164 27 74 82, www.vvvbrabantsewal.nl.
Febr./März: Karneval – der Marktplatz verwandelt sich in einen Hexenkessel.
Bahn: Verbindungen nach Vlissingen, Rotterdam.
Fahrradverleih: am Bahnhof, Tel. 0164 23 57 32.

Provinz Limburg

Limburg, die Provinz ganz im Süden, ist anders als die übrigen Niederlande: Fachwerkhäuser, Schlösser und Mergelgrotten im reizvollen Hügelland des Südens, die Maas und ihre Seen, die Naturparks Maas-Schwalm-Nette und De Meinweg, Heckenlandschaften und Spargelfelder in Limburgs Mitte und Norden, und Maastricht, die Stadt mit ›burgundischer‹ Lebensart und fast südländischem Flair.

Maastricht! ▸ G 11

Die Hauptstadt der Provinz Limburg (122 500 Einw.) hat ihren Ursprung in der römischen Siedlung Traiectum ad Mosam. Die mittelalterliche Festungsstadt war von 382 bis 721 Bischofssitz. Im 19. Jh. wurden die Wehranlagen bis auf wenige Reste geschleift. Über 1600 historische Bauwerke verschiedener Stilrichtungen wie maasländische Renaissance, Barock, Rokoko und Empire sind denkmalgeschützt und machen gemeinsam mit den zahlreichen Terrassencafés, Bistros und kleinen Läden den besonderen Reiz der Stadt aus. Zur lebendigen Atmosphäre tragen auch die zahlreichen Studenten bei.

Wir beginnen den Rundgang durch die Stadt am **Dinghuis** 1 von 1470, dem einstigen Gericht (heute VVV).

Onze Lieve Vrouwebasiliek 2

www.sterre-der-zee.nl, Schatzkammer: Ostern–Allerheiligen Mo–Sa 11–17, So 13–17, sonst nur So 13–17 Uhr, 3/ab 1 €

Mediterranes Flair verbreitet im Sommer der **Onze Lieve Vrouweplein** mit seinen Straßencafés und dem burgartigen Westwerk der ab 1000 erbauten Kirche Onze Lieve Vrouwebasiliek. In der Mérode-Kapelle im Eingangsbereich ist das prachtvolle, als wundertätig verehrte Gnadenbild Onze Lieve Vrouw »Sterre der Zee« (Stern des Meeres) aufgestellt. Zahlreiche Exvotos zeugen von Gebetserhörungen. Im Inneren beeindruckt die Chorapsis, die mit einer Darstellung Christi im mandelförmigen Strahlenkranz (Majestas Domini) und den vier geflügelten Evangelistensymbolen Mensch (Matthäus), Adler (Johannes), Löwe (Markus) und Stier (Lukas) geschmückt ist. Zur **kostbaren Kirchenausstattung** gehören auch eine schöne Severin-Orgel von 1652, das kupferne Taufbecken (um 1500), das Gemälde »Unserer Lieben Frau mit dem Tintenfass« und eine steinerne, ausdrucksstarke Pietà.

An den Stadtmauern

Am Flüsschen Jeker stehen Reste der ersten Stadtmauer (1229) mit dem **Jekertoren** 3 (Jekerturm) und dem **Helpoort** 4 (Höllentor), dem ältesten Stadttor des Landes. Beim **Pesthuis** 5 (Pesthaus), einer ehemaligen wassergetriebenen Papiermühle von 1775, standen einst die Baracken der an Pest Erkrankten. Der **Pater Vinktoren** 6 ist Teil der zweiten, um 1350 errichteten Stadtmauer. Malerisch nimmt sich das im maasländischen Renaissancestil erbaute Haus des **Faliezusterklosters** 7

Infobox

Infos für die Provinz Limburg

www.limburg.nl (nl., engl.): Website der Provinz.

www.liefdevoorhetleven.nl (nl.): Website des Fremdenverkehrsamtes.

Maastricht

Sehenswert
1 Dinghuis
2 Onze Lieve Vrouwebasiliek
3 Jekertoren
4 Helpoort
5 Pesthuis
6 Pater Vinktoren
7 Faliezusterklooster
8 Zweite Stadtmauer
9 Waterpoort De Reek
10 Natuurhistorisch Museum
11 Huis op de Jeker
12 St. Servaasbasiliek
13 Spaans Gouvernement
14 Militaire Hoofdwacht
15 Generaalshuis
16 Stadhuis
17 Bonnefantenmuseum

Übernachten
1 Chambres d'hôtes Rekko
2 Greenwoods
3 Hotel Bigarré
4 Hotel Zenden
5 B & B Piekl.nl
6 Per Sempre
7 Hip Hotel
8 Stayokay

Essen & Trinken
1 Les Troix Seaux
2 Plaka
3 Café Perroen – Eetcafé Pallieter
4 Jour de Fête
5 De Twee Heeren
6 Edd's Café

Einkaufen
1 Boutiquen/Kaufhäuser
2 Stokstraatquartier
3 Entre Deux
4 Märkte
5 Stationsstraatmarkt

Aktiv & Kreativ
1 Stiphout Tours
2 City Tour

Abends & Nachts
1 Theater aan het Vrijthof
2 De Kadans
3 De Alla
4 Backstage
5 Lumière
6 In den ouden Vogelstruys
7 Take One

aus, das Kloster der verschleierten Schwestern. Auf der **zweiten Stadtmauer** 8 gelangt man zum **Waterpoort De Reek** 9.

Natuurhistorisch Museum 10

www.nhmmaastricht.nl, Mo–Fr 10–17, Sa, So 14–17 Uhr, 4,50/3 €
Fossilien der Steinkohle- und Kreidezeit, Tiere der Wälder, Kalkweiden und Kieshöhlen – das Museum lädt zu einer naturhistorischen Zeitreise ein. Und im **Insektarium** geben die Bienen ihr Bestes, um Honig zu machen.

Huis op de Jeker 11

Vom Ende der Looiersgracht hat man einen schönen Blick auf das die Jeker überspannende Haus im Stil der maasländischen Renaissance.

St. Servaasbasiliek 12

www.sintservaas.nl, Schatzkammer: Mo–Sa 10–17, So 10–12.30 Uhr, 3,70/2,20 €
Die romanische Basilika wurde im 11. Jh. über dem Grab des hl. Servatius erbaut. Karl der Große schenkte der Kirche eine Kreuzreliquie, Grundstock eines **bedeutenden Reliquienschatzes,** zu dem alle sieben Jahre (wieder 2011) Wallfahrten stattfinden. Prunkstück der **Schatzkammer** mit ihren Gemälden, Statuen und liturgischen Gegenständen ist der Reliquienschrein mit Gebeinen des hl. Servatius und des hl. Martinus. Beeindruckend ist auch das **gotische Bergportal** (13. Jh.) an der Südseite.

Spaans Gouvernement 13

www.museumaanhetvrijthof.nl, Mi–So 13–17 Uhr, 4 €, bis 16 Jahre gratis
Das mit Symbolen der Habsburger geschmückte historische Bauwerk, im 16. Jh. Sitz der Provinzgouverneure, beherbergt heute eine Sammlung von Kunst, Möbeln und Antiquitäten.

Zum Markt

1775, zu Zeiten fortschreitender militärischer Befestigung, entstand die klassizistische **Militaire Hoofdwacht** 14 (Hauptwache) und Anfang des 19. Jh.

das im gleichen Stil errichtete **Generaalshuis** 15. Heute beherbergt der Bau ein Kulturzentrum, zu dem auch das **Theater aan het Vrijthof** gehört.

Am Marktplatz dominiert das klassizistische **Stadhuis** 16 aus dem 17. Jh., dessen Doppeltreppe dem weltlichen und dem kirchlichen Herrscher Maastrichts zugleich Zugang gewährte.

Bonnefantenmuseum 17

www.bonnefanten.nl, Di–So 11–17, Do im Sommer bis 22 Uhr, 8/4 €

Das bedeutendste Museum der Stadt

Mein Tipp

Gaumenfreuden
Im August lädt Maastricht für vier Tage zum **Preuvenemint** ein. Bei diesem Festival der Feinschmecker bieten über 50 Gastronomen, Weinhändler und Bierbrauer auf dem Vrijthof ihre Köstlichkeiten zum Probieren an, von regionalen und landesweiten Spezialitäten bis zu einheimischen Bieren, Weinen und Genever.

besteht aus einem vom italienischen Architekten Aldo Rossi geschaffenen spektakulären Neubau, den viele für ein Observatorium halten, und einer denkmalgeschützten ehemaligen Fabrikhalle. Die **archäologische Abteilung** zeigt Funde aus der Provinz Limburg aus der Zeit von ca. 250 000 v. Chr. bis zur Neuzeit. Die **Abteilung Alte Kunst** umfasst mittelalterliche Skulpturen, frühe italienische Malerei und südniederländische Malerei des 15. bis 17. Jh., darunter Werke von Pieter Brueghel d. J. und Pieter Aertsen. Amerikanische minimal art und italienische Arte Povera, Werke von Kiefer, Nitsch und Warhol und anderen sowie Werke Limburger Künstler von 1870 bis 1970 bilden den Kern der **Sammlung zeitgenössischer Kunst.** Sehenswert!

Außerhalb: Grotten von St. Pietersberg und Fort St. Pieter

www.pietersberg.nl, Infos, Reservierung beim VVV, Tel. 043 325 21 21; Grotten Noord: bei Chalet Bergrust, Luikerweg 71, Führungen ganzjährig 14 Uhr und, je nach Monat, zu weiteren Zeiten; Grotten Zonneberg: Slavante 1, Führungen s. Internet/VVV

Seit der Römerzeit wird in den Hügeln Südlimburgs Mergelgestein abgebaut. Dabei haben die *blokbreker* (Blockbrecher) im Lauf der Jahrhunderte bei St. Pietersburg 2 km südlich der Stadt ein 200 km langes Höhlenlabyrinth hinterlassen. Es birgt allerlei Unbekanntes und Interessantes, das man bei einer Führung erfahren kann.

Mit den Grotten verbunden ist das 1701 erbaute, sehenswerte **Fort St. Pieter** (nahe den Grotten Noord), das wie die Linie van Du Moulin (18. Jh.), eine 15 ha umfassende Wehranlage aus Gräben und Bastionen nordwestlich des Stadtzentrums, zur Stadtbefestigung gehörte.

Übernachten

Edel – **Chambres d'hôtes Rekko** 1: Kleine Looiersstraat 8, Tel. 043 325 18 41, www.chambre-rekko.nl, DZ 100–130 €. Im Mittelalter war das Haus eine Gerberei. Sorgfältig restauriert, bietet es jetzt 13 modern eingerichtete Gästezimmer, die meisten mit Bad/WC. Nicht weit vom Vrijthof gelegen.

Leicht britisch – **Greenwoods** 2: Bodemsweg 2, Tel. 043 365 54 57, www.greenwoods.nl, DZ 80–95 €. Im Grünen gelegen, wenige Automin. von Maastricht, verfügt das einstige Bauernhaus über 3 Zimmer und 1 Cottage, alle mit Bad/WC. Die Zimmer, gemütlich mit einer Mischung aus alt und modern möbliert, erinnern an England, Heimat der Gastgeber. Bei schönem Wetter wird das Frühstück im Garten serviert.

Rooms with view – **Hotel Bigarré** 3: Van Hasseltkade 7, Tel. 043 310 03 10, www.bigarre.nl, DZ ab 90 €. Kleines charmantes Hotel mit 10 komfortabel und modern (einige mit Himmelbett) eingerichteten Zimmern, die nach vorn liegenden mit Blick auf die Maas. Hoteleigene Parkplätze für 15 €/Tag.

Für Sportler – **Hotel Zenden 4**: St. Bernardusstraat 5, Tel. 043 321 22 11, www.zenden.nl, DZ 90–120 €. Das Hotel gehört zur Sport- und Schwimmschule Zenden. Sie übernachten in einem der 4 individuell eingerichteten Zimmer oder der Junior Suite, alle mit modernem Badezimmer/WC und Sitzecke. Im Schwimmbad im mittelalterlichen Gewölbekeller und im Fitnesscenter können Sie sich fit halten.

Romantisch – **B & B Piekel.nl 5**: Tongerseweg 56 a, Tel. 06 28 23 65 95, www.piekel.nl, App. 2 Pers. 75–90 € (ohne Frühstück 60–75 €). Unten im Haus hat die Kunstmalerin Piekel Slors ihr Atelier, oben nimmt sie in ihrem reizvollen Apartment Gäste auf. Zum modernen Komfort zählen TV, Internetzugang, Kühlschrank und Mikrowelle.

›Designt‹ – **Per Sempre 6**: Maastrichter Smedenstr. 28, Tel. 043 321 99 69, www.persempre.nl, DZ 45–70 €, bei nur 1 Nacht zzgl. 2,50 €/Pers., Frühstück 7,50 €/Pers. S, L, M und XL – so heißen hier die Zimmer. Einfach, aber modern mit Designer-Möbeln und TV, je größer das Zimmer, je mehr Komfort. Gemeinschaftliche Badezimmer und WC.

Young & independent – **Hip Hotel 7**: St. Martenslaan 1–7, Tel. 043 321 11 11, www.st-martenslane.com, DZ ab 49 €. Trendy Design-Hotel mit reichlich Komfort. 40 m² große, in warmen Farben gehaltene Zimmer mit großem Arbeits- und Esstisch, drahtlosem Internet, extragroßem Doppelbett, Flatscreen-TV, Safe, hippem Badezimmer.

Hostel – **Stayokay 8**: Maasboulevard 101, Tel. 043 750 17 90, www.stayokay.com, ab 20 €/Pers. Zentral, am Maasufer.

Essen & Trinken

Aus dem Meer – **Les Trois Seaux 1**: Markt 41, Tel. 043 321 20 38, www.lestroisseaux.nl, Do–Di 12–23 Uhr, Hauptgericht ab 18 €, Muscheln ab 16 €. Tagesfrischer Fisch und Meeresfrüchte, auf französische Art zubereitet. Lecker: Muscheln in allen Variationen.

Beim Griechen – **Plaka 2**: St. Bernardusstraat 4 a, Tel. 043 325 42 56, www.restaurantplaka.nl, tgl. 16–23 Uhr, Hauptgericht ab 10 €. Im Wintergarten in gemütlicher Atmosphäre authentische griechische Speisen genießen, mitten in Maastricht.

›Uralt‹: die Sint Servaasbrug aus dem 13. Jh., die wohl älteste Brücke der Niederlande

Maastricht besitzt eine innovative Ausgehszene

Qual der Wahl – **Café Perroen – Eetcafé Pallieter** 3: Vrijthof 34, Tel. 043 325 20 73, www.perroen.nl, tgl. Café, Wintergarten 9.30–2, Restaurant So–Di 17–21.30, Mi–Sa bis 22 Uhr, Hauptgericht ab 11 €. Gemütlich speisen oder Kaffee trinken – Sie haben die Wahl: im schönen Wintergarten in mediterranem Stil, in einem der Restaurants im englischen oder burgundischen Stil oder im Bruin Café. Niederländische Küche.

Typisches Eetcafé – **Jour de Fête** 4: Markt 32, Tel. 043 325 69 32, www.jourdefete.nl, tgl. 10–2 Uhr, Lunchgerichte ab 3,50 €, Dinner ab 12,50 €. Rustikale Einrichtung, sommertags große Terrasse auf dem Markt. U. a. Maastrichter Gerichte wie Limburger Sauerfleisch, leckere Clubsandwiches.

Gesellig – **De Twee Heeren** 5: Platielstraat 17, Tel. 043 326 22 88, www.detweeheeren.nl, tgl. ab 11.30 Uhr, kleine Lunchgericht ab 4 €, Hauptgericht ab 16 €. Gut besuchter Studententreff mit Eetcafé-Atmosphäre, diverse Fisch- und Fleischgerichte, auch vegetarische. Di und Do werden die Tische an die Wand gerückt – dann wird getanzt.

Mixed – **Edd's Café** 6: Heggenstraat 3, Tel. 043 352 17 17, www.edds-cafe.nl, tgl. ab 11 Uhr, Hauptgericht ab 14 €. Nett dekoriert wie in einem alten Kohlebergwerk. Tapas, Pasta, Sushi und französische Gerichte. Spezialität des Hauses: Wild. Di Live-Jazz, Do Jam Sessions, Fr, Sa nach 22.30 Uhr DJ's.

Einkaufen

Spezialitäten: Pfefferkuchen, Äpfel im Schlafrock, Limburger Kuchen *(vlaai)*, Maastrichter Bier wie das Wyckse Witte, Kräuterlikör (Els) und Maastrichter Wein, Rommendoe-Käse, zahlreiche Schokoladen-Spezialitäten.

Shopping – **Boutiquen und Kaufhäuser** 1: zwischen Vrijthof und Bahnhof.

Mode, Schmuck und Antiquitäten – **Stokstraatquartier** 2. Exklusiv.

Einkaufsparadies – **Shopping Center Entre Deux** 3: Eingänge Spilstraat und Helmstraat.

Markttage – **Märkte** 4: Kleiner Warenmarkt Mi, großer Waren- und Fischmarkt Fr 8–13 Uhr, Marktplatz.

Bio und Trödel – **Märkte an der Stationsstraat** 5: Bauernmarkt Do 14–18.30 Uhr; Trödelmarkt Sa 10–16 Uhr.

Aktiv & Kreativ

Wildwasserfahrten auf der Maas – **Kajak Tour Limburg:** Tel. 089 61 44 24, www.kajaktourlimburg.nl.

Mit Bus oder Boot – **Stiphout Tours** 1: Maaspromenade 58, Tel. 043 351 53 00, www.stiphout.nl, Busrundfahrten in Maastricht und Umgebung mit Oldtimerbussen (auch beim VVV zu buchen) sowie Bootsfahrten (u. a. Maastricht–Liege, Candlelight Cruise).

Mit der Kutsche – **City Tour** 2: ab Onze Lieve Vrouweplein, Tel. 043 343 68 79, www.citytourmaastricht.com.

Abends & Nachts

Kulturelle Infos findet man im Monatsmagazin »Uit in Maastricht«.
Theater, Dance, Cabaret – **Theater aan het Vrijthof** 1: Vrijthof 47, Tel. 043 350 55 55, www.theateraanhetvrijthof.nl.
Dining, Drinking, Dancing – **De Kadans** 2: Kesselskade 62, Tel. 043 326 17 00, www.dekadans.nl.
Dancing club – **De Alla** 3: Leliestraat 5, Tel. 043 325 47 24, www.alla.nl. Nachtlokal, Kneipe, Dancing.
Underground – **Backstage** 4: Tongerseweg 57, Tel. 043 321 62 96, www.backstage.nu. Alternative, unabhängige und Underground-Musik in alter Fabrik am City-Rand.
Kino – **Lumière** 5: Bogaardenstraat 40, Tel. 043 321 40 80, www.lumiere.nl.
Eines der ältesten Cafés der Stadt – **In den ouden Vogelstruys** 6: Vrijthof 15, Tel. 043 321 48 88, www.vogelstruys.nl.
Biercafé – **Take One** 7: Rechtstraat 28, Tel. 043 321 64 23, www.takeonebiercafe.nl. Mehr als 100 Biersorten!

Infos & Termine

Infos

VVV: Kleine Straat 1, Tel. 043 325 21 21, www.vvv-maastricht.eu.

Termine

Febr./März: Vastenavond, am So großer Karnevalszug, am Mo Kinder- und Familienumzug, am Di Wettstreit der Musikgruppen, jeweils nachmittags.
März: European Fine Art Fair Maastricht, internationale Kunst- & Antiquitätenmesse im Messezentrum (MECC).

Verkehr

Bahn: von/nach Aachen, Amsterdam, Rotterdam.
Fahrradverleih: am Bahnhof, Tel. 043 321 11 00.

Mein Tipp

Segway Tour durch Maastricht
Erst wird trainiert, um die Balance zu halten, dann geht die Tour durch die Stadt los – auf dem **elektrisch angetriebenen Brett.** (Dauer 2–2,5 Std., inkl. 30 Min. Training, 50,50 €/Pers., Pkw-/Mopedführerschein notwendig, Mindesalter 18 Jahre; Segway Tour mind. 6, Budget Tour mind. 12 Pers., 45,50 €/Pers., R-TEAM, VVV Maastricht, Tel. 043 350 62 62, www.vvv-maastricht.eu.)

Heerlen und Kerkrade

► H 11

An der Stelle des heutigen **Heerlen** (89 000 Einw.), einer ehemaligen Bergarbeiterstadt, existierte schon zu römischer Zeit der Handelsplatz Coriovallum. Aus der damaligen Zeit stammen die Funde (u. a. Reste eines Badehauses), die man im Thermenmuseum (Coriovallumstraat 9, www.thermenmuseum.nl, Di–Fr 10–17, Sa, So, Fei ab 12 Uhr, 5/ab 4 €) nahe dem Rathaus vorfindet. Die Stadsgalerij (Glaspaleis, Bonerd 18, www.stadsgalerijheerlen.nl, Di–Fr 11–17, Do bis 20, Sa, So, Fei ab 13 Uhr, 7/4,50 €) verfügt über eine ausgezeichnete Sammlung niederländischer Malkunst seit 1945 (u. a. Karel Appel, CoBrA, Aad de Haas).

Die Erinnerung an Zeiten, als Kerkrade wie Heerlen noch eine bedeutende Zechenstadt war, wird eindrucksvoll im Discovery Center Continium (Museumplein 2, zzt. im Umbau) bewahrt; Hier können Besucher Wissenschaft, Industrie und Gesellschaft in Vergangenheit, Gegenwart und Zukunft entdecken. Weltweit bekannt ist **Kerkrade** durch seinen alle vier Jahre stattfindenden Wereld Muziek Concours (Weltmusikwettstreit), an dem rund 200 Orchester und Bands teilnehmen.

Übernachten

Zentral – **Stadshotel de Paris:** Geleenstraat 1, Heerlen, Tel. 045 400 9191, www.hotelparis.nl, DZ 95 €, Frühstück 12,50/Pers. Modern und komfortabel.

Essen & Trinken

Französische Feinschmeckerküche – **Chardiné:** Laanderstraat 27, Heerlen, Tel. 045 571 42 41,Di–Sa, Hauptgericht ab 24 €. Elegante moderne Einrichtung, schöne Terrasse, gute Weine.
Weltküche – **Restaurant 5.0:** Bongerd 18, Heerlen, Tel. 045 577 22 88, Mo, Di, Do–Sa 12–24, So bis 21 Uhr, 4-Gänge-Lunch-Menü 15 €. Hip und trendy, im 5. Stock des Glaspaleis mit prima Aussicht. Leckere Gaumenkitzler.

Infos & Termine

Infos

VVV Heerlen: Oranje Nassaustraat 16, Tel. 0900 97 98.
VVV Kerkrade: Museumplein 2, Tel. 0900 555 97 98.
www.vvvzuidlimburg.nl (für beide).

Termine

Juli/Aug.: Wereld Muziek Concours, Kerkrade, www.wmc.nl, alle vier Jahre, das nächste Mal 2013.

Verkehr

Bahn: Heerlen–Kerkrade, außerdem Verbindungen von hier nach Aachen und in große niederländische Städte.

Valkenburg ▶ E 10

Mit seiner Burgruine (12. Jh.), den **römischen Katakomben** (Plenkertstraat 55, www.katakomben.nl, tgl. 11–17 Uhr, 7/3,50 €), dem Höhlenlabyrinth der **Gemeentegrot** (Gemeindegrotte, Cauberg 4, www.gemeentegrot.nl, tgl. 11–16.30 Uhr, mit Abweichungen, 5/ab 3,50 €), der **Steenkolenmijn** (Steinkohlemine, Daalhemerweg 31, www.steen kolenmijn.nl, Führungen: April–Okt. tgl. 10–17 jede volle Stunde, Nov. bis Weihnachtsferien tgl. 12, 13.30, 15 Uhr, nach Weihnachtsferien März Mo–Fr 14 Uhr, WE und niederl. Frühjahrsferien 12, 13.30, 15 Uhr, 7,95/ab 5,35 €) sowie Thermalbad, Kasino, Vergnügungspark, Märchenwald und Wildwasserbahn gehört das reizvoll an der Geul gelegene Städtchen zu den touristischen Highlights des **Limburger Hügellandes** im Süden der Provinz.

Übernachten

Nettes Familienhotel – **Roo:** Broekhem 78, Tel. 043 601 69 94, www.hotelroo.nl, DZ 75 €. Alle Zimmer mit Bad, KTV, Telefon. Hotelterrasse, Radverleih.
Standard – **Heynen:** Broekhem 40, Tel./Fax 043 601 22 79, www.hotelheynen.nl. DZ 62 €, TV-Nutzung 2,50 €/Nacht. Am Rand des Zentrums, alle Zimmer mit Bad. Hotelterrasse, gratis Parken.
Camping – **De Bron:** Stoepertweg 5, Tel. 045 405 92 92, www.camping-debron.nl, 2 Pers. 15–20 €. Schöne Lage mit Blick auf die Stadt, Wanderhütten, gemütliche Bar, Petit-Restaurant.

Essen & Trinken

Italienisch – **Montagna Del Mondo:** Grendelplein 15, Tel. 043 609 00 43, www.hotelmontagna.nl, tgl. ab mittags, Hauptgericht ab 13 €. Lounge-Atmosphäre, italienische Küche mit Fischspezialitäten, aber auch argentinische Steaks und Gegrilltes. Terrasse.

Südländisch – **Bombarino:** Muntstraat 2, Tel. 043 601 29 32, www.bombarino.nl, tgl. 10–22 Uhr, Lunchgericht ab 5 €, Hauptgericht ab 18 €. Modernes, ansprechendes Interieur, internationale Speisen mit südländischem Hauch. Sommertags auch draußen.

Aktiv & Kreativ

Wellness – **Thermae 2000:** Cauberg 27, Tel. 043 609 20 00, www.thermae.nl. Entspannung in der Saunalandschaft, Relaxen im Thermalwasser.

Erlebnispark – **Pretpark De Valkenier:** Koningswinkelstraat 53, Tel. 043 601 22 89, www.pretpark-de-valkenier.nl, Mitte April–Juni tgl. 10–17, Juli/Aug. 10–18 Uhr (übrige Zeiten siehe Homepage).

Infos

VVV: Theodoor Dorrenplein 5, Tel. 0900 97 98, www.vvvzuidlimburg.nl.

Bahn: von/nach Heerlen, Maastricht.

Bus: Verbindungen nach Heerlen, Maastricht, Sittard, Vaals.

Mergelland ▶ G/H 11

Das Mergelland, benannt nach dem Mergelgestein, aus dem zahlreiche historische Bauwerke errichtet wurden, ist das Land der Schlösser (s. S. 276), Fachwerkhäuser und Bauernhöfe – ein Landstrich, der zum Wandern und Radfahren einlädt. Zu zahlreichen kleinen Orten und Schlössern führt die ausgeschilderte **Mergelland-Route** (Beschreibung bei lokalen VVV-Büros).

Drei Grenzsteine auf dem **Vaalser Berg** (▶ H 11), der mit 321 m höchsten Erhebung der Niederlande, markieren den **Drielandenpunt,** an dem sich die Niederlande, Deutschland und Belgien treffen. Vom **König-Baudouin-Aussichtsturm** hat man einen herrlichen Blick bis Aachen, auf die Ardennenausläufer und das limburgische Hügelland. Ganz in der Nähe liegt das aus 17 000 Buchsbäumen modellierte **Labyrint Drielandenpunt Vaals** (▶ H 11, Viergrenzenweg 97, www.drielandenpunt.nl, April–Okt. tgl. 10–18, Einlass bis 17 Uhr, 3/2,50 €).

Schönstes Bauwerk im kleinen Ort **Vaals** (▶ H 11) ist Schloss Vaalsbroek, heute Hotel-Restaurant, 1761 von Johan Arnold von Clermont erbaut.

Infos

VVV-Service: Vaals, Maastrichterlaan 56, Tel. 043 306 27 88, www.vvvzuidlimburg.nl.

Bahn: Nächster Bahnhof in Aachen (Deutschland).

Bus: Verbindungen von Vaals nach Aachen und Valkenburg.

Roermond und Umgebung ▶ H 10

Im Zentrum der alten Bischofsstadt (46 000 Einw.) in Mittel-Limburg erhebt sich die im 19. Jh. von dem berühmten, in Roermond geborenen Baumeister P. J. H. Cuypers restaurierte **Munsterkerk** (13. Jh.), einer der schönsten Sakralbauten der rheinisch-maasländischen Spätgotik. Vor der Kirche gedenkt man des Meisters mit einer Statue. Sehenswert ist auch die Kathedraal van St. Christoffel (15. Jh.). In ihrer Nähe befinden sich der mittelalterliche Rattentoren (Rattenturm) und

Auf Entdeckungstour

Wie Perlen an einer Kette: Schlösser in Süd-Limburg

Von den Dutzenden Schlössern, die in früheren Zeiten die Landschaft Süd-Limburgs geprägt haben, hat man sehr viele erhalten können und mit Liebe restauriert. Die meisten können nur von außen betrachtet werden, wobei die schönen Schlossgärten jedoch in der Regel zugänglich sind.

Reisekarte: ▶ G 11

Länge der Tour: ca. 50 km

Kasteel Eijsden: Graaf de Geloeslaan 8, Eijsden; **Kasteel De Hoogenweerth:** Hoge Weerd 2, Maastricht, www.kasteeldehoogenweerth.nl; **Kasteel Neercanne:** Cannerweg 800, Maastricht, Jekertal, www.neercanne.com; **Château St. Gerlach:** Joseph Corneli Allée 1, Valkenburg a. d. Geul, www.chateauhotels.nl; **Kasteel Hoensbroek:** Hoensbroek bei Heerlen, Klinkertstraat 118, www.kasteelhoensbroek.nl, tgl. 10–17.30 Uhr, 7/4,50 €

Das maasländischste Schloss der Niederlande

Nahe der Grenze zu Belgien, die hier im Flussbett der Maas verläuft, liegt am Rand des Maasstädtchens Eijsden das gleichnamige Wasserschloss **Kasteel Eijsden,** das man über eine lange Buchenallee erreicht. Mit seiner roten Backsteinfassade, den Kalksteineinfassungen und Steinsprossenfenstern repräsentiert das 1636 erbaute Wasserschloss den maasländischen Renaissancestil. Das Kasteel, das sich im Besitz der Grafen von Liederkerke befindet, ist nicht zugänglich, wohl aber der schöne, im Stil französischer Gartenarchitektur mit Teich und Fontänen angelegte Schlosspark.

Wer sich traut – das Hochzeitsschloss

Die Lage an der Maas im Süden Maastrichts nahe dem Wasserzentrum Pietersplas ist so traumhaft wie das Anwesen selbst – kein Wunder, dass man sich seit Jahrhunderten gern hierher zur Jagd einladen ließ und sich hier heute Paare mit Vergnügen das Ja-Wort geben. Das 1498 erbaute **Kasteel De Hoogenweerth** wird für Empfänge und Feste genutzt und beherbergt ein Hotel. Die schönen Gärten sind für Besucher zugänglich.

Der Balkon der Niederlande

Jenseits der Maas schmiegt sich im schönen Tal der Jeker am Nordrand des belgischen Ortes Kanne **Kasteel Neercanne** an den Cannerberg, einen Hügel aus Mergelgestein. Ein Teil des Hügels wird von einem Netz aus Gängen durchzogen, die bis nach Belgien hinüberreichen. Das Schloss, dessen ältester Teil eine Kapelle aus dem 15. Jh. ist, wurde im klassischen Stil aus Mergelstein erbaut. Heute logieren in seinen Mauern das A-la-carte-Restaurant Château Neercanne und das Lunch-Restaurant L'Auberge. Riesige Kellergewölbe bieten den stimmungsvollen Rahmen für Weinproben bei Kerzenschein. Die prächtigen, auf vier Ebenen angelegten Barockgärten laden zum Lustwandeln ein – selbst Zar Peter der Große war bei einem Besuch im Jahr 1717 von den Gärten entzückt.

Vom hohlen Baum zum Luxushotel

Im 12. Jh. hauste hier in der Einsiedelei Ritter Gerlachus bei Wasser und Brot in einer hohlen Eiche, später erbauten in der Nähe Prämonstratenser-Mönche Klosteranlagen, aus denen das **Kasteel St. Gerlach** hervorging. Heute sind in den im schönen Geultal gelegenen historischen Gebäuden u. a. ein Luxushotel, ein A-la-carte-Sterne-Restaurant und das Bistrot De Liege untergebracht. In der weitläufigen Park- und Gartenanlage finden im Sommer Skulpturenausstellungen statt.

Mitunter ritterlich

Das nordwestlich von Heerlen gelegene **Kasteel Hoensbroek** (s. Foto links), dessen ältester Teil aus dem Jahr 1250 stammt, ist eines der größten und schönsten Schlösser zwischen Rhein und Maas. Eine Besichtigung führt wie eine Zeitreise durch mehr als 40 verschiedene Schlossgemächer, u. a. in ein Geheimgemach, durch Burgverliese und über die Wendeltreppe des mittelalterlichen Rundturms auf den 60 m hohen Turm, von dem man eine herrliche Aussicht auf die Schlossanlage hat.

Der Veranstaltungskalender auf der Homepage des Schlosses informiert über Aktivitäten, denn hier lassen Rittersleut', junge Hofdamen, der Hofnarr und Harlekine regelmäßig zur Freude der Besucher die alten Zeiten aufleben.

Abenteuerliches Vergnügen: ›Grottenbiken‹ in den Höhlen Valkenburgs

der Marktplatz mit Stadhuis (17. Jh.). Hunderte von Kacheln mit Namen von Pilgern bekleiden die Wände der Wallfahrtskapelle **Onze Lieve Vrouwe in 't Zand** an der Kapellerlaan im Südosten der Stadt. Auf dem gegenüberliegenden Friedhof, wo auch P. J. H. Cuypers seine letzte Ruhe fand, stößt man auf eine Kuriosität: **Het Graf met de Handjes** (Das Grab mit den Händen). Über eine Mauer hinweg, die den evangelischen und den katholischen Friedhof voneinander trennen, sind die beiden Grabsteine eines Ehepaares durch steinerne Hände miteinander verbunden.

Westlich der Stadt durchpflügen Segler und Surfer die Seen des Wassersportreviers **Maasplassen** (www.maas plassen.com), das sich über 25 km entlang der Maas erstreckt. Die Seen sind Teil des grenzüberschreitenden Naturparks Maas-Schwalm-Nette mit dem 1600 ha großen **Nationaal Park De Meinweg** (www.nationaal-parkde meinweg.nl). Dieser wird durch ausgeschilderte Wanderwege erschlossen.

Infos

VVV: Kraanpoort 1, Tel. 0900 202 55 88, www.vvvmiddenlimburg.nl.
Bahn: Verbindungen nach Eindhoven, Maastricht, Nijmegen, Sittard, Utrecht, Venlo.
Fahrradverleih: am Bahnhof Tel. 0475 35 00 85.

Thorn ▶ G 10

Weiße Häuser, mit Maaskieseln gepflasterte Gassen und kleine Plätze rund um die Stiftskirche (15. Jh.) der früheren Benediktinerabtei prägen das Bild des *witte stadje* in Mittel-Limburg. Was sich sonst noch hinter den Mauern der Abtei und im Ort zutrug, erfährt man im Museum **Abdijkerk** (Kerkberg 2, Jan.–Mitte April, Nov./ Dez. Sa, So 12–16, Mitte April–Okt. Di–So 10–17, mit Abweichungen, 3 €). Der lokalen Kulturhistorie widmet sich das **Gemeentemuseum Het Land van**

Thorn (Wijngaard 14, April–Okt. tgl. 12–17, sonst Di–So 11–16 Uhr, 3/ab 1,50 €).

Essen & Trinken

Mehr als 250 Pfannkuchen – **De Pannekoekenbakker:** Bogenstraat 2, Tel. 0475 50 33 27, www.pannekoekenbakker-thorn.nl, April–Sept. tgl. 10–20, Okt.–März 11–19 Uhr, ab 4 €.

Infos

VVV: Wijngaard 8, Tel. 0900 20 25, www.vvvmiddenlimburg.nl.
Bahn: Nächster Bahnhof in Roermond.
Bus: von/nach Roermond, Weert.
Fahrradverleih: s. o., Restaurant.

Arcen und Umgebung

Die Kleinstadt **Arcen** (▶ H 9) in Noord-Limburg bietet Besuchern vielfältige Genüsse: Die überwältigende Blütenpracht in den Schlossgärten von Kasteel Arcen schmeichelt Auge und Nase. Heiße Mineralbäder im Thermaalbad (s. Aktiv & Kreativ) sorgen für körperliches Wohlsein, während der Gaumen sich von dem heimischen Spargel, Arcener Spezialbier und *likeurtjes* wie dem Spargellikör der in der malerischen Wassermühle **De IJsvogel** (Schans 20 a) betriebenen Brauerei und Brennerei verwöhnen lassen kann.

Der im weiten Umland angebaute Spargel kommt im Mai und Juni in den zahlreichen Restaurants der Region frisch auf den Tisch. Alles über das ›weiße Gold‹ erfährt man im **Nationaal Asperge- en Champignonmuseum De Locht** in Melderslo (Gemeinde Horst, Koppertweg 5, www.delocht.nl, Nov.–März So, Di, Do 14–17, April–Okt. tgl. 11–17 Uhr, 4,50/2,25 €).

Ausflug zum Nationaal Park De Maasduinen ▶ H 8/9
www.nationaal-parkdemaasduinen.nl
Nördlich von Arcen lädt der 4200 ha große Nationalpark zwischen Maas und deutscher Grenze mit Wäldern, Heide, Moor und eiszeitlichen Flussdünen zum Wandern ein.

Übernachten

Gemütlich – **Maasparel:** Schans 3, Tel. 077 473 12 96, www.maasparel.nl, DZ 85–95 €, Apartment 100 €, Suite 120 €. Modern eingerichtetes Hotel im Zentrum. Restaurant im Haus.

Essen & Trinken

Brasserie – **Alt Arce:** Raadhuisplein 16, Tel. 077 473 27 77, www.altarce.nl, tgl. ab 11, Küche 12–21 Uhr, im Winter nur Fr–Mo, Lunch ab 6 €, Hauptgericht ab 15 €, Menü 14 €. Traditionelle holländische und französische Gerichte, hausgebackene Fladen, Waffeln, *poffertjes*, Pfannkuchen. Terrasse am Maasufer.

Aktiv & Kreativ

Wellness – **Thermaalbad:** Klein Vink 11, Tel. 077 473 24 24, www.thermalbad.nl, tgl. 8–23 Uhr. Thermalbäder, Saunen und Kneippbäder, Kur und Physiotherapie, Körperpflege und Gesichtsbehandlung – hier braucht der Körper auf nichts zu verzichten.

Infos

Infos: www.arcenenvelden.nl (auch dt.).
Bus: Verbindungen nach Nijmegen und Venlo.

Sprachführer

Aussprachehilfen

Niederländisch	Deutsch
ei z. B. in plein	wie äi in Lady, aber kurz
eu z. B. in deur	wie ö in dösen
oe z. B in boek	wie u
ou z. B. in oud	wie au
u z. B in nul	wie ü
ui z. B. in uit	etwa öi
ij z. B. in lijn	wie ei
g z. B. in tegel	etwa wie ch in fluchen
sch z. B. in schaap	s + ch getrennt sprechen

In der holländischen Schriftsprache stößt man manchmal auf ein Trema wie z. B. in Indië oder drieëntwintig, d. h. beide Vokale müssen einzeln gesprochen werden.

Allgemeines

Guten Morgen	Goedemorgen!
Guten Tag	Dag! Goedendag!
Guten Abend	Goedenavond!
Auf Wiedersehen	tot ziens
Entschuldigung	pardon
Hallo/Grüß dich	hallo, dag
bitte	alstublieft
Vielen Dank	dank u wel
ja/nein	ja/nee
bis später	tot straks
wie bitte?	Hoe bedoelt u?
Wann?	Wanneer?

Unterwegs

Haltestelle	bushalte/tramhalte
Bus	bus
Auto	wagen
Ausfahrt/Ausgang	uitgang
Tankstelle	benzinepomp
Benzin	benzine
rechts	rechts
links	links
geradeaus	rechtdoor
Auskunft	inlichtingen/ informatie
Telefon	telefoon
Postamt	postkantoor
Bahnhof	station
Flughafen	luchthaven/vliegveld
Stadtplan	plattegrond
Alle Richtungen	alle richtingen
geöffnet	open
geschlossen	gesloten
Kirche	kerk
Museum	museum
Brücke	brug
Rathaus	stadhuis
Platz	plaats, plein
Straße	straat
Hafen	haven
Hier	hier
Dort	daar

Zeit

Minute	minuut
Stunde	uur
Tag	dag
Woche	week
Wochenende	weekend
Monat	maand
Jahr	jaar
heute	vandaag
gestern	gisteren
morgen	morgen
morgens	´s morgens
mittags	´s middags
nachmittags	´s middags
abends	´s avonds
früh	vroeg
spät	laat
vor	voor
nach	na
Montag	maandag
Dienstag	dinsdag
Mittwoch	woensdag
Donnerstag	donderdag
Freitag	vrijdag
Samstag	zaterdag
Sonntag	zondag
Feiertag	feestdag

Notfall

Hilfe!	Help!
Polizei	politie
Arzt	dokter
Zahnarzt	tandarts
Apotheke	apotheek
Krankenhaus	ziekenhuis
Unfall	ongeval
Schmerzen	pijn
Zahnschmerzen	kiespijn
Durchfall	diarree
Fieber	koorts
Halsschmerzen	keelpijn
Insektenstiche	insektenbeten

Übernachten

Hotel	hotel
Pension	pension
Einzelzimmer	eenpersoonskamer
Doppelzimmer	tweepersoonskamer
Doppelbett	tweepersoonsbed
Einzelbett	eenpersoonsbed
mit/ohne Bad	met/zonder bad
Toilette	toilet
Dusche	douche
mit Frühstück	met ontbijt
Gepäck	bagage
Rechnung	rekening
Preis	prijs

Einkaufen

Geschäft	winkel
Markt	markt
Geldautomat	geldautomaat
Bäckerei	bakkerij
Lebensmittel	levensmiddelen
Kleidung	kleding
teuer	duur
billig	goedkoop
Größe	maat
bezahlen	betalen

Zahlen

0	nul	16	zestien
1	een	17	zeventien
2	twee	18	achttien
3	drie	19	negentien
4	vier	20	twintig
5	vijf	21	eenentwintig
6	zes	30	dertig
7	zeven	40	veertig
8	acht	50	vijftig
9	negen	60	zestig
10	tien	70	zeventig
11	elf	80	tachtig
12	twaalf	90	negentig
13	dertien	100	honderd
14	veertien	200	tweehonderd
15	vijftien	1000	duizend

Allgemeine Floskeln

Sprechen Sie Deutsch/Englisch?	Spreekt u Duits/ Engels?
Ich verstehe nicht.	Ik begrijp het niet.
Ich heiße ...	Ik heet ...
Wie heißt Du/ heißen Sie?	Hoe heet je/ u?
Wie geht's?	Hoe gaat het?
Danke, gut.	Goed, dank u wel.

Unterwegs

Wie komme ich zu/ nach ...?	Hoe kom ik bij/naar...?
Wo ist bitte ...?	Waar is ...?
Könnten Sie mir bitte ... zeigen?	Kunt u mij alstublieft ... laten zien?

Notfall

Können Sie mir bitte helfen?	Kunt u me alstu blieft helpen?
Ich brauche einen Arzt.	Ik heb een dokter nodig.

Übernachten

Haben Sie ein freies Zimmer?	Heeft u een kamer vrij?
Wie viel kostet das Zimmer pro Nacht?	Hoeveel kost de kamer per nacht?

Kulinarisches Lexikon

Zubereitung

gebraden	gebraten
gefrituurd	fritiert
gegrild	gegrillt
gekookt	gekocht
gestoofd	geschmort
koud	kalt
scherp	scharf
uit de oven	aus dem Backofen
warm	warm

Beilagen

aardappelpuree	Kartoffelpüree
friet	Pommes frites
gemengde sla	gemischter Salat
komkommersalade	Gurkensalat
pasta	Nudeln
patat, aardappel	Kartoffel
rijst	Reis

Fisch und Meeresfrüchte

forel	Forelle
garnalen	Krabben, Garnelen
haring	Hering
kabeljauw	Kabeljau
karper	Karpfen
kreeft	Hummer
makreel	Makrele
mosselen	Muscheln
oesters	Austern
paling	Aal
paling in 't groen	Aal grün
schelvis	Schellfisch
schol	Scholle
snoek	Hecht
zalm	Lachs
zeetong	Seezunge

Fleisch

bal gehakt	Frikadelle
biefstuk	Beefsteak
frikadel	würziges Würstchen
gehakt	Gehacktes
ham	Schinken
kalf	Kalb
karbonade	Kotelett
lam	Lamm
nieren	Nieren
rund	Rind
varken	Schwein
worst	Wurst

Geflügel und Wild

eend	Ente
gans	Gans
haantje	Hähnchen
kalkoen	Pute, Truthahn
kip	Huhn
konijntje	Kaninchen
lever	Leber

Gemüse

asperges	Spargel
bloemkool	Blumenkohl
boerenkool	Grünkohl
erwten	Erbsen
lof/witlof	Chicorée
prei	Lauch
spruitjes	Rosenkohl
tuinbonen	grüne Bohnen
witte bonen	weiße Bohnen
zuurkool	Sauerkraut

Nachspeisen, Gebäck und Obst

aardbeien	Erdbeeren
flensjes	Crêpes
fruitsalade	Obstsalat
ijs	Eiscreme
wafel	Waffel

Spezialitäten

appelgebak met slagroom	Apfelkuchen mit Schlagsahne
bitterballen	frittierte Ragoutbällchen
boerenkool met worst en spek	Grünkohl mit Wurst und Speck
bruine bonen met stoofvlees, worst en spek	Braune Bohnen mit Schmorfleisch, Wurst und Speck

erwtensoep met worst	Erbsensuppe mit Wurst
gebakken haring met bietensalade en remouladesaus	Brathering mit Rote Betesalat und Remoulade
gebakken aardappels met appelmoes	Bratkartoffeln mit Apfelmus
gebakken kabeljauw filet met Zaanse mosterdsaus	gebratenes Kabeljaufilet mit Zaanser Senfsauce
geitenkaas	Ziegenkäse
gepocheerde zalmfilet met Goudse kaassaus	pochiertes Lachsfilet mit Gouda-Käsesauce
Hete Bliksem	Himmel und Erde
Hollandse biefstuk met pepersaus	Beafsteak mit Pfeffersauce
Hollandse garnalen	Garnelen
Hollandse garnalen kroketjes	Holländische Garnelenkroketten
Hutspot met stoofvlees, worst en spek	Kartoffelbrei mit Gemüse, Schmorfleisch, Wurst und Speck
kaaskroketjes met oude kaas	Käsekroketten mit altem Käse
loempia	Frühlingsrolle
Noordzee vissoep	Nordsee-Fischsuppe
oliebollen	frittierte Krapfen
palingsoep	Heringssuppe
pannenkoeken	Pfannkuchen
patat speciaal	Pommes frites mit Mayonnaise, Ketchup und Zwiebeln
poffertjes	Püfferchen
saté	Erdnusssauce
stamppot	Eintopfgerichte
Texels lamsvlees met rodé portsaus	Texelsches Lammfleisch mit roter Portweinsauce
uitsmijter	Strammer Max
zoute haring met uitjes	Salzhering mit Zwiebeln
zure haring met salade	sauer eingelegter Hering mit Salat
Zuurkool met worst	Sauerkraut mit Wurst

Getränke

appelsap	Apfelsaft
bier, pilsje	Bier, Pils
chocolademelk	Kakao
koffie (met melk)	Kaffee (mit Milch)
koffie verkeerd	Milchkaffee
koffie zonder cafeïne	koffeinfreier Kaffee
room	Sahne
sinaasappelsap	Orangensaft
Spa blauw	Stilles Wasser
Spa rood	Mineralwasser mit Kohlensäure
thee	Tee
water	Wasser
wijn (witte, rode)	Wein (weiß, rot)

Im Restaurant

ontbijt	Frühstück
lunch	Mittagessen
dinner	Abendessen
maaltijd	Mahlzeit
tafel	Tisch
reserveren	reservieren
mes	Messer
vork	Gabel
lepel	Löffel
bord	Teller
fles	Flasche
Waar is hier …	Wo gibt es hier …
… een goed restaurant?	… ein gutes Restaurant
Wilt u (voor ons) voor vanavond een tafel voor 4 personen reserveren?	Reservieren Sie uns bitte für heute Abend einen Tisch für 4 Personen.
Proost! / Op uw gezondheid!	Auf ihr Wohl!
De rekening, alstublieft.	Die Rechnung, bitte.

Abbildungsnachweis

Bildagentur Huber, Garmisch-Partenkirchen: S. 75, 162 o. re. (Jonkmans); 36/37, 230/231 (Mehlig); 11 o. li., 12/13,140 (Olimpio)
Pedro Citoler, Köln: S. 32, 166, 162 o. li., 176
dpa Picture-Alliance, Frankfurt: S. 49 (akg-images); 53 (ANP Photo)
Silke Geister, Hamburg: S. 187
HB Verlag, Ostfildern: S. 74, 80 o. li., 92/93, 104, 123 (Kiedrowski); 27, 68/69, 114 o. re., 139, 156, 246 o. re., 247 o. li., 255, 271 (Selbach)
Jannes Linders/Museum De Paviljoens, Almere, NL: S. 220 (De Groene Kathedraal, 1978–1996, von Martinus Boezem)
laif, Köln: S. 173 (Enker); 65 (Flitner); Klappe vorn, S. 70, 80 o. re., 163 o. li., 170 (Gonzalez); 78/79, 188 o. re., 198, 272 (Hémisphères); Titelbild, S. 9, 11 u. re., 44, 51, 55, 56, 67, 73, 81 o. re., 114 o. li., 119, 126/127, 136, 148, 153, 180/181, 183, 212, 238/239, 250, 260, 262 (Hollandse Hoogte); 10 o. re., 96 (Hub); 10 u. re., 107, 188 o. li., 194/195 (Huber); (Le Figaro Magazine); 246 o. li., 278 (Multhaupt); 276 (Reporters); 62 (Van der Velden); 58 (Zuder)
Mauritius Images, Mittenwald: S. 206/207 (AGE); 88/89 (ANP Photo); 216 o. re., 242 (imagebroker)
Reinhard Tiburzy, Aachen: S. 8, 10 u. li., 11 u. li., 11 o. re., 112, 115 o. re., 132, 189 o. li., 200, 216 o. li., 217 o. li. 223, 226, 232, 244, 256/257
Troll Susanne, Köln: Klappe hinten, S. 23, 76/77
Zitzlaff, Martin, Hamburg: S. 10 o. li., 101

Kartografie

DuMont Reisekartografie, Fürstenfeldbruck

Umschlagfotos

Titelbild: UNESCO-Weltkulturerbe, die Mühlen bei Kinderdijk
Umschlagklappe vorn: Käseladen in Delft

Hinweis: Autor und Verlag haben alle Informationen mit größtmöglicher Sorgfalt geprüft. Gleichwohl sind Fehler nicht vollständig auszuschließen. Alle Angaben erfolgen ohne Gewähr. Bitte, schreiben Sie uns! Über Ihre Rückmeldung zum Buch und über Verbesserungsvorschläge freuen sich Autor und Verlag:
DuMont Reiseverlag, Postfach 3151, 73751 Ostfildern,
info@dumontreise.de, www.dumontreise.de

1. Auflage 2010

Grafisches Konzept: Groschwitz, Hamburg
Printed in Germany